西南联大研究文库

编 委 会

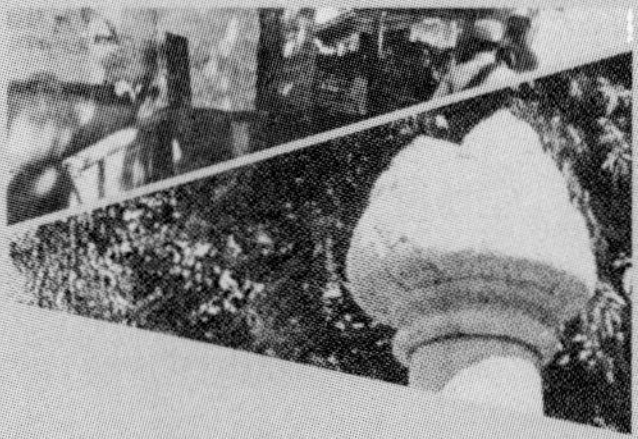

西南联大二十五讲

吴宝璋◎著

XINAN LIANDA
ERSHIWU JIANG

云南出版集团
云南人民出版社

图书在版编目（CIP）数据

西南联大二十五讲 / 吴宝璋著. -- 昆明 : 云南人民出版社, 2016.8（2019.8重印）
ISBN 978-7-222-13624-3

Ⅰ. ①西… Ⅱ. ①吴… Ⅲ. ①西南联合大学—校史 Ⅳ. ①G649.287.41

中国版本图书馆CIP数据核字（2015）第186616号

责任编辑：王绍来　宁　琳
重印编辑：闵艳平
装帧设计：马　滨
责任校对：乔月娟
责任印制：李寒东

西南联大二十五讲

吴宝璋　著

出　版　云南出版集团　云南人民出版社
发　行　云南人民出版社
社　址　昆明市环城西路609号
邮　编　650034
网　址　http：//ynpress.yunshow.com
E-mail　ynrms@sina.com
开　本　787mm×1092mm　1/16
印　张　23.75
字　数　365千
版　次　2016年8月第1版　2019年8月第3次印刷
印　刷　昆明瑆煋印务有限公司
书　号　ISBN 978-7-222-13624-3
定　价　58.00元

云南人民出版社公众微信号

如需购买图书、反馈意见，请与我社联系
总编室：0871-64109126　发行部：0871-64108507
审校部：0871-64164626　印制部：0871-64191534

“西南联大研究文库”总序

在国难当头、民族危机空前严重的抗日战争时期，为延绵教育与文化命脉，原设北方著名的北京大学、清华大学、南开大学三校被迫南迁。初，辗转长沙，于1937年11月合组为长沙临时大学；无奈南京陷落，战火危及衡湘，长沙临时大学于1938年迁至昆明，改称为国立西南联合大学。组成西南联大的三校，虽有“不同之历史，各异之学风”，但“八年之久，合作无间。同无妨异，异不害同，五色交辉，相得益彰，八音合奏，终和且平”，在极度简陋和艰苦的环境中传薪播火，弦歌不辍，共济时艰，“以其兼容并包之精神，转移社会一时之风气，内树学术自由之规模，外来民主堡垒之称号”。其时其地，大师云集，学术灿然，人才辈出。据统计，1948年中央研究院81名首届院士中有联大教师27位；截至2004年，中国科学院、中国工程院两院院士中有联大师生173位；“两弹一星”功勋奖章的23名获得者中，联大师生有8位；联大学生杨振宁、李政道获1957年诺贝尔物理学奖；联大师生黄昆、刘东生、叶笃正、吴征镒、郑哲敏先后获得2001、2003、2005、2007、2012年度国家最高科学技术奖。作为一所战时大学，西南联大谱写了中国乃至世界高等教育史上辉煌的一页，给后人留下了一笔丰硕而宝贵的精神文化财富。

长期以来，西南联大的办学模式、办学理念、办学经验仍为中外教育界、学术界追忆与推崇。在艰苦的抗战时期，西南联大为何能培养出一大批优秀的人才？为何会对中国的现代教育和科技发展产生如此重大的影响？这些问题广受世人关注，值得深入研究。因此，“西南联大”不仅是一所大学的名称，而且也是一座具有丰富文化宝藏和悠久历史传统的圣殿，它日益受到海内外专家学者的重视。研究西南联大，就是要汲取西南联大成功的办学理念和科学精神，为我国经济社会的发展提供重要的借鉴，使西南联大的精神永放光芒。

目前，对于西南联大的研究已呈现多元化的趋势，研究者已注意从教育史、学术史、文化史、知识分子问题研究等方面进行多维研究。但现有的研究在许多方面仍有待进一步深化、细化。诸如：感性回忆多，有价值、工具性的史料少；原始数据和文献堆积、编排多，理论分析、理论阐释少；论述平面化，面面俱到，史论结合有限；多为单一学科的局部研究，缺少学科交叉，对现实的借鉴不够；对西南联大的历史地位，尤其是西南联大影响云南，在经济、政治、科技方面推动云南社会发展的深层分析不足等问题是下一步西南联大研究需要努力的方向。

基于云南师范大学与西南联大一脉相承的关系，无论从云南师范大学的责任和发展着眼，或适应云南省建设民族文化大省的需要，还是对于研究中国现代教育发展来说，西南联大研究都具有十分重要的作用和意义。云南师范大学西南联大研究应该成为云南省重要的学术和文化品牌，而且更应该成为全国研究西南联大的学术重镇和首屈一指的学术交流平台。因此，研究西南联大，我们责无旁贷。云南师范大学一贯重视和支持此项工作。2001年，学校成立了西南联大研究所，下设“西南联大研究中心”和“西南联大文献研究中心”，并提出了“集资料、研究、宣传”为一体的发展思路，且确立了建设具有较大影响力的开放式研究中心的发展目标。通过资源整合，在图书资料方面，学校建成“西南联大文库”和“西南联大特藏室”；学校相继开通了“国立西南联合大学研究”网站，“西南联大博物馆”网站、微博、微信，集西南联大历史文化传播、办学精神研究等为一体，在加强国内外学者对西南联大的研究和学校校园文化建设等方面均起到促进作用。在学生教育方面，学校招收了西南联大研究方向的研究生，着力于培养西南联大研究人才。在学术交流方面，由西南联大研究所主要承办的“西南联大与现代中国”学术研讨会连续召开，为国内外西南联大研究者搭建了交流、对话的平台，会议规格之高、学术性之强、辐射面之广，引起了社会各界的普遍赞誉和强烈反响。

毫无疑问，西南联大研究所成立以来，在全体同仁的一致努力下，业已取得了一定的发展，产出了一批理论研究成果，且通过研究所的平台作用，汇集了西南联大研究方面的一批力量，推动了西南联大研究的发展。

“西南联大研究文库”就是云南师范大学西南联大研究所和云南西南联大研究会在发展道路上共同推出的又一力作，也是我们着力打造全社会共享的西南联大文化资源的一个尝试。本套丛书旨在汇集全国乃至全世界西南联大研究者的力量及其成果。通过这些开拓创新、高起点、多角度的研究，推动西南联大研究的发展，以此建成全国乃至全世界研究西南联大的重要基地、一流的研究中心和信息资料中心，并依托高校的学科建设，使其研究成果服务于我国的经济、文化建设和高等教育的发展。

联大情缘38载（代序）

1977年我参加了从1966年停止后恢复的高考，而后跨入了并没有填报志愿的高校。因为这所学校的历史专业向我伸出了欢迎之手，它当时的名字叫昆明师范学院。从此，我和它结下了不解的情缘，至今已38载。

入学教育时，听了师院副院长朱德祥教授的报告，知道了这所学校的前身是西南联合大学师范学院。朱教授曾是西南联大的教师，还有当时的师院党委副书记许琤、副院长王云都是西南联大毕业的。我们的系主任方龄贵和任课教师常得志、潘镛也都是联大毕业生。其中，方先生还是联大毕业的硕士。

在读书几年间，我们学习生活在当年西南联大的校园里，常常和同学们在国立西南联合大学纪念碑旁、“一二·一”四烈士墓前，讨论问题，复习功课，常常听到西南联大的故事，还看到杨振宁等著名校友回到母校的校园里寻踪探访。

毕业后，我留在这所学校任教。

一

我对西南联大有较深入的了解和认识是从1985年开始的。那一年是“一二·一”运动40周年纪念之年。头一年，学院的名称已改为云南师范大学，我也调到学校党委办公室工作。

当时，“一二·一”四烈士墓旁边兴建起“一二·一”运动纪念馆，我们请全国政协主席邓颖超题写了馆名。11月下旬至12月上旬，云南省举办了盛大的“纪念‘一二·一’运动40周年”系列活动。活动以中共云南省委和共青团云南省委的名义组织，十分隆重。11月30日下午在省体育馆举行纪念大会，中共云南省委书记普朝柱、20世纪40年代时的中共云南省工委书记郑伯克在大会上讲了话。12月1日上午举行“一二·一”运动纪念馆揭幕开馆仪式。此外，学术讨论会、座谈会、学术报告会、文艺晚会，一场接着一场。

我作为学校党办副主任被抽调参加纪念活动的筹备工作，尤其是接待省委邀请来昆的当年“一二·一”运动的领导者、老战士和四烈士家属。其中，西南联大校友有40余人，他们住在连云宾馆，我参与对他们的接待。“一二·一”运动纪念馆开馆时，我陪同郑伯克和普朝柱参观纪念馆，第一次见到并接触了许多西南联大校友：王汉斌、马识途、萧荻、洪德铭、李凌、黎勤、邢方群、袁永熙、郝诒纯、王刚、朱德熙等。活动结束后，我编辑了《一二·一运动四十周年纪念集》。

一系列的纪念活动使我认识到：“一二·一”运动在中国青年运动史上树起了第三个里程碑，西南联大是“一二·一”运动的中坚力量。

因为工作关系，我与相关西南联大的事接触越来越多，了解认识也不断加深。

1986年4月中旬，我作为工作人员随王云、许琤到北京，就中国共产党历史资料丛书《一二·一运动》一书的书稿征求意见。该书由中共云南省委党史资料征集委员会和中共云南师范大学委员会编。我们一行住在中共中央组织部招待所翠明庄。征求意见采取座谈会的形式，邀请参会的有郑伯克、刘清，在京的西南联大校友王汉斌、袁永熙、沈克琦、萧荻、李晓、王刚、刘新、王世堂等，以及外地在京的洪德铭等。他们都是当年“一二·一”运动的领导者、组织者和亲历者。我担任座谈会记录。

老校友们每个人都对书稿提出了修改意见，他们结合当年的经历，侃侃而谈，严肃认真、生动活泼，有时由于记忆上的分歧，还产生争论。这次工作使我对“一二·一”运动有了更深的印象，从而进一步认识到，昆明之所以发生“一二·一”运动，主要是因为西南联大在昆明，因为北大、清华带来了“五四”“一二·九”的光荣传统。

座谈会后，我们还到设在北京大学的西南联大北京校友会，认识了负责校友会日常工作的钱惠濂老师，她是联大师院毕业的。联大北京校友会副会长、北大副校长沈克琦邀请大家游览北京植物园樱桃沟，大家还在“一二·九”运动纪念亭前合影留念，后来每当我看到刊登在《西南联大北京校友会简讯》第4期（1987年）封底的这张合影，就会想起那次愉快之旅。

最令人难忘的是1988年隆重纪念西南联大暨云南师大建校50周年系列活动。这次纪念活动是由中共云南省委、云南省人民政府决定的，我参加前后历时一年的筹备工作。云师大党委负责人叶涛任筹委会办公室主任，我任办公室秘书组长。前后两次专程赴北京，一是与联大北京校友会协调纪念活动名称问题（详见本书《怀念两弹功臣L.K.贺》），二是邀请联大教授陈岱孙、冯至等，以及著名校友李定、朱德熙等人。

这次活动源于1987年全国两会期间，中共云南省委书记普朝柱邀请海内外联大校友回第二故乡云南参加联大建校50周年活动。有一次，我们在汇报筹备工作时，普朝柱书记特别嘱咐一定要精心搞好筹备、组织。我深深地感到他对西南联大充满深情。后来我知道，他初中就读的五华中学、高中就读的长城中学，都是西南联大的学生创办的，校长和主要任课的教师也大多是联大学生；年轻时，他深受联大“科学、民主”精神的影响；“一二·一”惨案发生的当天，他与联大工学院学生，一起同反动派进行斗争；经过“一二·一”运动的锻炼，他先后加入“民青”和党组织。可以说，西南联大和“一二·一”运动对他，以及云南一大批进步青年产生了重要和深远的影响，他们当中的许多人成为新中国成立后的云南各级领导骨干。也正是在普朝柱和联大校友黄平、陈盛年以及许多“一二·一”老战士的关心支持下，20世纪80年代，云南师大以及云南省关于西南联大的研究等工作有了很大的发展。

为了更好地筹备联大在昆建校50周年活动，云南师大邀请了联大校友萧荻和张源潜作为顾问。他们就住在云南师大三家巷宿舍我的楼下，有什么问题，随时请教。我从他们那里学到了许多东西，与他们一起编了两本书，其中一本是《云南文史资料选辑》第34辑（西南联大建校50周年纪念专辑）。专辑稿件大部分是萧荻在联大北京校友会工作时就已征集到并做了编辑，来到昆明后又征集了余下部分稿子。其中印象最深的是我收到的联大校友、云大教授李埏的稿子《谈联大的选课制及其影响》。起初他将稿子送到我的办公室，没过几天他专门到我家送来做了一些改动的二稿，我看了一下，这些改动字斟句酌，颇费推敲，深深为他的严谨治学精神感动。这篇回忆文章后来被广泛转载和引用。

我还和萧、张二师一起编了《云南省隆重纪念西南联大建校50周年参加纪念活动校友录》。它和我主编的《西南联大暨云南师大建校五十周年纪念集》是这次活动的珍贵记录。

就在昆明纪念西南联大建校50周年活动期间，联大叙永级（1940）校友召开了一次座谈会，倡议1990年在四川叙永纪念西南联大叙永分校建校50周年。经联系，叙永县表示热烈欢迎，四川省政协和泸州市均予以大力支持。纪念活动于1990年5月20日至22日在叙永县举行。受到邀请，云师大派我和许琤作为学校和西南联大昆明校友会（后改称云南校友会）的代表赴叙永参加纪念活动。纪念大会上，许琤作为云南代表团团长讲话。5月21日，应活动组委会邀请，我为叙永全县中小学教师讲西南联大的历史。报告受到热烈欢迎。一位中学校长对我说，听了报告，我们搞清楚了为什么这两天叙永像过节一样；叙永有这一段历史，是我们的光荣。

叙永活动结束后，我和许老回昆，途经成都专门看望了马老（识途）。这位联大地下党的负责人之一，从四川省人大常委会副主任岗位上退下来，一直笔耕不辍。

二

1991年我调云师大外语系（学院）任书记。有关西南联大的工作并没有停止，但更多的是转向研究。

1989年，根据原中共南方局党史资料征集小组的建议，云南省征委将研究编写西南联大党史的任务交给云南师大。学校成立了编写组，由许琤任组长，王云、万福麟、吴宝璋为成员。校党委书记叶涛分管这项工作。

经过一段时间的工作，1990年夏写出初稿，分送有关老同志征求意见。反馈了很多重要的意见和建议，编写组进行反复修改和史实的核实。1992年编写组决定由我统稿。此时我已调外语系工作，只有利用业余时间和假期，但也抓得很紧。经过较为深入的研究，次年3月拿出了送审稿，同时再次分送老同志征求意见。不久，我利用学校组织到京津等地高校考察教育改革的机会，专门到中组部顾问郑伯克办公室，听取进一步修改书稿的指示，这是不可或缺的环节。因为他是当年中共云南省工委书记，也是西南联大党组织的直接领导者。

回昆后，在中共云南省委党史领导小组副组长陈盛年（亦是联大校友）和云师大党委的领导下，遵照郑伯克的重要意见，我对书稿的相关部分又做了修改和较大充实，于1994年3月定稿，当年9月由云南人民出版社出版，书名为《中共西南联大地下组织和群众革命活动简史》。《人民日报》和《西南联大北京校友会简讯》发了消息。

1995年是抗日战争胜利50周年纪念年，也是“一二·一”运动50周年纪念年。这一年在抗日战争、西南联大以及“一二·一”运动研究编撰方面，我主要做了三件事情。

一是参加《云南抗日战争史》的研究和编著工作。这是云南省社科院“八五”规划课题，我和省社科院研究员孙代兴担任主编，该著作于1995年7月由云南大学出版社出版，献给纪念抗战胜利50周年。我撰写了该书的“抗战中的文化教育”部分，其中以西南联大为重要内容。该书1997年获省社科优秀成果三等奖。2005年为纪念抗战胜利60周年，由我执笔对该书进行较大幅度修订，出了增订本，其中对西南联大部分做了不少补充。

二是参加“云南人民革命斗争史丛书”的编写工作。我和孙代兴老师合著了《团结抗战·抗日战争中的云南》。其中关于西南联大的内容有重要篇幅，由我撰写。

三是参加筹备“纪念‘一二·一’运动50周年暨西南联大建校57周年理论讨论会”，并主编讨论会论文集。讨论会由云南师大和云南省委党史研究室、共青团云南省委、云南省社科院联合举办。我受师大党委安排，参加讨论会的筹备工作，并提交了论文《论西南联大纪念碑的爱国主义思想》，在讨论会上交流。这是一个高规格的理论研讨会，来自全国各地的270位专家学者，以及“一二·一”运动老战士参会；这是继1985年云南师大举办的全国性第一次“一二·一”运动学术讨论会后的第二次。讨论会有两大特色：第一，将“一二·一”运动与西南联大两个主题结合起来，即将抗战大后方民主堡垒和解放战争第二条战线斗争结合起来研究；第二，把历史研究与如何继承发扬“一二·一”运动和西南联大光荣传统结合起来。会后，我主编了讨论会论文集《一二·一运动与西南联大》，1996年由云南大学出版社出版。

三

随着西南联大研究的不断开展，在西南联大云南校友会的支持下，云南师大党政领导班子决定成立“云南师大西南联大研究所”。成立大会于2000年11月1日召开。我作为研究所成员代表在大会上讲话，首先回顾了改革开放以后学校和云南省乃至全国关于西南联大学术研究及研究成果的状况，接着对研究所未来开展研究谈了自己的看法和设想。成立大会后，全校举行了一系列学术报告活动。11月2日，我做了《西南联大对抗日战争的贡献》的报告。

长期以来，云南师大党政领导十分注重继承发扬西南联大光荣传统，努力把西南联大历史融入校园文化建设之中。为此，学校成立校园文化建设专家组。我作为专家组成员，积极建言献策，努力尽自己的一份力量。2003年初，经专家组讨论，决定在校园中树立“国立西南联合大学教授名录”碑，意在展现梅贻琦的名言：“所谓大学者，非谓有大楼之谓也，有大师之谓也。”专家组决定由我负责整理提供联大教授名录。经过工作，当年5月4日，该碑即树立起来，它与一组联大师生雕像一起，成为校园一景，受到人们的广泛关注。

师大校园中有“一二·一”四烈士墓、国立西南联合大学纪念碑、联大旧教室、联大纪念亭、梅贻琦捐款修建的“梅园”等。2004年，学校决定将校园中的这些珍贵的联大文化遗产申报为国家级重点文物保护单位。我参加了申报工作。在拍摄申报资料专题片时，我作为介绍专家出镜讲解，申报工作得到省文物局副局长兼专家组组长张永康的大力支持和指导，经过认真研究，决定以“国立西南联合大学旧址”的名称申报。作为云南省文物局专家组成员，我和徐继涛研究员撰写省级评审推荐材料。经过各方面的努力，申报取得了成功。2006年6月，国务院将“国立西南联合大学旧址”公布为全国重点文物保护单位。

随着西南联大研究的发展，影响也不断在扩大。2006年10月12日，全省性的研究团体“云南省西南联大研究会”成立，我当选研究会副会长。研究会聘请了联大校友王汉斌、彭珮云、任继愈、吴征镒、沈克琦、李晓等为顾问。

2012年9月，我将多年研究成果撰写为《享誉世界的西南联大》，作为学校宣传介绍西南联大的读本，纳入云南教育出版社“经典云南丛书”出版。

在研究西南联大时，有一项工作十分重要：寻访西南联大校舍旧址和联大教授们的旧居。

20世纪80年代后期，我开始陪同一些联大校友对当年联大在昆明的校舍及联大教授住过的地方进行寻踪查访。尤其是参加1999年昆明市政协文史委员会组织的“抗日战争时期文化名人旧居调查”，以及2000年至2003年的昆明抗战时期文物普查。普查中，我还为昆明几个县区讲授云南抗战史和西南联大情况，同时自己进一步了解熟悉了联大校舍遗址及联大教授旧居的基本情况。普查工作的重要成果之一，是使一批联大校舍旧址和教授旧居作为文物保护单位保存下来。至2013年，据不完全统计，昆明市及蒙自，联大遗址被列为各级文物保护单位的共约20项。其中，国家级重点文物保护单位3项、省级文物保护单位3项、市级文物保护单位10项、区县级文物保护单位4项。

2000年，省委宣传部影视中心组成大型专题片《西南联大启示录》摄制组。6月，受校党委的安排，我带领该项目组到各个联大校舍旧址及联大教授旧居进行拍摄。后来，这项“导摄”或“导游”也成了我的一项不时进行的工作。

四

中央领导对西南联大这份珍贵的遗产十分关注重视，从而极大地推动了西南联大遗产的保护、研究，以及联大精神的继承和发扬。

（一）李岚清的关心与西南联大纪念馆的建立

2002年8月22日，中共中央政治局常委、国务院副总理李岚清在中南海听取云南省省长徐荣凯关于振兴云南基础教育的情况汇报之后，做了重要指示。指示中的一个重要内容是：“要研究一下如何很好利用西南联大这个宝贵历史资源。抗战时期云南人民养育了这所大学，现在应该去争取北大、清华、南开来支援云南。西南联大贵在有许多名教授，很多老教授都有怀旧感，要善于把各方面的积极性调动起来，把这些宝贵的无形资源利用好。”1993年12月9日李岚清曾到云南师大视察，西南联大校史展览给他留下了深刻的印象。

在教育部、省委、省政府的关怀和支持下，为了贯彻落实李岚清上述指示，2003年1月15日，省长助理陈小娅（后来任教育部副部长）到云南师大进行视察和调研。她指出：“西南联大是云南的历史文化特色，是中国现代文化教育的显著特征，是云南文化教育史上的一大亮点，必须高度重视，大力弘扬。”她要求“要像建设国家重点实验室那样重视纪念馆的扩建工程”。3月17日，陈小娅一行又到云南师大就西南联大旧址保护及“一二·一”运动纪念馆整修工作召开省政府现场办公会。

与此同时，云师大党委组成了以校领导为组长的工作小组，开始启动西南联大旧址保护及“一二·一”运动纪念馆整修工程。我作为工作小组成员参加了工程的相关工作。

一次工作会上，针对西南联大旧址保护和“一二·一”纪念馆的扩建问题，我和省博物馆研究员徐继涛提出成立西南联大纪念馆的建议。我专门阐述为什么已经有“一二·一”运动纪念馆，还要成立西南联大纪念馆。我说，“一二·一”运动，西南联大是中坚力量；北大、清华有光荣的革命传统，是“五四”“一二·九”的发祥地和指挥部；如果没有西南联大，“一二·一”运动不可能发生在昆明。“一二·一”运动是一个重大的历史事件，而西南联大是它的主要发动者；西南联大遗产丰厚博大，非“一二·一”运动可以代替，尤其在当前科教兴国的形势下，研究西南联大，继承西南联大的科学民主精神、光荣的革命传统，对办好我们的教育事业具有重要意义。当然，成立联大纪念馆与“一二·一”运动纪念馆，可以两块牌子两个馆但只是一个班子一套人马。

我们的建议得到大家的同意和支持。后来，学校在“一二·一”四烈士墓旁拆掉一幢老旧的教职工宿舍，与教育部、省政府联合投资760多万元，修建“国立西南联合大学纪念馆”。工程于2004年2月动工，8月初建成。

与此同时，工作小组开始了“一二·一”纪念馆展览改版和西南联大纪念馆展览大纲编写工作。联大展览大纲先后经20余次专题会议讨论，10次修改。我参加了这些会议，并承担了大纲相应部分的撰稿。

西南联大暨云南师大建校66周年纪念时，11月1日西南联大纪念馆展览进行预展，11月7日举行正式开馆仪式。莅临开馆仪式的有：联大在昆校友，省人大、省政协领导和北大、清华、南开三校代表，以及国家文物局代表。

（二）李克强的关心与联大蒙自分校展览重布、“四校”暑期社会实践开展

2010年5月31日至6月2日，中共中央政治局常委、国务院副总理李克强到云南红河州视察调研。其间，他参观了西南联大蒙自分校旧址及展览，并就保护西南联大遗址、弘扬联大精神做了重要指示。其中谈到，西南联大蒙自分校展览很重要，但太简陋，应很好打造。

云南省委、省政府为了贯彻落实副总理李克强的指示，省委宣传部率教育厅、财政厅、文化厅等部门和云师大，经过认真调查、研究，制订了一个大的规划。其中，文化厅和文物局牵头，云师大党委宣传部参与，组成联合小组，对联大蒙自分校遗址保护和展览重新打造开展工作。我被聘为顾问，为展览大纲撰稿组讲课，并担任大纲的审定工作。当年12月18日，我赴蒙自对布展做最后审定。

与此同时，为进一步贯彻副总理李克强的指示精神，云南师大倡议并得到团中央和教育部相关部门支持，2010年7月邀请北大、清华、南开三校和云师大学生代表（本科、硕博均有）各30名聚首昆明，组成暑期社会实践团，开展以“寻访西南联大足迹，弘扬西南联大精神”为主题的系列活动。活动组委会聘请我担任历史顾问。

7月28日开始的系列活动中，我承担了两项工作：一是带领四校暑期社会实践团全体成员参观考察昆明地区当年联大校舍故址、部分著名教授（冯友兰、闻一多、朱自清、华罗庚、周培源以及梁思成、林徽因）旧居，并做讲解；二是为全体团员做专题报告《西南联大的历史地位》。该项活动引起广泛关注，中央电视台及省、市新闻媒体均做了报道。

10月10日，中共中央政治局委员、国务委员刘延东专程到云南师大呈贡校区视察。当她知道学校十分重视西南联大传统的继承和联大精神的弘扬，非常高兴。她对同学们说，40多年前在清华大学读书时，我就知道抗日战争时期，清华和北大、南开在昆明联合组成西南联合大学，云南师大是联大留下来的，因此我们是校友。她的讲话深深地激励着师大学生们，大家表示一定要更好地继承发扬联大精神。

两年后，2012年8月下旬，第二届“寻访西南联大足迹，弘扬西南联大精神”活动再次举行。除了北大、清华、南开、云师大四校学子外，还增加了台湾“清华大学”的学生代表。当时，我在北京，专程赶回昆明，为参加活动的学生讲《西南联大的历史地位》，并带领大家寻访考察联大校舍遗址及教授们的旧居。

五

20世纪80年代后期，我开始承担云师大每年在新生入学教育中开设的《历史与责任》的联大校史专题讲座，每年都讲，未曾中断。每次讲课时，我都饱含深情，受到同学们的欢迎，以至于不少同学把我当作西南联大毕业的校友，问我是联大什么专业、哪一年毕业的。1996年，在与西南联大北京校友会总干事钱惠濂老师通信中，她得知我为新生入学教育讲联大历史，认为非常好、非常有必要，对我热情鼓励，并给我寄来刚刚出版的北京校友会编著的《国立西南联合大学校史》。有一次，联大北京校友会副会长、清华大学前党委书记李传信出差来昆明。交谈中，他鼓励我把继承联大传统，弘扬联大精神的工作坚持做下去。正是由于受到同学们的欢迎和联大前辈的鼓励，我一直坚持这个专题讲座。其中难忘的是2008年的两件事。

2008年是西南联大暨云南师大建校70周年纪念。4月中旬至5月上旬，云南广播电台新闻访谈节目《百姓与社会》专栏邀我做访谈嘉宾，做西南联大系列节目。当时，一个高中毕业生听后反馈说，听了这个节目，他准备报考云南师范大学，因为它是西南联大的传承者。这一年，云师大新生入学教育，学生处和相关部门安排我讲联大校史，从9月2日至9日一周由我为全校新生几千人连讲9场，其中有一个下午讲了3场。学生处的老师问累不累，我说听的人欢迎就不累，中国有句成语叫作“乐此不疲”。

多年来，我担任学校历史与行政学院中国古代史和中国近现代史两个硕士点的导师。其中在中国近现代史这个点开设西南联大研究课程，带了两名西南联大史方向的研究生，这在全国是开先河的；还指导了10多名硕士生撰写西南联大研究的学位论文。

近年来，作为主讲嘉宾，我在云南、昆明广播电台、电视台，讲述西南联大；也接受中央电视台、香港凤凰卫视、重庆电视台、江苏电视台等的采访，讲述西南联大的人和事。

近两年来，在省委宣传部和省社科联主办的“云岭大讲堂”，我主讲了《享誉世界的西南联大》。在云南省省直机关干部自主选学的教学点讲授《西南联大：世界一流大学》，在红河学院讲《西南联大与蒙自》，在云师大“文聚论坛”讲《西南联大系列讲座》（五讲），为云南电力研究院和信息中心团员讲《西南联大与“五四”传统》，为云南师大新教师岗前培训讲《享誉世界的西南联大》，为越、老、缅、柬、泰、韩等国来进修培训访问的官员学者，以及新、马留学生夏令营员等讲述中国历史名校西南联大，为云南师大外国语学院和职业技术学院讲党课《中共超级特工熊向晖》。接受中央电视台采访，讲述西南联大的校训……

执着于西南联大研究的美国学者易社强（John Israel）曾经说过："我对西南联大有母校一般的感情。"而我的母校就是西南联大的一部分。联大杰出校友朱光亚说过，联大"九年历史也是北大、清华、南开三校悠久历史中光辉的一章和云南师范大学光荣的开篇"。正是这种血缘关系使我怀着对母校的深厚感情，研究它、宣传它，并将一直坚持下去。

吴宝璋

目　　录

中国历史名校西南联大

1939年夏在大西门外建起的西南联大新校舍大门

中国历史名校西南联大[1]

1937年7月7日，日本帝国主义全面发动侵华战争。为保存中华民族教育精华免遭毁灭，华北及沿海等主要大城市的高等学校纷纷内迁。一时间，大学流亡西迁，形成了中国历史上空前的文教大迁徙的壮观。据不完全统计，至少有六七十所高等院校迁到西南大后方。这些流亡大学保存了中国高等教育的精华，在抗战极端艰难的条件下，坚持办学，为国家振兴培养了大批人才，极大地促进了西南地区的文化教育事业和其他事业的发展。

抗战八年间，迁入云南的高等院校有十余所：国立西南联合大学（北京大学、清华大学和南开大学联合而成）、国立国术体育专科学校、国立中山大学、国立艺专、国立同济大学、私立华中大学、国立中正医学院、国立上海医学院、私立中法大学，还有外来文教单位在昆创办的一所新校—— 云南省立英语专科学校，加上原来的云南大学，于是抗战时期的昆明成为中国的教育中心之一。这些学校入滇时间先后不一，最早的是西南联大，在1938年4月，其余多在1938年底或1939年；这些学校在滇时间有长有短，短的数月、长的数年，为最者则是西南联大，长达八年之久。由于西南联大是由国内三所最著名的大学联合而成，在滇时间又长，因此，在众多迁滇的高校中，它最具代表性，对云南的影响最突出。

一、来龙去脉和基本情况

西南联大是由北平国立北京大学、国立清华大学和天津私立南开大学联合而成的。

北京大学是中国第一所综合性大学。其前身是创办于1898年的“京

---

[1] 本文原为孙代兴、吴宝璋主编《云南抗日战争史》中的西南联大部分，云南大学出版社1995年第1版，2005年出增订本。收入本书时略有修改，篇名据朱光亚2002年6月8日题词所取，亦为作者长期讲课的讲稿。

师大学堂”。新文化运动以前它是一所封建性质的学校。1917年，蔡元培担任北大校长，从此北大开始了历史性的转变。他扫除了北大清末民初招收老爷式学生的官僚积习，以兼容并包的精神，罗致陈独秀、李大钊、鲁迅、钱玄同等国内学术界的精英，使北大始终走在新思想新科学的最前面。

清华大学前身是美国“退庚款”于1911年创办的留美预备学校——“清华学堂”，带有浓厚的半殖民地色彩。1925年9月设立大学部。1928年改名为国立清华大学。清华改为大学后，以美国的“通才教育”（Liberal education或General education，或译为“自由教育”）为教育方针，建立了教授治校等一系列制度。1931年梅贻琦任清华校长，巩固确立了教授治校的制度，延揽了许多有学术声望的教授，使学校教学与学术工作空前发展。

南开大学也是一所有优良传统的学校，它的创办者张伯苓是中国现代教育最杰出的先驱人物之一。1904年张伯苓创办了私立敬业学堂，1907年改名南开中学堂，梅贻琦是南开中学堂第一班高材生。1917年41岁的张伯苓留学美国哥伦比亚大学师范学院并考察了美国私立教育情况之后，1919年在南开中学堂的基础上创办了南开大学。周恩来、马骏就是南开大学的第一届学生。南开大学推行美国式的教育。张伯苓选聘教师非常严格，不仅从国内各著名大学延揽优秀毕业生，而且留意从美国聘请留学生。南开大学强调能力培养、知识面广、考试严格、教学认真。由于张伯苓呕心沥血地以科学精神办学，遂使南开成为我国的名牌学校，他本人在教育界亦声望甚高。

1937年“卢沟桥事变”后，7月15日至20日，国民党邀请各党派团体代表以及学者名流150余人在庐山举行关于国是问题的暑期谈话会。北大、清华、南开三校校长蒋梦麟、梅贻琦、张伯苓以及陈岱孙、顾毓琇等著名教授参加了会议。会上提出了北大、清华和南开联合组成临时大学的问题。庐山会后，三校校长到南京与教育部进一步磋商联合事宜。与此同时，教育部拟订了《设立临时大学计划纲要草案》，指出国民政府“为使抗战期中战区内优良师资不至无处效力，各校学生不至失学，并为非常时期训练各种专门人才以应国家需要”，“特选定适当地点，筹设临时大学若干所”。其中北大、清华、南开组成临时大学第一区，设在长沙。[1]所以定名为“临时大学，主要是因为当时当局认为战争不会太久，也许三个月，一年半载”[2]。

7月29日、30日，平津相继沦陷，三校特别是南开遭到日寇的疯狂蹂躏摧残。因为“九一八事变”之后，南开就一直站在天津抗日运动的前列，日寇对其异常痛恨。日军攻占天津时，对南开先用飞机轰炸和炮击，然后又派兵纵火焚毁，使南开成为抗战后中国第一个罹难的高等学府。据初步统计，南开财产损失占当时全国高等学校全部战争损失的十分之一。当时正在南京的张伯苓悲愤填膺，公开谈话：“敌人此次轰炸南开，被毁者为南开之物质，而南开之精神将因此挫折而愈益奋励。”

8月28日，教育部指定张伯苓、梅贻琦、蒋梦麟为长沙临时大学筹备委员会常委，教育部代表杨振声为筹委会秘书主任。临时大学本着适应战时需要的精神，将三校的院系做了合并调整，设立文、理、工、法商四个学院共十七个系。校舍租用长沙城东韭菜园美国教会的圣经学院和涵德女校，湖南省府拨给原清军49标营房。还在距长沙百余里南岳衡山圣经学院分院设立临时大学分校，文学院则设在衡山。

9月初，北大、清华、南开将迁长沙合组临时大学消息传至三校，部分教授纷纷南下。三校以各种方式通知各地师生到长沙集中。至10月底，三校抵达长沙的教职员共148人，其中清华73人、北大55人、南开20人；报到学生共1452人。11月1日，长沙临时大学正式上课，这一天后来成为西南联大的校庆日。此后，仍有师生陆续到达，至1938年1月学生达1500多人。

1937年12月13日，日军攻陷南京，武汉危在旦夕，长沙震动。于是临时大学又奉教育部之命，西迁昆明。长沙临时大学共存在了四个月，是一所名副其实的“临时大学”。

长沙临时大学何以西迁昆明？第一，昆明地处西南边陲，离前线较远。

---

[1] 《教育部设立临时大学计划纲要草案》，北大档案657号，载《国立西南联合大学校史资料》，北京大学出版社、云南人民出版社1986年版。

[2] 陈岱孙：《在校庆会上的讲话》，载《西南联大北京校友会简讯》第5期（1988年4月）。

第二，“到云南，是因为有滇越与滇缅两条路可以通到国外，设备仪器容易运进来”[1]。

临时大学师生西迁分海陆两条路线。陆路步行，由湘西经贵州直到昆明。参加者是经过体检合格的共250多名男同学，组成湘黔滇旅行团。沿途实行军事管理，由军事委员会指派中将参议黄师岳任团长。教师11人组成辅导团，其中4人组成指导委员会，黄钰生任主席。学校配备了炊事员和医官，另有两辆卡车运行李。学生一律身着草绿军服，打绑腿，背干粮袋、水壶和雨伞。旅行团1938年2月20日出发，于4月28日抵达昆明。师生们沿途栉风沐雨、跋山涉水，经受了体力的考验和意志的磨炼，了解了风土人情，目睹了人民的苦难生活，观览了名胜古迹和祖国的大好河山，学到了书本上课堂里学不到的许多东西。对这一中国教育史上空前的壮举，本来拟任联大文学院院长、后来调任驻美大使的胡适说：“临大决迁昆明，当时有最悲壮的一件事引得我很感动和注意：师生徒步，历六十八天之久，经整整三千余里之旅程。后来我把这些照片放大，散布全美。这段光荣的历史，不但联大值得纪念，在世界教育史上也值得纪念。”[2]

海路乘火车经粤汉路到广州转香港，乘船到越南海防，再乘火车由滇越铁路经河口入滇至昆明，要办理护照。该路人员为女生、体弱有病的男生及教职员和家属，共800余人。2月中旬开始分批上路，陆续到达昆明。

此外还有陈岱孙、冯友兰、朱自清等10余名教师租乘汽车从长沙出发，经桂林、柳州、南宁、龙州，出镇南关（今友谊关）入越南，再乘火车转昆。

到昆后，奉教育部令，长沙临时大学改称国立西南联合大学。联大于1938年5月4日开始上课，从此至联大结束，联大在昆明整整八年时间。

联大到昆之初仍设四个学院：文学院、法商学院、理学院和工学院。

---

[1] 梅贻琦：《在联大校庆九周年纪念会上的讲话摘要》，载《笳吹弦诵在春城》，云南人民出版社、北京大学出版社1986年版，第512页。

[2] 胡适：《在联大校庆九周年纪念会上的讲话摘要》，载《笳吹弦诵在春城》，云南人民出版社、北京大学出版社1986年版，第514页。

1938年8月，根据云南省当局的要求，为解决云南师资问题，奉教育部命令增设师范学院。1939年1月新设电讯专修科，又设在职教员晋修班（学制一年），同时开办先修班。1941年又增设师范专修科。至此联大共有五个学院二十六个系两个专修科一个晋修班和一个先修班，是当时国内规模最大的高等学府之一。联大在昆八年又设过两个分校：一是1938年联大初到昆明因校舍无着落，文、法两个学院设在蒙自，为蒙自分校。一个学期后文、法学院迁昆，蒙自分校撤销。二是1940年夏，日军占领越南，为防万一，联大又在四川叙永设一分校，当年考入联大的全部一年级新生及先修班学生到叙永上课。1941年秋季战事稳定，叙永学生迁回昆明，分校随即结束。

联大的校务仍如长沙临时大学一样，由三校校长蒋梦麟、梅贻琦、张伯苓组成常委会主持，而以梅贻琦为主席。三校主要部分实行了联合，共同组成五个学院，同时还各自保留原有的某些行政和教学科研组织系统，各设办事处处理各自事务。在组成联大前入学的三校学生仍按各校的系统编号，保留原校学籍；组成联大后招收的学生才统一编号。因此当时联大学生学籍就有四种：P（北大）、T（清华）、N（南开）、A（联大）。还有三校参加联大工作的教职员，除联大发给聘书外，三校各自亦发给聘书。三校的研究院和研究所各自独立，当时三校研究院共有九个所，下设三十二个学部。

此外，清华大学还设有农业、航空、无线电、金属、国情普查等五个特种研究所。然而，这种种相对独立，并不妨碍三校亲密无间的联合。梅贻琦在纪念联大校庆九周年时曾经说过："想起九年的工夫，在长沙，在昆明，三校联合的结果很好，同仁都认为满意。""前几年，教育当局说抗战中好多学校联而不合，只有联大是唯一联合到底的。"

联大在抗战八年中，教师常年一般保持在350人左右，教授和副教授约占一半以上。据载，1939年联大有教授、副教授177人，1945年为210人。八年间，在校学生一般在3000人上下。联大八年共培养毕业生约4000人（其中本科生3700余人，研究生83人），连上投笔从戎以及各种原因中途辍学者，前后在联大受过教育的学生达8000人。

1945年8月15日，日本投降，联大战时使命完成，准备北返复员。9月20日至26日，梅贻琦赴重庆参加“全国教育善后复员会议”。25日，蒋介石宴请与会人员，针对内迁学校急于返还的想法强调：“准备愈充足愈好，归去愈迟愈好。政府不亟亟于迁都，各校也不应亟亟于回去。”[1]还明确指出：“迁移应在明年课业结束之后”，“西北西南各校除少数外，宜留设原处”[2]。据此，经过充分的准备，半年多后，联大才开始踏上北返归途。同时，还应云南当局的要求，决定将联大师院留昆独立继续办理。

1946年5月4日，全校师生在图书馆举行结业典礼，而后又到校园后山（今云南师大东北角）为“国立西南联合大学纪念碑”揭幕。纪念碑由联大文学院院长冯友兰撰文，中文系教授闻一多篆额，中文系主任罗庸书丹。为此，西南联大校友、美国芝加哥大学历史学教授何炳棣曾盛赞其为现代的“三绝碑”[3]。纪念碑碑体雄壮，书法遒劲，文采飞扬，意蕴深广，气势恢弘，具有极高的历史、文学和艺术价值。碑文全文如下：

中华民国三十四年九月九日，我国家受日本之降于南京。上距二十六年七月七日卢沟桥之变，为时八年；再上距二十年九月十八日沈阳之变，为时十四年；再上距清甲午之役，为时五十一年。举凡五十年间，日本所鲸吞蚕食于我国家者，至是悉备图籍献还。全胜之局，秦汉以来所未有也。国立北京大学、国立清华大学原设北平，私立南开大学原设天津。自沈阳之变，我国家之威权逐渐南移，惟以文化力量与日本争持于平津，此三校实为其中坚。二十六年平津失守，三校奉命迁于湖南，合组为国立长沙临时大学，以三校校长蒋梦麟、梅贻琦、张伯苓为常务委员，主持校务。设法、理、工学院于长沙，文学院于南岳。于十一月一日开始上课。迨京沪失守，武汉震动，临时大学又奉命迁云南。师生徒步经贵州，于二十七年四月二十六日抵昆明。旋奉命改名为国立西南联合大学，设理、工学院于昆明，文、法学院于蒙自，于五月四日开始上课。一学期后，

[1] 教育部教育年鉴编纂委员会编：《第二次中国教育年鉴》，商务印书馆1948年版。
[2] 《梅贻琦日记选（1941—1946）》，清华大学出版社2001年版，第175页。
[3] 《云南师大校友通讯》第1期，1986年11月。

文、法学院亦迁昆明。二十七年增设师范学院。二十九年设分校于四川叙永，一学年后并于本校。昆明本为后方名城，自日军入安南，陷缅甸，乃成后方重镇。联合大学支持其间，先后毕业学生二千余人，从军旅者八百余人。河山既复，日月重光，联合大学之战时使命既成，奉命于三十五年五月四日结束。原有三校即将返故居，复旧业。缅维八年支持之苦辛，与夫三校合作之协和，可纪念者盖有四焉。我国家以世界之古国，居东亚之天府，本应绍汉、唐之遗烈，作并世之先进。将来建国完成，必于世界历史居独特之地位。盖并世列强，虽新而不古；希腊、罗马，有古而无今。惟我国家，亘古亘今，亦新亦旧，斯所谓周虽旧邦，其命维新者也。旷代之伟业，八年之抗战，已开其规模，立其基础。今日之胜利，于我国家有旋乾转坤之功，而联合大学之使命与抗战相终始，此其可纪念者一也。文人相轻自古而然。昔人所言，今有同慨。三校有不同之历史，各异之学风，八年之久，合作无间。同无妨异，异不害同，五色交辉，相得益彰，八音合奏，终和且平，此其可纪念者二也。万物并育而不相害，道并行而不相悖，小德川流，大德敦化，此天地之所以为大。斯虽先民之恒言，实为民主之真谛。联合大学以其兼容并包之精神，转移社会一时之风气，内树学术自由之规模，外来民主堡垒之称号，违千夫之诺诺，作一士之谔谔，此其可纪念者三也。稽之往史，我民族若不能立足于中原，偏安江表，称曰南渡。南渡之人，未有能北返者。晋人南渡其例一也，宋人南渡其例二也，明人南渡其例三也。风景不殊，晋人之深悲；还我河山，宋人之虚愿。吾人为第四次之南渡，乃能于不十年间收恢复之全功，庾信不哀江南，杜甫喜收蓟北，此其可纪念者四也。联合大学初定校歌，其辞始叹南迁流离之苦辛，中颂师生不屈之壮志，终寄最后胜利之期望。校以今日之成功，历历不爽，若合符契。联合大学之终始，岂非一代之盛事，旷百世而难遇者哉！爰就歌辞，勒为碑铭，铭曰：

痛南渡，辞宫阙。驻衡湘，又离别。更长征，经峣嵲。望中原，遍洒血。抵绝徼，继讲说。诗书丧，犹有舌。尽笳吹，情弥切。千秋耻，终已雪。见仇寇，如烟灭。起朔北，迄南越。视金瓯，已无缺。大一统，无倾折。中兴业，继往烈。维三校，兄弟列。为一体，如胶结。同艰难，共欢悦。联合竟，使命彻。神京复，还燕碣。以此石，象坚节。纪嘉庆，告来哲。

特别需要提及的是，纪念碑作为联大的历史见证，近半个世纪以来，一直为三校和海内外联大校友所珍视，观睹寄意，梦萦魂牵。1988年，为纪念西南联大建校50周年，北京大学和西南联大北京校友会决定对矗立在昆明云南师大校园的西南联大纪念碑进行复制，立于北大校园内。翌年5月4日，复制碑落成，当年撰写碑文的94岁高龄的冯友兰教授亲手为复制碑揭幕，并援引自己43年前撰写的碑文里的话对记者说："西南联合大学之终始，岂非一代之盛事，旷百世而难遇者哉。今天，联大精神仍应弘扬之。"[1]

二、艰难岁月

联大初到昆明，校舍完全靠东拼西凑、租赁解决，散布各处：理学院在大西门外昆华农校，工学院在拓东路迤西、江西、全蜀三个会馆；文、法两学院在昆尚无立足之所，遂在蒙自借用原海关、法国银行和希腊歌胪士洋行等闲置房舍，设立分校借以安顿。

一个学期之后，因航空学校征用蒙自海关房屋及附近土地，文、法学院遂迁回昆明，与理学院一起，挤在昆华农校。此时的昆明，因日本飞机轰炸，一些中专和中学疏散到专县，校舍空闲。新设师范学院先借昆华中学的南院和北院为校舍，1940年10月13日被日机炸毁，又迁大西门外龙翔街，借昆华工校一半继续办学。联大总办公处先在崇仁街46号，后迁财盛巷2号，此时为便于工作又迁龙翔街。至此联大尚"寄人篱下"，完全无自己的校舍可言。

联大一直想建盖自己的校舍，这时方购得昆明城西北三分寺附近荒地124.45亩（今云南师大一二・一校区校址），修建自己的校舍。然而，限于战时困难，经费短缺，虽有建筑大师梁思成、林徽因做建筑顾问，但巧

[1] 《光明日报》，1989年5月6日。

妇亦难为无米之炊。1939年夏这一片校舍竣工，大家叫它“新校舍”：没有一幢楼房，一律平房；因图书馆和两个食堂面积较大，采用了砖木结构和瓦顶，其余完全是土墙铁皮顶，学生宿舍则为茅草顶。文、法、理三学院乔迁新校舍，工学院仍在拓东路，师院仍在昆华中学（后又迁借昆华工校），继续“寄人篱下”。

1944年4月，因学校经费赤字，只好将新校舍教室、办公室屋顶的白铁皮全部拆卖换成茅草顶。联大办学之艰辛、经济拮据之甚，于此可见一斑。

1938年至1942年间昆明常遭日机空袭。联大师生几乎天天跑警报。联大在昆租借的房屋不少都遭过轰炸。新校舍教室里热天如蒸笼，冬天寒风袭人。雨天铁皮屋顶叮咚作响，教师讲课要大声喊叫，正所谓“风声雨声读书声声声入耳”。课堂里，没有课桌，“火腿椅”发挥桌、椅两个功能。学校图书少得可怜，联大八年累计中外文图书不过4.8万册。实验品缺乏，许多实验无法进行。仪器设备很少且极为简陋。物理系吴大猷教授把三棱镜放在简易木架上拼凑成一个最原始的分光仪，试着做“拉曼效应”的一些研究工作。地质地理气象学系，则别出心裁地把附近残破不全的碉堡改装成气象台，供学生实习观察用。航空系的风洞实验室用一间土平房改装而成，实验时发动机常常把墙上的土震落。

由于图书馆座位拥挤，宿舍没有桌凳，学校附近文林街、龙翔街的茶馆便成了学生们自习和研讨学问的好地方，不少人的论文和读书报告都是在茶馆里“泡”出来的。当今著名小说家汪曾祺说：“茶馆出人才”，“研究联大校史，搞‘人才学’不能不了解联大附近的茶馆”，“我这个小说家是在昆明的茶馆里泡出来的”。[1]

至于师生的生活，那就更差了。学生宿舍大通铺，40人住一间，窗户是方洞嵌上几根木棍，雨大斜飘时要打伞遮蔽，屋内进水则成“泽国”。雨天校园内道路泥泞。学生们大多来自战区，断绝了经济来源，只能靠少许贷金度日。吃的是沙粒、稗子、鼠屎俱全的“八宝饭”。为了维持生活和坚持学习，全校一半以上同学都在校外兼差，半工半读，从事各种各样

[1] 汪曾祺：《泡茶馆》，载《滇池》1984年第9期。

的职业。多半做家庭教师或到中小学兼课，也有当报馆编辑、银行职员、译员、电灯匠、油漆匠、广告员、店员、卖报郎等，连大西门城楼上放午炮报时的活计也被联大学生包了。兼差耗费了同学们的不少精力和时间，有的甚至断断续续在联大多读了好几年。但是他们体验了生活，了解了社会，磨砺了意志，锻炼了自己，同时为社会做了大量有益的事情，与人民群众建立了深厚的感情。

为了躲避敌机轰炸，许多教授迁居城郊农村，龙头村、司家营、车家壁、黄土坡、王家桥、陈家营、龙院村、呈贡……最远的住在60多公里外的宜良。到学校上课，或乘火车，或坐小马车，或徒步，或头天进城住在学校单身宿舍里。华罗庚家先住在一家农民的牲口厩楼上。他曾写道："在昆明城外20里的一个小村庄里，全家人住在小厢楼里，晚上一灯如豆，（楼下）牛擦痒痒，擦得地动山摇，危楼欲倒；猪马同圈，马误踩猪身，发出尖叫。""清高教授，呜呼！清则有之，清汤之清，而高则未也。"闻一多移居北郊陈家营，华罗庚一家无处可去，闻先生便邀请华家与他家住在一起，中间用帘子将闻家八口与华家六口隔开。华罗庚曾写过四句诗记述这段难忘的生活：

挂布分屋共容膝，岂止两家共坎坷；
布东考古布西算，专业不同心同仇。[1]

由于物价飞涨，教师的生活每况愈下。1938年、1939年教授们的月薪还能维持三个星期的生活，后来只够半个月之用，[2]甚至"饭甑凝尘腹半虚""既典征裘又典书"。[3]不少教授为了养家糊口而奔波，到处兼课。闻一多这样知名的教授除兼课外还得为人刻印章才能维持生计。1944年他在一封家信中辛酸地说："两年前时在断炊之威胁中度日，开始在中学兼

[1] 顾迈南：《华罗庚传》，复旦大学出版社1997年版。

[2] 韩咏华：《同甘共苦四十年——记我所了解的梅贻琦》，载《笳吹弦诵在春城》，云南人民出版社、北京大学出版社1986年版，第60页。

[3] 联大教授黄子卿诗句，引自黄志洵《西南联大与中国自然科学家》，载《百科知识》1986年第7期。

课，犹复不敷，经友人怂恿，乃挂牌刻图章以资弥补。最近三分之二收入，端赖此道。”[1]吴大猷教授常常身穿补着大膏药一样的补丁裤子去联大上课。曾昭抡教授的鞋子总是前后见天，既通风又透气。朱自清教授冬天做不起棉衣，买了一件便宜的赶马人用的披毡御寒。迫于生计，许多教授的夫人都想办法去找些活做，就连梅贻琦的夫人也不得不与潘光旦教授的夫人合做米糕，到城里冠生园寄卖。

生活如此多艰，然而联大教师们却安贫乐道，严谨治学，潜心钻研，著书立说，诲人不倦，执着地为民族培养人才做贡献。同学们则以天下为己任，读书不忘救国，救国不忘读书，勤奋攻读，刻苦钻研。联大师生的这种精神风貌，源于他们对抗战充满必胜的信念。这种信念充分反映在联大校歌里。罗庸作词、张清常作曲的校歌是一首与民族英雄岳飞千古绝唱满江红词牌名相同，一样慷慨激越的悲歌。“其辞始叹南迁流离之苦辛，中颂师生不屈之壮志，终寄最后胜利之期望。”[2]至今它还激动着全世界联大校友的心。其词曰：

万里长征，辞却了五朝宫阙。暂驻足衡山湘水，又成离别。绝徼移栽桢干质，九州遍洒黎元血。尽笳吹弦诵在山城，情弥切。

千秋耻，终当雪，中兴业，须人杰。便一成三户，壮怀难折。多难殷忧新国运，动心忍性希前哲。待驱除仇寇，复神京，还燕碣。

三、大师云集

联大常委梅贻琦有一名言：“所谓大学者，非谓有大楼之谓也，有大师之谓也。”它仿佛是针对西南联大讲的，其实它是梅贻琦1931年任清华大学校长就职演说时讲的。的确，西南联大没有大楼，却有大师，且大师云集。因为联大荟萃三校教师，可谓人才济济，群贤毕集。笔者据《国立西南联合大学校史》和《国立西南联合大学史料》整理，西南联大八年间

[1] 韦英（闻立雕）：《闻一多印选·序》，文物出版社1990年版。

[2] 冯友兰撰国立西南联合大学纪念碑碑文。

先后共有300多名教授，云南师大已将这一名单镌刻为“国立西南联合大学教授名录”碑立于校园之中，现将这一名录照录如下。

常委会

梅贻琦　蒋梦麟　张伯苓

文学院

中国文学系

朱自清　罗常培　罗　庸　魏建功　胡　适　杨振声　刘文典
闻一多　王　力　浦江清　唐　兰　游国恩　许维遹　陈梦家

外国语文学系

叶公超　柳无忌　莫泮芹　陈福田　燕卜荪（William Empson）
黄国聪　潘家洵　吴　宓　陈　铨　吴达元　钱钟书　杨业治
傅恩龄　刘泽荣　朱光潜　吴可读（A.L.Polland Urpuhart）
陈　嘉　冯承植　谢文通　李宝堂　林文铮　洪　谦　赵诏熊
闻家驷　陈定民　温　德（Robert Winter）　黄炯华　胡　毅
袁家骅　白　英（Robert Payne）

历史系

刘崇鋐　雷海宗　姚从吾　毛　准　郑天挺　陈寅恪　傅斯年
钱　穆　王信忠　邵循正　皮名举　王　庸　向　达　张荫麟
蔡维藩　陈受颐　噶邦福（Jhon Jan Gapanovich）　吴　晗
陆伯慈（Roberts）

哲学心理系

汤用彤　冯友兰　金岳霖　沈有鼎　孙国华　周先庚　冯文潜
贺　麟　郑　昕　王维诚　陈　康　敦福堂　王宪钧

理学院

算学系

江泽涵　申又枨　程毓淮　杨武之　郑之蕃　赵访熊　曾远荣
陈省身　华罗庚　姜立夫　刘晋年　蒋硕民　张希陆　许宝騄

物理系

饶毓泰　朱物华　郑华炽　吴大猷　吴有训　叶企孙　周培源

赵忠尧　霍秉权　王竹溪　张文裕　马仕俊　任之恭　孟昭英
许浈阳
化学系
杨石先　曾昭抡　孙承谔　刘云浦　钱思亮　张子高　高崇熙
黄子卿　邱崇彦　朱汝华　张大煜　张青莲　苏国桢　严仁荫
生物系
李继侗　张景钺　沈嘉瑞　许　骧　陈　桢　吴韫珍　彭光钦
赵以炳　杜增瑞　殷宏章　沈　同　吴素萱　汤佩松　娄成后
戴芳澜　刘崇乐　陆近仁　俞大绂
地质地理气象系
孙云铸　王　烈　谭锡畴　冯景兰　袁复礼　张印堂　洪　绂
张席禔　李宪之　赵九章　王恒升　米士（Peter Misch）鲍觉民
钟道铭　陶绍渊　林　超
法商学院
政治系
张奚若　张纯明　崔书琴　张佛泉　张忠绂　钱端升　罗隆基
邵循恪　吴之椿　王化成　沈乃正　赵凤喈　王赣愚　龚祥瑞
经济系
陈岱孙　赵迺抟　周作仁　秦　瓒　伍启元　周炳琳　张德昌
徐毓枬　杨西孟　戴世光　萧　蘧　周新民　余肇池　徐维嵘
鲍觉民*
法律系
燕树棠　戴修瓒　蔡枢衡　罗文干　张企泰　李士彤　芮　沐
章　剑　马质夫　费　青　李廉寿　陈瑾昆
商学系
丁　佶　李卓敏　陈序经　陈岱孙*　林维英　周覃绂　鲍觉民*
社会系
陈　达　潘光旦　李景汉　李树青　陈序经*　吴泽霖　陶云逵

费孝通

工学院

土木工程系

蔡方荫　施嘉炀　王裕光　陶葆楷　张泽熙　李谟炽　吴柳生
王龙甫　陈永龄　衣复得　李庆海　阎振兴　覃修典　张有龄
张昌华　刘恢先

机械工程系

李辑祥　庄前鼎　刘仙洲　殷祖澜　殷文友　江一彪　孟广喆
周承佑　徐叔渔　王师羲　曾叔岳　刘德慕　张闻骏　王遵明
吴学蔺　褚士荃　董树屏

电机工程系

赵友民　章名涛　张友熙　倪　俊　顾毓琇　任之恭　毛启爽
张钟俊　朱兰成　叶　楷　范绪筠　马大猷　范崇武　陈宗善
钱钟韩　董维翰　陈荫谷

化学工程系

张子丹　张大煜*　高长庚　谢明山　潘尚贞　苏国桢　周荫阿
陈国符　武　迟

航空工程系

庄前鼎　冯桂连　王德荣　李锦安　周惠久　宁　榥　丁履德
王宏基

电讯专修科

周荫阿*

师范学院

国文系

朱自清*　罗常培*　浦江清*　杨振声*　沈从文　彭仲铎
萧涤非　余冠英　张清常

英语系

叶公超*　柳无忌*　陈福田*　潘家洵*　莫泮芹*　袁家骅*

凌达扬　李宝荣

史地系

刘崇鋐*　雷海宗*　钱　穆*　张印堂*　洪　绂*　张荫麟*
钟道铭*　陶绍渊*　周廷儒

数学系

江泽涵*　赵访熊*　杨武之*　姜立夫*　张希陆*　杨善基

理化系

杨石先*　郑华炽*　许浈阳*　严仁荫*　何君超　徐继祖

教育系

黄钰生　邱　椿　徐　述　樊际昌　罗廷光　查良钊　冯文潜
陈友松　孟宪承　沈　履　陈雪屏　齐泮林　陆志韦　胡　毅*
汪懋祖　田培林　王维诚*　彭仲铎*　凌达扬*　倪中方　徐继祖*
吴俊升

公民训育系

查良钊*　陈友松*　陈雪屏*　张佛泉*　罗廷光*　曾作忠　樊际昌*
倪中方*　杜元载　胡昌骥

体育部

马约翰

名单中有“*”者为在另一院系任兼职教授者。除去这部分兼职重复者外，共有305名教授。联大这些教授都是著名的科学家、文坛泰斗、一代宗师，真可谓人人握灵蛇之珠，个个抱荆山之玉。

此外，著名的英国学者李约瑟、美国学者费正清等也曾到过联大讲学。

有人说联大教授阵容之鼎盛，在古今中外大学中，堪称绝无仅有。这完全是有根据的。1939年联大有教授177人（含少数副教授），占全校教职工总数的22.3%，而1940年的美国非常著名的麻省理工学院的这一比例为22%。[1]民国时期1948年中央研究院产生了81名院士，其中西南联大教授有27人，刚好占三分之一。

---

[1]　引自周发勤等：《西南联合大学的历史贡献》，载《科学学研究》第8卷第2期，1990年6月19日出版。

联大师资力量的雄厚和教师来源于各种流派，使联大“内树学术自由之规模”。据不完全统计，联大八年共开出课程1600门以上（重复课程不算）[1]，比抗战前三校中任何一校都齐全、充实、完备。“每当学年伊始，教务处公布全部课程，无数的课程单把好几堵墙壁都贴满了，真是壮观！学生们一连几天，在课程表前挤来挤去，记下自己要选的、想听的课程。那是知识的海洋、学术的群峰。莘莘学子有幸跃入这个烟波浩渺的海洋，踏上攀登那些高峰的道路，他们深恐竭尽四年的青春年华，还望不到大海的彼岸和高峰的顶点。”[2]这些课程基本上都是专于该门的教授担任，所讲的内容都是教授们自己研究的成果或心得。如闻一多的“楚辞”课即讲他多年研究、四易其稿的《天问疏证》；华罗庚开的“解析数论”“连续群论”“行列式”“方阵”等课程，就是他结合自己的研究成果来讲授的，反映了20世纪40年代中国的最高学术成就。

联大教师将教学与科学研究紧密结合起来，许多教师都有丰硕的研究成果，不少研究成果进入世界前列。1941年至1946年间，教育部共进行六届学术奖励，其中西南联大教师获奖甚多。据统计，联大教师获奖者有30余人次，其中获国家一等奖的有：冯友兰《新理学》（1941年）、华罗庚《堆垒素数论》（1941年）、周培源《湍流论》（1942年）、吴大猷《多元分子振动光谱与结构》（1942年）、汤用彤《汉魏两晋南北朝佛教史》（1943年）、陈寅恪《唐代政治史述论稿》（1943年）、杨钟健《许氏禄丰龙》（1943年）。

由于师资的充裕，许多课程常常几位教授同时开讲，风格观点纷呈，师承流派各异，政治倾向也不相同。这一点在“中国通史”课中表现得较为突出，这门课是当时联大各院共同的必修课，分别由吴晗、雷海宗、钱穆等讲授，内容观点差别很大，各具特色。吴晗主要讲制度演变史，用“纵法”讲，讲得系统；雷海宗的主要观点是历史循环论，用“横法”

[1] 萧超然等编著：《北京大学校史》（增订本），北京大学出版社1988年版，第387页。
[2] 李埏：《谈联大的选课制及其影响》，载《云南文史资料选辑》第34辑。

讲，故事性较强；[1]钱穆则讲他的《国史大纲》，常常是座无虚席，门前窗外也挤满了人。因为联大开了那么多的课程，所以学生可以自由选课。讲得好的，门庭若市，否则门可罗雀。这实际上是一种学术竞赛，保证了民主学风的发扬。

四、联大学风与三校传统

西南联大融汇了三校的优良传统，即北大的“民主自由”之风、清华的“严谨求实”之风和南开的“活泼创新”之风，形成了联大的优良学风。人们通常用“山海云”来形容。在联大的一次校庆中，曾有这样一副对联：“如云，如海，如山；自然，自由，自在。”此联形容组成联大的三校不同的作风，意思是清华智慧如云，北大宽容如海，南开坚定如山。

就校训而言，北大是“博学审问，慎思明辨”，清华是“自强不息，厚德载物”，南开是“允公允能，日新月异”。海纳百川，有容乃大。西南联大正是在融汇了三校的校训，产生了“刚毅坚卓”的校训，指导和鼓舞着联大师生继承发扬“科学民主爱国”的精神，从而创造出举世瞩目的业绩。

联大还继承发扬了三校的其他突出传统。

首先是“教授治校”的传统。这是一种具有民主治校性质的传统。教授治校主要通过教授会来体现，教授会由全校教授、副教授组成，教授们在教授会内可以对校务充分发表意见，不仅起咨询作用，还起决策作用。加之联大各院、处长均为教授兼职，所以教授们又直接负有管理学校各方面工作的职责。由于联大的教授基本都与广大师生紧密相连，能够听取并代表广大师生的意见，所以学校的重大决策一般来说是民主的。特别值得一提的是在“一二·一”爱国民主运动中，教授会专门为运动召开九次会议，反复讨论，[2]统一意见，站在进步师生一边，支持他们与反动当局进行

[1] 萧超然等编著：《北京大学校史》（增订本），北京大学出版社1988年版，第393页。

[2] 见《西南联大民国三十四年度第二至第十次教授会记录》，载《一二·一运动史料汇编》第四辑（内部发行）。

斗争。

其次，联大以“通才教育”为培养目标。针对当时教育部强调的“专才教育”，梅贻琦说“大学重心所寄应在通而不在专”[1]。联大通才教育注重基础课程教育，旨在使学生获得广泛的知识，打下宽厚的科学基础，培养较强的综合适应能力。因此联大的基础课一般都配备学术水平高、教学经验丰富的教授担任。这些课程给学生留下了深刻的印象。杨振宁博士1983年12月回国在中国科学院研究生院讲学时谈道：“西南联大的教学风气是非常认真的。我们那时候所念的课，一般老师都准备得很好，学生习题做得很多。所以在大学的四年和后来两年研究院期间，我学了很多东西。”[2]

再次，联大招生非常注重生源质量。由于联大是驰名中外的学府，吸引着无数有志青年的向学之心，这种情况就给学校提供了一个优先地、广泛地挑选高才生的机会。因此，联大选拔录取的学生“多属一时之秀”，“一般都是成绩优异、基础扎实，特别是中、英文水平都较高，自学能力较强的”[3]。

复次，学生入学后，学校要求十分严格，实行淘汰制。按照学校的学分制、选修课制和必修课制规定，学生一般必须学满132个学分（约相当于30门课程）才能毕业。考试不及格者，不是补考，而是补读重修，体育不及格者亦要重修。因此联大学生一般来说学习是比较刻苦努力的。联大没有森严的门禁，课堂都向社会开放，校外青年也可自由来校听课，许多青年利用这一条件学到很多知识。

五、英才辈出

西南联大有众多的名师，又有良好的学风，虽然办学条件艰苦备至，但它却造就了一大批高徒，其中许多是蜚声中外的第一流的科学家。

[1] 梅贻琦：《大学一解》，转引自《清华大学校史稿》，中华书局1981年版，第302页。

[2] 杨振宁：《读书教学四十年》，载《光明日报》1983年12月1日。

[3] 李埏：《谈联大选课制及其影响》，载《云南文史资料选辑》第34辑。

联大校友中有许多人成为中国科学院和中国工程院院士。联大校友中两院院士包括联大教师和学生两个方面，这里主要是谈联大学生中的院士。据有关资料统计，联大校友中的两院院士共有172人（其中学生90人）[1]。

其中：中科院院士共154人（包括哲学社会科学部的11人和自然科学143人，其中学生78人）。

中科院外籍院士4人（其中学生2人）。

中国工程院院士12人（均为学生。其中2人同时为中科院院士，即双院士）。

上述联大人杰中，有15人堪称代表。

一是“两弹一星”功勋奖章获得者。

“两弹一星”即原子弹（后为原子弹和氢弹的合称）、导弹和人造地球卫星。关于“两弹一星”的重要性，毛泽东曾经说：“我们也要造一点原子弹、氢弹，没有这个东西，人家说你不算数。”邓小平也曾说过：“如果六十年代以来，中国没有原子弹、氢弹，没有发射卫星，中国就不能叫有影响的大国，就没有现在这样的国际地位。”

1999年9月新中国成立50周年前夕，中共中央、国务院、中央军委表彰了23名为研制“两弹一星”做出突出贡献的科技专家，并授予“两弹一星”功勋奖章。其中有8名为西南联大校友：赵九章、郭永怀、陈芳允、屠守锷、杨嘉墀、王希季、朱光亚、邓稼先。

限于篇幅，这里不一一介绍8名获奖者，仅简要介绍杨振宁“追忆两弹元勋邓稼先”的文章《没有任何外国人参加》中记述的一段动人的故事。

邓稼先与杨振宁是儿时的伙伴。《中国大百科全书·物理学卷》指出：“杨振宁于1971年夏访问中华人民共和国，是美籍知名学者访问新中国的第一人。”就在这次回国，他提出第一个要见的人就是已经阔别22年的挚友邓稼先。在离京赴上海时，杨振宁忍不住问邓稼先：中国的原子弹

[1] 西南联大北京校友会编：《国立西南联合大学校史》（增订本），北京大学出版社2006年版，第514页。需要说明的是，172人包括1948年中央研究院院士27人，中科院院士154人，以及工程院院士12人，一共193人。其中，中研院与中科院重复的有19人，中科院与工程院双院士2人，减去这21人，即为172人。

有没有外国人参加？因为他在美国听说，中国的原子弹是一个美国人帮助研制的。邓当时没有回答，因为事涉国家机密。据说，1964年10月16日中国第一颗原子弹爆炸后，严济慈来到好友许德珩家，两人谈到原子弹的事，许问严："是谁有这么大的本事，把原子弹搞出来了？"严说："问你的女婿呀！"许十分惊愕："我的女婿——邓稼先？"由此可见当时的保密是很严格的。当杨振宁登机离京后，邓稼先请示上级，周总理指示说可以把真情告诉杨振宁。邓立即写了一封短信叫人送到上海，杨接到这封信时正在宴会上。当他打开信看到"中国的原子弹是中国人自己造的，没有一个外国人参加"时，他的感情受到极大震荡，泪流满面。

二是首次获得诺贝尔奖的华人。

1957年12月10日，诺贝尔物理学奖第一次为两名年轻的华人获得，他们是杨振宁、李政道。杨振宁曾经说过，这次获奖的意义超出了科学，让世界知道华人是聪明的，使华人对自己有了信心。而这一点意义是极其巨大的。

我们知道，从1840年鸦片战争起，在西方列强的侵略之下，中国走上了贫弱不堪的道路，开始了不堪回首的极其屈辱的历史。杨振宁说："甲午战争和八国联军侵华的时候，恐怕是中华民族5000年历史上最黑暗最悲惨的时候"；"那是任人宰割的时代，是有亡国灭种的危险的时代"。在中国公园的门口，挂着"华人与狗不得入内"的牌子；因为鸦片的戕害，中国人被称为"东亚病夫"；由于国家的破败衰微，中国人被认为智力低下。1957年，突然有两位华人获得了诺贝尔奖，其向世界所展示的意义当然是不言而喻的。

三是国家最高科学技术奖获得者。

我国从2000年起开始设立中国"国家最高科学技术奖"，奖励在我国科技领域做出重大贡献、业绩最突出的科学家。该奖每年颁发1次，每次最多奖励2位科学家。联大校友、中科院院士黄昆（2001年）、刘东生（2003年）、叶笃正（2005年）、吴征镒（2007年）、郑哲敏（2012年）先后获国家最高科学技术奖。

黄昆是中国半导体物理学研究的开创者，在固体物理理论、半导体物理等方面的研究取得了多项国际水平的成果。刘东生长期从事第四纪地质学、古脊椎动物、环境地质学的研究，其“黄土高原风成说”的理论颇受世界瞩目。叶笃正是世界著名气象学家。吴征镒是著名植物学家，植物分类学研究的权威学者。郑哲敏是国际著名物理学家、力学家、爆破学专家。

在人文社会科学等方面的杰出人才，难以计数：文学家马识途、汪曾祺，语言学家朱德熙，哲学家汪子嵩、黄枬森、任继愈，经济学家刘国光，英语教育家王佐良、李赋宁、许国璋，翻译家许渊冲……

还有大批杰出人才担任党和国家各级领导：除了教授中担任全国人大常委会副委员长费孝通，全国政协副主席周培源、华罗庚之外，联大学生中有中共中央政治局常委宋平，全国人大副委员长王汉斌、彭珮云，全国政协副主席朱光亚、钱伟长、孙孚凌，国家教委副主任何东昌，航天航空工业部长林宗棠，财政部副部长李朋，国家测绘总局局长李曦沐，首任驻美大使章文晋，驻坦桑尼亚大使何功楷……

联大学生8000人，绝大多数在祖国大陆，分布在台湾地区和旅居海外的约1000人，其中第一流学者专家也比比皆是。据《学府纪闻》记载，台湾“国科会”主委曾说过：台湾拥有8位国际第一流的工程师，而7位都是联大毕业的。

旅居美国的西南联大教授伍启元说：“抗战结束后，大批联大教师和同学赴美”，陈省身“担任美国加大（Berkeley）数学系教授，后来成为美国数学界的泰斗”，“理工方面的吴大猷、顾毓琇……等教授”，“社会科学方面的李卓敏、许烺先……等教授，他们在美国学术界的地位，绝不低于美国第一流教授”，“李政道和杨振宁两位同学是人所共知的诺贝尔物理学奖的得主，何炳棣同学的地位绝不在他们二人之下”。[1]此外联大海外校友佼佼者还有很多，举不胜举。

完全可以说，与国外任何著名大学的毕业生相比，西南联大培养的杰出人才毫不逊色。

今天，当我们仰望历史的星空，联大人杰，群星灿烂，熠熠生辉。

---

[1] [美]伍启元：《西南联合大学五十周年》，载《清华校友通讯丛书》复17册。

西南联大短暂的九年（含长沙临时大学），为云南抗战史写下了极其重要的篇章，也为中国教育史乃至世界教育史写下了光辉的篇章。长期以来，国内外学术界和教育界许多人士都非常关注对这所学校的研究。一位已经花了约二十年时间来研究联大八年历史的美国学者说："正当国家大量借鉴于外国的时候，中国人却能以他们现代化的教育制度引以自豪，而且在不到半个世纪以前，就能够产生一所具有世界水平的大学，这所大学的遗产是属于全人类的！"[1]

西南联大对云南的贡献是十分巨大的。在1988年纪念西南联大暨云南师大建校50周年时，云南省长和志强是这样评价的："西南联大迁到昆明，给闭塞落后的云南高原吹来了清新的空气。爱国、民主和科学精神的传播，有力地冲击了黑暗政治和旧文化、旧习俗，鼓舞了云南人民为建立新生活而斗争的勇气。许多云南优秀青年，有了进入第一流高等学府深造的机会。联大师生到云南的大学、中学兼课，到边远地区创办学校，使云南的教育质量得到提高。抗战胜利后三校北迁时，将师范学院留在云南，一批师生留下任教。还有一批联大校友在云南各条战线工作。总之，联大在昆明的八年，是云南教育史上一个重要的发展时期，对我省政治、经济、文化各个方面产生了重要而深远的影响。对此，云南各族人民十分珍视，永远铭记。"[2]

六、西南联大"八百壮士"

抗战中，西南联大从军学生是云南最多的，在全国也是少有的。八年间，因盟军来华而应征当译员的，"连同加入青年远征军及空军的西南联大学生，前后共达800余人"[3]。

1946年5月4日，西南联大结束时，在联大新校舍（今云南师大）东北

[1] [美]易社强：《西南联大五十周年纪念》，载《云南师范大学学报》1988年校庆50周年增刊。

[2] 《和志强省长在纪念西南联大暨云南师大建校五十周年大会上的讲话》，载《云南师范大学学报》1988年校庆50周年增刊。

[3] 施嘉炀：《怀念梅贻琦先生》，载《笳吹弦诵情弥切》，中国文史出版社1988年版。

角树立了“国立西南联合大学抗战以来从军学生题名”碑。该碑为联大校志委员会纂列，中国文学系教授唐兰篆额，数学系教授刘晋年书丹；碑上镌刻着联大战时从军学生姓名共834人，是西南联大学生直接参加抗战的历史见证，对于研究西南联大校史和中国抗战史都具有重要的价值。因为碑载姓名800余人，所以人们以抗战初期淞沪会战中守卫上海四行仓库的谢晋元部队的光荣称号——“八百壮士”来称呼。

碑中名字前面有文云：“国立西南联合大学于战时任务完成学校结束之日，勒其从军学生之姓名于贞石，庶垂令闻，及于久远。其有遗阙，补于校志。”“八百壮士”中名列前首的有五人：黄维、缪弘、曾仪、吴若冲、朱谌。每个名字下皆注殉职——这表明他们是牺牲于抗战中的烈士。关于他们的事迹，笔者曾多方搜求，未得其全。现仅将见诸文字的前两人的事迹简录如下，以资纪念。

黄维，天津人，联大外文系学生。1941年9月，读四年级的黄维受征调参加译员训练班。12月训练班毕业，授空军上尉军衔。将赴美国空军志愿队报到当译员之际，又根据需要主动要求随远征军去了缅甸。次年4月至5月，日军攻陷缅甸，远征军后撤回国。在抢渡怒江时，由于人多拥挤，江水湍急，船到中流，黄维失足落水，抢救不及，不幸殉职。[1]

缪弘，江苏无锡人，生于1927年，1943年夏考入联大外文系。1944年，国民政府号召知识青年参加远征军，他与哥哥缪中同时投军。旋又改考译员训练班，1945年4月9日入译训班受训，毕业后在岗头村、宜良等地服务，又入突击队受跳伞训练。7月，中国军队反攻桂林，伞兵第一次出动。[2]缪弘随机从呈贡机场出发，降落在柳州，31日凌晨在进攻丹竹机场附近山顶的战斗中牺牲。时年尚不满19周岁。[3]

现据有关资料来看，联大学生从军题名碑确有“遗阙”。联大校友、航空系44级（实为现在的44届——笔者注。下同。）学生邓汤美曾撰文回

[1] 卢静：《悼念黄维》，载《“一二·一”运动纪念馆刊》1991年12月1日第2版。

[2] 王景山：《关于〈缪弘遗诗〉》，载《笳吹弦诵情弥切》，中国文史出版社1988年10月版。

[3] 罗振诜：《缪弘牺牲前后》，载《西南联大北京校友会简讯》第10期（1991年11月）。

忆当年参加“驼峰”飞行的壮举。文章写道：当时的飞行无时无刻不在生死中搏斗，“每年要甩飞机发生事故，我飞行期中即见到先后失踪三架飞机，其中朱晦吾就是联大叙永外文系同学（他与我是中学同学）和沈宗进（联大45级电机系同学）遇难，使我迄今记忆犹新”[1]。此外，联大化学系44级学生马豫曾多次查对联大学生从军题名碑，发现碑中缺少了当时从军投考空军的学生姓名，他们是：戴荣钜（1939年入地质地理气象系）、王文（1940年入机械系）、吴坚（1940年入航空系）、崔明川（1940年入物理系）、李嘉禾（1940年入物理系）、马豫（1940年入化学系）、李经纶（1940年入化学系）、黄雄畏（1939年入地质地理气象系）、马启勋（1942年入哲学心理系）、祝忠权（1940年入地质地理气象系）。其中前面5人在战争中牺牲。[2]由此观之，联大从军殉职者就不止5人，从军总人数亦当超过834人。

“八百壮士”中担任译员的人数最多，而征调译员又是从“飞虎队”来昆开始。1938年9月28日，日寇飞机首次轰炸昆明，从此以后的两年多时间里，日军掌握着中国西南后方的制空权。1941年，陈纳德在美招募了一批飞行员来华，于是年8月组成中国空军美国志愿队（因当时美未对日宣战）。此后日机不敢横行昆明上空，由是，美国志愿队被誉为“飞虎队”。为解决“飞虎队”翻译问题，当时主要征调联大外文系二年级以上同学充任译员。1941年12月7日，日军偷袭珍珠港，太平洋战争爆发。志愿队回归美军编制，后又扩大为美国陆军第14航空队，人员大量增加。与此同时，日军占领缅甸，切断了中国当时的主要对外通道——滇缅公路。于是中美两国共同开辟了具有战略意义的空中运输线——中印“驼峰”运输线。美军第14航空队、空运队及陆军大批军事人员来华，所需译员数量大增。由于清华留美预备学校与美国的历史渊源，美军请联大协助，于是联大开办了译员训练班。译训班设在昆明西站，开办时，梅贻琦动员说：我

[1] 邓汤美：《叙永五十校庆话当年——“驼峰”飞行和香港两航公司起义北飞》，载《叙永县文史资料选辑》第13辑（西南联大在叙永），1990年9月。

[2] 马豫：《抗战时期西南联大学生参加空军纪实》，载《西南联大北京校友会简讯》第26期（1999年8月）。

们做教师的不能直接扛枪杆子上前线，但我们要支援抗战，可以办译员训练班，为抗日战争出力。译训班教职员大都从联大抽调，闻一多、潘光旦等人都参加了，华罗庚也去讲过课。[1]相当多的联大学生参加译训班受训后担任盟军的译员。

1943年秋，反法西斯战争形势发生了重大转折。德国在苏联战场和北非战场连连失败，日寇在东南亚战区连遭打击，其太平洋战争初期的侵略计划完全破产。为有效协同盟军对日军展开反攻，译员需要量越来越大。

1944年3月，盟军中国战区为反攻需要，委托教育部在联大、云大开办译员训练班，教育部即规定凡大学四年级应届毕业生都要应征为译员。同时号召未毕业外语好的同学也报名参加。这是全国大批征调的第一次。4月，联大教授会通过决议：四年级全体应届毕业男生一律征调做译员。连上此前此后联大学生担任译员的，“据官方正式统计，前后一共有五百余人，占翻译官中一个很大比数”[2]。云大本次征调了四年级学生50余人。[3]

除了担任译员外，联大学生从军还有参加空军和远征军的。参加远征军的前面已经述及，此不赘言。参加空军最突出的是“驼峰”飞行。从1942年至1945年间，这条运输线动用了1千多架飞机和上万名航空和地勤人员，运送战略物资70余万吨，人员3万余人，其间中美两国共损失飞机609架，1500多名中美健儿血洒长空。这里面就有联大从军学生（见前）。航空系44级学生邓汤美是“驼峰”航线上的幸存者，他回忆说：当年应征从军的联大学生中，“航空系一部分去航委会高级机械班学习后分配到空军工作，我当年考入中航公司去印度飞模拟器和空中训练，不久即做副驾驶飞行于印、缅与中国之间，长时期飞越青藏喜马拉雅山脉高原、举世闻名极其惊险的‘驼峰’”，当时在“驼峰”航线上“飞行过而幸存的联大同学有机械系罗道生、谭中禄、华人杰、陈仁奂；土木系冯少才；化工系萧

[1] 戴世光：《怀念抗战中的西南联大》，载《笳吹弦诵情弥切》，中国文史出版社1988年版。

[2] 《“翻译官”生活二题》编者按，载《笳吹弦诵在春城》，中国文史出版社1988年版。

[3] 《云南大学志·大事记》，云南大学出版社1993年版，第104页。

弗沛；政治系周炳；航空系陈启蕃和我”。[1]

总之，联大“八百壮士”在过去伟大的民族解放战争中做出了自己的贡献，有的还献出了年轻的生命，这是他们的光荣。其名其事，应该“庶垂令闻，及于久远”。然而，一个时期由于“左”的思想影响，这些抗战中从军的同学在历次政治运动中受到了极不公正的对待，一些人甚至将反法西斯盟军的译员看作是日军的翻译官，联大学生从军题名碑反而成了他们的“罪证”，这是历史的颠倒。事实上，“八百壮士”中许多人后来参加了革命，成为党和国家的各级领导骨干和业务骨干。中共十一届三中全会以后，这种种诬蔑不实之词已经被推倒，冤假错案得到了平反昭雪。

七、长沙临大“三百英豪”

长沙临大时期的“三百英豪”没有勒石刻名，历史也不应忘记。

1937年12月13日，南京沦陷。处在抗日前线的长沙，经常遭到日本飞机的轰炸。多数长沙临时大学的同学无法安心读书，希望投身抗日队伍参战。这时国共两党重要人物和一些社会名流都先后到临时大学演讲。国民党高级将领陈诚到校劝学生“安心读书”“不要蠢动”。八路军驻长沙办事处主任徐特立的演讲主要是阐述中共的抗日民族统一战线政策和动员民众的问题，还介绍八路军和延安的情况，号召同学们拿起枪杆到革命队伍中去，他的讲话受到同学们的热烈欢迎，“掌声时常打断他的讲话”，“刚讲完，就被同学们围上了，想问这问那”。[2]12月31日，中共中央领导人周恩来在武汉向大学生做报告，明确指出现阶段青年运动要挽救民族危亡，完成救国的重大任务。他号召青年应当到军队里去，到战地服务去，到乡村中去，到敌人占领的地方去。[3]周恩来的讲话在青年学生中引起了强

[1] 邓汤美：《叙永五十校庆话当年——“驼峰”飞行和香港两航公司起义北飞》，载《叙永县文史资料选辑》第13辑（西南联大在叙永），1990年9月。

[2] 马伯煌：《徒步三千流亡万里》，载《笳吹弦诵在春城》，云南人民出版社、北京大学出版社1986年版。

[3] 周恩来：《现阶段青年运动的性质和任务》，载《周恩来选集》（上卷），人民出版社1980年版。

烈反响，传到长沙临时大学，进一步为同学们指明了方向。

一时间，长沙临时大学学生中掀起了一个从军运动，许多学生提出申请“参军去”“到前线去”。对同学们的要求，临时大学常委会决定：“凡服务与国防有关机关者，得请求保留学籍。”由于时局的召唤，校方的支持，青年们一批又一批走上抗日前线，他们有的参加八路军、新四军，有的奔赴延安，有的投入保卫大武汉的战斗中，有的参加湖南青年战地服务团；也有一批共产党员被党组织派到国民党军队中，如许立群到重庆国民党航空委员会无线电通讯员训练班学习，从事地下工作。熊向晖则在周恩来的亲自布置下打入胡宗南身边任机要秘书，在敌营工作十二年。宋平等共产党员根据组织安排前往延安。

到临时大学结束时，大批学生离校。根据长沙临大“教务处登记簿，提出申请保留学籍，领取肄业证明和参加抗战工作介绍信的就有295人”[1]。

从总的来看，西南联大（含长沙临大）至少有1140多人从军。其中牺牲者共有16人，他们中在“国立西南联合大学抗战以来从军学生题名”碑上被记载“殉职”的有5人：黄维、缪弘、曾仪、吴若冲、朱谌，没有被记载的已知的还有11人：戴荣钜、王文、吴坚、崔明川、李嘉禾、何懋勋、朱晦吾、沈宗进、杨大龄、雷本瑞、艾光曾。他们的英名将永垂青史。

---

[1] 西南联合大学北京校友会编：《国立西南联合大学校史》（修订版），北京大学出版社2006年版，第62页。

从西南联大师范学院到云南师范大学

1984年4月昆明师范学院更名为云南师范大学

从西南联大师范学院到云南师范大学[1]

云南师范大学是一所具有光荣传统的学校。它成立于1938年，在半个多世纪的历程中，经历了西南联大师院、国立昆明师院和新中国成立后的昆明师院、云南师范大学三个时期。

1938年4月，西南联大迁滇，大师云集、专家荟萃，“一时文教之盛，遂使昆明屹然为西南文化之中心”。云南当局和教育厅即抓住时机，商请西南联大为滇省培养中等学校师资。联大感酬于云南当局及各界人士的支持帮助，亦乐而为之。经当时的教育部批准，1938年8月，西南联大增设了师范学院。除联大之外，当时教育部决定，增设师范学院的大学还有国立中央大学、中山大学、浙江大学等。

一、抗战八年中的西南联大师院

联大师院成立后，院长由原南开大学秘书长、教育学教授黄钰生（字子坚）担任。此前，他任长沙临大——西南联大建设长等职。联大实行常委制领导，即由北大、清华、南开三校校长蒋梦麟、梅贻琦、张伯苓组成常委会。由于张伯苓常驻重庆，通常黄钰生代表出席常委会。由黄钰生任师院院长，陈雪屏、许浈阳和查良钊曾先后短期代理过院长。

联大师院组建时，将联大文学院哲学心理教育系（由原北大教育系和南开哲学心理教育系组成）所属的教育组及云南大学教育系师生划入。设置教育、公民训育、国文、英语、数学、史地、理化等七个系。校舍始则租用大西门内文林街昆华中学北院和南院旧址，1940年10月昆北院遭日寇飞机轰炸而迁至大西门外龙翔街昆华工校旧址。经过筹备和招生，1938年12月12日开始上课。因此，这一天就成为联大师院“始业纪念日”（也叫“成立纪念日”）。需要说明的是，与联大其他学院一样，师院也以11月1

[1] 原题目为《云南师范大学史略》。

日（长沙临大开始上课日）为校庆日。

师院七个系主任是：教育系先后为邱椿、陈雪屏，陈友松代理过。公民训育系先后为罗廷光、田培林、陈雪屏，陈友松代理过。其余五个系的系主任基本上是由文、理学院相应系的系主任兼任，即国文系先后为朱自清、罗常培、杨振声、罗庸，闻一多代理过。英语系先后为叶公超、陈福田，柳无忌代理过。史地系先后为刘崇鋐、雷海宗，蔡维藩代理过。数学系先后为江泽涵、杨武之、赵访熊。理化系先后为杨石先、许浈阳。

师院专任教师以教育系为最多，其中教授有邱椿、徐述、樊际昌、罗廷光、黄钰生、陈友松、孟宪承、沈履、查良钊、陈雪屏、齐泮林、陆志韦、汪懋祖、徐继祖、曾作忠等。公民训育系专任教授仅有倪中方、杜元载。教育系的专任教授多为公民训育系的兼任教授。两系课程大体相同。黄钰生的《教育概论》、陈雪屏的《教育心理学》、樊际昌的《教育学》、徐继祖的《中等教育》、倪中方的《普通心理学》等为师院各系必修课程。

其余五系专任教授不多，甚至空缺：国文系沈从文，英语系凌达扬、胡毅，史地系没有，数学系杨善基，理化系许浈阳、严仁荫、何君超。这五系的教授主要是延聘联大文、理学院相应系的教授兼任。除前面叙述的该五系兼任或代理系主任是兼任教授外，其余兼任教授还有：国文系浦江清，史地系钱穆、张印堂、洪绂、张荫麟、钟道铭、陶绍渊，数学系姜立夫、张希陆，理化系郑华炽。据联大教职员名录记载，曾在联大师院先后执教的教师共130人，兼任的28人（其中教授26人）；专任的102人，其中教授25人、副教授10人、讲师11人、教员16人、助教40人。可以说联大师院教师阵容之强，在当时其他师范学院中是罕有的。

联大的基础课抓得特别紧，大多数由系主任或名教授担任，这与清华主张“通才教育”分不开。师院与文、理、法、工等学院大一基础课大体相同，国文、英文和中国通史是各系都要学的。此外，师院不少专业课程也与文、理学院相应系相同课程合班上大课，比如：闻一多的《诗经》《楚辞》《周易》《乐府》，刘文典的《庄子》，杨振声的《文学概论》《汉魏六朝诗》，邵循正的《元史》，陈寅恪的《魏晋南北朝史》，郑天挺的《隋唐五代史》《明清史》，噶邦福的《西洋上古史》，冯友兰的《中国哲学史》，吴宓的《欧洲文学史》，温德的《英文诗》，赵诏熊的《西洋戏剧》，贺麟的《哲学概论》，陈岱孙的《经济概论》，陈省身的《微分几何》，华罗庚的《代数数论》，赵忠尧的《电磁学》，王竹溪的《热学》，吴大猷的《近代物理》，朱物华的《无线电》，周培源的《力学》，黄子卿的《理论化学》，等等。

师院始业时，联大文学院、云大并入学生及新招学生共计240余人。师院学生在联大五院中最少，在招生录取标准上与联大其他学院一致；入学后，学生成绩的考核也与联大全校统一，严格坚持标准，不合格的课程一律重修，学生学分不够就降级，学业期满而没有修满学分的不能毕业。对教职员工的子女也不含糊。与其他学院学生相比不同的是，师院实行公费，报考者家庭困难的较多，年龄亦偏大。

抗战的动荡，加上以蒋介石为代表的四大家族的疯狂聚敛，大后方物价猛涨，人民群众的生活犹在水深火热之中。联大师生跑警报、避空袭是“家常便饭”。大家生活十分艰苦，为了养家糊口，教师兼课的很多，有的甚至兼三四个学校。闻一多除兼课外还为人刻图章。联大常委梅贻琦的夫人则和别的教授夫人做糕点送到冠生园出售。学生住的茅草棚，雨天上漏下湿，床下青草茂发；吃着夹砂和老鼠屎的糙米，且不能吃饱。兼差的现象在联大学生中非常普遍，师院学生兼差的更多一些，当然他们的苦读精神也是很突出的。

由于培养目标——“为人师表”的要求，也由于黄钰生院长按南开的传统办学，所以师院在管理上严于其他学院：作息制度严格，学生不得无故在外留宿；衣着整齐，仪表端庄等。黄钰生院长很强调师院的师范性，曾专门作院歌一首勉励学院师生。词仅两句：“春风熙熙时雨滋兮，桃李向荣实累累兮。”意思是师院师生应像春风化雨，润物无声，培育桃李遍天下。院歌流传未广，咏唱未久，但是黄院长那种激励师生热爱师范，献身教育的思想则长留师生的心里。

按照当时教育部颁行的《师范学院规程》，师院始终把培养合格的中等学校师资作为自己的目标。由于师院不少教师延聘于联大文、理学院，且有不少课程与文、理学院合班上课，所以在实际办学中，师院十分强调本院课程与文、理学院课程设置的主旨差异。比如国文，“文学院之国文系之主旨，在培植国家之研究者，国文之创作者，而本院之国文系则须注重工具之运用，与国文之教学。除少数课程外，本院实难于借重文学院之国文系”。国文如此，他可类推。强调对师范生加强基础课教学，认为对于专业知识如果“无广博之基础而先钻研于窄深之专题，纵能成为专家，绝不适为师资”。对于师院这些强调师范性的考虑和要求，文、理学院到师院兼课的教师一般都充分理解，认真贯彻。比如，到师院国文系兼课的文学院教师，就针对师范教育的特殊要求，在教学中突出四点：第一，训练宜“能”与“知”并重；第二，读书须“博”于“精”；第三，提倡对中学国文教材及教法的研究；第四，注意培养有利于推行国语教学的人才。师院还采取一些可行的措施，培养学生的教学基本技能。比如设立阅览室，在文科学生中建立“读书指导制”，由专门导师指导学生读必读的中外文书籍，写读书报告，导师批改并组织讨论，以此来拓宽学生的知识面，提高学生的自学能力。理化系则建立“理化工作室”，让学生直接动手实验，培养学生对中学教具的制作和操作的技能。值得一提的是，由西南联大常委会决定开办的师院附校（包括中、小学和幼稚园），1940年11月1日开学。黄钰生兼附校主任。在他的精心领导之下，附校办得质量高，在昆明，附中（亦称联大附中）颇有声誉，也成为师院学生实习和实验的学校。

联大实行学分制。文、法商、理、工学院学制，本科为四年，学生要修满136个学分；师院本科为五年（最后一年实习），修满170个学分。与学分制相连的是实行选课制，分为必修和选修两种。大学一年级为共同必修课，进入二年级则有本院系与他院系必修课和选修课。由于联大师资力量很强，所以开设的选修课极多，为联大各院系学生获得知识，取得学分提供了很好的条件。

师院学生层次较联大其他学院复杂，以五年制本科生为主。始业时，北大、南开、云大并入的多为高年级学生，不久就毕业了。后来接受过云南、贵州、西康和江苏的保送生。1939年起办一年制在职教师晋修班。1941年曾招收过一些研究生。同年始设三年制的专修科。此外还有短训班等。

由于师院本科学制五年，而云南各地中学师资所需甚急，真是远水难解近渴。加之每年招生不多，且面向西南数省（1941年以前师院滇籍学生仅占10%左右），而云南中学师资十分缺乏，所以师院招生之于云南实际需要有如杯水车薪。面对此种情形，省教育厅商请联大开办在职教师晋修班；又经教育部批准在师院设立专修科。

师院专修科于1941年11月设立，一度曾称初级部，学制为三年。专修科主任始由黄钰生兼任，1944年由倪中方担任。专修科分文史地和数理化两个组，分别由张清常和许浈阳任主任。这种综合的大文科、大理科的专业设置，不同于当时别的师范学院专修科专业的单一设置。所以如此，用文史地组主任张清常的话来说："当时云南省各县中学规模不大，教师名额有限。因此一位教师既需担任至少两班语文课，还需兼教历史和地理。当地既需要这种'通才'，联大师院专修科就适应这种需要，按照学生在年限既短而又需兼通语文、历史、地理三方面的要求设课。"其实，师院本科中的史地系与理化系的双科制已体现了这种专业设置思想。专修科课程多与相关本科课程合班上课，也实行学分制。专修科每年招生约60人，生源不限云南。由于其设立缘起于解决云南中学师资之荒缺，因此滇籍学生占80%以上。至联大结束时，两专修科为云南培养了毕业生80多人。

"云南省中等学校在职教员晋修班"开办于1939年。云南省教育厅与西南联大联合组成委员会，共同拟订办班办法十条。教育厅厅长龚自知任主任委员。蒋梦麟、黄钰生、查良钊、杨石先为联大方面委员，黄钰生为班主任。晋修班学制一年，培训全省在职已经2至3年的中学教师。一共办过两期。第一期1939年10月至1940年7月，开设国文、史地、数学、理化等四科，学员计62人，多来自各地省立中学。第二期1943年8月至1944年6月，分文史地和数理化两个班，学员91人，多来自县级中学。晋修班亦采用学分制和选课制。授课教师都是联大知名教授。黄钰生说，联大和师院"对于进修班之郑重其事，比之五年制本科有过之而无不及"。两期晋修班学制虽短，但由于学员有实践经验，求知欲望很强，在联大优良校风熏陶和著名教授的精心培育下，提高很快，一般都达到或超过专科毕业生水平。这批人后来成了云南教育界的骨干，收到了不可估量的效益。

除此以外，联大师院1941年暑假还与教育厅合办了一期“云南省中等学校理化教育讲习实验班”，时间为3个月。1938年至1945年，省教育厅每年暑期都举办中等学校在职各科教员讲习讨论会，每期1个月，人员200左右。联大常委参与领导并派出大量教授参加讲课。这些都取得好的效果，受到群众的欢迎。

师院继承三校教学与科研并重的传统，在艰苦条件下结合师范性及中学教育要求，坚持开展学术研究工作。

第一方面，对中学各科教材、教法进行调查研究和编写，以及制作教具。国文系最突出的工作是1940年编辑出版了国内第一份致力推进中学国文教学研究的刊物《国文月刊》。浦江清、余冠英先后任主编，朱自清、罗庸、魏建功、郑婴、彭仲铎、罗常培、王力、萧涤非、张清常、李广田等先后任过编委。该刊物由桂林开明书店发行全国，共出版了40期，对当时国内国文教学和研究产生了很大影响。由于该刊物的声誉，联大结束后，又由上海国文月刊社接办，直至1949年10月。朱自清与叶圣陶合作编著的《精读指导举隅》《略读指导举隅》和《国文教学》等书，对当时中学国文教学亦颇具影响。国文系还成立“国文教材教法研究室”开展研究工作。其余各系的研究工作亦皆有成绩：英语系研究了中外大量的英语教材、专著，编制出中国标准的中学英语教本的各项标准。数学系汇编了中学数学难题集，研制经济简便的数学教具。理化系设立“理化工作室”，研究中学教材，进行教学实验仪器的设计和改良。史地系从培养学生爱国思想出发，开展研究工作，历史组评、鉴西方和日本历史教本，进行教材编制研究，绘制出不少读史地图、挂图、画片和模型；地理组编写通俗读物，绘制中学教学挂图，还筹设“模范中学地理教室”，供国内中学仿设。

第二方面，对中小学教育各方面的规律和理论、学生心理和能力等进行研究和实验。这项工作主要由教育和公民训育系在师院附中设立“实验部”来进行。

“千秋耻，终当雪，中兴业，须人杰。”师院与联大全校师生一道，共同高唱这首慷慨悲壮的联大校歌，在抗日战争极端困难的条件下，怀着抗战必胜的坚定信念，遵循“刚毅坚卓”的联大校训，努力办学，为着胜利后的祖国中兴大业辛勤地培育人才。据统计，联大八年共培养毕业生近4000人，其中本科生3700多人，加上投笔从戎、休学等中途辍学者，先后在联大受过教育的学生达8000人。就联大师院而言，八年间培养本科毕业生179人，加上专修科和晋修班共毕业415人；其中云南籍学生272人（本科生36人、专科生83人、晋修班153人），加强了云南中学师资队伍，使云南中等教育面貌大为改观。

西南联大又是爱国民主运动的模范。北大、清华、南开曾是五四运动和“一二·九”运动的发祥地。联大一到云南，就带来了“五四”“一二·九”以及科学、民主、爱国的光荣传统和精神，同时也带来了党的力量和进步组织中华民族解放先锋队（简称“民先”）。从延安到昆明的中共党员力易周，考入联大师院。他一方面参加“民先”活动，担任“民先”队长，另一方面于1938年10月成立中共联大临时支部，并担任支部书记。当时联大还有另一个单独的党支部。1940年春联大成立党总支，下设三个分支和两个党小组。师院史地系学生熊德基任总支组织委员兼师院分支书记。当时师院有14名党员。1941年1月“皖南事变”前，联大已有83名党员，约占云南省地下党员的1/3。至联大结束，八年间累计在联大学习过的地下党员学生有206人。当时联大党组织是云南党员人数最多、最集中，力量最强的地下党组织。联大成为云南地下党的主要阵地。1939年暑假以后，根据中共南方局决定，“民先”解散，联大1938年底由党员和“民先”成员为骨干建立的公开合法进步组织“群社”，进一步发挥作用。1945年1月，联大一批党员骨干又发起成立中国民主青年同盟（简称“民青”）作为党的外围组织。联大八年中，党组织及其外围组织团结广大师生，蓬勃开展抗日爱国民主运动。

师院党组织是联大地下党的重要组成部分。师院学生出身贫寒者较多，他们更容易拥护和接受革命。因此师院就成了当时爱国民主运动的重要阵地。“皖南事变”后，联大民主运动转入低潮，三青团把持了联大学生自治会。党组织撤退疏散了联大经常在公开场合露面的党员和进步学生100余人，熊德基留校坚持斗争并担任联大党总支书记。这一时期，联大党组织认真贯彻中共南方局书记周恩来提出的“勤学、勤业、勤交友”的方针，要求党员和进步骨干学好专业知识，力争优良成绩，在师生中树立威信。熊德基带头努力学习，取得全院第二名的好成绩，在同学中颇孚众望。1944年是联大学生爱国民主运动大发展的一年。这一年联大先后举行了“五四”纪念活动、纪念“七七”时事晚会、纪念辛亥革命形势演讲会（10月10日）、护国起义纪念会（12月25日）。到1945年的“五四”纪念活动时，民主运动掀起高潮。在这些民主活动中，师院进步学生力量不断壮大。进步学生通过组织郊游、参观等活动以及生活上关心同学等大量工作，团结了广大同学。当时师院周围有许多劳动人民的子弟没有机会上学，师院学生组织便借用附近龙翔小学开办“平民夜校”，从1945年春开始办了两期，每期20多人，对象是8至10岁的失学儿童。师院学生潘琰、朱树杰等教他们识字唱歌，宣传革命道理。夜校办得颇有影响，深受群众欢迎。

1945年8月15日日寇投降，中国人民坚持了八年之久的抗日战争胜利了。但是国民党反动政府无视全国人民和平建国的愿望，坚持独裁，发动内战。昆明学生率先响应中国共产党的号召，喊出了“反内战、争民主”的呼声，与国民党反动派的血腥镇压展开了英勇斗争，掀起了伟大的“一二·一”运动。西南联大是这个运动的中坚，联大师院则是运动的前沿阵地。

二、解放战争时期的国立昆明师院

抗战胜利了，河山既复，日月重光，联合大学之战时使命既成，奉命于1946年5月4日结束。原有三校即将返故居、复旧业。云南人民怀着依依不舍的心情，地方当局及社会各界人士从发展桑梓文化教育的愿望出发，都希望联大师院能留下来。三校领导也觉得他们在滇八年，深得地方当局和云南人民的支持帮助，愿将师院留下来以为纪念并借作报答。对此，教育部予以批准，并于1946年6月中旬颁发命令：原联大师院在昆明独立设置，定名为“国立昆明师范学院”。昆明师院是旧中国留下来的15所高师院校之一。

联大正式结束（7月31日）前的7月10日，联大常委会议第387次会议讨论通过了《国立昆明师范学院与北京、清华、南开三大学合作办法》。该办法共8项条款，包括昆明师院与三校相互交流教师的规定，师院选送高年级学生到三校肄业，三校高年级学生及研究生按研究学科需要来昆研究以及三校得在昆明师院内设研究工作站等内容。三校北返后，由于国内战火连绵、交通阻隔，因此，此办法未能实行。

接着，师院向社会发出启事，宣告昆明师院8月1日正式成立，院址设于国立西南联大原址。昆明师院设国文、英语、史地、数学、理化、博物、教育等七个系，以及附属中、小学。根据教育部聘任，师院院长为查良钊。查原为联大师院主任导师，亦曾任联大训导长。此外由胡毅任教育长，许浈阳任训导长，周荫阿任总务长。

师院延聘联大著名教授担任七个系的主任，他们分别是罗庸、胡毅、蔡维藩、杨武之、许浈阳、陈桢、徐继祖。附中、附小主任均由查良钊兼任。师院聘请了联大和云大、中山大学等校教授凌达扬、徐嘉瑞、邓孝慈、吴乾就、蒋硕民、周荫阿、马名海、盛希音、杜增瑞、倪中方、黄锦均、姜亮夫、密喜森（德籍）等为专任教授；诸宝楚、朱彦臣等为兼任教授。动员了卢浚、朱德祥、郭海峰、方龄贵、赵毓英、陈熙昌等联大教师留昆师院任教。还聘请了一些联大毕业生当教师。据统计，昆明师院始业时，共有教师90人，其中教授23人、副教授13人、讲师33人、助教21人。

刚成立的昆明师院学生来源有几个方面：一是联大师院留下的专修科学生。西南联大结束，联大师院在校本科生随三校北上转入相关系科续读。余下专修科两个班学生60余人，其中41人经甄别试验合格，转入昆明师院相应专业本科（仍为五年制）一年级，20余人继续在专修科肄业至毕业。二是考试招生。经初、复两试，录取一年级新生219人、先修班学生71人。三是各地保送生。昆明师院面向全国，主要是西南特别是云南接收保送生。1946年接收了滇、黔、桂、川、康（西康）西南五省及其他省保送的高中及中师毕业生92人（含从军复员学生5人）。各地保送生限额，西南五省各10人、其余各省5人，加上旁听生、试读生等，1946年全院共计有学生458人。10月17日，师院举行开学典礼，18日正式上课。为了表示继承联大光荣传统，也为了表明与联大师院不可分割的历史联系，昆明师院以11月1日为校庆日，同时，也以12月12日为始业纪念日。

由于昆明师院院、系负责人基本上是由联大的名教授担任，又延揽了一批基干师资，所以联大重科学、讲民主，严谨治学、注重教学质量，艰苦朴素、奋发图强的传统以及若干规章制度在昆明师院得到继承和发扬。

师院招收学生比较注重质量。每年录取人数与报考人数比例大致都为1∶10。各地保送生也多遴选优秀。学生如同联大师院一样，出身贫寒者居多，加之学院管理制度比较严格，因此，多数学生学习勤奋、刻苦努力。

像联大时一样，昆明师院仍实行学分制和选课制。本科生五年须修满170个学分方得毕业。每学期开学，教务处注册组即将各系、各组设置的科目、任课教师姓名、学分数、上课时间及地点公布出来，供学生选修。

与联大师院时一样，昆明师院也重视“师范性”。首先是招生时除笔试外还进行口试，把口语表达清楚，有一定的逻辑思维能力作为对学生的起码要求。入学后，学院注重培养学生的“师范意识”，经常向学生讲师范生的光荣使命；特别是要求学生遵守纪律、爱护公物，以“为人师表”律己。按当时政府规定，学院每年都认真组织“师范教育运动周”（3月29日至4月4日）的活动，使学生从中受到教育。

在推动云南教育发展方面，昆明师院继承了联大师院曾实行过的一些行之有效的做法。从1947年6月起，师院与省教育学会和科学研究社合办昆明中学各科教师座谈会，杨武之、许浈阳、罗庸、蔡维藩等著名教授分别在数学、理化、国文、史地等座谈会上解答中学教师所提出的疑问，帮助他们解决教学中遇到的难题。师院还与教育厅合作，定期为国民教育实验区举办教师进修班：1948年暑假举办路南县圭山区教师讲习会，暑假办了宜良县教师讲习会；1949年寒假举办晋宁县教师进修班。先后培训教师200多人。此外，师院还派出各科教师为教育厅举办的小学教员讲习会讲课。

值得一提的是，昆明师院从1946年到1947年实行了不到一年的学季制，即把一学年分为4个学季：10～12月为第一学季，1～9月分别为第二、三、四学季，每学季结束放假1至2周。其特点是别校放假，师院上课。这样，有可能在别的学校放假期间邀请其教授来师院上课、讲学，以补师院师资之不足；其次，12个学季（3学年）学完8学期（4学年）课程，可缩短学生肄业时间，早出师资以应社会急需。因为抗战胜利后，外省迁滇的学校和教师离开云南，一时间云南中学师资缺乏情况较为突出。但是，教育部以统一全国高校招生，放假、开学、上课时间为名，下令这一制度缓行，实际上也就停止了。

国立昆明师院从1946年8月1日成立至1950年2月云南解放，存在了3年多（4个学年度），其间进入学院的学生有964人，西南联大师院留下来的专修科60余人，总数超过1000人。

师院本科学制五年，因此到新中国成立时，没有本科生毕业。

从昆明师院成立到云南解放的三年多时间，正是蒋家王朝统治最黑暗的时期。昆明师院广大师生继承联大光荣传统，发扬“一二·一”革命精神。昆明师院一成立，学生中即建立了中共地下组织。其成员一部分是联大留下来的，一部分是党组织指派党员在招生时考入的。最初为一个支部，有20多名党员。至1948年秋，建立总支。党员最多时在1949年达到60多人。此外，在师生员工中还有党的外围组织：“新民主主义青年同盟”（简称“民青”）、“新民主主义者联盟”（简称“新联”）、“新民主主义工人同盟”（简称 “工盟”）。在党的领导下，师院广大师生与昆明大中学校广大师生一起向国民党反动派进行了英勇斗争。斗争中10余名学生为新中国的诞生献出了生命。

1946年秋开学不久，进步学生针对学院当局“关于壁报编行办法”的种种限制进行斗争，各系成立系级学生会，创办了《震旦》《夫子曰》《离离草》等一批进步壁报，把联大的“民主墙”继承下来。12月24日，北平发生美国兵强奸北大女学生沈崇事件。1947年1月师院广大学生投入反美抗暴斗争；是年5、6月又投入声援京沪杭学生“5·20”反饥饿、反内战请愿游行的斗争；10月，响应北平学生号召，掀起了“助学运动”；10月，面对反动派对进步学生的迫害，又投入了保卫学生自身生存权的“人权保障运动”。在这些斗争中，又一批进步学生社团（新诗社、新生社、新锋合唱团、明天合唱团等）成立起来。1947年2月，师院第一届学生自治会成立，一批进步同学当选为理事。师院学生自治会参加昆明学联，为学联五常委之一。至1948年2月第二届学生自治会选举时，当选理事的全部是进步同学。

1948年6月17日，昆明学联组织师院、云大等大中学校2万多学生举行“反美扶日”游行示威，并向美国领事馆递交了抗议书。学生们的行动遭到反动派逮捕镇压。为此，学联于6月22日宣布昆明大中学校无限期罢课。7月15日凌晨，反动派出动大批军、警、宪、特，将云大和南菁中学团团围住并发动进攻。南菁这个点由师院杨畅东等3人组成指挥小组，党员和民青成员站在斗争第一线与同学们一起英勇抵抗。当天中午，敌人攻下南菁礼堂，400余生全部被捕。次日，敌人软硬兼施又攻下云大会泽院，也拘捕了400余名学生。这就是震动全国的昆明“七一五”学生运动。此后，杨畅东等被捕的10余名师院学生与其他学校被捕学生一道在监狱和法庭上与敌人进行了英勇斗争，直到1949年2月15日，师院11名被关进特刑监的同学才出狱。与此同时，40多名师院学生与其他学校学生在为期6个星期的“夏令营”里进行斗争，挫败了敌人的“感化”阴谋。

“七一五”运动锻炼了昆明广大学生。师院从监狱和“夏令营”出来的同学绝大部分投笔从戎，参加解放军滇桂黔边区纵队，不少人成为游击战争中的领导和骨干。留在学校的进步同学团结广大学生，继续开展民主运动，并深入工厂、农村，走与工农相结合的道路，锻炼了自己，发动了工农运动。斗争中突出的是开辟了通往滇东北及滇南游击区的交通线，护送干部。1949年7月师院党员到中国电力制钢厂（今桥钢）发动工运，胜利领导了工人要求发全薪的罢工斗争。

1949年12月9日，国民党云南省主席兼云南绥靖公署主任卢汉宣布起义。蒋介石指挥中央军第8军、26军向昆明进攻。起义当局在中共昆明市委的大力支持下进行了昆明保卫战。师院广大师生积极投入战斗。12月16日，70名师院同学毅然参军开赴东郊龙头村参战。更多的人组织起来进行护校斗争，以实际行动迎接云南解放的最后实现。12月23日，昆明保卫战胜利结束。1950年2月20日人民解放军胜利开进昆明，24日云南完全解放，昆明师范学院也迎来了新生。

三、新中国成立后的昆明师院——云南师范大学

新中国成立以后，学校沿用昆明师范学院名称，取消了“国立”二字，校址不变，仍以11月1日为校庆日，以联大校歌为校歌。1984年4月经云南省政府批准，更名为云南师范大学。

新中国成立以来，和全国一样，学校经历了生产资料社会主义改造和开始建设社会主义时期（1950年2月～1966年4月）、“文化大革命”时期（1966年5月～1976年10月）、社会主义现代化建设和改革开放时期（1976年10月以后）。

1950年1月中旬，按云南起义当局（云南人民临时军政委员会）指示，昆明师院由“五联会”（教授会、讲助会、职员会、工友会、学生会）推选代表，组成“国立昆明师院临时院务委员会”，管理院务工作。原被解聘的徐嘉瑞教授回到学校担任主任委员。同年10月，临时院务委员会改为“临时院务管理委员会”，仍由徐嘉瑞任主任。1952年10月，西南军政委员会文教部通知“师院实行院长负责制”，中共云南省委派方章为新中国成立后的第一任院长，直至“文化大革命”开始。“文化大革命”期间，成立革命委员会，1978年11月恢复“文化大革命”前的行政体制。

在党和政府的领导下，新中国成立后的学校，各个方面都发生了深刻的变化。系科设置，经逐年调整，有进有出，有增有减，总的是向前发展的。新中国刚成立时，学院设置沿袭之前七个系的规模。1950年10月，私立五华学院撤销，外语、博物两系全部及国文、史地两系部分师生并入师院。1952年师院增设了一年制的艺术科，一年后改为两年制，分音乐、美术两个专业。1953年学院又增设了两年制的中文、数学、理化、生物四个专修科。就在这一年，高校思想改造运动结束，全国统一进行了院系调整。昆明师院撤销了地理专业，并入贵阳师院和西南师院；历史、物理以及教育三个专业部分学生调整到西南师院的相关专业；矿物、地质的教师

调整到昆明工学院。师院内部，博物专业改为生物专业；教育系三、四年级学生转入政治、生物、中文等专业。1954年教育系撤销，代之设立教育科学研究室，负责全院教育学和心理学的公共课教学。1958年，根据教育部指示高等院校系科设置实行“双科制”。于是，昆明师院系科设置改为四个系八个专业：文史系（中文、历史），数理系（数学、物理），生化系（生物、化学），外语系（俄语、英语），各专业本科学制均为四年。1960年，恢复地理专业和教育专业。地理专业招收了一届学生后即与生物专业合并成立生地系，教育专业招生一个班，两年后又改学别的专业。

20世纪60年代初，我国为克服国民经济出现的困难，实行三年调整。1962年，省政府决定撤销一批新建的高等院校。滇南大学、滇西大学被撤销，其中文、数学、物理、化学专业并入昆明师院的相关专业；体育学院、艺术学院被撤销，并入昆明师院成立体育系和艺术系。当时的昆明师院发展成八个系十二个专业，包括文史系（中文、历史）、生地系（生物、地理）、外语系（俄语、英语）、数学系、物理系、化学系、体育系、艺术系（音乐、美术），各专业本科学制仍为四年。同时，中文、数学两系还设有两年制专修科。此外，学院还设有教育学科、马列主义、公共体育三个教研室。这时在校学生达2800多人。这是昆明师院自成立以后系科设置和学生人数空前多的时期。两年后，生物、地理两专业又奉令撤销，教师分别调到云南大学、云南农业大学以及省外大学。1965年9月设立政治教育专修科，学制两年。马列主义教研室亦并入政专。这一时期，云南省中学教师进修学校曾于1960年4月至1962年4月划归师院领导。

1966年5月开始了“文化大革命”，持续时间达10年之久，教育战线受到严重摧残。1969年11月全院师生员工疏散到陆良、曲靖，1970年6月又迁回昆明。1971年学院开始接受工农兵学员，至1976年，共接受了六批。1975年至1977年，学院还在迪庆和怒江两州分别举办了一期两年制的普通班（分文科和理科班）。“文化大革命”时期，学校系科设置亦有一些变动：1971年底，中文专业独立为中文系，历史专业独立扩充为史地系。1972年，生物专业恢复，并与化学专业合组为生化系，政治教育专修科改为政教系。

“文化大革命”结束后，拨乱反正。1977年，全国恢复高校招生制度，通过高考，昆明师院招生585人。此外，昆明师院还有四个普通班，招收学生898人（其中曲靖普通班206人，红河普通班300人，大理普通班242人，保山普通班150人）。学校又开始了新的发展。

1979年，生物专业和化学专业分别独立为生物系和化学系。1980年省政府决定将艺术系调出成立云南艺术学院。1982年历史专业和地理专业分别独立为历史系和地理系。1984年马列主义教研室从政教系分出独立设置。1985年设立电化教育中心，次年开设电化教育专业。以后又陆续在数学系设立计算机专业、太阳能研究所设立应用物理专业。至1988年全校共有十一个系十五个专业，还有电化教育、计算机、分析测试三个教学科研中心和马列主义、公共体育、公共外语、军事理论四个教研室。此外云南省高校外语培训中心、省高等师范院校师资培训中心、省高校图书工作委员会等也设在云南师大。

“中华民族在腾飞，云南师大在前进”。全国政协副主席、原西南联大教授周培源1984年4月17日回到刚刚更名的云南师大参观后的题词，高度概括了学校在“文化大革命”以后，特别是党的十一届三中全会以来的巨大变化。

新中国成立以后，学校基本建设累有兴建，然而使校园面貌大改观还是在20世纪80年代。新建的图书馆、学生食堂、游泳馆、生物实验楼、专家公寓、学生宿舍楼、综合教学实验大楼……一幢幢拔地而起。在学校309亩的土地上，1988年校舍面积达13万多平方米。

1946年3月“一二·一”四烈士安葬在联大校园东北角。同年5月联大结束时，在四烈士墓西侧树立起“国立西南联合大学纪念碑”，7月“李闻惨案”后，又建闻一多衣冠冢于四烈士墓前。新中国成立后，人民群众缅怀先烈，特别是青少年常来墓地祭扫悼念、海内外联大校友常来瞻仰纪念碑，寻觅逝去的往昔。云南省和昆明市政府先后将烈士墓和纪念碑定为重点文物保护单位。1980年有关单位将李公朴墓从西山迁至四烈士墓后。1985年，学校建成“一二·一”运动纪念馆，全国政协主席邓颖超亲为纪念馆题写了馆名。馆内陈列“一二·一”运动史展览、西南联大校史展览、李闻生平事迹展览。现在这里成为我省进行革命传统教育、建设社会主义精神文明的重要历史遗迹。

当年“一二·一”运动发祥地联大民主草坪，如今四季芳草如茵。草坪上矗立着闻一多“拍案而起”的大型雕像。草坪南边抗战期间的一炸弹坑，联大结束时经梅贻琦捐款修葺之后，名之“梅园”。现在这里池水清澈，风景宜人，鲜花绿荫衬映着一位女教师的塑像，“梅园”西边的园圃中，三座三角形联大纪念亭是1988年纪念西南联大暨云南师大建校50周年，国内的联大校友捐款所建。这一带是学生们读书、切磋的好地方。

学校教育科研仪器设备有较大增加。新添置大型精密贵重仪器，主要有原子吸收光谱仪、红外光谱仪、紫外可见光谱仪、全相色谱仪、超速离心机和计算机等。建筑面积为7000平方米的设备较好的图书馆藏书达112万册，中外文期刊2600多种。科学研究较过去有长足进展。科研机构方面，1979年建立云南省教育科学研究所，以后又陆续设立了应用化学研究所（1984年）、太阳能研究所（1984年）、人口研究所（1985年）、云南语言研究所（1987年）和云南地方文献研究所（1987年）。到1988年，除上述6个研究所外，还有12个学科研究室和1个科教服务中心。广大教师和科研人员积极开展科研工作。1978～1989年间，学校有近500项科研成果分别获得国家、省、市和学校的奖励。其中，省部级以上有74项，部分项目达到全国先进水平。同年，太阳能研究室高效硅太阳电池和生物系与外单位合作的粳型杂交水稻等3个项目获全国科学大会奖。许多项目已在生产建设中发挥了作用。这一时期，还先后出版各种教材、学术专著和教参资料400多种，有力地促进了学校学术水平和教学质量的提高。朱德祥教授等的高师院校几何系列教材及课程建设获1989年国家教委优秀教学成果奖；我国著名翻译家李丹教授竭尽毕生精力翻译的法国名著《悲惨世界》为人们交口称道；方龄贵教授的《元朝秘史通检》是一部具有较高学术价值的工具书，为国内外元史研究者所注目；吴积才教授主编的中华人民共和国地方志丛书《云南省志·汉语方言志》是国内出版的第一部省级方言志，颇为汉语言学界和方志界所推重。学校办有《云南师范大学学报》，其中哲学版（双月刊）向国内外公开发行，自然科学版（季刊）向全国发行。数学系办的《中学数学教与学》（季刊）是目前我省唯一的数学专业刊物。此外还有《教育科学研究》《古籍整理研究》《函授教育》《语文函授》等内部刊物多种。随着科研工作的发展，学校及有关部门先后主持召开了一系列全国性的学术研讨会：“一二·一”运动讨论会（1985年）、中国第四届闻一多学术讨论会（1988年），第七次全国高等院校高等几何教学学术研究会（1988年）等。1988年6月学校主办的亚洲马铃薯协会第二次学术年会有亚、非、欧、美及大洋洲24国85名外国代表参加，是云南省新中国成立以后举办的规模最大、国外代表参加人数最多的国际学术会议。

学校开展多层次、多形式办学。所设置的各个专业都以四年制本科为主；同时兼办专科，1988年有七个专科专业。1978年数学系招收硕士研究生，这是学校新中国成立以后第一次招收研究生。至1988年，全校共有15个硕士研究生专业。其中辩证唯物主义与历史唯物主义、发展心理学、中国古代史、世界地区史、国别史（东南亚史）有硕士学位授予权。还开办了七个专业的研究生班和助教进修班。学校从1957年附设函授大学，开办中文和数学两个专业。1984年扩大为中文、历史、数学、化学四个专业。以后又逐年扩大，至1989年达11个专业（即每个系都招收函授生），其中开办本科的有6个专业，开办专科的有11个专业。受云南高等教育自学考试指导委员会委托，从1983年起，学校主持全省中文、英语两个专业的高等自学考试。此外，各种短训班、进修班、中学各科教师合格证办班等经常举办。云师大附中、附小均为全省重点学校，注重教学质量，声誉颇高。

学校规模的不断扩大，招生人数也越来越多，1987～1989年连续三年招生都在1000人以上。1989年全日制在校学生4000余人（其中研究生36人、本专科生3946人），比1950年增加了10余倍；函授生在籍的6020多人。全日制和函授合计有1万余人。新中国成立40年来，云南师大一共为国家培养出硕士研究生、本专科生23000多名，其中全日制17000多名，函授生6000多名。此外，自学考试中文、外语两个专业本专科毕业生1400多人。还短期培训了师资、秘书、政法等各类人员近万人。这些毕业生大部分分布在云南各地州市，一部分分布在全国各地。

改革开放以后，学校即开展对外交流。1979～1989年，学校聘请外国文教专家、短期讲学的外国学者近百名，其中外国文教专家45人；接待前来参观访问和大型国际学术会议的外国学者、外国留学生、学术代表团、友好参观团以及联大海外校友等1500余人。他们分别来自美国、英国、法国、苏联、日本等十几个国家和地区。学校先后向美国、英国、法国、日本、西德、苏联、加拿大、南斯拉夫、秘鲁、新加坡、菲律宾等十几个国家以及我国香港地区派遣访问学者、出国讲学、参加国际会议、出国留学生等人员67人。1983年，学院领导应美国弗吉尼亚大学、贝勒大学邀请访问，开始建立学校与国外大学的交流关系。至1989年，学校先后与美国麻省州立大学、东密西根大学、南达科他州立大学、肯塔基州默里大学、法国波尔多第三大学、英国希尔福德学校、澳大利亚国立大学、菲律宾大学、西德哺乳动物遗传学研究所等10余所大学和科研机构建立了校际联系。

“中兴业，须人杰”。1988年，西南联大校友、诺贝尔奖获得者杨振宁博士回云南师大，为校庆50周年郑重题写了联大校歌中的这句话，期望联大的后继者——云南师大在新的历史时期为中华民族振兴大业，培育更多的人杰。今天，作为云南省培养人民教师的基地，云南师范大学正在进一步发扬西南联大的光荣传统，培铸“严谨治学、团结进取、辛勤育才、为人师表”的校风，为造就更多的社会主义现代化建设事业所需要的合格人才而努力。

1990年3月

（原题为《云南师范大学史略》，载《昆明文史资料选辑》第15辑，1990年；载《内迁院校在云南》，《云南文史资料选辑》第53辑，云南人民出版社1998年版）

补记：1990年代之后，云南师大新的巨大发展

1994年4月，学校首批成立外语、体育两个学院。此后，全校陆续完成学院建制。

1999年，学校与云南教育学院、云南体育进修院合并重组云南师大。

2005年，学校呈贡新区开始建设，2007年开始上课。

如今，云南师大发展成为一所拥有3300多亩现代化校园，24个学院，2个独立学院，40余个科研机构，覆盖文、史、哲、法、教、管、理、工、经济、艺术10大学科40门类，学士、硕士、博士、博士后完整教育体系的教学研究型大学。70余年来，为国家培养各级各类人才20余万人，招收61个国家留学生1.3万余人次。

现在，学校有在职教职工2300余人，其中专任教师1700余人，教授、副教授600余人，在校本科、硕士、博士学生3万余人，成人继续教育学生1.8万余人，各类留学生1.3万余人。

继跻身国家中西部基础能力提升工程重点建设的100所高校行列之后，2013年12月学校又跨入云南省与教育部共建学校行列，标志着云南师大发展步入新的快车道。

“一二·一”运动的前沿阵地

——西南联大师范学院

西南联大师范学院大门及三烈士殉难处碑

“一二·一”运动的前沿阵地

——西南联大师范学院

今年（1995年）是“一二·一”运动50周年纪念。回顾那震惊中外的风雨岁月，西南联大师范学院与反动派的英勇斗争使人难以忘怀。西南联大师范学院广大进步同学站在斗争第一线，西南联大师范学院成为运动的前沿阵地，在这块阵地上倒下了四烈士中的三位，十余人身受重伤，还有许多人受轻伤。先辈们的英雄业绩早已彪炳青史，不断地激励着后人。

一

西南联大师范学院之所以成为“一二·一”运动的前沿阵地，是与这所学院自身特点及其成立以后党组织长期努力工作分不开的。

首先，在西南联大各个学院中，师院不收学费还供膳食。因此投考师院的学生家庭清寒者大大超过其他学院。这一点决定了师院多数同学更容易接受革命思想，投身革命。

其次，西南联大师范学院一成立就有中共组织的存在，同时又是联大中党员较多的一个学院。党组织在广大同学中长期进行艰苦细致的工作，学院广大进步同学较好地发扬了西南联大的光荣传统，即“五四”和“一二·九”的光荣传统，其主要精神是爱国、民主与科学。

联大一到云南，就带来了“五四”“一二·九”的革命传统，同时也带来了党的力量和进步组织中华民族解放先锋队（简称“民先”）。这一点表现在联大师院是比较突出的。1938年夏，原北平崇德中学党支部书记力易周受延安党组织派遣来到云南开展工作。10月他考入联大师院。他一方面从事“民先”活动，担任“民先”云南地方总队部总队长；另一方面于当年10月建立中共联大第一个党支部，并担任支部书记。一个月后，他发展了联大经济系学生袁永熙入党，袁后来成为联大党组织的主要负责人之一、“一二·一”运动的主要领导者之一。

随着党组织发展壮大，1940年联大成立党总支，下设三个党分支和两个党小组，共有党员83人，占当时全省党员总数的三分之一。可以说，当时联大党组织是云南党员人数最多、最集中，力量最强的地下党组织。联大师院史地系学生熊德基任联大党总支的组织委员兼师院分支的书记，当时师院共有15名党员，是联大党员较多的一个学院。

师院对同学的管理较其他学院严格。联大国民党直属区党部和三青团区分部也都设在师院。可以说师院是联大一个特殊地区。但是在党组织领导下，师院广大进步学生与国民党、三青团势力进行了坚决斗争，并不断地取得胜利。斗争通常是通过壁报展开的，再一个突出的表现是争夺学生自治会领导权。1940年，联大学生自治会改选，国民党、三青团认为他们在师院的力量强一些，所以决定师院学生自治会改选先走一步。在当时抗战中，国民党军事上节节败退，政治上腐败不堪，经济上通货膨胀、物价飞涨。这种大的形势决定了改选中的人心向背。此外，上一届三青团把持的学生自治会和膳委会包而不办，不为学生干实事，委员缺额的增补搞私相授受。再加上地下党组织平时艰苦细致地工作，因此，改选投票结果完全出乎国民党、三青团的意料。他们遭到了“全军覆没”的下场。师院学生进步力量的胜利对工学院学生自治会改选产生了积极的影响，那里的三青团也失败了。进而在联大全校学生自治会选举中，进步力量也占了很大优势。

正当师院民主斗争形势向着有利进步力量不断发展的时候，1941年1月6日，国民党顽固派发动了震惊中外的“皖南事变”。党组织将联大暴露的党员和进步学生骨干约100人撤离学校，疏散到全省各地县开展新的革命工作。熊德基留校坚持斗争，并担任联大党总支书记。此后的一个时期，遵照中共中央关于在国民党统治区“荫蔽精干，长期埋伏，积蓄力量，以待时机”的工作方针以及中共南方局负责人周恩来提出的“勤学、勤业、勤交友”的指示，联大党组织认真进行更加细致的工作，开展更加艰苦的斗争。熊德基本人带头努力学习，取得了全师院第二名的好成绩，深得教授们的赞赏，在同学中也颇孚众望。当时联大各个学院进步社团被迫停止了活动，而国民党、三青团却大肆进行反动宣传，污蔑学生只会闹事，不关心国家大事。针对这种情况，熊德基考虑到自己身份尚未暴露，且在教授中印象较好，于是和同学鞠孝铭相约合办《春秋》壁报，驳斥联大三青团干事会长陈雪屏等对学生的污蔑。壁报刊出后，校内外到师院看的人很多，《云南日报》一位记者还来抄写。壁报虽仅出了三期就被迫停刊，但它在沉寂的校园中掀起了不小风波。

与此同时，熊德基等人还在校外开展工作，并取得了很好的效果。熊是江西人，这年夏秋他与联大几位江西同乡创办了一个私立中学，以江西籍民族英雄文天祥的名字命名。刚从联大毕业的邓衍林任校长，熊德基任教务主任。为把学校办好，他奔跑于联大和天祥中学之间。学校的确办得很有名气，后来联大不少党员和"民青"成员不断来到"天祥"任教，"一二·一"运动中，天祥中学许多同学成了骨干。

1942年1月6日，师院广大学生与联大其他学院以及云大、中法大学、英专等大中学校学生一道举行了"倒孔"示威游行，抗议国民党行政院副院长兼财政部部长孔祥熙在日寇占领香港时，置许多社会名流、学者身陷孤岛无法撤出于不顾，而将其私人财产乃至洋狗、马桶都空运重庆的丑恶行径。"倒孔"运动在整个国统区引起了强烈反响和声援，形成了"反孔"怒潮，打破了"皖南事变"后国统区的沉寂局面。

此后，师院又与联大其他学院一起举行了一系列爱国民主运动，特别是1944年的纪念"五四"活动、纪念"七七"时事晚会、纪念辛亥革命形势演讲会（10月10日）、护国首义纪念会（12月25日）；到1945年的纪念"五四"活动时，以联大为中坚的昆明爱国民主运动高潮迭起，一浪高过一浪。为此，西南联大被誉为大后方的"民主堡垒"，西南联大成为国统区进步学生向往的地方，许多人来到昆明投考联大。

1943年9月，共产党员缪祥烈考入联大师院。1944年夏，共产党员潘琰考入联大师院。许多进步青年也先后考入联大师院和其他学院。斗争中潘琰、缪祥烈成为后期（"皖南事变"以后）联大师院进步学生的代表。当时党组织规定：党员"转地不转党"，即党员转移到一个新的地方不转关系，且未经组织通知也不能随便找组织。因此，潘琰虽然1939年在湖北建始女师已入党，但来到联大后，她遵守党的这一规定，未能与组织取得联系。同样，1940年在宣威师范就入党的缪祥烈也与组织失去了联系。然而，他们都自觉地发挥党员的模范作用：刻苦地学习专业课程，在同学中广泛结交朋友；他们还分别与一些进步同学组成读书会，阅读《新民主主义论》等书籍。缪祥烈喜爱诗歌，他还参加了进步社团“新诗社”，积极带头开展活动。

1945年春夏，为了适应革命斗争发展的需要，联大共产党员洪季凯（德铭）、马千禾（识途）等创建了党的外围组织——“民主青年同盟”（简称“民青”）。该组织后来在“一二·一”运动发挥了重要作用。师院许多进步同学加入了“民青”组织，因此还成立了“民青”第一支部的分支。后来在“一二·一”运动中（1946年2月）召开的一支第三届代表会上，缪祥烈当选为支部联络委员。

特别值得一提的是，师院进步同学创办联大第一所“民众夜校”的事。

当时师院周围有许多劳动人民的子弟没有机会上学，潘琰和“民青”成员朱树杰（赵家康）、进步同学古兆珍等商议，借用师院旁边的龙翔小学办起了“平民夜校”，从1945年春开始，办了两期，每期20多人，对象是8至10岁的失学儿童。他们自编识字课本，将革命道理融于其中。此外还教孩子们唱歌。夜校办得有影响，深受群众欢迎。直到潘琰牺牲前夕，她还想着扩大夜校的事：找了一些同学商量，如何动员更多的同学义务任教，如何招收更多的失学儿童到夜校读书。

1945年暑假，潘琰还和党员同学赵佩兰以及古兆珍等同学到赵佩兰家乡路南县开展工作。她们给路南县立中学的学生讲时事、谈思想，教大家唱歌跳舞。县中有一个姓程的女同学，家庭困难；初中毕业，父亲就包办婚姻，要她嫁给一个富裕人家，否则就去死。潘琰等人有针对性地做小程的工作，鼓励她自强自立，努力学习。后来小程反对包办婚姻的斗争取得了胜利，还考上了昆华女中读高中。到昆后她常到联大师院找潘琰等人，在潘琰等人的引导帮助下，小程走上了革命道路，不满18岁就入了党。

二

由于党和“民青”组织长期进行革命活动，联大师院成了昆明地区学生运动的一个重要阵地。1945年8月15日，日本无条件投降，中国人民经过八年艰苦抗战终于取得了最后胜利！饱经战乱的中国人民，渴望休养生息，重整河山，建立独立自由民主的新中国。联大师院广大学生也怀着同样的想法，以为从此可以过和平幸福的日子了。然而国民党反动派却倒行逆施，在美帝国主义的援助支持下阴谋发动内战，建立其一党专政的法西斯独裁统治。11月5日，中共中央发出号召：“全国人民动员起来，用一切方法制止内战！”昆明学生率先响应。11月25日，昆明大中学校师生和各界人士6000多人，集中到联大新校舍大草坪举行“反内战时事报告晚会”。费孝通、钱端升、伍启元、潘大逵四教授先后在会上发表演讲，反对内战，呼吁和平。联大师院许多学生都参加了这个晚会。党组织和“民青”考虑到反动派可能要进行破坏，因此组成学生纠察队，负责维持会场秩序。缪祥烈参加了纠察队。

果然，大会开始后，反动当局派出大批军警包围联大新校舍，用小钢炮和机关枪向会场上空发射，以此恫吓威胁与会群众。继而还派出特务捣乱会场。晚会进行中，奉命破坏大会的中统特务、国民党省党部调查统计室主任查宗藩自称“王老百姓”跳上台，胡说当前中国不是内战是“内乱”，有人称兵作乱，政府自当“戡乱”。联大师院学生党员孙志能当场揭穿了他的真实身份，愤怒的群众将他轰下了台，逐出校门。

散会后，反动派封锁交通，与会群众被迫绕道至深夜才得回家，大家无不义愤填膺。当晚，联大许多与会者彻夜未眠，一些“民青”成员立即串联，商议以罢课来向反动当局进行抗议。潘琰和广大师院的同学一致坚决主张罢课，回击反动派的疯狂挑衅。对于反动派的这些暴行，联大师院院长黄钰生曾说：“共产党与国民党之间斗争胜负之局不仅决定于解放战争的战场，而早已预兆于联大的草坪。”一些只顾埋头读书或认为国民党“并不是没有好的地方”的联大师院学生对于反动派破坏“11·25”时事晚会也非常气愤，师院一年级学生李鲁连说：“国民党如此手段，可谓到了末路矣!”这一夜经过串联，联大广大同学纷纷响应罢课要求。

26日晨，国民党中央社发表了造谣消息，污蔑25日时事晚会为“匪警”，胡说：驻军据报捕捉，匪徒鸣枪逃窜。广大学生闻讯更加群情激愤。面对反动派的挑衅和群众的要求，中共云南省工委领导支持联大学生罢课，并指示要实现全市大中学校总罢课，同时向社会进行宣传、揭露反动派的暴行。

26日当天，师院学生立即组成罢课委员会，广大同学迅速行动起来，纷纷组成宣传队，走上街头，深入学校、工厂、商店和居民住宅进行宣传。潘琰和古兆珍等几个同学组成第一宣传队，开展宣传活动很有特色。他们来到一所所中学，向学校负责人讲反内战、争民主的道理，进行辩论，向同学们介绍“11·25”时事晚会的情况及反动当局武装破坏晚会的罪行，宣传联大罢课的主张。就这样将所到的中学发动起来，参加到罢课的行列之中。第一宣传队还固定联系昆华商校，团结争取教职员工支持学生罢课，解答同学们的问题，帮助同学写标语、出壁报、刻蜡纸、印传单。第一宣传队到街头进行演讲，潘琰口才好，很能吸引听众，引起大家的共鸣。她带领宣传队员散发传单很注意斗争方法，为避免便衣特务的盯梢监视，队员们装作顾客走进商店，一面向店员问价看物，一面巧妙地将藏着的传单悄悄地塞给店员或塞进柜台里。

地处龙翔街的师院，人门临街，比起联大校本部已算“闹市”。当时有一路市内公共汽车站设在师院门口，不远的西站还有通往全省的汽车货运站。为了扩大宣传，同学们在学院门口贴出墙报、刊出黑板报；还组织标语传单组，从11月27日至30日，天天将标语传单张贴到公共汽车和西站的货车上，把传单撒到汽车内。这样，一下子就把“反内战、争和平，揭露反动派罪行”的宣传工作做到全昆明市乃至全云南省。师院学生的罢课宣传有特色、影响大、效果好，受到了联大罢委会的表扬。敌人则把师院视为眼中钉，必须除之而后快。

对于全市学生的罢课宣传斗争，反动派采取“以组织对组织，以宣传对宣传，以行动对行动”的对策，加紧进行镇压。他们不断派出特务，收买地痞流氓，殴打绑架宣传队员，撕毁标语墙报，捣毁黑板报。师院是反动派行动的重点。11月29日，师院两个同学在学院门口被暴徒殴打。11月30日下午2时，三青团支团部秘书兼宣传股长周绅率领40多个特务和军人直奔师院门口撕毁墙报，砸烂黑板报的黑板和支架，还打伤了几个同学。但是，反动派的镇压并没有吓倒师院同学，他们没有停止宣传活动；反动派将标语刚刚撕毁，他们很快又贴了出来。敌人气急败坏，酝酿着更残酷的镇压。对此，昆明学生罢课委员会通告各校注意进行防卫。师院和昆华工校只有一墙之隔，11月30日缪祥烈和师院其他纠察队员到昆华工校商量两校联防之事。第一宣传队也与所联系的昆华商校共同研究对策，组成纠察队，不许外人进校，还查到一个国民党昆明市党部派来捣乱的坏蛋，纠察队员们立即将其赶出学校。

12月1日，一场更大的镇压发生了。上午10时以后，反动当局派出大批国民党党徒、“军官总队”队员及三青团暴徒、武装特务向各校进攻。先是80多个暴徒冲进云大，被居高临下的同学击退。接着100多名暴徒进攻联大校本部（新校舍），当一个暴徒要向校内投掷手榴弹时，过路的南菁中学教员于再奋不顾身上前阻拦，结果重伤牺牲。

师院是敌人重点进攻的地方。11时许，反动头目周绅率暴徒约50多人冲开师院大门蜂拥而入。他们穿过三道院子冲进饭厅，捣毁桌凳、门窗和碗碟，还投掷手榴弹一枚，幸未伤人。师院同学猝不及防，连连后退。缪祥烈等纠察队员和一些同学经食堂越窗退至昆华工校；一边用石子、瓦片、柴块等进行自卫，一边联络工校学生进行反击。潘琰、李鲁连等四五个师院学生冲在最前面。潘琰还高喊着：“同学们，冲啊！打狗特务！”越窗来支援的工校17岁学生张华昌也冲在前面挥舞着木棒追赶敌人。缪祥烈则用石子还击敌人，击中了三个特务。在同学们的奋力反击下，敌人被逐出了师院大门。突然，敌人从门外扔进两枚手榴弹，炸倒了许多学生，其中：李鲁连伤势最重，弹片穿入脑部，又遭敌的木棍殴击，在送往医院途中即身亡。张华昌被弹片击中头部。英勇的潘琰胸部和腹部受伤，手指被弹片削掉，血流不止，还奋力抢救其他同学，后又被特务用尖头铁条猛刺腹部三下，当同学们来抢救时，她呼喊：“同学们，团结啊！”其余重伤的还有师院学生缪祥烈、杨固（李复业）、牛兆恒、杨纯及昆华工校学生李云等。张华昌、潘琰伤势严重，送到医院抢救无效，均于当天下午5时许逝世。缪祥烈左腿受伤，经医治，大腿以下截肢，终身致残，被誉为“活着的烈士”。

12月1日，这一天，总计有于再、潘琰、李鲁连、张华昌4人牺牲，缪祥烈等25人重伤，30余人轻伤。这就是震惊中外的“一二·一”惨案。西南联大教授闻一多悲愤地指出：“鲁迅先生论民国十五年的‘三·一八’惨案是中华民国最黑暗的一天，他不知道还有更凶残更黑暗的日子是民国三十四年十二月一日。”

敌人的血腥镇压，不仅没有吓倒昆明为正义而斗争的学生，反而激起了全国广大群众和学生们一起向反动派展开新的斗争，形成了波澜壮阔的反内战、争民主运动。昆明市大中学生和群众3万人为四烈士举行盛大出殡，而后在联大校本部举行公葬仪式；西南联大和昆华工校师生在“一二·一”运动的前沿阵地——联大师院，树立了三烈士纪念碑——“一二·一”潘琰、李鲁连、张华昌三烈士殉难处。“一二·一”运动开辟了中国人民反对国民党反动统治的第二条战线，这条战线配合着中国人民解放军正面战场的节节胜利，加速了国民党反动政权的覆灭。“一二·一”运动在中国新民主主义革命史上有着重要的地位，毛泽东称昆明学生罢课为“国民党区域正在发展的民主运动”的“标志”。周恩来则说“昆明惨案就是新的‘一二·九’”。“一二·一”四烈士和运动的所有参加者用自己的热血铸就了中国青年运动史上继“五四”“一二·九”之后的第三个里程碑。

50年过去了。今天，可以告慰烈士们的是，当年你们为之奋斗要建立的和平民主自由的新中国的目标早已实现，而改革开放16年来伟大祖国更是日新月异；先烈们的革命精神正在鼓舞着我们为将祖国建成更加繁荣昌盛的社会主义强国而努力奋斗。

（原载《昆明文史资料选辑》第25辑，1995年）

西南联大的传统及历史地位

西南联大高声唱歌咏队接受昆明学生联合会赠送的“民主堡垒”锦旗。持旗者左为傅冬菊。（严宝瑜、吴琼瑂提供，载郭建荣主编《国立西南联合大学图史》，云南教育出版社2007年版）

西南联大的传统及历史地位

这是一所流亡大学：不及九年，两度播迁，几番辗转，流亡万里；在昆八载，校舍散布城内郊外，还曾设两个学院于蒙自，立一个分校于叙永。它身系中华民族深重的灾难，因日寇入侵而诞生，与抗战八年相始终；由敌机轰炸而撤离平津，立足昆明亦常遭空袭；物资十分匮乏，生活极为艰辛，住的是茅茨屋，上课在土坯房，“火腿椅”兼桌子，茶馆成了自习和研讨学问的地方。

然而，正是在极端困苦的条件下，这所大学却以它的优良传统，培育造就了一大批国家的栋梁和民族的精英。因此有人惊叹这所大学的师生“物质上不得了，精神上了不得！”[1]

它，就是闻名中国、蜚声世界的西南联合大学。

一

什么是西南联大的传统？1984年，在西南联大北京校友会成立会上，校友会名誉会长、当年联大的著名教授陈岱孙明确回答：“民主与科学。”[2]

“民主与科学”是中国新文化运动的旗手陈独秀揭橥的两面大旗。1915年9月陈独秀在上海创办《青年》杂志（自第二卷改名《新青年》），他在发刊词《敬告青年》中即提出“民主”与“科学”的口号。1919年1月在《本志罪案之答辩书》中陈独秀进一步阐述道：“本志同人本来无罪，只因为拥护那德莫克拉西（Demcracy）和赛因斯（Science）两位先生，才犯了这几条大罪。要拥护那德先生，便不得不反对礼教、礼法、贞节、旧伦理、旧政治；要拥护那赛先生，便不得不反对旧艺术、旧宗教；要拥护

[1] 此为20世纪40年代初幽默大师林语堂放洋出国路过昆明演讲时讲的。转引自萧荻：《南清北合　联大花开》，载《人民日报》（海外版）1987年10月30日。

[2] 《西南联大北京校友会简讯》，第1期（1984年）。

德先生又要拥护赛先生，便不得不反对国粹和旧文学。”又说“西洋人因为拥护德赛两先生，闹了多少事，流了多少血，德赛两先生才渐渐从黑暗中把他们救出，引到光明世界。我们现在认定，只有这两位先生可以救治中国政治上、道德上、学术上、思想上一切的黑暗。若因为拥护两位先生，一切政府的压迫，社会的攻击笑骂，就是断头流血，都不推辞”[1]。十分清楚，陈独秀所说的民主与科学就是向西方学习先进的思想和制度，反对封建主义，进行民主主义革命。新文化运动的战士们正是以民主与科学为武器，向着腐朽的封建思想堡垒发起冲锋，掀起了中国近代史上思想解放运动的狂飙。

西南联大的“民主与科学”传统，正是继承了新文化运动的“民主与科学”两个口号及其发展，并在实践中不断充实新的内容而加以发扬光大的。

西南联大所以继承新文化运动的“民主与科学”传统，这是由于它与组成它的三校——北京大学、清华大学、南开大学的渊源关系所决定的。三校和“民主与科学”传统关系极为密切，甚至可以说三校是“民主与科学”传统在中国树立和发扬的大本营。而了解三校这一传统的树立和发展，可以更清楚地看到西南联大传统是怎样形成和发扬光大的。

二

北大、清华、南开是近代中国北方的教育重镇。在向西方先进科学思想文化学习的过程中，三校以科学与民主的精神改造了自己，先后从封建主义和半殖民地性质向资本主义性质过渡，并树立了科学与民主的传统。

“民主”与“科学”相辅相成，不可分割。但就三校与“科学”的关系而言，主要是三校学习西方的教育思想和制度，以科学的精神，突破了中国封建主义旧学的窠臼，把自己改造为资产阶级性质的学校，从而树立起“科学”的传统。

北京大学，中国第一所综合性大学，其前身是创办于1898年的“京师大学堂”。新文化运动以前它是一所封建性质的学校。1917年初，蔡元培

[1] 《新青年》，第6卷第1号。

担任北大校长，从此北大开始了历史性的转变。这位中华民国临时政府第一任教育总长一到北大，就延请了当时全国侧目的提倡新文化运动的陈独秀做文科学长，对学校实行整顿政策。他首先强调大学学生“不当以大学为升官发财的阶梯”[1]，扫除了北大清末民初相沿的招收老爷式的学生的官僚积习。其次，他强调：“大学者，研究高深学问者也。”[2]为实现这一目标，他以兼容并包的精神，罗致国内学术界的精英。文科方面除了陈独秀，还请了李大钊、杨昌济、鲁迅、钱玄同、刘半农、章士钊等。考虑到学术流派的不同，同时聘请了今文学派的崔适和古文学派的刘师培；在文字训诂方面，既有章炳麟的弟子朱希祖、黄侃、马裕藻，还有其他学派的陈黻宸、陈汉章、马叙伦；在旧诗方面，同时有主唐诗的沈尹默、尚宋诗的黄节，还有宗汉魏的黄侃；在政法方面，同时有英美法系的王宠惠，也有大陆法系的张耀曾；胡适和梁漱溟对孔子的看法不同，就请他们同时各开一课，唱对台戏。[3]理科方面，他“请中国第一个介绍相对论的夏元瑮作理科之长”，此外还请了李四光、李书华、翁文灏、丁文江等。“1917年以后的几年里，北大三十多岁左右的青年教授相当多，其中不少人和蔡先生并不相识，而是从科学论文中发现请来的，这是蔡先生兼容并包在北大的主要表现，也是最了不起的一面”，“北京大学所以能够始终走在新思想新科学队伍的最前面，未始不发轫于此”。[4]

清华大学前身是美国“退庚款”于1911年创办的“清华学堂”。这所留美预备学校带有浓厚的半殖民地色彩。1925年9月设立大学部。1928年，南京国民党政府取代了北洋政府，清华学校由过去外交部管辖改为教育部管辖，并改名为国立清华大学。曾在北大和清华学习工作过的冯友兰教授将清华与北大的发展进行比较说：“1917年是北大的大改革时期，1928年是清华的大改革时期。中国原来是半封建、半殖民地的社会”，“1917年以前和以后，北大占统治地位的思想是封建和资产阶级的对

[1] 高平叔：《五四运动时期的蔡元培先生》，载《文史资料选辑》第83辑。
[2] 《蔡元培全集》第3卷，中华书局1984年版，第6页。
[3] 郑天挺：《蔡先生在北大的二三事》，载《文史资料选辑》第83辑。
[4] 郑天挺：《蔡先生在北大的二三事》，载《文史资料选辑》第83辑。

比；1928年以前和以后，清华占统治地位的思想是买办资产阶级和民族资产阶级的对比”。[1]

清华改为大学后，以美国的“通才教育”（Liberal education或General education 或译为“自由教育”）为教育方针，“新增聘教授四十余人，包括一些有学术声望的教授，如吴有训、周培源、张子高、萨本栋、熊庆来、杨武之、陈桢、张奚若等，开设了国内较新的课程”[2]。此外，清华还“建立了一些制度，为当时教育界所称道。其中之一就是所谓教授治校。这个口号本来是蔡元培先生所提出的，但是在清华得到比较具体的实现”[3]。1931年10月南京政府任命梅贻琦为清华大学校长。梅贻琦认为“教授是学校的主体”，在就职典礼上他说：“所谓大学者，非谓有大楼之谓也，有大师之谓也。”[4]由于他的努力，清华大学的教授治校制度最终巩固地确立了，教学与学术工作也取得空前的大发展，成为闻名中外的有较高水平的学府。冯友兰说：“1928年以后，北大和清华是旧中国教育界比较有影响的大学。‘五四’运动的‘科学与民主’的口号在这两所大学中，按当时的标准说，得到比较具体的实现。”[5]

南开大学也是一所极有传统的学校，它的创办者张伯苓是中国现代教育最杰出的先驱人物之一。1904年张伯苓创办了私立敬业学堂，1907年改名南开中学堂，梅贻琦是南开学堂第一班高材生。1917年41岁的张伯苓留学美国哥伦比亚大学师范学院并考察了美国私立教育情况，之后1919年在南开中学的基础上创办了南开大学，周恩来、马骏就是南开大学的第一届学生。南升大学推行美国式的教育。张伯苓选聘教师非常严格，不仅从国内各著名大学延揽优秀毕业生，而且留意从美国聘请留学生。虽然当时私立的南开大学薪金低于北大等国立大学，但由于张伯苓的尊师重教，所以一批名学者姜立夫、饶毓泰、杨石先、竺可桢、蒋廷黻、范文澜、汤用

[1] 冯友兰：《五四前的北大和五四后的清华》，载《文史资料选辑》第34辑。
[2] 清华大学校史编写组编著：《清华大学校史稿》，中华书局1981年版。
[3] 冯友兰：《五四前的北大和五四后的清华》，载《文史资料选辑》第34辑。
[4] 《梅校长到校视事》，载《国立清华大学校刊》第341期（1931年12月4日）。
[5] 冯友兰：《五四前的北大和五四后的清华》，载《文史资料选辑》第34辑。

彤、罗隆基、何廉、黄子坚（钰生）[1]等先后来南开执教。张伯苓很重视基础课的教学，总是选择最好的教师教基础课。南开大学强调能力培养、知识面广、考试严格、教学认真。由于张伯苓呕心沥血地以科学精神办学，遂使南开成为我国的名牌学校，他本人在教育界亦声望甚高。

三

民主与科学是不可分割的。在北大、清华、南开以科学精神将自己改造成资产阶级高等学府，树立起“科学”传统的过程中，“民主”的精神同时发挥了极其重要的作用，并逐渐形成了光荣的“民主”传统。

关于北大与“民主”。1917年，由于蔡元培聘请陈独秀任北大文科学长，《新青年》编辑部因此也迁到北京。1918年1月《新青年》由陈独秀个人主编改为同人刊物，在北大任教的李大钊、鲁迅、胡适、钱玄同、刘半农等都参加到编辑部并成为主要撰稿人。于是一个以《新青年》为中心的新文化阵营逐渐形成；一个以民主、科学和新文学为主要内容的新文化运动逐渐展开，可以说北京大学是新文化运动的重要营垒和一个中心。

还需要指出的是，这一时期蔡元培主张对各种学术派别兼收并蓄、兼容并包，并非要将封建思想文化与资产阶级思想文化杂收一炉和平共处。当时的北大封建思想文化无处不容，无所不包。因此，蔡元培这一主张实际上是“兼容资产阶级思想，并包资产阶级文化，这在当时来说是有历史进步意义的。它是一条为资产阶级文化思想开拓道路的路线”[2]。正是在这条路线下，北大的新文化派与封建文化旧派展开了激烈的斗争。

新文化运动兴起之后，新思潮即渗入清华学校，进步学生组织了益智丛录社（后改名暑假修业团）、文化文学研究会，宣传新文化运动。1913年至1917年，周恩来在南开中学读书，新文化运动兴起后，他和三位同学成立了敬业乐群会，创办了《敬业》杂志，开始用资产阶级民主主义思想

[1] 《中国现代教育家传》编委会编：《中国现代教育家传》第一卷《张伯苓》，湖南教育出版社1986年版。

[2] 萧超然等编著：《北京大学校史》（增订本），北京大学出版社1988年版。

去批判孔孟封建礼教。

1918年下半年，由于十月革命的影响和马列主义在中国的传播，李大钊是北大也是全中国第一个接受并传播马克思主义的人。是年10月，第一次世界大战以德国法西斯战败而告终。1919年1月，战胜国英、美、法等在巴黎召开和平会议。会上美国等帝国主义相互勾结，不仅无视战胜国中国的正当要求，反而牺牲中国主权，在和约中将德国在山东的特权全部转让给日本，而卖国的北京军阀政府竟然准备签字接受这个丧权辱国的和约。巴黎和会的阴谋激起了中国人民的强烈反对。陈独秀和李大钊等在他们新创办的《每周评论》上不断报道和会关于山东问题的讨论，揭露曹汝霖、章宗祥、陆宗舆等人的卖国行径，极大地鼓舞了广大学生和人民群众进行爱国斗争。5月2日蔡元培在北大饭厅召集学生代表百余人讲述巴黎和会情况，号召人们奋起救国。5月4日，在北大发起下，北京十几所中等以上学校三千多学生在天安门聚会，许德珩、朱自清、杨振声等是当时的积极活跃者。在火烧赵家楼时，杨振声手执大旗第一个冲入曹汝霖住宅。震惊中外的“五四”爱国运动的革命火炬首先从北京大学点燃起来，并成为中国新民主主义革命的开端。

五四运动爆发的当晚，消息传到清华园。深夜，高等科二年级学生闻一多工笔抄录岳飞《满江红》词在饭厅大门圆柱上贴出，极大地激发了同学们的反帝爱国热情。此后，清华学生与各校学生一起行动，还派出代表参加了北京学生代表团，先后到京、沪、汉等地扩大宣传，让五四运动扩展到全国。6月中旬，闻一多等四名同学代表清华赴上海参加全国学联成立大会，并参加了全国学联刊物编辑工作。

北京以外首先响应五四运动的是天津的爱国学生。南开师生积极参加爱国群众运动。刚从日本回国不久的周恩来立即投身这场革命风暴之中，担任《天津学生联合会报》的主编。5月5日，天津中等以上学校的五千名学生集会南开学校操场，商议营救北京学生。张伯苓同情学生反帝爱国斗争，当反动军警到南开逮捕爱国学生时，他指示打开后门放走学生，还参加天津各界代表团赴京营救被捕南开学生。

从新文化运动到五四运动，清华、南开尤其是北大高举“民主”的旗帜，英勇地批判孔家店所代表的封建主义；在民族危亡关头，又将民主主义与爱国主义紧密结合，奋起反对帝国主义和卖国政府，树立了民主、爱国的光荣传统。

“九·一八”事变日寇占我东北之后进而将魔爪伸进华北。1935年日寇在河北各地策动“华北自治”，企图以“自治”名义并吞华北。对此，国民党卖国政府步步退让，竟准备设立“冀察政务委员会”以满足日本对“华北政权特殊化”的要求。“华北之大已经安放不下一张平静的书桌了！”平津学生再也不能安心读书了。1935年11月，中国共产党先后发表了《为日本帝国主义吞并华北及蒋介石出卖华北出卖中国宣言》和《抗日救国宣言》，为青年学生和全国人民进行抗日救亡斗争指明了方向。于是在中国共产党领导下，划时代的“一二·九”运动爆发了。当时北平学生联合会设在清华大学，清华是学生运动的指挥部。在学联的领导组织下，12月9日北平城内万余名大中学生举行大规模的请愿游行。北大当时尚未成立学生会，但是当游行队伍经过红楼时，北大广大同学立即响应号召，投入游行队伍之中。当时城外的清华等校学生被阻于西直门外，他们与军警进行了英勇的斗争。12月16日，是反动的“冀察政务委员会”预定成立的日子。北平市学联更严密地组织了又一次示威游行，清华大学等校绕道西便门并奋力撞开城门，与城内学生会合，加上沿途加入的群众，共三万余人在前门集会。国民党当局一方面再次残酷镇压逮捕二三十人，打伤近四百人，清华、北大均有一部分学生被捕受伤；另一方面在人民群众压力之下，不得不宣布“冀察政务委员会”延期成立。

北平学生的爱国斗争，迅速得到全国人民的热烈响应。12月中旬，南开大学四百多名同学在秀山堂礼堂改选了由复兴社分子的军训教官操纵的学生自治会，以罢课声援北平学生运动。接着，在地下党领导下，成立了天津市学联，南开大学等三校组成常委，统一领导天津大中学校的学生运动，并与北平学联保持联系。[1]南开所以在天津抗日救亡运动中一直站在斗争前列，是与张伯苓反帝爱国的政治态度分不开的。他常在修身课上对学

[1] 徐天语：《我在南开大学经历一二·九运动的一段往事》，载《南开校友通讯》复刊第7期（1985年10月）。

生讲："非赶走日本，中国不能富强。"[1]

不久根据党的指示，平津学联动员了三千多学生，利用寒假，组织四个南下扩大宣传团，沿平汉路对广大人民群众进行宣传。北大和清华分别负责领导第一、第三团，南开等校组成第四团。宣传团返回平津后，以宣传团员为骨干组成了"中华民族解放先锋队"。在党的领导下，"民先"队员在各地抗日救亡运动中发挥了积极的带头作用。

"一二·九"运动打破了国民党统治下的沉寂的政治局面，掀起了全国抗日救国运动的高潮；同时，为知识青年指出了走与工农相结合的正确的革命道路。运动中三校爱国民主的光荣传统得到了进一步发扬，使广大爱国学生受到了锻炼，培养出一批坚强的无产阶级战士。

四

1937年"七七"卢沟桥事变爆发，这是日本帝国主义有计划灭亡中国的又一重大步骤。7月29日北平沦陷，不久，日寇宪兵先后进入北大、清华，对这两所高等学府进行摧残蹂躏。在此期间，两校大部分师生先后离开北平，或投身抗日救亡运动，或辗转南下继续进行教学。7月30日，天津沦陷，日寇视南开为抗日的最高学府，就在这一天，他们在出动飞机轰炸南开之后，"日军百余名，复用汽车数辆，满载煤油，驶至其它部分之秀山堂、思源堂纵火，于是南开大学遂全部付之一炬"[2]。当时正在南京的张伯苓闻讯悲愤填膺，公开谈话："敌人此次轰炸南开，被毁者为南开之物资，而南开之精神，将因此挫折而愈益奋励。"[3]

平津沦陷后，国民党政府命令北大、清华、南开在湖南长沙合组临时大学。当年11月1日，长沙临大开学，至次年2月，临大共存在了4个月。

当时临大学生约一千四五百人。面对不断蔓延的战火，大部分同学

[1] 《中国现代教育家传》编委会编：《中国现代教育家传》第一卷《张伯苓》，湖南教育出版社1986年版。

[2] 魏宏远主编：《中国现代史稿》下册，黑龙江人民出版社1981年版，第8页。

[3] 《中国现代教育家传》编委会编：《中国现代教育家传》第一卷《张伯苓》，湖南教育出版社1986年版。

难以安心读书。加上“当时教授们大都还未来，同学们无课可上，无书可读，精神生活感到空虚。三校校长便安排我们听一些有意义的讲演”[1]。先后来讲演的有《大公报》总编辑张季鸾、国民党高级将领陈诚、刚出狱的陈独秀、湖南省主席张治中、八路军驻长沙办事处负责人徐特立，都是各方面的名流。大家感到这些讲演“既反映出兼容并包的传统学风，也表现出民主科学的历史精神”[2]。特别是徐特立介绍延安和八路军抗日情况，给同学们以鼓舞，打动了大家的心。此后，不少临大同学或到山西临汾参加八路军，或奔向陕北，进入抗大和陕北公学学习，还有一部分同学则投入保卫大武汉的行列。

1937年12月13日，南京沦陷，武汉震动，长沙也危在旦夕。于是临大又奉教育部之命，西迁昆明。1938年2月临大开始搬迁，4月到昆，奉教育部令，更名为西南联合大学。学校于5月4日开始上课。从此至1946年5月4日联大结束，联大在昆八年整。

联大由北大、清华、南开三校组成，其组织情况也体现了兼容并包的精神。

首先，当时的校务仍如长沙临大时一样，由三校校长蒋梦麟、梅贻琦、张伯苓组成常委会主持，而以梅贻琦为主席。

其次，三校联合，即主要部分实行了联合，共同组成五个学院（其中师范学院为1938年8月新设）。同时合中又有分：三校还保留各自原有的某些行政教学科研组织系统，三校各设办事处，处理各自事务。比如三校的研究院和研究所就各自独立，当时三校共有九个所下设三十二个学部。又比如在组成联大前入学的三校学生仍分别按各自的系统编号，仍保留原校学籍，组成联大后招收的学生才统一编号。因此当时联大学生学籍就有四种：P（北大）、T（清华）、N（南开）、A（联大）。再如，三校参加联大工作的教职员，除联大发给聘书外，三校各自亦发给聘书。

---

[1] 马伯煌：《徒步三千 流亡万里》，载《笳吹弦诵在春城》，云南人民出版社、北京大学出版社1986年版。

[2] 马伯煌：《徒步三千 流亡万里》，载《笳吹弦诵在春城》，云南人民出版社、北京大学出版社1986年版。

以上这些情况并不妨碍三校的联合。正如联大文学院院长冯友兰教授在联大结束时所总结的那样：“三校有不同之历史，各异之学风，八年之久，合作无间。同无妨异，异不害同，五色交辉，相得益彰，八音合奏，终和且平。”[1]

联大八年，在那山河破碎的年代，物质条件极端艰苦，物价飞涨，生活十分清苦，学生吃的是霉米饭，还只有两餐，教授们也只能粗茶淡饭，甚至“饭甑凝尘腹半虚”“既典征裘又典书”。[2]然而联大却继承并大大发扬了北大、清华和南开的科学与民主的光荣传统，“转移社会一时之风气，内树学术自由之规模，外来民主堡垒之称号”[3]。

联大融汇了三校的优良学风，即北大的“民主自由”之风、清华的“严谨求实”之风和南开的“活泼创新”之风；或曰“如海如云如山”，意即北大宽容如海、清华智慧如云、南开坚定如山。有容乃大，联大以兼容并包之精神，正是在融汇三校的优良学风的基础上，树立起“学术自由之规模”。

联大没有“大厦”，却有“大师”。抗战前，三校本已人才济济；合组联大之后，三校人才荟萃，可谓群贤毕集。自然科学方面有江泽涵、陈岱孙、陈省身、赵访熊、华罗庚、吴有训、王竹溪、周培源、张文裕、赵忠尧、吴大猷、黄子卿、曾昭抡、杨石先……文科方面有闻一多、朱自清、陈寅恪、杨振声、向达、罗常培、王力、费孝通、冯友兰、汤用彤、金岳霖、钱钟书、沈从文……名单还可以长长列出，当时联大的教师常年一般保持在350人左右，教授、副教授约为一半。据载，1939年联大有教授副教授177人，1945年为210人[4]。联大教授多为著名科学家、文坛泰斗、一代宗师，真可谓人人握灵蛇之珠，个个抱荆山之玉。“联大教授阵容之鼎盛，在古今中外知名大学中，也堪称绝无仅有。”[5]

联大师资力量的雄厚和教师来源于各种流派，是联大学术自由或曰

[1] 冯友兰撰国立西南联合大学纪念碑碑文。

[2] 黄志洵：《西南联大和中国自然科学家》，载《百科知识》1986年第7期。

[3] 冯友兰撰国立西南联合大学纪念碑碑文。

[4] 清华大学校史编写组编著：《清华大学校史稿》，中华书局1981年版。

[5] 萧荻：《南清北合　联大花开》，载《人民日报》（海外版）1987年10月30日。

学术民主的基础。据不完全统计，联大八年共开出课程一千六百门以上（重复课程不算），比抗战前三校中任何一校都齐全、充实、完备。这些课程基本上都是专于该门的教授担任，所讲的内容都是教授们自己研究的成果或心得。如闻一多的《楚辞》课即讲他多年研究、四易其稿的《天问疏证》，华罗庚开的《解析数论》《连续群论》《行列式》《方阵》等课程，就是结合自己的研究成果来讲授的，反映了20世纪四十年代的学术成就。由于师资的充裕，许多课程常常几位教授同时开讲，风格观点纷呈，师承流派各异，政治倾向也不相同。这一点在《中国通史》课中表现得较为突出，这门课是当时联大各院共同必修课，分别由吴晗、雷海宗、钱穆等讲授，内容观点差别很大，各具特色。吴晗主要讲制度演变史，用“纵法”讲，讲得系统；雷海宗的主要观点是历史循环论，用“横法”讲，故事性较强；[1]钱穆则讲他的《国史大纲》，否认中国封建社会的存在，宣扬复古主义思想。[2]因为联大开了那么多的课程，所以学生可以自由选课。讲得好的，门庭若市，否则门可罗雀。这实际上是一种学术竞赛，保证了民主学风的发扬。

联大在梅贻琦主持下继承了三校“教授治校”的传统。这是一种具有民主治校性质的传统。教授治校主要通过教授会来体现。教授会由全校教授、副教授组成，教授们在教授会内可以对校务充分发表意见，不仅起咨询作用，还起决策作用。加之联大各院、处长均为教授兼职，所以教授们又直接负有管理学校各方面工作的职责。由于联大的教授基本都与广大师生紧密相连，能够听取并代表广大师生的意见，所以学校的重大决策一般来说是民主的。比如“有一次教育部要重新‘审定’教授们的‘资格’，教授会讨论中讨论到这问题，许多先生，发言非常愤激”[3]。特别值得一提

[1] 萧超然等编著：《北京大学校史》（增订本），北京大学出版社1988年版。

[2] 清华大学校史编写组编著：《清华大学校史稿》，中华书局1981年版。

[3] 闻一多：《八年的回忆与感想》，载《联大八年》1946年。

的是在“一二·一”爱国民主运动中，教授会专门为运动召开九次会议[1]反复讨论，统一意见，站在进步师生一边，支持他们与反动当局进行斗争。

尽管时局日非，条件异常艰苦，但是联大师生对抗战抱有必胜的信念，他们坚信驱除倭虏、国家重建、民族复兴，需要大量杰出的人才，正如《西南联大校歌》所唱的：“千秋耻，终当雪，中兴业，须人杰。”联大以“通才教育”为培养目标。针对当时教育部强调的“专才教育”，梅贻琦说“大学重心所寄应在通而不在专”[2]。联大通才教育注重基础课程教育，旨在使学生获得广泛的知识，打下宽厚的科学基础，培养较强的综合适应能力。因此联大的基础课一般都配备学术水平高、教学经验丰富的教授担任。如当时全校的大一国文就是由闻一多、杨振声、沈从文等讲授。周培源、吴有训、赵忠尧等则为大一、大二学生开普通物理、力学等课程。这些课程给学生留下了深刻的印象。杨振宁博士1983年12月回国在中国科学院研究生院讲学时谈道：“西南联大的教学风气是非常认真的。我们那时候所念的课，一般老师都准备得很好，学生习题做得很多。所以在大学的四年和后来两年研究院期间，我学了很多东西。”[3]

联大招生注重生源质量，学生入学后学校要求十分严格，实行淘汰制。按照学校的学分制、选修课制和必修课制规定，学生一般必须学满132个学分（相当于30门左右课程）才能毕业。考试不及格者，不是补考，而是补读重修，体育不及格者亦要重修。因此联大学生学习一般来说是比较刻苦努力的。

在强大的师资队伍的培养下、在优良学风的熏陶下，联大造就了一大批优秀人才，其中许多是蜚声中外的著名专家学者，如：诺贝尔奖获得者杨振宁、李政道，“两弹”元勋邓稼先，国际著名的航空动力学家、力学家和工程物理学家吴仲华，等等。据统计，八年间，联大培

---

[1] “一二·一”运动期间1945年11月29日至12月22日联大教授会召开九次会议，专门讨论运动有关问题。见《西南联大教授会一九四五年第二次至第十次会议记录》，载中共云南省委党史资料征集委员会、中共云南师大委员会编：《一二·一运动》，中共党史资料出版社1988年版，第379页。

[2] 梅贻琦：《大学一解》，转引自《清华大学校史稿》，第302页。

[3] 杨振宁：《读书教学四十年》，载《光明日报》1983年12月1日。

养了近4000名毕业生（其中本科生3800人），连上各种原因中途辍学者，前后在联大受过教育的学生达8000人。有人说过，西南联大是中国第一流人才的摇篮，这是一点都不假的。学部委员是中国最高的学术称号。1979年，中国科学院恢复重建学部，次年增补283名学部委员，加上1955年初建以后因自然减员剩下的117名学部委员，则共有400名学部委员。据统计，其中有西南联大师生101人（含联大时期清华研究所的8人，不含1955届学部病故的14名委员），占了中国科学院学部委员的四分之一还多一点。中国哲学社会科学部1955年建时，共有62人（“文化大革命”后未做过增补），其中联大教师有11人，占六分之一还多。联大校友除祖国大陆之外，分布在台湾地区和旅居美国的亦颇多，其中第一流学者专家也不在少数。据《学府纪闻》记载，台湾“国科会”主委曾说过：台湾拥有八位国际第一流的工程师，而七位都是联大毕业的。[1]1988年，旅居美国的西南联大教授伍启元说，“抗战结束后，大批联大教师和同学赴美”，陈省身“担任美国加大（Berkeley）数学系教授，后来成为美国数学界的泰斗”，“理工方面的吴大猷、顾毓琇……教授”，“社会科学方面的李卓敏、许烺先……教授，他们在美国学术界的地位，绝不低于美国第一流教授”。“李政道和杨振宁两位同学是人所共知的诺贝尔物理学奖的得主，何炳棣同学的地位绝不在他们二人之下”。伍启元还说“就联大同学和教师对国家学术的整个贡献而言，我们应侧重他们在中国各地学术上所占的地位。如果在这方面我们不只包括这些校友本身的直接贡献，还包括他们在中国各地间接训练的无数人才，则没有人能否定他们百年树人（在这半百的途中）的确立下了大功”[2]。可以说，联大八年，对世界科学、祖国文化做出了卓越的贡献，在中国乃至世界教育史上写下了光辉的篇章，有着重要的地位。

[1] 张起钧：《西南联大纪要》，载《学府纪闻·国立西南联合大学》，台湾南京出版有限公司1981年版，第48页。

[2] [美]伍启元：《西南联合大学五十周年》，载《清华校友通讯丛书》复17册。

五

西南联大广大师生继承发扬了“五四”“一二·九”的爱国民主传统，坚持抗战，坚持团结，坚持进步，使联大成为举世瞩目的爱国民主堡垒。

抗战八年间，联大不少学生到抗战前线和敌后，有的参加八路军、新四军，有的参加抗日游击队。仅据联大校志委员会纂列的《抗战以来从军学生题名》碑记载，联大学生在抗战中投笔从戎者就有834人。[1]

联大到昆不久，共产党员、“民先”队员和进步学生多已离校，所以中共联大地下支部领导重建“民先”组织，接着又以“民先”队员为骨干组成公开的合法进步社团——群社等。党组织及其外围组织辛勤地开垦着联大的民主园地。党的组织也逐渐得到发展，到“皖南事变”前联大党员总数有83人，占当时云南省地下党员247人的三分之一左右。[2]

“皖南事变”后，党组织将联大大部分党员及进步学生百余人疏散到云南边境县和少数民族地区，于是，他们又在那里播下了革命的种子。联大地下党支部继续坚持斗争，遵照南方局关于“勤学、勤业、勤交友”的指示，团结群众，积蓄力量，等待时机。这一时期大的活动有“倒孔（祥熙）运动”。在党组织的工作下，一些教授思想发生了变化，积极参加民主运动，闻一多、吴晗是他们的代表。1943年蒋介石的《中国之命运》出版，年轻时即投身五四运动的闻一多说：“‘五四’给我的影响太深，《中国之命运》公开的向‘五四’宣战，我是无论如何受不了的。”[3]

经过三年的艰苦细致工作，到1944年疏散的党员和进步学生陆续返校，联大民主空气又活跃起来了。“那年政府改三月二十九日为青年节，引起了教授和同学们一致的愤慨”[4]。为此，5月4日，联大进步师生举办了

---

[1] 国立西南联合大学抗战以来从军学生题名碑，在云南师大一二一校区东北角。

[2] 西南联大党史编写组：《中共西南联大地下组织和群众革命活动简史》，云南人民出版社1994年版，第14页。

[3] 闻一多：《八年的回忆与感想》，载《联大八年》1946年。

[4] 闻一多：《八年的回忆与感想》，载《联大八年》1946年。

一系列纪念“五四”青年节的活动。这是自“皖南事变”以来，昆明第一次民主大会师，学生们称这一天为“联大民主精神复兴的一天”。这一年联大学生还与昆明其他学校一起召开了“七七”抗战七周年时事晚会、云南护国纪念大会，在大后方第一次喊出“争取民主、打倒独裁”的口号。斗争中，民主进步力量不断壮大，1945年3月，中国民主青年同盟（简称“民青”）在昆成立，不久，联大成立了民青第一、二支部。5月上旬，联大学生举行了“五四”纪念周，这几天，昆明不少群众到联大参加纪念活动，他们说“到联大过节”。4日那天，与昆明其他大专院校在云大操场举行盛大集会，而后又进行盛大游行，高呼“立即结束国民党一党专政”等口号。这是抗战以来，联大民主力量的大检阅。这一天昆明学联成立起来，各校学生推举联大学生、共产党员齐亮为学联主席。正是在这种情况下，人们称誉西南联大是“民主堡垒”。

抗战胜利后，蒋介石妄想在中国建立法西斯独裁统治。1945年11月国民党反动派背信弃义，在美帝国主义的支持下向解放区发动进攻，点燃了内战的炮火。中国面临着两个前途、两种命运的抉择。11月5日中共中央号召“全国人民动员起来，用一切方法制止内战”。西南联大和云南大学等昆明学生响应中共中央的号召，在中共云南省工委领导下，积极开展了反对内战、争取和平民主的“一二·一”伟大爱国民主运动。毛泽东称“一二·一”运动为“国民党区域正在发展的民主运动”的标志。[1]周恩来在当时延安青年纪念“一二·九”十周年大会上指出：“我们处在新的‘一二·九’时期，昆明惨案就是新的‘一二·九’，‘五四’青年运动未完成的任务，由‘一二·九’青年运动继承起来，‘一二·九’未完成的任务，由今天的青年运动继承起来。”[2]在中国青年运动史上，“一二·一”运动是“五四”“一二·九”运动的继承和发展，是第三个里程碑。

[1] 毛泽东：《一九四六年解放区工作的方针》，载《毛泽东选集》第四卷，人民出版社1991年版。

[2] 周恩来：《在延安青年纪念“一二·九”十周年大会上的讲话》，载重庆《新华日报》1945年12月13日。

有“民主堡垒”之称的西南联大是“一二·一”运动的中坚，共产党员、联大学生自治会常务理事吴显钺当时担任昆明学生联合会主席，公开地站在斗争的第一线领导运动。“一二·一”惨案中牺牲的四烈士中的潘琰和李鲁连就是联大的学生。斗争中，联大教授会支持学生们，闻一多、吴晗等教授更与学生一起站在斗争的前列，为广大学生们所爱戴，为反动当局所忌恨。

1946年5月4日西南联大胜利结束。正值北大、清华、南开三校陆续北返复员之际，国民党反动派认为联大民主力量北迁，对他们十分仇视的民主战士下毒手的时机到了。于是，7月11日和15日反动派在昆明制造了“李闻惨案”，先后杀害了李公朴和闻一多。留昆的联大师院（后改称国立昆明师院）的学生和其他大中学校学生一道揭露反动派杀害李闻的罪行，进行了新的斗争。

联大进步师生，在同反动派的一系列斗争中，极大地推动了国民党统治区爱国民主运动的发展，为新中国的诞生做出了巨大的贡献。培养锻炼了大批革命干部，其中许多人今天已成为党和国家的各级领导骨干。可以说，联大八年，不仅是中国青年运动史上的光辉篇章，也是中国民主运动史上光辉的一页。

半个世纪过去了，西南联大早已完成使命而不复存在，联大所处的时代也早已成为历史。当前，全国人民正在为实现四化、振兴中华而努力奋斗。提高全民族科学文化和加强社会主义民主政治建设的伟大而艰巨的任务摆在我们面前。因此，民主与科学依然是我们今天社会的主题。正是从这一意义上讲，联大的传统不仅没有过时，还需要进一步发扬光大。

（原载《云南师范大学学报》1988年11月校庆增刊）

西南联大爱国主义精神的形成

“一二·一”惨案死难烈士出殡仪仗队

西南联大爱国主义精神的形成

1937年卢沟桥事变，日寇攻陷平津。中国著名的北京大学、清华大学和南开大学被迫南迁，始在长沙联合组成临时大学，继而西迁云南改名西南联合大学。这是我国抗日战争时期最著名的高等学府。这所流亡大学，与八年抗战相始终，为民族生存而奋争，在极端艰苦的条件下，却培养出大批民族精英而闻名世界。所以如此，一个重要的原因是这所大学具有非常宝贵的精神支柱——爱国主义。

联大爱国主义精神与联大民主、科学的传统紧密相连，贯穿在联大的各个方面。它可以从联大校歌、联大纪念碑[1]和联大抗战以来从军学生题名碑得到充分的反映，从联大在“一二·一”运动等爱国民主运动中的“民主堡垒”作用得到充分的体现，更可以从联大广大教师及其培育出来的大批“人杰”为祖国所做的重大贡献[2]中得到充分的证明。

联大爱国主义精神是在云南高原上生长起来的，研究、宣传它是云南地方史学工作者的职责。联大爱国主义精神是联大留给我们的极其珍贵的遗产，弘扬它，对我们当前在全国人民特别是青年一代中加强爱国主义教育有着重要的意义。限于篇幅，本文论述的仅仅是联大爱国主义精神形成的原因。

形成西南联大爱国主义精神的因素比较多，重要的有以下几个方面。

首先，继承发扬了“五四”“一二·九”爱国运动的光荣传统。

1919年发生的“五四”爱国运动，其革命火炬首先在北京大学点燃。清华和南开的爱国学生都投身这场运动，并成为主力军。1935年爆发“一二·九”爱国学生运动，当时北平学生联合会设在清华大学，清华是学生运动的指挥部。北大爱国学生积极参加了这一运动；南开大学则作为天津市学联三常委之一，参加领导了天津大中学校的学生运动。

---

[1] 国立西南联合大学纪念碑在云南师大一二一校区东北角。

[2] 见1988年11月1日《云南日报》评论员文章：《中兴业须人杰——纪念西南联大建校50周年》。

由北大、清华、南开三校合组的西南联大，可以说与生俱来地继承了“五四”“一二·九”的光荣传统，并且在抗战的岁月里加以发扬。

1944年和1945年，联大举行纪念“五四”的一系列活动，就是以继承和发扬“五四”精神为主题的；其中1944年的纪念活动更是为了捍卫“五四”传统，继承和发扬“五四”精神而举行的。1939年，陕甘宁边区青年组织发起规定以5月4日为中国青年节，在广大青年的爱国高潮压力下，国民党政府也同意这一规定。但后来他们害怕青年们继承“五四”的革命传统，觉得这个规定很危险，于是1944年决定改以三月二十九日（1911年广州黄花岗起义纪念日）为青年节。[1]这一决定，引起了联大“教授和同学们的一致愤慨”[2]。在历史系和社会学系同学5月3日晚举办的纪念座谈会上，有的学生要求政府恢复5月4日为青年节；有的提议通电全国，以实际行动纪念“五四”。张奚若教授发言对比了辛亥革命和“五四”运动的不同意义，指出：辛亥革命所完成的工作只是表面的，因此是一个不彻底的未完成的革命。“五四”运动是一个社会的革命，它的价值应在辛亥革命之上。吴晗教授则提出要发扬“五四”精神。他说：“五四”运动是为的要打破一个牢笼，打破一重束缚，但这牢笼，这束缚，直到今天还没有打破，今天的青年有责任要冲破这种束缚。[3]1945年纪念“五四”时，当年曾在清华参加过“五四”运动的闻一多认为26年来“五四”精神大大发扬了，他写道：“西南大后方平民阶层的民主运动，这无论在认识上、组织上或进行方法上，比起‘五四’时代都进步多了”，“敌后的民主中国，这个民主的大本营，论成绩和实力，远非‘五四’时代以来所能比拟”。[4]

1945年底发生的“一二·一”运动，联大是运动的中坚，四烈士中的潘琰、李鲁连是联大学生。这个运动继承发扬了“五四”“一二·九”

[1] 《毛泽东著作选读》上册，注225，人民出版社1986年版。

[2] 闻一多：《八年的回忆与感想》，载《联大八年》1946年。

[3] 西南联大党史编写组：《中共西南联大地下组织和群众革命活动简史》，云南人民出版社1994年版，第68—69页。

[4] 闻一多：《五四运动的历史法则》，载《闻一多选集》第二卷，四川文艺出版社1987年版，第508页。

的光荣传统。关于这一点，周恩来1945年在延安纪念“一二·九”10周年大会上指出：“我们处在新的‘一二·九’时期，昆明惨案就是新的‘一二·九’。”“‘五四’青年运动未完成的任务，由‘一二·九’青年运动继承起来，‘一二·九’未完成的任务，由今天的青年运动继承起来。”[1]

其次，联大是抗战的产儿，抗战的熔炉铸就了它团结救亡的爱国精神。

卢沟桥事变不久，平津失陷。日本宪兵闯入北大，红楼成了宪兵队部，地下室用作关押中国同胞的囚禁之所。清华园被日军强占驻兵。南开大学因为站在抗日救亡前列而深为日寇痛恨，日军先用飞机轰炸，接着用煤油纵火，将南开焚为灰烬。三校师生怀着国破校毁的深仇大恨，为挽救民族危亡，保存祖国教育事业，南下长沙联合办学，不久又西迁云南。由于交通和经费的困难，一部分年轻教授和学生（250多人）徒步赴滇，行程3000余里，历尽艰辛，坚忍不拔地到达目的地，师生的爱国热忱感人至深。“侵略战争的烈焰摧毁了大多数人的幸福，摧毁了一部分人类智慧结晶的文化，也摧毁了若干创造、保持和传播文化的学术机关。可是一些新兴的机构就在这赤热的熔炉中形成，西南联大便是其中的一个。”[2]

联大常委会主席梅贻琦的夫人回忆说：联大几年间，“突出的事情就是跑警报，几乎天天要跑”。“一次，大家上午跑出去，下午回来时，发现（清华大学）办事处已经被炸，文件全部被炸毁，两位工友也被炸死。”[3] 1938年冬，为躲避日本飞机轰炸，闻一多举家移居昆明西北郊的陈家营。华罗庚一家走投无路，闻一多便热情邀请华家与他们住在一起，中间用帘子将闻家8口与华家6口隔开。为此，华罗庚曾有诗云：“挂布分屋共容膝，岂止两家共坎坷。布东考古布西算，专业不同心同仇。”[4]一位联大同学写道：1940年“空军节日，日寇便从空中给联大送下使人难于领情的‘礼物’来，学校中了40余弹，图书馆、生物实验室、宿舍都有一部分

[1] 重庆《新华日报》1945年12月13日。

[2] 叶方恬：《苦难中成长的西南联大》，载《云南文史资料选辑》第34辑。

[3] 韩咏华：《同甘共苦四十年》，载《笳吹弦诵在春城》，云南人民出版社、北京大学出版社1986年版。

[4] 顾迈南：《华罗庚传》，复旦大学出版社1997年版。

被摧毁。可是联大的精神是不会而且也不能够被摧毁的”，“在祖国面临风雨飘摇危舟一叶的局面下，几年来，西南联大的师生在简陋的物质环境中，不断地吸收着而且投射出‘智慧之光’，同时辐射着‘爱国之热’”[1]。

第三，中国共产党的培育和领导。

长沙临大时，北大、清华的10多名中共党员即建立起党支部。不久，八路军驻长沙办事处负责人徐特立到临大演讲，号召同学们在民族危机深重的时刻，拿起枪杆到革命队伍里去。随后在党组织的领导下，临大掀起了一个大规模的“从军运动”；有的投身“保卫大武汉”的抗日洪流，有的参加八路军、新四军去战斗，不少人冲破国民党的封锁阻挠，奔向延安进入抗大和陕北公学学习。因为进步学生一批一批地离校，临大人数由1500人减到600人左右。[2]

联大到昆后不久成立了临时党支部，1939年初建立党支部，1940年春又建党总支，由中共云南省地下工委直接领导。至“皖南事变”前，联大党员总数有83人，占云南省地下党员247人的三分之一还多。到联大结束时，八年中，累计曾在联大学习过的地下党员学生有206人。“当时，联大党组织是云南党员人数最多、最集中，力量最强的地下党组织。联大成为云南地下党的主要阵地。这一时期，联大中共组织团结广大师生，在开展抗日爱国民主运动中，发挥了核心作用。”[3]与此同时，联大党组织还建立“民先”（中华民族解放先锋队）和以“民先”队员为骨干组成公开的合法进步组织——群社。“群社将同学团结在自己周围，最盛时有四百多社员，前后共有一千余人参加”[4]。1945年1月，由联大一批党员为骨干发起又成立了党的外围组织——“民青”（中国民主青年同盟），工人、职员、中学生和新闻工作者中都有它的成员。

联大的爱国民主运动都是党组织通过公开合法的进步组织来组织领导的。即使像1941年的“倒孔（祥熙）运动，本来不是共产党员组织发动

[1] 叶方恬：《苦难中成长的西南联大》，载《云南文史资料选辑》第34辑。

[2] 《北京大学学生运动史（修订本）》，北京出版社1988年版。

[3] 萧超然等编著：《北京大学校史》（增订本），北京大学出版社1988年版。

[4] 萧超然等编著：《北京大学校史》（增订本），北京大学出版社1988年版。

的，但后来主动权掌握在共产党员手中”[1]。1945年2月，共产党员齐亮被推举为联大学生自治会主席，学生自治会就成为联大各项进步活动的公开组织者。这一年，昆明大中学校“五四”大游行后，成立昆明学联，齐亮被各校推举为学联主席，于是昆明学联又成为昆明地区爱国民主运动的公开组织者。同年暑假，齐亮毕业，联大学生自治会常务理事、共产党员吴显钺又继任昆明学联主席。

“一二·一”运动是响应中共中央关于“全国人民动员起来，用一切方法制止内战”的号召而开展起来的。运动爆发后，中共中央和南方局立即给予极大关怀和支持，通过新华社、《解放日报》、《新华日报》持续地大量发消息、文章和社论，进行鼓励指导，号召各地党组织和人民群众声援。中共云南省工委则通过“民青”直接领导运动。“一二·一”惨案发生后，省工委还派出“民青”负责人王汉斌（联大学生、中共党员）赴重庆向南方局汇报情况，接受指示。由于贯彻了南方局关于斗争要“有理有利有节”等指示精神，在党组织的领导下，运动最后取得了胜利。

第四，吸收融合了云南地方的光荣传统，地方当局也给予了支持。

1944年12月25日，联大与昆明各大中学校及各阶层人民集会，纪念云南护国首义29周年。由于云南人民对这个节日有着特殊的感情，参加集会的护国元老、地方士绅等达6000多人。联大教授闻一多在会上说：“护国起义的经验告诉我们，要民主就必须打倒独裁”，“让我们就从昆明开始，继承护国精神，扩大民主运动，争取更大的胜利”。[2]半年多后，闻一多在殉难前著名的《最后的一次讲演》中又说：“云南省光荣的历史，远的像护国运动，近的像‘一二·一’，这些都属于云南人民的，我们一定要发扬这些光荣的历史！”[3]

在民族危亡的时代，昆明故老常常道及南明旧事，联大师生每每从中汲取爱国精神的养分。联大校歌的词作者罗庸教授很注重倾听云南父老讲

[1] 王世堂：《一场遭遇战》，载《笳吹弦诵在春城》，云南人民出版社、北京大学出版社1986年版。

[2] 王康：《闻一多颂》，湖北人民出版社1978年版。

[3] 王康：《闻一多颂》，湖北人民出版社1978年版。

南明遗事，曾“过五华山观永历帝殉国处，适文庙睹永历遗玺，游黑水祠吊明诸生薛尔望举家殉节之墓”，盛赞云南人民抗敌斗争的精神：“以滇黔一隅之地，抗清廷倾国之兵，义士仁人，靡躯喋血而不顾，坚持抗战达十余年之久。”[1]担当的爱国诗稿，陈翼叔的忠义诗篇，都曾引起他深切的同情与共鸣。为了激发学生爱国、爱乡的热情，讲课中有关乡贤的行状、著作、滇刻善本图书，他都热情评价介绍。[2]

抗战期间，民族矛盾上升，在中共抗日民族统一战线政策的感召下，当时的云南省主席龙云对西南联大和云南爱国民主运动采取支持和保护态度。1944年联大举行“五四”座谈会，何应钦要龙云进行镇压，龙云婉言回绝。[3]龙云后来曾回忆说：“抗战期间，在昆明的爱国民主人士很多，尤其西南联大教授和我随时都有接触和交流的机会，谈到国家大事，所见都大体相同。对于蒋介石的集权独裁政治，大家都深恶痛绝。”[4]

第五，联大校领导和教师的倡导。

联大常委会主席梅贻琦对抗战有着必胜的信心。联大校舍曾数次被敌机轰炸，人心惶惶，特别是太平洋战争爆发后，日军攻占滇西，形势极为危急，然而在他的领导下，全校师生照常上课，弦诵之声未尝或辍。每次警报，他总是和其他师生从容走进防空洞。由于生计所迫，当时梅贻琦的夫人和潘光旦的夫人做糕点到冠生园寄卖，糕名取为“定胜糕”，意思是“抗战必定胜利”。生活如此艰辛，信念却十分坚定。

“在西南联大时期，梅（贻琦）先生曾积极提倡师生为抗战工作努力。1938年春，国民党政府发动训练机械化部队。在梅先生的倡导下，清华机械系的二、三、四年级学生大多数均参加交辎学校受训，并于卒业后分赴各地工作。1939年2月，又在电机系附设电讯专修科，培育抗战期间所需的电讯人才。该专修科于一年半结业后，多数分配在军事机关服务。”[5]“联大工学院方面根据抗战的需要开出了战前大学没有的兵器学、堡垒工程、军用桥梁等

[1] 余嘉华：《罗庸先生对云南文化研究的贡献》，载《云南文史资料选辑》第34辑。
[2] 王彦铭：《缅怀罗庸先生》，载《云南师范大学学报》1988年校庆50周年增刊。
[3] 谢本书：《龙云传》，四川民族出版社1988年版。
[4] 龙云：《抗战前后我的几点回忆录》，载《文史资料选辑》第17辑，中华书局1961年版。
[5] 施嘉炀：《怀念梅贻琦先生》，载《笳吹弦诵情弥切》，中国文史出版社1988年版。

等课程。”[1]“1943年盟军来华，迫切需要翻译人员。在梅先生动员下，四年级生大多数参加受训”，他的独生子才19岁，也和其他同学一样应征从军。“当时应征者共400余人，教师中亦有10余人脱产协助训练。连同加入青年远征军及空军的西南联大学生，前后共达800余人”。[2]他们的名字镌刻在“国立西南联合大学抗战以来从军学生题名”碑上。

经过党组织的工作，梅贻琦由同情进而支持联大学生的爱国民主运动。“一二·一”运动中，他曾和云大校长熊庆来一起在清华大学办事处举行记者招待会，报告“一二·一”惨案的真相，揭穿了国民党中央社和《中央日报》制造的谎言。联大教授会专门为运动召开了九次会议，反复讨论，统一意见，支持学生与反动当局进行斗争。[3]吴晗、闻一多等进步教师更是与学生一起站在运动的前列。

广大联大教师不论政治倾向如何，爱国思想是共通的。他们把教学、研究与抗战紧密相连，熏陶教育学生。马约翰教授教体育课首先提高同学们对体育重要性的认识，常用外国人骂我们“东亚病夫”来激励学生强身健体，为民族争光。[4]在校领导和师生共同努力下，联大形成艰苦奋斗、团结抗战的爱国精神。“联大校内充满着抗战必胜的乐观景象和浓厚的学习气氛。西南联大的这种精神，向全世界显示了中华民族不可战胜的坚强意志。”[5]

（原载云南省史学会1990年学术年会议文集《爱国主义与历史教育》，云南大学出版社1990年版）

---

[1] 熊德基：《联大的回忆与思考》，载《笳吹弦诵情弥切》，中国文史出版社1988年版。

[2] 施嘉炀：《怀念梅贻琦先生》，载《笳吹弦诵情弥切》，中国文史出版社1988年版。

[3] 《西南联大教授会1945年第2次至第10次会议记录》，载中共云南省委党史征集委员会、中共云南师大委员会编：“中国共产党历史资料丛书”《一二·一运动》，中共党史资料出版社1988年版。

[4] 况仁民：《马约翰教授与联大体育》，载《云南师大校友通讯》第3期。

[5] 赵乃抟：《团结抗战的西南联大》，载《笳吹弦诵情弥切》，中国文史出版社1988年版。

西南联大对抗日战争的贡献

西南联大欢送从军同学（1944年12月28日）

西南联大对抗日战争的贡献

组成西南联大的北京大学、清华大学和南开大学三校都有爱国主义的光荣传统。北大是“五四”反帝爱国运动的发祥地，清华是“一二·九”爱国学生运动的指挥部，南开则一直站在五四运动和天津的抗日救亡斗争最前列。三校合组成联大后，继承并大大发扬了三校的反帝爱国传统，在抗日战争中为中华民族的解放做出了不可磨灭的贡献。

一、保存了中国教育文化之精华，培养了大批人才，为云南的资源开发、经济建设、文化教育的发展做出了贡献，支援了全国抗战

抗战爆发后，国民政府“为使抗战期中战区内优良师资不至无处效力，各校学生不至失学，并为非常时期训练各种专门人才以应国家需要起见，特选定适当地点，筹设临时大学若干所”[1]。北大、清华和南开三所大学，作为当时国内第一流大学被列为筹设“第一区”，始迁湖南合组长沙临大，继迁昆明改称为西南联大。

根据有关资料统计，抗战八年联大先后曾聘任过的教师达778人，其中文学院185人、理学院192人、法商学院87人、工学院195人、范学院119人。[2]全校教师人数常年一般在350人左右，其中教授、副教授约占二分之一左右，如1939年为177人、 1944年162人、1945年210人。联大大师如云，名家荟萃，可以说是中国教育文化之精华。这批精华迁到大后方昆明，得以保存。

联大在极端艰苦的条件下坚持办学，在校学生一般在3000人左右。

[1] 《教育部设立临时大学计划纲要草案》，载《国立西南联合大学校史资料》，北京大学出版社、云南人民出版社1986年版。

[2] 据《国立西南联合大学教职员名录》，载《国立西南联合大学校史资料》，北京大学出版社、云南人民出版社1986年版。

从1938年至1945年，八年中共培养毕业生近4000人（其中本科生3700多人），连上投笔从戎以及各种原因中途辍学者，前后在联大受过教育的学生达8000人。联大学生成才率极高，他们中许多人成为中国乃至世界一流人才以及党和国家的各级领导。

联大师生在艰苦的条件下，坚持科学研究，成绩斐然。其中突出的是为云南资源开发和经济建设做了大量工作。地质系师生对云南省矿产进行了大量的调查，对铝、铅、锡、铁、铜、磷、汞等资源都有新的发现；对云南地层及构造研究也颇有收获。冯景兰撰写了《云南地质矿产》《川康滇铜矿纪要》等有经济价值的论著，孙云铸等研究撰写了《滇西中志留纪地层》《滇西上寒武纪之发现》等。生物系吴蕴珍带领年轻教师和学生采集云南植物标本，绘制标本图，完成《滇南本草》图谱一册。清华农业研究所对云南经济植物、植物病害等进行调研，在抗病育种方面取得了好成果；还发表了《云南虫害调查简报》，为防治虫害做了不少工作。针对云南极为丰富的水力资源，1938年联大土木工程系与资源委员会合作组成“云南省水力发电勘测队”，由工学院院长施嘉炀主持。经两年工作，初步提出开发计划，其中一些被资源委员会采纳并动工实施。1939年，云南地方当局利用下关西洱河的水力资源集资修建电厂，也聘请施嘉炀为主任工程师，1946年建成发电。抗战迁昆的中央机器厂是旧中国规模设备首屈一指、我国机械工业中最早的工厂。联大工学院机械系、航空系、电机系高年级学生都以中机厂为实习基地。原中机厂工程师张克昌曾说：“中机厂与西南联大二者相辅相成，形成了不仅是象征意义的而且是实实在在的复兴工业与文化的摇篮。”[1]据统计，抗战八年间，联大工学院毕业学生929人，大部分到资源委员会所属各厂及交通等部门工作，为云南抗战经济的发展做出了贡献。

联大在人文科学方面也做了大量工作，值得一提的是南开大学边疆人文研究室对云南和西南的研究。当时拟修筑石屏通往佛海（勐海）的铁路，为此要进行经济调查，提供沿线社会经济、地理环境等方面的情况。边疆人文研究室经过艰苦的工作，形成了一批很有价值的成果：石佛沿线

[1] 尹绍源、余少川：《抗战时期的中央机器厂》，载《昆明文史资料选辑》第20辑。

少数民族语言分布状况图表、沿线社会经济调查报告，如《红河上游摆夷地理环境的调查》《车里、佛海茶叶与各部族经济关系的调查》《峨、新、元三县的糖业》等。这次调查集人类学、社会学、语言学、历史学与经济地理学等多种学科，是我省对边疆民族地区第一次进行的调查，也是旧中国学术界的一次创举，因此受到了学术界的高度评价和重视。[1]

关于联大对云南教育发展的推动和促进。首先，许多云南优秀青年，有了就近进入第一流高等学府深造的机会。其次，1938年，云南大学由省立改为国立，联大积极支持，联大三常委蒋梦麟、张伯苓、梅贻琦都担任国立云南大学筹备委员。同时，许多联大教师到云大和别的大学兼课。这些对于云南的高等教育的发展起到了非常重要的作用。第三，应云南当局要求，联大增设了师范学院，这是当时全国仅有的6所师范院校之一。抗战八年间，联大师院共培养本科毕业生179人，加上专修科和进修班共415人，极大地加强了云南中学师资队伍。第四，联大许多教师直接到中学兼课，为中学提供了一部分高水平教师，有利于中学教育质量的提高。第五，联大很多学生勤工俭学，或当家庭教师，或到中学教书，不少人甚至相约创立私立中学。抗战前全省私立中学仅四五校，抗战期间迅速发展，仅昆明市县先后就建立了22所。这些私立中学的领导和教师十之八九是联大的学生，有些私立中学完全为联大学生创办，如天祥、粤秀、松坡、五华、金江、建设等等。这些都极大地促进了云南教育事业的发展。

二、直接为抗战服务

联大及其师生直接为抗战服务是多方面的，较为突出的是联大工学院。

联大迁昆不久，鉴于军事上的需要，1938年7月，国民政府指令联大工学院加设航空工程学系。次年2月，又指令联大设立电讯专修科于工学院电机系。1938年春，抗战需要训练机械化部队，机械系二、三、四年级学生大多数参加交辎学校受训，并于受训后，分赴各地工作。

在课程设置方面，抗战初期，土木系及机械系增加了不少军事工程

[1] 南开大学校史编写组：《南开大学校史》，南开大学出版社1989年版，第299—301页。

性的课程，如：庄前鼎的《兵器学》，施嘉炀的《堡垒工程》《要塞建筑》，王明云的《军用桥梁》《军用结构》，李谟炽的《军事运输》，等等。土木系在设计课程方面，新增《飞机场设计》《船舰设计》等选修课程；测量学方面，四年级增加了《航空测量》等选修课，并加强学生测量技术的实际训练，组织学生到巫家坝机场、可保村兵工厂等地进行实习。1939年7月，中美合办的中央飞机制造厂迁到云南瑞丽垒允，其生产规模、机器装备、员工人数较过去有很大发展，是该厂历史上的黄金时期，“这在中国的抗战史上，是一件大事”。其中，“在人员方面，陆续增加了100余名各种专业技术人员，大部分是西南联大、西北联大的毕业生”[1]。据统计，抗战八年间，联大工学院929名毕业生中，相当多的人分配到兵工、航空等部门工作，直接为抗战服务。

抗战时期，教育部曾三令五申地命令联大“理工学院与经济交通及军备工厂合作”。据此，机械工程系与陆军交通辎重学校合办了机械化训练班，等等。

1944年美军大量来华，工学院与美军工程部合作，进行了机场测量、土壤试验等工作，并根据美军对建筑木材及人造冰的需要，设立锯木厂与制冰厂。当时还设立了联大“清华服务社”，为美军安装自来水、承包修建美军营房的工程、承制木器家具、生产探空气球所需的氢气等等，服务内容十分广泛。[2]举办译员训练班是当时联大直接为抗战服务的又一重要工作。1941年12月7日，太平洋战争爆发。此后“美国空军到昆明，需要翻译人员，美军请联大协助。梅贻琦说：我们做教师的不能直接扛枪杆子上前线，但我们要支援抗战，可以办译员训练班，为抗日战争出力”。译员训练班的教职员工大都从联大抽调，闻一多、潘光旦等人都参加了，华罗庚也去讲过课，戴世光兼任训练班的生活指导主

[1] 云南军工志办公室：《中美合办的中央飞机制造厂及迁滇建立垒允厂始末》，载《抗战时期内迁西南的工商企业》，云南人民出版社1989年版。

[2] 贺联奎：《联大的清华服务社》，载《笳吹弦诵情弥切》，中国文史出版社1988年版。

任，主管生活和教务工作。[1]

三、直接从军参战，奔赴抗日疆场

平津沦陷后，北大、清华、南开三校南下联合之初即开始有学生从军。北大、清华不少同学参加北平当地的抗日游击队，还有许多同学参加了抗日军队。8月下旬，南开校长张伯苓在南开会见南开大学学生会负责人。张对他们说："现在是抗日爱国的大好时机，你们愿意到哪里都行，参加八路军也可以，我可以与校友周恩来联系。"经张介绍，冷新华等7名同学到南京八路军办事处，受到叶剑英热情接待，不久即安排他们到延安。[2]

在长沙临大期间，八路军驻长沙办事处主任徐特立到临大演讲，阐述中共抗日民族统一战线政策和动员民众问题，还介绍八路军和延安的情况，号召同学们到革命队伍中去。他的演讲受到同学们的热烈欢迎。1937年12月31日，中共中央领导人周恩来在武汉向大学生做报告，号召青年到军队里去，到战地服务去，到乡村中去，到敌人占领的地方去。[3]周恩来的报告传到长沙临大，引起同学们的强烈反响。此后，长沙临大掀起了从军运动。一批又一批学生走上抗日前线，有的参加八路军、新四军，有的奔赴延安，有的投入保卫武汉的战斗，有的参加湖南青年战地服务团。到临大结束时，临大学生就由1500多人减到600人。仅按临大教育处登记，申请保留学籍，领取肄业证明和参加抗战工作者介绍信的就有295人。

联大迁滇后，又有一批接一批的学生奔赴抗日疆场。现矗立在云南师大校园里的"国立西南联合大学抗战以来从军学生题名"碑上面镌刻着834人的姓名。人们以抗战初期淞沪会战中守卫上海四行仓库的谢晋元部队的光荣称号——"八百壮士"来称呼他们。这些从军学生，或参加中国远征

[1] 戴世光：《怀念抗战中的西南联大》，载《笳吹弦诵情弥切》，中国文史出版社1988年版。

[2] 南开大学校史编写组：《南开大学校史》，南开大学出版社1989年版，第232页。

[3] 周恩来：《现阶段青年运动的性质和任务》，载《周恩来选集》上卷，人民出版社1980年版。

军，或参加空军，有的还参加“驼峰”飞行队，然而最多的则是担任盟军的译员。据官方正式统计，联大学生担任译员的“前后一共有五百余人，占翻译官中一个很大比数”[1]。联大从军的学生为伟大的民族解放战争做出了自己的贡献，有的还为国捐躯。

四、联大作为大后方的“民主堡垒”，有力地支持了抗日战争的进展

联大从长沙临大开始就建立了中共地下党组织。到昆后，党的组织不断发展壮大，在中共中央南方局和中共云南省工委的领导下，联大党组织是一个具有特殊地位和作用的基层组织。据统计，在联大学习过的地下党员学生共有206人。1940年，是联大党员人数最多的时期，有党员83人，约占当时云南全省党员247人的三分之一。[2]可以说，“当时，联大党组织是云南党员人数最多、最集中，力量最强的地下党组织。联大成为云南地下党的主要阵地。这一时期，联大中共组织团结广大师生，在开展抗日爱国民主运动中，发挥了核心作用”[3]。

联大党组织在中共云南省工委领导下对联大教授积极开展工作。与此同时，中共中央南方局派周新民、华岗到云南对龙云进行统战工作，还通过“民盟”做联大教授的工作。他们在昆明教育文化界组织了不公开的“西南文化研究会”，联大参加的教授有曾昭抡、罗隆基、潘光旦、闻一多、吴晗、闻家驷等，还有楚图南、冯素陶、唐筱蓂等。这个学术研究会“实质是党所领导的当时昆明知识界爱国民主统一战线的核心”[4]。

由于中共地下组织的工作，龙云的政治立场发生了根本性的转变，他曾说：“抗战期间，在昆明的爱国民主人士很多，尤其是西南联大教授，随时都和我有接触交谈的机会，谈到国家大事，所见都大体相同。对于蒋

---

[1] 《“翻译官”生活二题》编者按，载《笳吹弦诵在春城》，云南人民出版社、北京大学出版社1986年版。

[2] 西南联大党史编组：《中共西南联大地下组织和群众革命活动简史》，云南人民出版社1994年版，第14页。

[3] 萧超然等编著：《北京大学校史》（增订本），北京大学出版社1988年版，第347页。

[4] 冯素陶：《怀念李公朴闻一多》，载《云南文史资料选辑》第31辑。

介石的独裁政治，大家都深恶痛绝。他们都反对内战，……所以我对昆明汹涌澎湃的民主运动是支持的。”[1]

在中共地下组织的领导下，在以龙云为首的云南地方实力派和爱国民主力量的支持下，抗战中后期，昆明爱国民主运动一浪高过一浪：1942年1月“倒孔”（祥熙）运动、1944年5月“五四”纪念活动、7月7日纪念抗战七周年时事晚会、12月25日纪念护国首义盛大集会和游行、1945年“五四”纪念周活动等运动中，西南联大作为中坚力量而被誉为“民主堡垒”，进而昆明也被誉为大后方的 “民主堡垒”，有力地支持了云南乃至全国抗日战争的进展。

1995年是抗战胜利50周年，与抗战相始终的西南联大早已不复存在，然而它对抗日战争所做的贡献将永垂青史。

（原载云南省纪念抗日战争胜利50周年理论研讨会论文选编《全民抗战的胜利》，云南教育出版社1996年版）

[1] 龙云：《抗战前后我的几点回忆》，载《文史资料选辑》第17辑，中华书局1961年版。

西南联大与西部开发

西南联大地质气象系野外实习出发时师生在校门口合影（1945年春）

西南联大与西部开发

抗战时期，大批高等院校和文化单位迁滇，极大地促进了云南教育和文化事业的发展，使昆明成为抗战大后方的三大文教中心之一。本文拟着重对西南联大在抗战时期云南及西部开发中的作用，以及它对当前西部大开发的历史借鉴做初步探讨。

一、西南联大对开发云南及西部的作用

西南联大是抗日战争时期由北京大学、清华大学和南开大学联合组成的中国规模巨大、成就显著、中外闻名的高等学校。它从1938年5月4日开始上课，至1946年5月4日宣告结束，前后在云南整整8年。它在当时的云南乃至整个西部开发中的重要作用，至少有以下四个方面。

（一）极大地推动了云南教育事业的发展

首先，使许多云南优秀青年有机会就近进入第一流高等学府深造。

据档案记载，1938年联大学生1632人中，云南籍学生仅有76人，只占4.7%，列苏、粤、浙、湘、冀、川、闽等省之后，位居第八。而至1942年第一学期，全校学生2760人，云南籍学生为287人，占10. 4%，列苏、粤之后，位居第三。

第二，支持、促进了云南各高校发展。

1938年，云南大学由省立改为国立，联大积极支持，联大三常委蒋梦麟、梅贻琦、张伯苓出任国立云南大学筹备委员。此后，云大从联大聘用了郑天挺、邵循正、唐兰、罗庸、贺麟、潘光旦、华罗庚等大批教授为兼职教授，形成了较强的师资阵容，极大地促进了云南大学的发展。此外，当时迁滇的中法大学、华中大学以及云南省立英语专科学校等也都聘请许多联大教授兼职，有力地保证了这些学校较高的教学质量。

第三，增设师范学院，为云南培养了大批合格的中学师资。

应云南当局要求，经教育部批准，1938年西南联大增设师范学院，这是当时中国仅有的6所师范院校之一。抗战八年间，联大师院共培养本科毕业生187人，专科生292人，晋修班（一年制）117人，共计696人。其中，专修科主要招收云南学生，毕业留本省工作；晋修班学员则全部为本省在职教师。此外，联大师院还于1941年暑假与教育厅合办了一期“云南省中等学校理化教育讲习实验班”（3个月），1938年至1945年，与教育厅一起每年都举办中学在职各科教员讲习讨论会，每期1个月，人数达200人左右。这些都极大地加强了云南中学师资队伍的建设。1946年联大结束，联大将师院作为珍贵礼物馈赠给云南人民，改称昆明师范学院（即今云南师大），从而给云南留下了永久的培养师资的“工作母机”。

第四，联大师生到中学任教和创办私立中学。

联大许多教师（如闻一多教授等）直接到中学兼课，不少优秀毕业生（如杨振宁等）到中学任教；还有许多联大学生因经济困难在昆明各校兼课或担任家庭教师，有的还休学到外县教书，这些都直接促进了云南中学教育质量的提高。

联大学生相约创办私立中学，极大地促进了云南教育事业的发展。抗战前全省私立中学仅四五所。抗战期间私立中学迅速发展，仅昆明就先后建立了22所。这些私立中学的领导者和教师十之八九是联大学生；有些私立中学完全是联大学生创办的，如天祥、粤秀、松坡、五华、金江、建设等。“皖南事变”后，一些共产党员和进步同学疏散到云南各地，多数也担任了中学教师，有的集中到磨黑、建水等地办学。

（二）开展科学研究，为云南及西部地区资源开发做出贡献

西南联大有三校研究院9个研究所，先后设过32部。其中，北京大学研究院有3个研究所：文科研究所（设中国文学、语言学、哲学、史学、人类学5部）、理科研究所（设算学、物理学、化学、地质学、生物学5部）、法科研究所（设法律学、经济学2部）。清华大学研究院有4个研究所：文科研究所（设中国文学、外国语文学、哲学、历史学4部）、理科研究所（设算学、物理学、生物学、地学、化学、心理学6部）、法科研究所（设政治学、经济学、社会学3部）、工科研究所（设土木工程、机械

与航空工程、电机工程3部）。南开大学有2个研究所：商科研究所（设经济学1部）、理科研究所（设算学、物理学、化学3部）。此外，清华大学还有5个特种研究所：农业研究所（设植物病害学、昆虫学、植物生理学3个组）、航空工程研究所、无线电研究所、金属学研究所、国情普查研究所；南开大学有边疆人文研究室（设边疆语言、人类学、人文地理、边疆教育4个组）。

西南联大上述研究所（室），实力之雄厚，在当时中国高校中首屈一指。它们除了培养出一批研究生，还与联大各院系相互依托、配合，在极其困难的条件下，取得了举世瞩目的丰硕成果。其中，对西部地区，主要是云南的各个方面展开了空前未有的调查研究，有力地推动了云南和中国西部地区的开发。

在理工科方面，突出的是北大地质系与理科研究所地质学部因地制宜地对西南各省的地质、地层、矿产、地质构造等方面进行了调研。其中，对云南矿产的调查，如铝、锡、铁、铜、铅、磷、汞等资源都有新的发现。袁复礼和冯景兰等到西康做矿产调查，发现麻哈金矿、蒙经铜矿，冯景兰还撰写了《云南地质矿产》《川、康、滇铜矿纪要》等5篇有经济价值的论文。在地层及构造研究方面，孙云铸撰写了《云南西部之奥陶纪海林禽动物群》《滇西中志留纪地层》；孙云铸与张席禔合作写了《滇西上寒武纪之发现》等；张席禔等到贵州考察，进行“云贵三叠纪地层之比较及分层研究”。地质地理气象学系李宪之对“西南高层气流与天气研究”也取得了成果。生物系吴韫珍等带领年轻教师及学生广泛采集云南植物标本，绘制标本图，与吴征镒发现了植物新种“金铁锁”，考证了《滇南本草》和《植物名实图考》中的植物学名。清华农业研究所植物病害组对云南稻、麦、棉、豆、水果及三七、菌类等经济植物、植物病害等进行了广泛调查研究，在抗病育种方面取得了突出成果，发表调查报告34篇；虫害组为防治虫害做了大量调研工作，发表了《云南虫害调查简报》等文章，还对紫胶、白蜡两种特别虫产做了系统研究；植物生理组在理论研究上成绩卓著，先后在国内外学术杂志上发表论文80余篇。针对云南极为丰富的水力资源，1938年联大土木工程系与资源委员会合作，组成“云南省水力发电勘测队”，由工学院院长施嘉炀主持，经过两年工作，初步提出开发计划，其中一些被资源委员会采纳并动工实施。

在人文科学方面，成绩亦十分显著。北大文科研究所两组外出调查比较突出。一是向达等人参加中央研究院组织的西北史地考察，还参与敦煌、张掖、武威等地古墓发掘，有许多新的发现。二是调查西南少数民族语言取得丰硕成果。主持者罗常培先后撰写出《云南之语言》《从语言上论云南民族之分类》《贡山俅语初探》《昆明话与国语的异同》等专著和论文，袁家骅写出《峨山窝尼语初探》《阿细情歌及其语言》等论文，郑天挺写了论文《发羌之地望与对音》，吴泽霖进行黔滇苗族调查，还写出论文《么些人之社会组织及宗教》等等。这些成果均属开创性的，直到今天仍有不小的影响。罗庸研究滇中文化艺术，发掘出不少抗清志士的诗文。文研所在出成果的同时，还培养出了一批研究生，这些研究生也出了一批成果，其中关于西南民族及其语言方面的论文有：胡庆钧《叙永苗族调查报告》、马学良《撒尼倮语语法》。特别是高华年的《昆明核桃箐村土语研究》《墨夷语中汉语借词研究》《墨夷语法》等，高华年的导师、著名语言学家罗常培对其关于彝语研究评价很高，认为高华年的“借字之分析及语法之结构，均为前此中外学者所未道及”。地学系张印堂写成《云南边疆种族地理》《云南经济地理》等论文，特别是关于“中英滇缅北段未定界江心坡地理考察”，明确了江心坡现状及其对中英两国政治、经济之关系。罗常培、郑天挺、张印堂、潘光旦等还应邀参加了大理县志的修纂工作。陈达领导的清华国情普查所对呈贡县进行了人口普查和农业普查。值得一提的是，南开大学边疆人文研究室在玉溪、峨山、新平、元江等县与思普地区，以及石屏至佛海（勐海）等地，对当地少数民族的语言、民俗、社会经济、地理环境等方面进行系统调查研究，形成了一批很有价值的成果，比如《纳苏宗教与巫术的调查》《红河上游摆夷地理环境的调查》《车里（景洪）、佛海茶叶与各部族经济关系的调查》《杨武坝街子汉夷互市的调查》等等。这些调查集人类学、社会学、语言学、历史学与经济地理学等多种学科，是我国对西南边疆民族地区首次进行的系统调查，也是旧中国学术界的一次创举，因此受到了学术界的高度评价和重视。

（三）直接参与云南经济建设和西部开发

这方面最突出表现在联大工学院。一是工学院师生直接参与西部建设和开发；二是为西部开发培养了大批建设人才。抗战迁昆的中央机器厂（以下简称中机厂）是旧中国规模设备首屈一指、我国机械工业中最早设立的工厂。联大工学院机械系、航空系、电机系高年级学生都以中机厂为实习场地。中机厂则主要从联大工学院成绩优秀的毕业生中选拔技术人才。原中机厂工程师张克昌曾说："中机厂与西南联大二者相辅相成，形成了不仅是象征意义的而且是实实在在的复兴工业与文化的摇篮。"据统计，抗战八年间，联大工学院毕业生929人，大部分到资源委员会所属各厂及交通等部门工作，直接投身于云南经济建设和西部开发。

1938年10月，中央飞机制造厂从武汉迁到云南瑞丽县雷允，至1939年7月，这里成为"人烟稠密的相当近代化的工厂区"，员工人数达2900多人，比在武汉时几乎增加了一倍，其中新增加的多种专业技术人员中有相当一部分是联大毕业生。该厂迁滇共4年，制造、组装、改装、修理各种军用飞机近200架，为抗日战争做出了巨大贡献。

土木工程系师生为巫家坝机场的扩建进行设计，为昆明建筑公司设计了昆明大戏院，还与交通部合作为修筑滇缅公路进行了各种有关试验。机械系与云南省建设厅合作研究改良云南的农具，系主任刘仙洲为明良煤矿公司研究设计用汽车发动机带动轻便列车运煤的装置。化工系创建恒通酒精厂，一定程度上缓解了当时汽油严重缺乏而出现的燃料紧张问题。张大煜教授在云南经济委员会资助下创建利滇化工厂，用煤炼油，并从事桐油裂解制燃料油的研究与试验。在清华大学校长梅贻琦的倡导下，联大还办起了 "清华服务社"，为供应驻昆美军自来水和用冰，服务社承担了自来水水管配件生产，建起了昆明第一家制冰厂。

（四）继承发扬三校光荣革命传统，推动云南爱国民主运动

组成西南联大的三校历史悠久，不仅有优良的学术传统，而且有光荣的革命传统。北大是中国新文化运动的摇篮、五四运动的发祥地，又是中国最早传播马列主义的主要阵地、中国共产党北方最早建立支部的单位。

“一二·九”运动爆发时，清华是北平学生运动的指挥部。在天津，南开一直站在“五四”“一二·九”运动的前列。

三校组成西南联大后，联大就与生俱来地继承了三校的光荣革命传统——爱国、民主、科学。1940年3月，联大中的中共党员约占云南全省党员总数的三分之一。联大由于坚持团结抗战，在国民党统治区的爱国民主运动中发挥了重要作用，被誉为“民主堡垒”。抗战胜利后，联大等昆明大中学校学生发起反内战、争民主的“一二·一”运动，震惊中外，拉开了中国人民解放战争第二条战线的序幕。

总之，“西南联大迁到昆明，给闭塞落后的云南高原吹来了清新的空气。爱国、民主和科学精神的传播，有力地冲击了黑暗政治和旧文化、旧习俗，鼓舞了云南人民为建立新生活而斗争的勇气”[1]。

二、几点启示

半个多世纪过去了，西南联大的历史将为举世学术界所追忆与推崇，联大的传统已成为中国乃至世界可继承的一宗遗产。今天，在西部大开发中，总结研究西南联大教育工作的成功经验，对于我们深化高等教育体制改革、实施科教兴国的方针有着重要的现实意义。

（一）师资队伍建设至关重要

西南联大常委梅贻琦有一段名言：“所谓大学者，非谓有大楼之谓也，有大师之谓也。”西南联大正是如此，没有大楼，但却大师如云。北大、清华、南开原为久负盛名的大学，合组后师资阵容冠于全国，可谓大师云集，群星灿烂。有德高望重、学术造诣很深的中年教授，他们曾是中国新文化运动的参加者和我国现代高等教育、现代科学技术的奠基人。还有一批从国外学成归来的年轻教授，他们活跃在科学前沿，使西南联大的教学内容与当时国际科技的最新发展紧密结合。

今天，我们的高校校舍、设备与西南联大相比，已不可同日而语。当然与发达国家相比，还相差甚远。然而，师资的差距更不容忽视。我们要

[1] 《云南师范大学学报》1988年校庆50周年增刊，第15页。

充分认识师资队伍建设在高校办学中至关重要的作用，下决心加大投入，提高现有师资的素质，引进高水平的师资。引进时要注意高学历，更要注意与学历相符合的高水平。

（二）适应社会需要，实行“通才”教育

梅贻琦主张大学“重心所寄应在通而不在专”。联大许多教授均持此种主张。朱自清说：“联大教育应该注重通才而不应该一味注重专家。”张奚若曾对联大新生说：“四年培养不出一个专家，四年只能让同学学到一些知识与一定的治学方法。”当年联大教育正是体现这一教育思想。一个突出的例子就是联大师院专修科设置的是大文科（文史地）与大理科（数理化）两个专业。为什么这么做？文史地组主任张清常教授说：“当时云南各县中学规模不大，教师名额有限。因此，一位教师既需要担任至少两个班语文课，还需兼教历史和地理。当地既需要这种‘通才’，联大师院专修科就适应这种需要，按照学生在年限既短而又需兼通语文、历史、地理三方面的要求设课。”

今天，我们高校许多专业设置和课程开设越来越窄，有的是因人设课，学生毕业后往往不能适应社会的需要。因此说联大“通才”教育的思想在当前仍具有借鉴意义。

（三）实行选课制，加强基础课，使学生打好扎实的学业基础

选课制度是联大教学制度的一大特点。首先，由于联大师资阵容强大，能够开出充分的选修课，而许多选修课程又都是教授研究新成果，这就给学生以充分的选择余地和吸引力。其次，与选课制相连的是学分制，没有补考，只有重修。第三，课程设置合理，大部分必修课开在一年级，小部分开在二年级，以后几乎全是选修课，三、四年级专业课只是少数几门。必修课即现在的基础课，如大一国文、大一英文、中国通史、西洋通史，两门社会科学，一门自然科学等等。这些必修课给学生以宏观的通识，奠定了学生广阔的知识基础。尤其值得注意的是，西南联大对这些基础课程，总是延请学问最渊博、教学经验最丰富、最为学生景仰的知名教授讲授；教学经验较少的教师，都很少被分配担任这最基础的课程。我们现在由于教师数量不足，往往很难开出充分数量的选修课；有的名曰“选

修课”，实际上也是必修的“选修课”；进而学分制也不能实质性地实行。在基础课方面，往往不是有名的教授讲授（教授往往去带高层次的、人数很少的研究生），更多的是年轻的教师，因而一般就达不到深入浅出的效果，更不可能为学生打下宏观通识和广阔的知识基础。因此，应总结经验，逐步向这个方向努力。

（四）继承发扬联大“爱国、民主、科学”的精神

“爱国、民主、科学”精神是西南联大继承发扬“五四”“一二·九”运动光荣传统最重要的内容，也是以西南联大为中坚的“一二·一”运动所体现的最重要的精神。联大教授陈岱孙说：“更重要的是精神境界……追求民主与科学确是当时我们的共同认识和信念。”联大校歌就深刻地表达了联大师生的爱国思想、对抗战必胜的信心，以及民族要复兴必须科教兴国的共识。今天，我们高等院校应该继承发扬联大的“爱国、民主、科学”的精神，教育学生认清自己肩负的伟大历史使命，为使中华民族在21世纪全面实现伟大复兴而努力学习，努力工作。

（原载中共云南省委党史研究室编《云南历史经验与西部大开发》，中共党史出版社2000年版）

西南联大与滇越铁路

——纪念滇越铁路通车百年

并行在滇越铁路与个碧石铁路的火车

西南联大与滇越铁路

——纪念滇越铁路通车百年

2010年3月31日是滇越铁路通车100周年纪念日。在此前后，昆明铁路局电视台和《中国新闻周刊》对笔者进行了采访，其中的一个问题是：西南联大与滇越铁路有没有关系？有何关系？现将回答要点加以补充，缀成此文，以志纪念。

一、世界一流大学：西南联大

1988年在云南省隆重纪念西南联大暨云南师大建校50周年的时候，一位美国专门研究西南联大历史的专家撰文指出："正当国家大量借鉴于外国的时候，中国人却能以他们的现代化教育制度引以自豪，而且在不到半个世纪以前，就能产生一所具有世界先进水平的大学，这所大学的遗产是属于全人类的。"[1]在这里，西南联大被明确地称为"具有世界先进水平的大学"，而且作者特别指出，中国改革开放大量借鉴于外国，或者说我国高等教育正在计划创办若干所"世界一流"大学，但是人们却似乎没有意识到我们在不到半个世纪以前，就已经产生了一所世界一流的大学。

实际上，早在1941年西南联大建校第四年，清华大学校庆30周年时，世界著名大学贺函贺电凡40余件，"尤以牛津之来函为最恳挚，美国大学来函中有'中邦三十载，西土一千年'一类语气，盖极言我校进步之速"[2]。然而，梅贻琦记载的这段重要的话，长期以来没有引起足够的关注。

---

[1]　［美］易社强：《西南联大五十周年纪念》，载《西南联大暨云南师大建校五十周年纪念集》，《云南师范大学学报》校庆50周年增刊，1988年。

[2]　梅贻琦：《抗战期中之清华（三续）》，载《清华大学史料选编》三（上），清华大学出版社1994年版。

直到2008年，隆重纪念西南联合大学在昆建校暨云南师范大学建校70周年时，全国政协副主席王志珍莅临庆典并发表讲话，她着重并准切地解读了“中邦三十载，西土一千年”：“在西方，从中世纪至现代大学制度的建立，到一流大学的诞生，经历了1000年之久。而在中国，从清末的京师大学堂算起，到西南联大这样的一流大学诞生，只用了30多年时间。西南联大，在抗战大后方极其艰苦的环境下，致力于文化教育事业。在云南长达8年的时间里，熔铸了不朽的西南联大精神，培养出大批的一流人才，创造了举世瞩目的教育史上的奇迹。”[1]

需要强调的是，就是这样一所中国迄今为止曾经拥有的唯一一所世界一流大学，它是在云南；而它之所以来到云南，则是因为有滇越铁路！

二、如果没有滇越铁路，西南联大不一定迁到云南

抗战爆发后，为了保存中国高等教育精华，北京大学、清华大学和南开大学南迁湖南，联合组成长沙临时大学，1937年11月1日开学上课。然而，不到一个半月，日军占领了南京并进行惨绝人寰的大屠杀；接着，武汉告急，长沙也成了不宜久住之地。于是，长沙临时大学校方和师生们开始讨论要不要再次迁校和迁到哪里的问题。

听到长沙临时大学讨论又要搬迁，湖南省主席张治中专门到临大冒着小雨讲演。他不赞成临大搬迁，认为无此必要，表示即使长沙不安全，尽可在湖南另找一个地方，省政府仍愿意全力支持。总之他不希望临大离开湖南。他还说，真的要搬迁，“汽车也没有，船也没有，最好要到哪里去，就用两条腿走，这也是一种教育”[2]。

广西当局听到临大要搬迁的消息，立即表示衷心欢迎北大、清华、南开

[1] 王志珍：《光荣传统生生不息，优良学风代代相传》，载《创造》2008年第11期《云岭弦歌，七秩芳华》（西南联合大学在昆建校暨云南师范大学建校70周年庆典特刊）。

[2] 《董奋日记》，载张寄谦编《中国教育史上的伟大创举》，北京大学出版社1999年版。

三校能到桂林或广西其他城市办学，广西愿意提供一切尽可能办到的条件。

临大常委、清华校长梅贻琦则认为：肯定要“另外找地方迁校”，而选择什么地方，当然要比较安全才行，但又“并不是专以安全为原则，因为单纯安全可以到西藏的喜马拉雅山。但是过分闭塞的地方，不是学校所在的目的地”。他把目光投向云南，“到云南，是因为有滇越与滇缅两条路可以通到国外，设备仪器容易运进来”[1]。

事实上，长沙临时大学的领导们不顾张治中的反对和好意，也没有照顾广西欢迎之诚挚，经过国民政府最高当局的批准，将学校西迁云南。原因就是梅贻琦所说的两个原则。首先，云南作为抗战大后方，离前线较远，在当时中国这里相对比较安全；其次，这里有滇越铁路，而且新修的滇缅公路已经开工，交通是方便的。当然，就马上搬迁，滇缅公路还属于“远水”，不能解“近渴”，但从长远一点来看，这肯定也是一个好的因素。应该说，滇越铁路是长沙临大决定西迁云南的最关键因素。

三、联大迁滇，大队人员走滇越铁路

（一）滇越铁路通车：云南交通的划时代变化

滇越铁路1910年3月31日通车，具有划时代的意义，它极大地改变了云南交通闭塞的状况。古代的南方丝绸之路（五尺道、灵关道、黔中古道、永昌道）虽然将内地与云南沟通，但是关山重重，路途漫漫。直到唐德宗时，中原人还视入滇为畏途，御史中丞袁滋入滇册封南诏，在当时是很大胆的壮举。明代，因为僻远而交通闭塞，云南与海南、黑龙江被作为三大流放充军之地。1898年，袁嘉谷进京赶考，走了两个多月。西南联大校歌还把云南称为“绝徼”。

滇越铁路通车，从昆明到香港六七天即可，到上海也只需9天，再乘京沪铁路火车一天半就到北京。也就是说走滇越铁路，从昆明到北京仅需11天。关于滇越铁路通车带来的这种划时代的变化，袁嘉谷的体会最具代表

[1] 《梅贻琦黄子坚胡适在联大校庆九周年纪念会上的讲话摘要》，载《笳吹弦诵在春城》，云南人民出版社、北京大学出版社1986年版。

性。1910年10月，他从京师回乡省亲，滇越铁路甫通仅半年，他坐在滇越铁路的火车上，想到过去进京的艰辛，按捺不住内心的激动，赋诗一首：“山川依旧物已非，云岭横贯大动脉；二月行程一旬度，万里雄关亟相随。”

滇越铁路通车，使云南出现划时代的变化，加快了云南近代化的进程，从而也带来一个举世罕见的现象：云南到内地或内地到云南，要先出国，后回国；要办护照和签证。然而，也正是这种举世罕见的现象最终决定西南联大迁到云南。

（二）联大入滇分三路，两路走滇越铁路

长沙临大决定西迁云南后，由于经费、交通和安全等原因，分三路行动。

第一路，步行。这主要是由于经费原因。学校经费严重缺乏，学生，尤其是沦陷区来的学生，有的是身无分文。也许加上张治中为反对学校再迁而无意之中提出“用两条腿走，这也是一种教育”的启发，男同学积极报名步行。经过体检，学校公布了284名男生组成湘黔滇旅行团。黄钰生、曾昭抡、闻一多等11位教师也加入步行行列，组成辅导团。实际上闻一多教授等加入步行之列，一个重要原因，也是为了省钱。因为当时教授们要将学校发放的搬迁津贴捐给学生，自己还要担负路费。张治中尽管反对临大再迁，但临大再迁一旦决定，他还是非常支持，委派了黄师岳中将任旅行团团长，还有3名军训教官和3名医官，一切为了安全。步行团1938年2月20日出发，4月28日到达昆明（到昆时有253人），行程3500里，历时68天。途中除少量路段以舟车代步，基本步行，日均行30多公里。关于步行，有人指出：“湘黔滇3500里长途跋涉，虽然可歌可泣，它却不是为了名载史册而发起的，实在是非常时期因经费拮据而采取的一种无奈措施。”[1]

第二路，海路转滇越铁路。这一路是全体女生、体弱男生、教职员和部分家眷，共约800人。由樊际昌、梅美德、钟书箴带队。每个人要交照片和证明，到汉口外交部统一办理出国护照。临时大学在广州、香港和海防

[1] 闻黎明：《抗日战争与中国知识分子——西南联合大学的抗战轨迹》，社会科学文献出版社2009年版，第47页。

三地设立办事机构，负责接待和办理签证等事宜。海路分5批，渐次出发。第一批于1938年2月中旬出发，乘1936年才通车的粤汉铁路火车到广州，尔后乘船到香港，在香港要查验护照签证，再乘船到越南海防。在海防也要查验护照签证，而后转乘滇越铁路火车。由海防出发，第一天到老街（也要办入境手续，查验护照签证），第二天到开远，第三天到昆明。海路5批师生，全部抵昆是4月28日。

第三路，公路转滇越铁路。这一路有10多名教授（陈岱孙、朱自清、冯友兰、郑昕、钱穆等），沿着刚刚通车的湘桂公路，经桂林、柳州、南宁，过镇南关（今友谊关）至河内，再由滇越铁路入昆明。之所以有这条路线，主要是陈岱孙教授等受临大常委会的嘱托，取道广西，专程向广西省当局表明学校不到广西，并解释不去的原因，同时向他们表示谢意。此行的多数人于3月6日即抵达昆明。其中因冯友兰在汽车过凭祥城门洞时，不慎臂骨受伤，到河内医院治疗，朱自清、陈岱孙留下照料，直到冯友兰的弟弟冯景兰从昆明赶来护理，朱、陈才离开河内，到昆明已是3月14日了。

临大师生陆续到滇，学校已奉命改名为西南联合大学。西南联大师生三路入滇，两路均取道滇越铁路，人数占四分之三。

（三）联大文、法两学院因滇越铁路之便而暂设蒙自

西南联大迁滇，搬迁师生尚未离开长沙时，昆明办事处已开始工作。主要是考察并租赁房舍。其中，租借大西门外昆华农校校舍，安置理学院；租借拓东路迤西会馆、全蜀会馆、江西会馆，安置工学院。应该说联大师生到昆，起初人数不过千人，并不算太多，然而对于当时的昆明这已是一个不小的外来人口数量。因此，很难再在昆明寻到足够的房舍安排文、法两个学院。

联大常委、北大校长蒋梦麟3月初就估计到昆明的校舍不足，他也是由海路到海防，之后转滇越铁路到昆明，同行的有陈省身和江泽涵全家等。蒋梦麟了解到蒙自尚有海关，歌胪士洋行、周家宅院等处房舍闲置，可以安排相当数量的师生，亲往蒙自查看选址。3月14日回到昆明就很快召开会议定下文、法两学院暂设蒙自的事。

确定文、法两学院设于蒙自，因为一是蒙自有相当闲置房舍，二是沿

滇越铁路由昆明到蒙自比较方便。话虽这么说，具体一走，也不简单。因为滇越铁路只经碧色寨，并不过蒙自，好在还有个碧石寸轨铁路从碧色寨到蒙自，11公里，需要转车。关于这一点，今天有的学者甚为不解："数十年前，蒙自县是云南省内第一个繁荣城市，但法国人修筑滇越铁路时，愚蠢的蒙自人不知为何誓死反对滇越铁路从蒙自通过。不得已，滇越铁路绕道壁虱寨，于是蒙自的商务也就被开远与昆明分割去了，而自己渐渐变为一个死城。"[1]实际上当时为了维护滇越铁路修筑权时，云南人民掀起过保路运动，最终迫使法国人改变线路。为此，怪责蒙自人"愚蠢"是不妥的。倒是提出这样的问题才是奇怪的。

四、迁滇后的西南联大与滇越铁路

西南联大因滇越铁路而迁滇，迁滇后仍与滇越铁路密不可分，息息相关，发生了许多故事；许多联大教授的家属也是沿滇越铁路入滇，比如杨武之的夫人和儿子杨振宁、朱自清夫人及子女等。这里只谈两件事，就可见联大教授与铁路密切关系之一斑。

（一）钱穆：乘坐滇越铁路次数最多的联大教授

钱穆是联大历史系教授，在蒙自分校时讲授中国通史，经同事陈梦家劝说，决定撰著《国史大纲》。撰写工作与蒙自开学上课的5月同时开始。4个月后，文、法两学院迁昆，钱穆滞留蒙自，以继续《国史大纲》的笔耕。本以为蒙自远离尘嚣，比较僻静，殊不知日本飞机常来轰炸航空学校，安全都成了问题。为避空袭，清晨携稿外出写作，午后乃返，甚感辛苦，遂返省城。

到昆后，不仅尘嚣干扰更剧，且交际也颇为分心，难以著述。经友人相助，借住宜良西北郊的岩泉寺，得以幽居撰稿。岩泉寺离昆明联大约70公里。当时为避日机空袭，联大教授都疏散到昆明城郊农村，钱穆可能是联大住得最远的教授。

当时钱穆在联大每周有课，于是他借助滇越铁路，来来往往。每星期

[1] 马勇：《蒋梦麟传》，红旗出版社2009年版，第317页。

到昆明讲课3天，周日下午返回岩泉寺居所，潜心著述。如此，长达一年之久，也就乘坐滇越铁路长达一年，终于在1939年6月完成了这部书稿。是年暑期，钱穆和汤用彤乘滇越铁路到香港，将书稿面交商务印书馆王云五出版，次年6月面世，一时洛阳纸贵，颇受欢迎。

钱穆和他的《国史大纲》，都与滇越铁路紧紧地联在一起。可以说，钱穆是乘坐滇越铁路最多的联大教授。

（二）浦江清：滇越路断让他由沪返滇延迟了半年

滇越铁路与西南联大教授的关系是密切的，也是极其重要的。

浦江清是联大中文系教授，和联大大约一半教授一样，抛妻别子，只身一人来到昆明。1940年夏，浦江清休假，为期一年，他由滇越铁路经香港返回故乡与家人团聚，同住上海。因为有滇越铁路，应该说回乡是顺利快捷的。

然而一年后，假满，浦江清返滇之途滇越铁路已断，很难返滇。实际上，他到上海不久，日军已登陆海防，不久又占领越南。浦江清遂向联大请假暂留上海。年底珍珠港事件发生，浦江清不愿久居沦陷区上海，决心冒险通过日军封锁线，返回昆明。

一路上，由安徽、浙江、江西，绕道福建、广东，途经8个省，行程8000公里，整整花了6个月，总算回到西南联大。滇越路断，让他延迟了半年才回到昆明；途中，冒着生命危险，九死一生。滇越铁路的便捷和重要，深深地印在他记忆中。

五、联大结束，三校北返，再走滇越铁路的打算终未实现

1940年6月，法国政府败降德国，日本趁机向法国施加压力，中断了滇越铁路的运输。

9月，日军侵占海防、河内，进逼中越边境，威胁滇南。

为阻日军北犯，我军炸毁河口铁路大桥，拆除河口至碧色寨177公里的路轨；同时调回在赣滇军，防守滇南。

抗战胜利，西南联大完成了战时使命，1946年5月4日宣布结束。三

校本来打算再走滇越铁路北返，然而这一打算最终未能实现。梅贻琦说："抗战胜利后，大家自然要复员，原来打半年主意，因为据说滇越铁路如果有材料，半年内就可以通车。我们幸而没有听他们的话，过半年后，据说，还得一年。现在再问，恐怕还得一年。"[1]梅贻琦这段话是1946年11月1日在联大校庆九周年纪念会上讲的。当时三校已经返回平津，而滇越铁路最终在1956年才重建恢复。

今年，滇越铁路通车百年，西南联大结束也已64年。西南联大与滇越铁路那段极其重要的关系已经被载入史册。随着泛亚铁路和高速公路的修建，滇越铁路也行将完成它的历史使命。在新的形势下，如何更好地继承发扬西南联大的光荣传统，如何继续发挥滇越铁路的作用并使之焕发新的光彩，这是摆在我们面前的两个重要课题。

（原载云南省滇越铁路研究会编《论滇越铁路保护·开发·申遗——百年滇越铁路论坛文集》，2011年）

[1] 《董奋日记》，载张寄谦编《中国教育史上的伟大创举》，北京大学出版社1999年版。

龙云与西南联大

龙云与梅贻琦（龙美光提供）

龙云与西南联大

一、西南联大迁滇前的龙云

（一）龙云上台及最初的思想变化

龙云（1884—1962），云南昭通人，彝族。1914年毕业于云南陆军讲武堂第4期骑兵科，曾为云南督军唐继尧的部将。1927年，龙云与胡若愚、张汝骥、李选廷等云南四镇守使发动“二六”政变，结束了唐继尧在云南14年的统治。之后，龙云又在与胡若愚等人的争夺中胜出，相继担任第38军军长、云南省务委员会主席、云南省政府主席。

龙云上台前后正值中国另一个重要人物上台：1927年，蒋介石发动“四一二”反革命政变，4月18日建立南京政府。当时，蒋介石需要各地方实力派的支持和拥戴，龙云也需要南京政府的认可和支持。正是在这种相互需要之下，龙云以附蒋为条件赢得蒋介石的支持。

在此后的几年间，龙云对蒋介石是竭诚拥护的，积极反共，杀害了不少共产党员，尤其是杀害了中共云南省委书记王德三等领导人，一度使中共云南地下组织中断。

1931年春，云南发生卢汉等四师长“倒龙”事件，蒋介石对龙“甚为系念”，致电龙“回省主持”，明确地表示挺龙的态度。[1]蒋还曾对亲近人员说：“龙云只想独霸云南。称臣纳贡，既无问鼎中原之心，也乏窥窃神器之力，不同于阎、冯、李、白，对龙要容忍，只要服从中央，即使在云南另搞一套，最后为我所用，无伤大局。”[2]

1934年至1936年，红军长征期间，龙云看到蒋介石以追剿红军的名义，派中央军入黔，解决了王家烈部，吞并了贵州。对此，龙云十分不

[1] 《蒋介石日记》1931年3月16、17日。

[2] 赵振銮：《龙云和蒋介石的合与分之我见》，云南历史研究所《研究集刊》1983年第2集。

满，同时深深感受到威胁。因此，他对追剿红军做出姿态，以此求得自保。此后，还看到蒋介石为人处世，私心自用，便对蒋渐渐怀疑起来。

（二）南京国防会议期间思想发生重大变化

1.“与君一席话，胜读十年书”

1937年卢沟桥事变爆发，8月8日，龙云到南京参加国防会议。中共领导人周恩来、朱德、叶剑英从西安搭乘龙的专机同往与会。朱、叶与龙是云南陆军讲武堂的前后同学，一见如故，非常亲热。途中及在南京期间，周、朱等与龙云多次进行晤谈，就国共合作、团结抗战等问题反复交换意见，周、朱等还向龙赠送了中共《抗日救国十大纲领》，鼓励他为抗日多做贡献。龙云深受鼓舞，抗战信心大增；临别时，他提出派人到延安学习游击战术；[1]向朱德要了联络的密电码，后来在昆明与延安方面的电台联系，即用这本密码。

这次历史性的晤谈，对龙云的政治立场的转变起到了十分重要的作用。他非常珍视这次晤谈，回到昆明后他对亲信马鈞说：这次见面交谈“使我对中共抗战决心深为感动。已往中央宣传说‘中共借抗日之名，行割据之实’，纯系污蔑，不可相信。真是‘与君一席话，胜读十年书’”[2]。可以说，龙云的思想已发生了深刻的变化。此后，他拥护中共抗日民族统一战线，对抗日战争充满信心和勇气，组织和领导云南抗日战争，做出了突出的贡献。

2. 在两件事上深受蒋介石的赞赏

在南京国防会议期间，龙云的态度和远见深得蒋介石的赞赏。

当时，蒋介石到北极阁看望龙云。首先，蒋介石希望龙云出两个军抗日。龙当即答应，说先出一个军，另一个军视战争情况再定。蒋非常高兴。其次，蒋征询龙：你看当前的军事形势怎样？龙说：上海战事恐难持久，南京也难固守。上海既失，即无国际港口；而且日本还要实行“南进”。这样，香港和滇越铁路都有问题。龙遂建议：国际交通应该做准

[1] 龙云：《抗战前后我的几点回忆》，《文史资料选辑》第17辑，中华书局1961年版。

[2] 赵振銮：《龙云和蒋介石的合与分之我见》，云南历史研究所《研究集刊》1983年第2集。

备，即刻着手修筑滇缅铁路和公路，可直通印度洋；公路由地方负担，中央补助，铁路中央负责，云南协助修筑。蒋听后，连声说：好得很，好得很。[1]

第二天，龙云回昆明，蒋亲自到机场送行。

3. 看清蒋介石并非真心抗日

在南京会议期间，有三件事情对龙云触动很大，使他看清蒋介石并非真心抗日。

一是，蒋介石请龙云吃饭，当时上海战事已经爆发。席间，蒋介石说："上海是一个国际市场，在上海打仗，就容易引起国际注意。"龙云认为"蒋介石根本就没有抗日的决心，完全想依赖于国际的干涉，他的所谓'全面抗战'只不过是欺骗国人的幌子而已"[2]。

二是，日本飞机轰炸南京，南京防空设备非常薄弱。后来龙云回云南，蒋介石亲到机场送行。然而机场头一天已被炸坏，飞机也被炸伤，不能起飞。后来只好改坐轮船到汉口转赴昆明。那几天敌机又连续轰炸武汉、九江一带，地面既无高射炮，也无高射机枪。龙云说："我看到南京防空既是那样薄弱，地方也是如此，心里很难过。蒋介石并没有真正准备抗战，更是暴露无遗了。"[3]

三是，蒋介石通过德国驻华大使陶德曼向日本谋求妥协投降。这件事龙云是听张群讲的：沪战失利后，日军向南京推进。蒋介石通过陶德曼调停、劝阻日军不要进攻南京。对于日方开出的条件，蒋说"这个条件还不是亡国条件，可以接受"，交王宠惠部长答复陶德曼。结果，王还来不及答复，日军已打过镇江。后来，日本御前会议决定今后中日问题不以蒋介石为谈判对手。蒋听到这个消息后，非常着急，然后才重新宣言"长期抗战"。龙云认为"蒋介石随时打算与日本妥协，出卖国家，只有在危及他本人的权利地位时，才被迫不得不做出抗日姿态，否则他

[1] 龙云：《抗战前后我的几点回忆》，《文史资料选辑》第17辑，中华书局1961年版。
[2] 龙云：《抗战前后我的几点回忆》，《文史资料选辑》第17辑，中华书局1961年版。
[3] 龙云：《抗战前后我的几点回忆》，《文史资料选辑》第17辑，中华书局1961年版。

就可以妥协了”[1]。

二、初闻三校将搬迁云南，龙云并不高兴

（一）南京沦陷，长沙临大考虑再次搬迁

1937年7月下旬，平津相继沦陷。北京大学、清华大学和南开大学三校南迁，联合组成国立长沙临时大学，11月1日开始上课。仅一个多月，日军占领南京，并进行惨绝人寰的大屠杀，长沙亦遭敌机轰炸。长沙朝不保夕，三校再次搬迁成了一个问题，在师生中和有关方面纷纷议论起来。

搬不搬？搬到哪里？当时的意见很不一致。刚刚就任湖南省主席的张治中希望三校继续留在湖南，坚决不同意临大搬迁。广西当局则热忱地邀请三校到桂林或别的地方办学。

（二）临大采纳秦瓒的意见，决定迁昆

在众多的意见中，北京大学教授秦瓒力主三校迁到昆明，并积极向临大领导建议。他说：昆明在云南高原之上，有崇山峻岭屏障，日军一时难以进犯，因此比较安全；同时，昆明交通便利，已有滇越铁路，便于学校搬迁，还有正在修筑的滇缅公路。

秦瓒，1893年出生，河南固始县人，毕业于上海圣约翰大学，后留美攻读财政学，获哥伦比亚大学硕士学位。回国后执教于河南中州大学、北京大学。他之所以坚决主张学校搬迁昆明，源于儿时对云南的美好记忆。

他的父亲秦树声，清末进士，曾任曲靖知府，后擢迤东道尹、迤西道尹，以及广东提学使。他从小随父宦滇，到过许多地方。云南山川壮美，民风朴实，物产丰饶，气候温良，都给他留下深刻的印象。[2]

临大常委，尤其是北大校长蒋梦麟，对秦瓒的建议充分肯定并加以采纳，还积极向教育部反映，甚至直接面见蒋介石汇报。[3]结果，临大迁昆明

[1] 龙云：《抗战前后我的几点回忆》，《文史资料选辑》第17辑，中华书局1961年版。

[2] 朱应庚：《秦瓒在云南做过的几件好事》，载《云南文史资料选辑》第43辑，云南人民出版社1994年版。

[3] 马勇：《蒋梦麟传》，红旗出版社2009年版，第314页。

得到了批准。

（三）初闻三校将迁昆明，龙云并不高兴

“龙云集团初次获悉联大希望从长沙搬到昆明时，他们并不高兴。”[1]

按理说，龙云是很重视办好大学的，也是尊重人才的。就在1937年上半年，云南省唯一的大学原校长何瑶去职，龙云认为“大学是培养领袖及专门人才的地方”，对选任云大新的校长十分重视。经省务委员兼教育厅厅长龚自知、龙云夫人顾映秋，以及张邦翰、缪云台等人的大力推荐，龙云下决心，诚邀著名数学家、清华大学教授、云南弥勒人熊庆来担任云南大学校长。

那么，为什么龙云听说联大欲迁昆明并不高兴呢？

原来，在中央政府尚未批准三校迁昆，“南开政治学家王赣愚受命从长沙到昆明寻找场地。龙云告诉他，当地百姓不喜欢难民，对他们来说，一群群难民涌入这片与世隔绝的天地，已然是一种冲击，而一所重要大学的到来，只会使本来就很脆弱的局势变得复杂不安”。很清楚，“龙云是怀有戒心的，出于维护自己的权力，最好的办法就是遏制外来势力的影响”[2]。

对于龙云的疑虑怎么办？

三、消除疑虑，龙云欢迎联大到云南

（一）秦瓒赴昆打前站

1938年1月19日，国民政府批准长沙临时大学迁往昆明。20日，临大常委会决定成立搬迁时的昆明办事处；24日，又确定蒋梦麟为昆明办事处主任，秦瓒为副主任兼管会计与事务。

2月9日，秦瓒和清华土木系教授王裕光、南开化学系教授杨石先，代

[1] ［美］易社强著：《战争与革命中的西南联大》，饶佳荣译，九州出版社2012年版，第72页。

[2] ［美］易社强著：《战争与革命中的西南联大》，饶佳荣译，九州出版社2012年版，第72页。

表三校先行入滇打前站，安排迁校相关事宜。

秦瓒教过的联大学生，后来的云南大学教授朱应庚回忆说：秦瓒到昆后，得到云南地方官员和绅士的支持，特别是得到当时云南教育厅厅长龚自知的鼎力相助。[1]

（二）龚自知说大义，解除龙云疑虑

龚自知，联大迁昆的一个关键人物。

龚自知（1894—1967），云南大关县人。1917年北京大学文科预科毕业。在北大读书期间，深受陈独秀主编的《新青年》以及新文化运动的影响。回昆后，创办宣传新思想、新文化的杂志《尚志》，后又任《民觉日报》主编。1929年龙云主政云南后，龚自知被任命为省务委员兼教育厅厅长。从此，龚自知成为以龙云为首的云南地方政权中的重要人物。

得知北京大学三校要迁昆办学，龚自知十分高兴，他以教育厅厅长的身份敦促龙云欢迎临大来滇办学。针对龙云的疑虑，他说："一方面大学教师可以提高当地人的文化和教育水平，一方面可以借此巩固提升龙云本人的声望。而且，临大的迁移一旦得到中央的批准，抵制它就意味着与蒋介石发生直接冲突，而这正是龙云坚决避免的。在这种情势下，龙云终于同意欢迎这所大学。"[2]

（三）联大到滇，终得安顿

1938年2月20日，临时大学离开长沙。4月2日，教育部电令，长沙临时大学改称国立西南联合大学。

龙云的欢迎，是西南联大到滇后得以安顿下来的前提。

在教育厅和昆明市等单位的支持帮助下，联大理学院租借大西门外的昆华农校校舍，工学院租借拓东路上的迤西会馆、江西会馆和全蜀会馆以及盐仓等处房屋，文学院、法商学院则暂借距昆明300公里之外的蒙自海关、哥胪士洋行及周氏家宅，一一安顿下来。1938年5月4日，西南联大开

[1] 朱应庚：《秦瓒在云南做过的几件好事》，载《云南文史资料选辑》第43辑，云南人民出版社1994年版。

[2] ［美］易社强著：《战争与革命中的西南联大》，饶佳荣译，九州出版社2012年版，第72页。

始上课。是年秋，奉教育部令，西南联大增设师范学院。与此同时，因为蒙自分校租借的房舍要腾让给中央航空学校办学，文、法学院遂又迁回昆明。这样一来，校舍问题又一次成为困扰联大的事情。为此，联大一方面呈请教育部拨款建盖自己的校舍；另一方面又商请省政府及教育厅，继续增借校舍，以渡难关。

对于联大的商请，云南省主席龙云专门写了条谕表示支持。条谕说："现临大迁滇，在该校校舍赶筑完竣以前，由教育厅将省立农、师、工三校舍各予暂行酌借一部分，以应急需。至借用时期，应并由该厅与联大商定可也。"[1]根据龙云的手谕，省教育厅发出训令，昆华农校、昆华师范学校、昆华工校各又挪借出一部分房舍，供联大文学院、法商学院由蒙自迁回昆明后使用，昆华中学则腾出北院和南院供新增的联大师范学院办学。

与此同时，在龙云和省教育厅的关心、支持下，在大西门外三分寺附近划拨土地124.45亩（地价及迁坟费合2.45万多元），开始建盖联大自己的新校舍。新校舍由梁思成、林徽因设计，因为资金的匮乏，建设期所限，所有校舍均为简易平房。其中办公室、教室为土基墙、铁皮顶，宿舍则为土基墙、茅草顶。只有图书馆和食堂为砖墙瓦顶。新校舍于1939年8月竣工，文学院、理学院、法商学院迁入。工学院仍在拓东路三个会馆办学。师范学院则因日机1940年10月13日炸毁了昆华中学北院及南院多处，遂迁借龙翔街昆华工校校舍上课。

四、龙云腾让公馆给联大使用

联大初到昆明，设总办公处和三校办公处于城内各处。其中，总办公处租设在南城的崇仁街46号。此处较为狭小，不敷使用。龙云知道后，慷慨地将自己威远街公馆的一部分腾出来供联大使用。1938年秋，联大总办公处迁入龙公馆。

据联大校友贺联奎的研究考证，当时的龙公馆主要由前院和后院组成。前院主要是车库等；后院为内宅，由三个大小差不多的院子组成，分

[1] 杨立德：《西南联大教育史》，成都出版社1995年版，第17页。

别围合成三个天井，是龙云自己的居所。内宅均系两层砖木结构，为走马转角楼。

龙云将内宅中的三个院子腾出两个，即三分之二，供联大使用。为方便联大人员出入，还专门在公馆东墙处开设一门，门外为财盛巷，门牌编为财盛巷2号。财盛巷南通威远街，北接绥靖路（因龙云为滇黔绥靖公署主任而得名，新中国成立后称长春路）。贺联奎说："从此亦可以看出龙云对联大关怀之深。"[1]

由于龙公馆距联大主要教学区大西门一带较远，联大总办公处1939年4月迁到大西门外的龙翔街昆华工校内，1940年又迁入联大新校舍（今云南师范大学一二·一校区）。联大总办公处搬走后，财盛巷2号改为北京大学办事处。联大经济系教授周炳琳、赵迺抟，物理系教授朱物华等亦入住其中。从他们的住房来看，与龙云所居之房规格是相同的。由此可以看出，"龙云对高级知识分子之尊重"[2]。联大常委、北大校长蒋梦麟亦曾住过这里。龙云还赠蒋梦麟一部福特轿车。

1940年，日寇对昆明空袭日渐频繁，北京大学在昆明北郊岗头村建起教授临时宿舍一所。周炳琳、赵迺抟诸先生疏散住于岗头村，但财盛巷2号住房依然保留着。1942年飞虎队对日作战，昆明空防加强，周炳琳等教授又搬回财盛巷2号居住。1944年，周炳琳的侄女、联大师院英语系学生周月英，与数学系学生蔡福林在此结婚。当时，"联大学生在省主席公馆举行婚礼"还传为一段佳话。

五、龙云子女读联大

龙云有六子一女。其中长媳和四子就读联大。这样，龙云与西南联大又多了一层关系。

---

[1] 贺联奎：《抗战期间龙云让出公馆供西南联大使用》，载《昆明文史资料选辑》第28辑。

[2] 贺联奎：《抗战期间龙云让出公馆供西南联大使用》，载《昆明文史资料选辑》第28辑。

（一）长媳：南开学生南下入联大

龙云长子龙绳武，1905年出生，自幼追随其父左右，后入云南讲武堂第18期，1925年赴法国，两年后入圣希尔军校骑兵科。1931年回云南，出任军职，后官至少将师长。1937年经人介绍与胡淑贞相识。

胡淑贞，云南石屏人，1915年出生。祖父胡商彝，光绪年间进士，曾任天津、怀来、遵化等县县令。父亲胡光瀚。胡淑贞生长在天津，13岁入天津美国教会学校中西女中，几位叔父皆留学美国。中西女中毕业后，进南开大学外语系就读，系主任为柳无忌。念到三年级时，卢沟桥事变爆发。在事变当天与龙绳武订婚。

胡淑贞回忆说："七七事变过后几天，南开大学就被日军炸毁。我住在天津租界，站在屋顶上看，只有一架飞机来来回回丢炸弹，南开大学就这样毁了。那一年我的学业暂时中断，我没有加入流亡学生跟随学校南迁。冬天到来时我搭船到香港与绳武会合，并于第二年（1938年）结婚，当时西南联大也已经创设了"。"我在1938年秋进入西南联大，次年毕业"[1]。

胡淑贞在西南联大，和同学并没有什么接触，平时在学校只是上课，上完课就回家，偶尔有来往的也是从前认识的老同学。

由于他的公公是"云南王"，尤其她的丈夫也是高官，因此在联大读书第一天上课就让司机开着高级轿车送她。一贫如洗，十分仇视当地富豪的联大学生硬是不给汽车让路，甚至趁司机去买香烟时把轮胎划破。"龙云听到这件事，立即禁止他儿媳这种帝王般的交通待遇"[2]。与当时许多达官贵人相比，龙云的态度是值得肯定的。这表现了他的民主思想和对联大的尊重。

胡淑贞毕业后一直没有外出做事。胡淑贞的婆婆顾映秋是云南妇女会会长，胡淑贞有时会跟着她参加一些妇女界的活动，胡淑贞印象最深的是

[1] 张朋园访问、郑丽榕记录：《龙夫人胡淑贞女士访问记录》，载《"云南王"龙云之子口述历史》，九州出版社2011年版。

[2] ［美］易社强著：《战争与革命中的西南联大》，饶佳荣译，九州出版社2012年版，第81页。

“三八”妇女节时会有一些节目。

抗战胜利前夕的8月4日，西南联大昆明校友会成立，胡淑贞担任理事长，并捐助经费。9月3日，组办庆祝抗战胜利师生联欢大会。据许渊冲回忆，这是联大离开昆明之前最盛大的一次餐会，东道主是龙云的长媳，地点在盘龙河畔龙公馆大花园中，到会的有联大历届毕业校友好几百人，晚上在大客厅里举行了盛大的舞会。[1]次年4月，胡淑贞主持编印了《西南联大校友录》。

抗战胜利后，蒋介石武力改组云南省政府，龙云被强行调到重庆任军事参议院院长。不久“一二·一”惨案发生，南菁中学教师于再，联大学生潘琰、李鲁连，昆华工校学生张华昌等四人遇难。西南联大图书馆设四烈士公祭，胡淑贞回忆说：“我代表西南联大校友前去致祭，在场的学生都很激动，死亡学生的血衣也摆在现场给大家看，当时我的公公人在重庆。”[2]她的婆婆顾映秋给昆明学生罢课联合会捐款50万元。应该说这也代表了身处逆境的龙云。

（二）四子：龙绳文读联大

龙绳文（1926—1991），龙云第四子，龙云第二个妻子李培莲所生。江南《龙云传》等著作和一般资料都说他毕业于西南联大。然而，他在联大的具体情况，均未述及。经查，1942年他从南菁中学高中毕业，考入西南联大法商学院政治学系。[3]

一位执着于西南联大研究的美国学者易社强曾采访过龙绳文，在他的著作中记述了龙云及其家人与西南联大关系龙绳文谈的两件事：

一件事是，联大到昆不久，邮局审查官不断发现联大学生对省主席个人的毁谤信件。“龙云最终不耐烦了，便召开高层委员会讨论这些指控，一致的意见是逮捕这些捣乱的学生。但省主席有更巧妙的办法”[4]。龙云不

[1] 许渊冲：《续忆逝水年华》，湖北人民出版社2008年版，第178页。

[2] 张朋园访问、郑丽榕记录：《“云南王”龙云之子口述历史》，九州出版社2011年版，第108页。

[3] 《国立西南联合大学史科》五（学生卷），云南教育出版社1998年版，第257页。

[4] ［美］易社强著：《战争与革命中的西南联大》，饶佳荣译，九州出版社2012年版，第81页。

仅没有惩罚这些学生，而是和他们讲道理，最终使他们向他道歉。

第二件事是，关于他的大嫂胡淑贞。“为了炫耀自己紧跟时尚，她常常把美国电影杂志放在书本上，这引来负面的评论。但学生渐渐明白，其实这位年轻的龙氏儿媳还是相当友善的”。

龙绳文曾任过陆军中校。联大毕业后，1945年赴美，入威斯康星州立大学，攻读国际关系（也有说学经济学、历史学的），后在美经商，在华盛顿开中国餐馆，是“北宫”店主，成为百万富翁。1972年，美国总统尼克松访华后，龙绳文在美国首组民间华人访华团，到中国探亲访友，为中美关系的进一步改善做了积极的努力。1975年，全美华人协会成立，龙绳文出任总干事（会长为杨振宁，何炳棣任副会长），后来又出任会长，为促成中美两国建交和两国人民的民间交往出力颇多。1991年3月28日，龙绳文因患脑出血医治无效去世。

（三）关于龙国璧欲读联大的一个传说

龙国璧是龙云唯一的女儿，1928年生，排列第六；昆明南菁中学毕业后，考入复旦大学。1945年应宋子文之女之邀，同道去美留学，就读宾州女子学院。

然而，有一个传说：龙国璧没有考上西南联大，龙云派车接梅贻琦到家做客吃饭。龙问梅：“可不可以破个例录取小女？”梅不假思索就回答说：“不可以。我们学校是通过考试录取学生的，考试成绩达不到录取标准，谁也不能破这个例。不过我可以负责请最优秀的教师为令爱补习功课，明年再考。至于教师补课的酬金嘛，龙主席当然不会不照付的。”龙并没有丝毫不高兴的表示，宾主照样笑谈畅饮，直到终席，又十分礼貌地派车送梅回家。[1]

这个故事的真假，难以考辨。不过笔者想起了另一件事：1937年上半年龙云邀请熊庆来主掌云大时，熊曾与他“约法三章”：校务行政省政府不加干预；校长有招聘、解聘教职员之权；学生入学须经考试录取，不得

---

[1] 蔡正发：《龙云支持民主运动的例证》，载民革云南省委、香港文汇报编《龙云与现代中国研讨会论文集》。

凭条子介绍。对这三条，龙云完全同意。[1]按理说，龙云不会对梅贻琦提出这种不情之请。不过，这个故事要表明的是梅贻琦的不徇私情，哪怕对于联大客迹的云南的最高统治者龙云，同时也表明龙云具有民主作风，并非强行办事之人。因此，姑录于此。

六、“龙氏奖学金”的设立

1940年，随着通货膨胀，物价上涨，在滇各大学清寒学子生活更加艰难。龙云对这些清寒学子给予救济，2月15日，他发出手谕“着由富滇新银行筹新滇币伍万元，财政厅筹新滇币伍万元，统交缪委员云台转送各大学作救济基金”[2]。

27日，龙云与缪云台等又商议，决定设立“龙氏奖学金”，由奖学金管理委员会负责管理和发放。管委会委员由龙氏代表和各大学校长组成，以缪云台、龚自知、蒋梦麟、梅贻琦、熊庆来5人为常委，樊际昌为秘书，查良钊为会计。五常委中，缪为省务委员、云南经济委员会主任，为龙氏代表；龚为省务委员兼教育厅厅长，蒋、梅为联大常委，熊为云大校长。五常委联大占二席；秘书樊为联大教务长，会计查为联大训导长。由此可以看出，联大负责人在管委会中的重要地位。

经过一段时间的运筹，6月5日（星期三）下午四点半，缪云台在其寓所召开管理委员会，审定各校报来的第一期“龙氏奖学金”之学生名单。从省档案馆保存的一份会议通知来看，当时参会人员除管委会五常委及秘书、会计之外，还有各校校长：同济校长赵士卿、中正医学院院长王子玕、上海医学院院长朱恒璧、国立艺专校长滕固、中山大学校长许崇清、中法大学校长周萌歧等。

“龙氏奖学金”受奖名额共500名，每人每年奖学金额为120元（每月10元），名额按各大学学生人数比列分配，条件是成绩优良，家境清寒。奖学金每年由管理委员会审定一次。根据学生人数比例，西南联大学生受

[1] 张维：《熊庆来传》，云南教育出版社1992年版，第192页。
[2] 李艳：《云南人的西南联大——一种支持》，《西南联大讲坛》2014年第8期。

奖者为230名，占总名额的46%。

“龙氏奖学金”为在滇各高校学生完成学业提供了重要的支持和帮助。而西南联大是受奖面最大的学校，对此，联大和受奖学子是永志不忘的。

七、“民主堡垒”的守护者

“国立西南联合大学纪念碑”指出，“联合大学以其兼容并包之精神，转移社会一时之风气，内树学术自由之规模，外来民主堡垒之称号”。

西南联大被誉称为“民主堡垒”，原因是多方面的，有内部的，也有外部的。但有一个客观条件非常重要，甚至是必不可少的，这就是联大地处昆明，而当时云南省主席龙云对爱国民主运动持比较开明的态度，他自己也于1944年加入民主同盟。“有人说：如果联大在四川或其他蒋介石可以直接控制的地方，联大就不可能保持学术自由、兼容并包的原则，也不可能成为民主堡垒。这句话是符合实际的。”[1]

（一）坦诚对话，龙云消除联大学生的敌意

就像龙云一开始听说联大将迁昆明并不高兴一样，联大学生到云南之后，最初许多人并不信任这个“云南王”，不少人对他持批评甚至否定态度，说“他是一味搞破坏的军阀，是中国头号鸦片出口商。说他勾结汪精卫，说日本不侵犯云南是因为他们之间有秘密协议”[2]。

上述诽谤中，最让龙云恼火的是说他“勾结汪精卫”。这件事指的是1938年12月19日国民党副总裁汪精卫经云南出走，然后叛国投日。在汪途经昆明时，曾与龙云有过交谈。尽管龙云就此事向蒋介石做过专题报告，并表明云南的反汪态度，蒋仍怀疑龙放走了汪，还先后派李烈钧、唐生智

[1] 马如瑛、李凌：《民主堡垒西南联大和龙云》，载《西南联大北京校友会简讯》2004年第36期。

[2] ［美］易社强著：《战争与革命中的西南联大》，饶佳荣译，九州出版社2012年版，第80页。

赴滇考察。

对于联大学生的指控，龙云最终不耐烦了，便召开高层委员会讨论，一致的意见是逮捕这些捣乱的学生。但是，龙云“邀请”了其中40多个指控信措辞尖刻、荒诞无稽的学生到他的宅邸；龙云、蒋梦麟、梅贻琦都在座。学生们个个胆战心惊，他们听说会在这“鸿门宴”吃完最后一道菜时被杀掉。然而，龙云对他们说：“你们这些孩子相信民主，联大被誉为‘民主堡垒’，民主的一部分就是保护他人的权利和名誉”，“你们指控我有叛国罪，是从哪里得到这个消息的？”学生回答是听来的。龙云问：“道听途说就是证据？”“你们太鲁莽了。年轻人应该在批评中锻炼民主”。然后，龙云把信还给他们，并说：“以后一定要核查信息是否落实。”会见至此，学生们感到如释重负，大哭起来，跑去握着龙云的手向他道歉。[1]这里要指出的是这段文字中，龙云说“联大被誉为‘民主堡垒’”是不准确的。因为联大获得这个誉称是在几年以后的事。

通过坦诚的对话，龙云消除了学生们的敌意，并逐渐与他们建立起友好的关系。

（二）“皖南事变”后，抵制康泽到云南逮捕学生的计划

中共西南联大地下组织是抗战时期云南共产党的重要组织。至1940年3月，联大共产党员共有83人，约占云南全省党员总数的三分之一。联大党组织是云南党员人数最多、最集中、力量最强的地下组织。[2]

与此同时，随着云南在全国抗战地位的日益提高，蒋介石也加强了对云南的渗透和控制，尤其是派中统、军统到云南调查共产党组织和民主进步人士的情况。从1940年9月至12月，国民党军委会办公厅连续三次密函云南省政府，抄送军统特务从云南报送的《云南中共分子调查报告》《西南联大共党活动情况报告》，督饬云南地方当局进行反共活动。[3]

---

[1]　［美］易社强著：《战争与革命中的西南联大》，饶佳荣译，九州出版社2012年版，第80页。

[2]　西南联大党史编写组：《中共西南联大地下组织和群众革命活动简史》，云南人民出版社1994年版，第14页、第4页。

[3]　中共云南党史研究室著：《中共云南地方史》第一卷，云南人民出版社2001年版。第255页。

1941年1月6日，国民党顽固派发动震惊中外的“皖南事变”，掀起第二次反共高潮。在这种情况下，西南联大党组织一方面设法揭露“皖南事变”的真相和国民党顽固派的反共阴谋，另一方面疏散相关的党员和进步学生。

2月28日，国民党军统局副局长康泽带着破坏中共云南地方组织和筹办集中营等一整套反共计划到昆明。3月2日，康泽召开秘密会议，决定进行大逮捕，妄图将云南的共产党员及进步人士一网打尽。

中共云南地方组织立即开展工作，推动云南上层知名人士李根源、张冲等反对康泽在云南的反共计划。李根源致电蒋介石，反对康泽的大逮捕计划，同时向龙云进言，如果康泽的计划得逞，云南安定局面将变得混乱不堪，应采取办法抵制。西南联大校方也拒绝康泽准备在联大办集中营，以收容“思想不正确”的青年集中训练的计划；同时致电教育部，要求维护西南联大的民主自由校风。[1]

经过各方面的工作，龙云对康泽采取虚与委蛇的态度。康泽“要龙云拿办地下中共党员，龙说：‘拿出证据来，我可以办。’结果康泽拿不出证据，就不敢深求”[2]。

后来，国民党“中央又派人要龙云镇压学生运动，龙云说：学生都是好学爱国的，借事生端的是极少数。他们闹事，是因为政府有些事未办妥，他们有意见，只要政府改善，他们会听话的。有些人无事找事，学生说几句话要根究，教授讲学也干涉，结果越压越闹，‘防民之口，甚于防川，川壅而溃，其伤实多’。有些人不听我的话乱来，以后闹出事来，我就不管”[3]。

结果，康泽等人破坏云南地下党和逮捕学生的图谋未能得逞。

（三）“讨孔”运动，龙云顶压力保护西南联大

[1] 西南联大党史编写：《中共西南联大地下组织和群众革命活动简史》，云南人民出版社1994年版，第32页。

[2] 赵振銮：《龙云和蒋介石的合与分之我见》，云南历史研究所《研究集刊》1983年第2集。

[1] 赵振銮：《龙云和蒋介石的合与分之我见》，云南历史研究所《研究集刊》1983年第2集。

1941年12月7日，日本偷袭珍珠港，发动了太平洋战争。25日，日军攻占香港，许多居港的民国要员和著名文化人士无法撤退。

而12月18日，行政院副院长兼财政部部长孔祥熙的妻女却垄断了国民政府派出的中航最后一架飞机，将私人财产乃至洋狗、马桶等运到重庆。当时兵工署署长俞大维曾托孔把他的亲戚、在港的联大著名教授陈寅恪带回重庆。结果，陈被拒登机；而抢先登机的国民党中央常委、一级陆军上将陈济棠则被孔二小姐用枪赶下飞机。

重庆《大公报》在《拥护修明政治》的社论中揭露孔祥熙一家霸占飞机运狗的事。24日，昆明《朝报》用《从修明政治说到飞机运洋狗》的醒目标题介绍了《大公报》的社论，对孔家进行抨击："最近太平洋战争爆发，逃难的飞机竟装来箱笼老妈与洋狗，而多少应该内渡的人尚危悬海外"。后来，几经困难才逃离港岛的陈寅恪，给友人写信说："恪不如狗。"[1]

消息传出，激起了大后方群众，特别是西南联大师生的极大愤慨。在联大大一中国通史课堂上，吴晗教授愤怒地说："南宋亡国时有蟋蟀宰相，今有飞狗院长，可以媲美！"[2]1942年1月5日，联大新校舍"民主墙"上出现了"打倒孔祥熙"的标语和揭露孔祥熙发国难财，祸国殃民的罪恶。联大地下党员刘明御、郝诒纯等在暗中发动群众，响应"打倒孔祥熙"的主张。三青团员邹文靖等也深感"国家之败，多由官邪"，还起草《讨孔宣言》，表示"孔贼不除，誓不罢休"。

1月6日中午，联大一年级学生600多人率先发起游行，全校学生响应。人们用床单写着"倒孔"等口号走出校门。沿途，云南大学、中法大学、英专、昆华师范、南菁中学等大中学校学生加入。3000余人的队伍，浩浩荡荡，在昆明主要街道进行示威游行。联大共产党员马千禾（识途）还当选"倒孔"代表会负责人。昆明的"倒孔"运动得到国统区广大群众支

[1] 熊德基：《我在联大从事党的地下工作的回忆》，《云南文史资料选辑》第34辑，云南人民出版社1988年版。

[2] 西南联大党史编写组：《中共西南联大地下组织和群众革命活动简史》，云南人民出版社1994年版，第40页。

持，在四川的武汉大学、在贵州的浙江大学等纷纷响应，掀起了“反孔”怒潮。

然而，由于它偏离了中共中央关于“隐蔽精干”的方针，马千禾等党员遂纷纷退出，偃旗息鼓。[1]三天后，梅贻琦在联大图书馆前大草坪召集全校学生讲话，要求同学们不要把这次事件扩大延伸下去了，不然会影响学习。他还幽默地对大家说：“龙云主席给我打电话说，你们学生举起一幅横幅，上面写着‘拥护龙主席打倒孔祥熙’，其中又未加标点，莫非要我龙云也去打倒孔祥熙，那可不行！”同学们听得哈哈大笑。因此，“讨孔”运动未形成大波，草草收场，[2]从梅贻琦的讲话中可以看出，联大同学对龙云已由过去的不信任变为“拥护”了。

这次运动毕竟冲破了“皖南事变”后国统区高压沉闷的空气，因此引起了重庆最高当局的震惊，参加运动的共产党员和进步学生也引起了国民党反动派的注意。1月13日和19日，蒋介石两次给龙云发电，要求严处游行学生，揪出幕后主使；还相继派出特务头子康泽等到昆调查。孔祥熙也密电云南财政厅厅长陆崇仁，要他转报龙云，“严令密查主使者何人”，进一步向龙云施加压力。

面对巨大压力，1月26日龙云致电蒋介石，请求从宽处理游行学生。电报说：“日前，联大学生游行一事，先后接奉钧座两电，当即饬达学校当局遵照，并饬负责训导约束，不得再有此类事件发生，并具复在案。查该生等，初因轻听轻信，继经蒋梅两校委严加训导，力斥其非，该生等皆不但觉悟，且有悔意。此案发生后，因要员接踵到滇，目前该生等似有恐惧之状。现此案业经大白，毫无背景与组织，应请从宽作罢，以免学生因恐惧而潜逃，转违反钧座爱护青年之至意。”[3]

与此同时，龙云还先给孔祥熙、蒋介石共同的舅子、行政院长宋子文致电：“庸公（孔祥熙尊称）处请兄婉为陈明，请勿稍介怀”；后又致电

[1] 西南联大党史编写组：《中共西南联大地下组织和群众革命活动简史》，云南人民出版社1994年版，第42页。

[2] 郭冠球：《龙云与西南联大》，载《西南联大北京校友会简讯》2004年第37期。

[3] 李艳：《云南人的西南联大——一种护佑》，《西南联大讲坛》2014年第7期。

教育部长朱家骅，请其斡旋说项，还用心良苦地谎称："事前即经严密防范，设法劝止。"

龙云致蒋介石电报中所说"要员接踵到滇"，最重要的就是那个康泽，他又两次来昆，要抓捕为首的学生，都被学校当局和以龙云为首的云南地方当局挡了回去。[1]

（四）进一步与中共建立联系：加入民盟

龙云虽然一次又一次阻挡蒋介石派人来昆明抓人，同时也感到越来越大的压力。与此同时，由于中共方面多渠道的团结争取工作，龙云不断加深对中共的了解和信任，其思想也向民主进步方面转变。

1943年8月，龙云向中国民主政团同盟昆明支部负责人、西南联大教授罗隆基提出，希望周恩来到昆明面晤。中共云南省工委即派欧根专赴重庆向南方局汇报。10月，南方局派2月已到昆待机工作的华岗为代表，与龙云直接建立联系。华岗与龙云多次会晤，交谈对时局的看法，进一步促进了龙云的思想转变。随后，南方局又专派一名报务员杨才到昆明，设立龙云与南方局和延安中共中央直接联络的电台。[2]电台设在龙云位于西郊"灵源别墅"旁的海源寺内，有宪兵守卫。后来因怀疑特务发现，又迁到圆通山后面小菜园龙云的小车库内，一直使用到1945年10月初。[3]

1943年2月，中共中央南方局派中共党员周新民以民主政团同盟盟员身份到昆明帮助民主政团同盟发展地方组织。周新民与中共云南省工委取得联系之后，与华岗一起组织西南联大教授及相关专家学者，成立"西南文化研究会"，其主要成员有罗隆基、潘光旦、闻一多、吴晗、曾昭抡、费孝通、闻家驷，及中共党员楚图南、尙钺、辛志超、李文宜等。研究会在抗日、民主、进步的旗帜下团结了一批有民主思想的知识分子。在此基础上，罗隆基、周新民发展了第一批盟员。为推动盟内工作，中共党员楚图南、尙钺、赵钺、张光年、方仲伯、冯素陶等也先后入盟。5月，中国民

[1] 郭冠球：《龙云与西南联大》，载《西南联大北京校友会简讯》2004年第37期。

[2] 中共云南省委党史研究室著：《中共云南地方史》第一卷，云南人民出版社2001年版，第279页。

[3] 杨才：《在云南设立秘密电台的经过》，中共云南省委党史研究室编《中国共产党在滇军中的工作》，云南人民出版社1993年版。

主政团同盟昆明支部正式成立，这是同盟的第一个地方组织。罗隆基为支部主任，周新民、潘大逵、潘光旦、吴晗、李文宜分别负责组织、宣传、财务、青年及妇女等各个方面的工作。盟内还组成以周新民为书记，李文宜、尚钺等参加的中共党组。中共云南省工委书记郑伯克与周新民、华岗等紧密联系，工作不断发展壮大。[1]

1944年9月，中国民主政团同盟改组为中国民主同盟。年底的一天，龙云约请楚图南、闻一多、冯素陶等人到他的寓所座谈，龙云设宴招待楚图南等人，并举行秘密加盟仪式，成为秘密盟员[2]，由民盟中央主席张澜直接联系。龙云入盟是他由一名地方实力派向真诚的爱国者转化的重要一环。后来龙云回忆说：

“抗战期间，在昆明的爱国民主人士很多，尤其西南联大的教授和我随时都有接触和交谈的机会，谈到国家大事，所见都大体相同。对于蒋介石的集权独裁政治，大家都深恶痛绝。他们都反对内战，希望抗日胜利后召开国民代表大会，制定民主宪法，用以束缚蒋介石，实行中山遗教。这也就是我当日的愿望。所以我对昆明汹涌澎湃的民主运动是同情的。”[3]

（五）1944年“五四”，婉拒何应钦镇压云南学运

1944年纪念五四运动，是西南联大乃至国民党统治区爱国民主运动新高潮的起点。

1944年西南联大所以纪念五四运动，在当时有三个方面的背景：一是头一年3月国民党以蒋介石名义出版了《中国之命运》；二是1944年在日本发动的豫湘桂战役中国民党军队大溃败；三是国民党废改中国“五四”青年节。

《中国之命运》宣传只有国民党救中国，伪造、篡改中国历史，歌颂封建主义，鼓吹法西斯主义，公开提出既反对共产主义又反对自由主义（即资产阶级民主主义）。为此引起三个方面的批评：西南联大教授为主

[1] 中共云南省委党史研究室：《中共云南地方史》第一卷，云南人民出版社2001年版，第279页。

[2] 谢本书著：《龙云传》，云南人民出版社2011年版，第161页。

[3] 龙云：《抗战前后我的几点回忆》，《文史资料选辑》第17辑，中华书局1961年版。

的知识界的批评，中共的批评，英美西方国家即“二战”同盟国的批评。

西南联大历史教授雷海宗说，在政治众多败笔中，最大的败笔是蒋介石《中国之命运》的出版，那本书中错误多如牛毛，连美国汉学家都能看出来。雷所说的美国汉学家指的是费正清。费正清在他的自传第20章“1943年蒋介石开始丧失民心”中写道，“1943年5月在昆明，我发现了由最高统治者所著的《中国之命运》一书。许多教授们认为，这部书简直是对整个著书立说的学术界的侮辱”，“老金（金岳霖）拒绝看《中国之命运》一书。一些社会学家称它为一派胡言，既讥讽它，又为它感到可耻”。[1]费正清是1942年被派到重庆任美国驻华大使特别助理的，他早年任教清华，因此和西南联大的自由主义派教授有深厚的关系。他断定国民党从1943年起开始失去民心，应该说反映了当时西南联大为主的昆明教育界人士的共同看法。

1944年，世界反法西斯战场发生重大变化，苏联红军已向德国法西斯老巢进军，美军在太平洋战场不断取得进展。日本为应对太平洋战场不利形势，急于打通中国大陆交通线，发动豫湘桂战役，国民党军队在日军进攻面前，丧师失地，一溃千里。在这种形势下，中共提出“废除一党专政，建立联合政府”的号召，国统区出现争民主的新高潮。

“五四”青年节，本来是1939年3月陕甘宁边区的青年组织规定的。当时，在广大青年群众爱国高潮的压力下，国民党也同意了这个规定。但是，后来国民党畏惧青年学习“五四”的革命精神，觉得这个规定很危险，所以1944年改定以三月二十九日（公历4月27日，1911年广州黄花岗起义纪念日）为青年节。[2]

闻一多说：“联大风气开始改变，应该从民国三十三年算起。那一年政府改三月二十九日为青年节，引起教授和同学们一致的愤慨。”他还说：“‘五四’给我的影响太深了，《中国之命运》公开向‘五四’宣战，我是无论如何受不了的。”[3]

[1] ［美］费正清：《费正清自传》。天津人民出版社1991年版，第309页。

[2] 参见《毛泽东选集》第二卷，人民出版社1991年版，第569页，注释［2］。

[3] 闻一多：《八年的回忆与感想》，《联大八年》1946年。

针对国民党政府的决定，联大中共组织发动进步社团，举行了一系列旨在捍卫“五四”传统，继承发扬“五四”精神的纪念活动。

5月3日晚，联大历史学会发起举办“五四”座谈会，会议由历史系学生李晓主持。张奚若、闻一多、吴晗参加会议并发了言。张奚若将辛亥革命和五四运动的不同意义做了对比。他说：辛亥革命所完成的工作只是表面的，因此是一个不彻底的未完成的革命。五四运动是一个社会的革命，它的价值应该在辛亥革命之上。吴晗指出：五四运动是为了打破一个牢笼，打破一重束缚。今天我们又面对着新的牢笼与束缚，这就是我们所受的思想与文化上的束缚，社会经济制度上的束缚，今天的青年有责任打破这种束缚。闻一多则指出：目前学生不能专心学习，是因为政治不民主。许多同学在发言中要求政府恢复“五四”为青年节，建议通电全国学生，以实际行动去争取民主。

5月4日这天，联大校园空前热闹，一派节日景象。“民主墙”上刊出了30多种壁报。入夜，“悠悠”体育会在昆北院举办营火晚会；“文艺”壁报社在南区10号大教室举办文艺晚会。

5月8日晚，联大师生第一次在大草坪集会，由国文学会主办，中文系学生齐亮担任主席，联大80%的同学到会，人数约达3000人，还有云大等校学生和昆明市民也来参加。李广田、罗常培、冯至、朱自清、闻一多、卞之琳、周炳琳等教授进行了演讲，气氛极为热烈。[1]

从5月3日至8日，连续一周的纪念“五四”活动，标志着联大民主精神的复兴。从此昆明地区爱国民主运动进入一个新阶段。

当时，在昆明的国民党顽固派何应钦事先打听到西南联大和昆明地区纪念“五四”的消息。他“对云南省主席龙云说：‘只要牺牲几个警察，就可以把这些活动镇压下去。’意思就是派国民党特务杀死几个警察，给学生栽赃，然后进行武力镇压。龙云却回答：‘这件小事情嘛！交给兄弟我去办，一定不会发生什么问题。’龙云不愿国民党嫡系势力插手云南，加之共产党对龙云做了工作。所以，他把这事承担下来，使何应钦的阴谋

[1] 《中共西南联大地下组织和群众革命活动简史》，云南人民出版社1994年版，第68—70页。

不能得逞”[1]。

此后，昆明地区的爱国民主运动此起彼伏，不断高涨：1944年10月10日“纪念双十节，保卫大西南”的群众集会，12月25日“纪念护国首义29周年大会”，1945年盛大的“五四”纪念周活动。这些活动都得到龙云的默许和支持。其中，“纪念双十节，保卫大西南”大会，龙云还派了宪兵维持秩序，当大会进行中有特务捣乱，造成会场混乱，宪兵及时制止，使大会得以正常进行。[2]

正是在这些风起云涌的民主运动开展中，西南联大，进而昆明有了“民主堡垒”的称誉。而西南联大和昆明的民主运动又影响全国，震撼了蒋介石的反动统治。

（六）蒋介石武力改组云南省政府，昆明连发惨案

龙云一次又一次阻止了蒋介石派人到昆明破坏中共地下组织，逮捕中共党员和进步学生的图谋。整个抗战8年间，云南只有中共西（畴）麻（栗坡）支部被驻中越边境的蒋介石嫡系第九集团军国民党特别党部所破坏。

蒋介石对龙云的行为之所以采取了一再忍让的态度，这是因为云南在抗日战争中的重要地位所决定的。这种重要地位主要表现在三个方面：一是抗战爆发后，云南作为大后方，沿海、内地和沦陷区大批撤到云南的机关、学校、工厂企业，加上入滇的军队，人口达百万以上，粮食给养全靠云南负担；云南还是当时中国唯一的国际通道。二是1942年年初中国远征军入缅作战，云南又成为中国抗日战场和世界反法西斯战争东方战场的结合部。三是1940年10月日军占领越南，威胁滇南，开始了滇南防御战，特别是1942年5月日军入侵滇西，开始了滇西抗战，云南又成为最前线；1943年10月的缅北反攻战和1944年5月开始的滇西反攻战，云南更成为中国正面战场最重要的对日反攻战场。

蒋介石对龙云的隐忍在他的日记中有许多记载。1942年他在日记中写

[1] 苏双碧、王宏志著：《吴晗传》，上海人民出版社1998年版，第121页。

[2] 中共云南省委党史研究室：《中共云南地方史》第一卷，云南人民出版社2001年版，第293页。

道："对滇方针亦以忍垢含羞处之，以待其变化也。"[1]

1943年和1944年，中国远征军总司令部和陆军总司令部相继在昆明成立，数十万大军云集云南。蒋介石认为"中央军在滇已能镇压一切，彼狡猾之猡绝不敢明白叛变，故仍坚忍待时也"[2]。在此，蒋介石对彝族出身的龙云蔑称为"猡"，可见其对龙云痛恨之深。进入1945年，他对龙云已达到"忍无可忍"的地步，3月开始考虑解决龙云的办法；7月21日已做出解决龙云的最后决定。

抗战胜利后，蒋介石认为对龙云动手的顾忌已不复存在。在将滇军全部调到越南对日受降后，在日本宣布投降仅一个半月，蒋介石就迫不及待地在10月3日以武力改组云南省政府，强行将龙云弄到重庆担任军事参议院院长的虚职，同时派来其亲信李宗黄以省民政厅厅长身份代行省主席之职。

龙云自己回忆说：蒋介石"对我深为痛恨，认为我碍手碍脚，决心要拔除我，后来就发动了昆明事变。事变后，我去到重庆，蒋介石就开始对昆明民主运动大加迫害，因而相继发生了'一二·一'惨案，李公朴、闻一多被杀事件"[3]。

历史表明，失去守护者龙云之后，昆明的"民主堡垒"亦随之大受摧残。当然，蒋家王朝离它的末日的到来也已经不远了。

---

[1] 《蒋介石日记》，1942年7月17日。

[2] 《蒋介石日记》，1944年4月25日。

[3] 龙云：《抗战前后我的几点回忆》，载《文史资料选辑》第17辑，中华书局1961年版。

论西南联大纪念碑文的爱国主义思想

论西南联大纪念碑文的爱国主义思想

“七七”事变后不久，平津相继沦陷。北平的北京大学、清华大学和天津的南开大学先迁湖南合组成长沙临时大学，继又西迁云南组成西南联合大学。联大与抗战相始终，它在滇八年，在极端艰苦的条件下，培养了大批中国乃至世界第一流的人才，对云南政治、经济、文化、教育等各个方面乃至中国产生了重大而又深远的影响，在中国教育史和云南抗战史上写下了极其灿烂的篇章。

抗战胜利后，“联合大学之战时使命既成，奉命于三十五年（1946）五月四日结束”。这一天，联大师生在图书馆举行结业典礼，而后到校园后山（今云南师大校园东北角）举行“国立西南联合大学纪念碑”揭幕式。纪念碑由联大文学院院长冯友兰撰文，中国文学系教授闻一多篆额，中国文学系主任罗庸书丹。冯、闻、罗皆为著名大手笔，所以，西南联大校友、著名的美国芝加哥大学历史教授何炳棣称纪念碑为现代的“三绝碑”。[1]纪念碑具有很高的历史、文学和艺术价值。碑体雄壮，书法遒劲，尤其是碑文文辞精炼，气势恢宏，意蕴深广，是一高扬爱国主义精神的绝好篇章。

一

纪念碑碑文简明地叙述了抗战及三校联合的经过，阐述联大可纪念的四个方面，以及爰就联大校歌歌辞勒为碑铭，全文1100余字。通篇深含着对民族诚挚的爱，洋溢着对祖国炽烈的情；高度赞颂中华民族解放战争空前的伟大胜利，充分抒发对“我国家”未来“旷代伟业”满怀信心的壮志豪情。归纳起来，碑文的爱国主义思想主要表现在以下三个方面。

[1] 《云南师大校友通讯》1986年第1期，第31—32页。

第一，回顾日寇侵华历史，盛赞抗战胜利的“全胜之局，秦汉以来所未有也”。

中华民国三十四年九月九日，我国家受日本之降于南京。上距二十六年七月七日卢沟桥之变，为时八年；再上距二十年九月十八日沈阳之变，为时十四年；再上距清甲午之役，为时五十一年。举凡五十年间，日本所鲸吞蚕食于我国家者，至是悉备图籍献还。全胜之局，秦汉以来所未有也。

经过中国人民艰苦卓绝的抗战和世界反法西斯联盟国家的共同战斗，1945年8月14日，日本政府照会中、美、英、苏政府，表示接受波茨坦公告。次日，日本天皇裕仁以广播《终战诏书》的形式，宣布无条件投降。这里“九月九日，我国家受日本之降于南京”是指日本中国派遣军总司令官冈村宁次在南京向国民党政府签署投降书，中国战区的128万日本侵略军向中国投降。至此，中国抗日战争胜利结束，世界反法西斯战争也胜利结束。

前事不忘，后事之师。在谈了抗战胜利之后，碑文上溯回顾了日寇侵华历史，指出日本对中国侵略蓄谋已久，其大规模行动始于1894年发动的中日甲午之战。这场战争，由于清政府的腐败，中国战败，被迫签订了《马关条约》。《马关条约》是中国近代史上继《南京条约》之后，第二个对中国危害最甚的不平等条约。割让台湾给日本，极大地破坏了中国领土完整；日本所获2.3亿两白银的巨额赔款，约为当时清政府年财政收入的三倍，沉重地压在中国人民身上，却为日本提供了1895—1903年间其国内总资本形成的17%的资金。从此，中国国际地位一落千丈，中国社会半殖民地化程度大大加深。

1931年9月18日，日本侵略军炮轰沈阳北大营，发动了“九一八”事变。由于国民党政府坐视不管，中国东三省沦陷。1937年7月7日，在日本军国主义分子的精心策划之下，日军炮轰宛平城和卢沟桥，开始了全面侵华战争。虽然中国军民奋起还击，英勇牺牲，但终因蒋介石实行不抵抗政策，致使平津很快失守。以后日寇步步进逼，中国半壁河山沦丧。

邓小平曾指出：在为时51年的侵华战争中，“日本对中国的损害无法估量，单是死人，中国就死了几千万。所以，算历史帐，日本欠中国的帐是最多的”[1]。据最新统计资料，在抗日战争中，中国军民伤亡3500多万人，中国直接经济损失1000亿美元，间接经济损失达5000亿美元。[2]“日本占了中国不少地方，台湾就被它占了五十年，中国有很多地方被日本划为势力范围，特别是在北方，很多大城市有日本租界”，“一九三二年在中国的东北搞了个‘满洲国’”，卢沟桥事变后又侵占我国半壁河山。“但是由于日本战败，中国收复了所有被它侵占的地方，它在中国没有占去一寸土地”。[3]正是基于这样的历史事实，碑文指出：“举凡五十年间，日本所鲸吞蚕食于我国家者，至是悉备图籍献还。”

1840年以来，几乎所有西方列强都武装侵略过我国。面对帝国主义的侵略，中国人民进行了一次又一次的英勇反抗，然而一次又一次遭到失败。只有抗日战争取得了胜利，这是近代中国人民反对外国侵略战争第一次取得的完全胜利，这是中国历史上空前的光辉篇章！

第二，比较中国历史上的四次“南渡”，高度赞颂中国抗日战争“于不十年间，收恢复之全功”的伟大胜利。

稽之往史，我民族若不能立足于中原，偏安江表，称曰南渡。南渡之人，未能有北返者。晋人南渡，其例一也；宋人南渡，其例二也；明人南渡，其例三也。‘风景不殊’，晋人之深悲；‘还我河山’，宋人之虚愿。吾人为第四次之南渡，乃能于不十年间，收恢复之全功。

碑文通过中国历史上几次“南渡”这一现象，进行比较总结，从历史的高度指出抗战“南渡”与过去的“南渡”完全不同。过去“南渡之人，

[1] 邓小平：《结束过去，开辟未来》，载《邓小平文选》第3卷，人民出版社1993年版。

[2] 江泽民：《在莫斯科卫国战争纪念馆揭幕式上的讲话（1995年5月9日）》，《人民日报》1995年5月10日。

[3] 邓小平：《结束过去，开辟未来》，载《邓小平文选》第3卷，人民出版社1993年版。

未能有北返者”，而“吾人为第四次之南渡，乃能于不十年间，收恢复之全功”，高度赞颂中国抗战的伟大胜利。

碑文所说“晋人南渡”指的是，公元316年匈奴贵族刘聪派刘曜攻陷长安，晋愍帝司马邺投降，西晋灭亡。次年，晋王司马睿在建康（今南京）即位，是为东晋元帝。从此开始了中国历史上长达260多年的南北朝时期。“宋人南渡”讲的是北宋靖康二年（1127年），金兵俘虏了宋徽宗、宋钦宗，灭了北宋。康王赵构在群臣拥戴下渡长江称帝，是为宋高宗，建都临安（今杭州）。“明人南渡”则是指明朝灭亡之后，明文臣武将分别拥立了流亡江南的明宗室福王、鲁王、唐王、桂王先后在南京、浙江、福建和湖广西南地区建立四个小朝廷，与明末农民起义军一起进行反清斗争。然而，“南渡之人，未能有北返者”。所不同的是，晋人、宋人南渡之后，所建立的政权，还支撑了百余年，而南明的几个小朝廷，长不过十余年，短的仅一年。需要说明的是，造成这三次“南渡”的入主中原的“外族”，后来都是中华民族大家庭中的成员，三次“南渡”前后产生的祖逖、岳飞、史可法、郑成功等力图收复中原的民族英雄也都名垂青史。

抗战“南渡”发生在近代中国，系帝国主义入侵所致。就其性质而言，完全不同于前面三次。碑文是以“南渡”这一共同现象进行总结比较，应该说这是可以的。前三次，“南渡之人，未能有北返者”，第四次“能于不十年间，收恢复之全功”，这是何等的鲜明对照。抗战胜利，在中国历史上，超迈千古，又是何其伟大。

第四次南渡为什么“能于不十年间，收恢复之全功”呢？对于这样一个十分重大的问题，碑文没有也不可能做出回答。新中国成立后，碑文作者冯友兰对此才做出了明确的回答，他说：“解放以后，我逐渐认识到，这一代‘南渡’的人之所以能活着回来，这是中国共产党领导中国人民坚持抗战的成功。”[1]这一回答是历史性的，也是非常正确的。

抗战期间，有“亡国论”。联大初到云南，对于南渡能否北返，有的人是持怀疑态度的。联大教授陈寅恪曾有诗句云：“南渡自应思往事，北归端恐待来生”，就是这种代表性的看法。应该说，这种看法是有一定

[1] 冯友兰：《自传》，载《中国当代社会科学家》第1辑，书目文献出版社1982年版。

依据的。1840年以后，由于反动统治者的腐败，中国人民的反侵略斗争不是每一次都失败了吗？“九一八”事变后，由于蒋介石坐视不管，东三省不是轻易地就落入日寇之手？这些都会使人对第四次南渡能否北返产生怀疑。然而，抗日战争却胜利了，且“能不十年间，收恢复之全功”。原因何在？历史告诉我们，原因在于“抗日战争中，中国发生的一个巨大变化，中国共产党成为凝聚人民力量的坚强组织者和鼓舞者。日寇的主要对手，再也不是‘甲午战争’时的清政权，不是签署丧权辱国‘二十一条’时的袁世凯，不是‘九一八’事变时坐视东三省沦陷的国民党政府，而是一个用马克思主义武装起来的、以国家和民族解放为己任的中国共产党。是中国共产党以民族大义为重，促成了国共两党合作，推动了全民抗战；是中国共产党领导的人民军队，抗击了侵华日军的百分之六十四和伪军的百分之九十五，为抗战胜利发挥了巨大作用。中国共产党及其领导的广大抗日军民是抗日战争的中流砥柱。人们不应该忘记那些为国捐躯的国民党爱国将士所建立的功勋，然而谁也不能否认，把中国从帝国主义、殖民主义压迫下拯救出来，建立了独立、民主的新中国的，是中国共产党及其广大中国人民。”[1]对照《人民日报》社论这段文字，难道不可以说联大纪念碑碑文作者自己对抗战胜利原因所做的历史性回答是多么具有真知灼见。

第三，深刻揭示“惟我国家亘古亘今，亦新亦旧”，将来“必于世界历史居独特之地位”，对祖国光辉的未来充满信心。

我国家以世界之古国，居东亚之天府，本应绍汉唐之遗烈，作并世之先进，将来建国完成，必于世界历史居独特之地位。盖并世列强，虽新而不古；希腊、罗马，有古而无今。惟我国家亘古亘今，亦新亦旧，斯所谓“周虽旧邦，其命维新”者也！旷代之伟业，八年之抗战，已开其规模，立其基础。今日之胜利，于我国家有旋乾转坤之功。

著名思想家梁启超说过：“历史……是爱国主义的源泉。”纪念碑文作者高度的爱国主义思想正是源于他对祖国历史的熟知和对世界的深刻了

[1] 《历史的昭示·纪念“七七”事变58周年》，《人民日报》1995年7月7日。

解，他将自己祖国与其他文明古国、西方列强进行比较，揭示出“盖并世列强，虽新而不古；希腊、罗马，有古而无今。惟我国家亘古亘今，亦新亦旧”。这一论述是何等的深刻、精辟，又是何等的符合历史的真实！

我们的国家是世界上历史最悠久的文明古国之一。早在夏朝即建立了国家，而俄国在公元9世纪中叶才建国，美国则在公元1776年才建国，分别比我国形成晚2900多年和3800多年。西南联大教授周培源说过：“当黄河长江已经哺育出精美辉煌的古代文化时，泰晤士、莱茵和密西西比河上的居民，还在黑暗的原始森林里徘徊。”[1]

与其他几个历史最悠久的文明古国相比，华夏文明也异彩独放。斗转星移，长河悠悠。尼罗河古埃及文明，幼发拉底和底格里斯两河流域的巴比伦文明，恒河流域的古印度文明以及爱琴海上的古希腊文明，或湮灭消亡，或历史中断；有的是在近代学者释读它们的文字以后，它们的历史才为人知晓，有的历史被遗忘，文字至今尚未释读成功。在这些古文明大地上，现在的民族与古代的民族对不起来。公元476年西罗马帝国灭亡，宣告了西方古代文明的实际中断。后来虽有举世闻名的“文艺复兴”，但那是近代欧洲各民族文明的新兴，而不是古希腊、罗马文明的恢复。纵观世界古代文明，只有长江、黄河流域的华夏文明延绵不绝，从未中断。关于这一点，丰富的中国历史典籍早已载明。中国古代第一部通史《史记》，上起传说中的五帝，下迄作者生活的汉武帝时代，高度体现了中国文明发展的连续性，继之其后的史书无不体现了这种连续性。对此，西南联大校友、前全美华人协会会长杨振宁曾经指出：“中国的文化传统是世界唯一在同一地区，从古时候一直延续到今天的传统。中国的文化传统是西方人非常羡慕的。”[2]

我国家“本应绍汉唐之遗烈，作并世之先进”。然而由于封建社会走到衰朽的尽头，中国就落伍了。落后就要挨打。从1840年开始，中国挨帝国主义的打整整100年！打败日本帝国主义是中国历史的巨大转折：“今

---

[1] 周培源：《古代科技成果亟需介绍》，载《文史知识》1987年第3期。

[2] 杨振宁：《传统文化与〈河殇〉》，载《海外〈河殇〉大讨论》，黑龙江教育出版社1988年版。

日之胜利，于我国家有旋乾转坤之功”，为我国“旷代之伟业”“已开其规模，立其基础”；“将来建国之完成，必于世界历史居独特之地位”。新中国成立以后，特别是改革开放以来，纪念碑文殷殷所期正在一步步实现。近几年来，中国经济每年都以很快的速度增长，世界为之瞩目。可以相信，在即将跨入的21世纪的不远的将来，中国一定能够自立于世界民族之林，“作并世之先进”。

二

为什么联大纪念碑文有如此强烈的爱国主义思想？原因有二。

（一）碑文是对西南联大师生爱国精神和爱国行动的总结

组成西南联大的北大、清华、南开三校都有光荣的爱国主义传统。北大是“五四”反帝爱国运动的发祥地，清华是“一二·九”爱国学生运动的指挥部。“九一八”事变后，“我国家之威权逐渐南移，惟以文化力量与日本争持于平津，此三校实为中坚”。南开堪为代表：校长张伯苓特别强调爱国主义教育，针对日寇侵占东北，南开很快编出《东北经济地理》作为学生的必修课。南开学生用多种方式揭露宣传日寇侵略罪行，站在天津抗日救亡斗争的最前列。日寇对南开异常痛恨，当日军占领天津时，对南开始则轰炸继而焚毁以泄其恨，对此，张伯苓公开发表谈话：“敌人此次轰炸南开，被毁者为南开之物质，而南开之精神将因此挫折而愈益奋励。”[1]三校合组为联大后，继承并大大发扬了三校的反帝爱国传统。

许多教授忧国爱国行动成了联大爱国传统活的灵魂。抗战爆发时，三校一批教授正在国外研究、讲学或工作，他们闻卢沟炮声而毅然返国，与祖国共命运。华罗庚教授正在英国剑桥大学工作得很出色，赢得了各国数学家的赞扬。祖国被侵犯的消息使他放弃了继续在海外逗留的计划，1938

[1] 梁吉生、杨珣：《爱国教育家张伯苓先生》，载《笳吹弦诵情弥切》，中国文史出版社1988年版。

年回国到联大任教。[1]黄子卿教授是在抗战爆发前回国的，当时他刚刚完成水的三相点温度精测的重要研究，后来国际温标会议正是以他的研究成果确定了绝对零度为–273.15℃。麻省理工学院化学系主任、芝加哥大学原子能研究所负责人都挽留他并劝说："你的祖国正像一只破船在风雨中飘摇，哪里会有美国这样好的研究条件？"黄子卿回答道："我愿和我的祖国一起受苦。"[2]回国更早、参与联大筹办的陈岱孙教授在回国问题上说得更动情。1926年，他获得哈佛大学哲学博士学位，次年便毅然回国。对好心的劝说他回答："正因为祖国的经济文化水平不如欧美发达国家，才出去学习，学到的知识才更加有用。学成了不回来，出去干什么？"[3]

联大教授们的爱国精神还表现在各个方面。在联大的课堂上，不论何种课程，教授们都会把教学、研究与抗战紧密相连，熏陶学生。马约翰教授常用外国人骂我们"东亚病夫"来激励学生强身健体，为民族争光。罗庸教授常常寻访南明遗迹，赞扬云南人民抗清斗争精神，向同学们介绍明末爱国诗人担当的诗篇。由他作词的与民族英雄岳飞千古绝唱《满江红》词式和韵都相同的联大校歌，更是充分表达了联大全体师生共同的爱国心声。

对于联大校歌，纪念碑文高度赞赏："其辞始叹南迁流离之苦辛，中颂师生不屈之壮志，终寄最后胜利之期望。校以今日之成功，历历不爽，若合符契。"碑文还爰就校歌歌辞勒为碑铭。

在爱国主义精神激励下，联大师生为抗战做出了重大贡献，突出的有以下几个方面：

第一，联大迁滇，保存了中国教育文化之精华；在艰苦条件下坚持办学，培养了大批人才，为战时云南的资源开发和经济建设，为推动云南文化教育事业的发展做出了贡献，支援了全国抗战。

第二，直接为抗战服务。比如工学院根据抗战需要开出战前没有的兵器学、堡垒工程、军用桥梁等课程。1938年春，抗战需训练机械化部队，机械

[1] 顾迈南：《华罗庚教授在西南联大》，载《笳吹弦诵情弥切》，中国文史出版社1988年版。

[2] 黄志洵：《忆黄子卿教授》，载《笳吹弦诵情弥切》，中国文史出版社1988年版。

[3] 《陈岱孙教授爱祖国爱科学爱教育》，载《光明日报》1989年12月11日。

系二、三、四年级学生大多数参加交辎学校受训。1939年2月，电机系附设电讯专修科，培养抗战所需的电讯人才。“飞虎队”和盟军来华迫切需要翻译人才，举办译员训练班，闻一多、潘光旦、华罗庚等都去上过课。

第三，直接从军奔赴抗日疆场。在长沙临时大学时期就掀起过从军运动，数百名临大学生或参加八路军、新四军，或奔赴延安，或参加保卫大武汉的战斗行列。联大时期先后从军者达800余人，或当盟军译员，或参加空军、远征军到印缅，有的还为国捐躯。他们的名字镌刻在与联大纪念碑合体的联大“抗战以来从军学生题名”碑上，号称“联大八百壮士”。

第四，“联合大学以其兼容并包之精神，转移社会一时之风气，内树学术自由之规模，外来民主堡垒之称号”。在中共地下组织的领导下，在以龙云为首的云南地方实力派和爱国民主人士的支持下，联大成为“民主堡垒”，进而使昆明也成了大后方的“民主堡垒”，有力地支持了抗日战争的进展。

（二）碑文的作者有着强烈的爱国主义思想，碑文是其爱国思想的结晶和反映

冯友兰1923年毕业于美国哥伦比亚大学研究院，获哲学博士学位。1947年、1951年、1982年又先后被美国普林斯顿大学、印度新德里大学、美国哥伦比亚大学授予名誉文学博士。历任中州大学、燕京大学、清华大学、西南联合大学、北京大学教授，以及美国宾夕法尼亚大学、夏威夷大学的客座教授。1948年任中央研究院院士，1955年任中科院哲学社会科学部常务委员。

冯友兰学贯中西，是我国和世界著名哲学大师。抗战期间，他写了《新理学》《新事论》《新世训》《新原道》《新原人》《新知言》等六部书。这是他在日本帝国主义侵略的“狂风”下，对“中华民族的传统精神生活”进行的哲学反思。他的唯“新”论认为“宇宙间之事物，依照上述周期律，时时生灭，时时变化，此即是道体之日新”；“革命为对于一种社会之否定，即对于一社会之某性之否定。经此否定，一社会可有一新性，入一新类，即成为一种较高的社会”。[1]在《新事论》最后一篇《中华

[1] 冯友兰：《三松堂集》卷4，河南人民出版社1986年版。

赞》中，他更明白地写道："真正的中国人已造成过去的伟大的中国。这些中国人将要造成一个新中国，在任何方面，比世界上任何一国都有过之而无不及。这是我们所深信而没有丝毫怀疑的。"[1]这一以哲学反思为基础的信念，后来他借用"周虽旧邦，其命维新"来表达，并将其写入联大纪念碑碑文中。"周虽旧邦，其命维新"是《诗经·大雅·文王》中的两句，原意是说周自后稷开国后，已历夏商两朝，故称旧邦；然而其命能革故鼎新。冯友兰认为有着悠久历史的中国，在取得抗日战争胜利之后，一定能够革故鼎新，重新"作并世之先进"。

由于有这一坚定的信念，所以1947年，人民解放军节节胜利，共产党就要解放全中国，有些朋友劝其在美国长期居留下去，他说："我决不当白华。解放军越是胜利，我越要赶回去，怕的是全中国解放了，中美交通断绝。"[2]他毫不犹豫将"永久居留"的签证交给美国海关，于1948年2月赶回祖国准备为古老的"旧邦"将要实现的革故鼎新而效命。也正是基于此，同年12月，"南京派人来，邀赴南京，我坚决拒绝。自此以后，我在人事上虽时有沉浮，但我心中安慰。我毕竟依附在祖国的大地上，没有一刻离开祖国"。新中国诞生后，祖国日新月异的变化"更加强了我在西南联大纪念碑碑文中所说的'周虽旧邦，其命维新'的信念。旧邦新命是现代中国的特点，我要把这个特点发扬起来"[3]。用冯友兰的一生来对照他写的联大纪念碑碑文，可以说：文如其人，人如其文。

三

西南联大纪念碑作为抗日战争和西南联大的一个历史见证，特别是它那高扬爱国主义精神的绝好华章的碑文，近半个世纪以来，一直为北大、清华、南开三校和海内外联大校友所珍视，也为冯友兰本人所珍视。

1989年，北京大学对矗立在昆明的联大纪念碑进行复制。是年5月4日

[1] 冯友兰：《自传》，载《中国当代社会科学家》第1辑，书目文献出版社1982年版。
[2] 冯友兰：《自传》，载《中国当代社会科学家》第1辑，书目文献出版社1982年版。
[3] 冯友兰：《自传》，载《中国当代社会科学家》第1辑，书目文献出版社1982年版。

复制碑落成。已是94岁高龄的冯友兰亲手揭幕，并援引自己当年撰写的碑文里的话说："西南联合大学之终始，岂非一代之盛事，旷百世而难遇者哉。今天，联大精神仍应弘扬之。"[1]

在纪念抗日战争胜利50周年之际，温读论述联大纪念碑碑文这篇高扬爱国主义正气的杰作，冀望并相信它能激励年青一代为振兴中华而努力学习、攀登。

（原载"云南省纪念一二·一运动50周年暨西南联大建校57周年理论讨论会论文集"《一二·一运动与西南联大》，云南大学出版社1996年版）

[1] 《光明日报》1989年5月6日。

联大神州铸丰碑

——再论西南联大纪念碑的爱国主义精神

联大神州铸丰碑

——再论西南联大纪念碑的爱国主义精神

今年（2007年）是日本帝国主义全面发动侵华战争，中国人民由此开始了全面抗战70周年纪念，也是国立西南联合大学建校70周年纪念。日前，在清华大学召开的隆重纪念西南联大70周年大会上，国务委员陈至立讲话指出："西南联大是一个奇迹，是一个永远的光荣和丰碑。西南联大的办学经验是中国高等教育的宝库，为我们办好教育事业、提高高等教育质量，培养创新人才、建设创新国家提供了宝贵借鉴，值得我们深入地研究，认真地学习。"陈至立还强调，学习贯彻党的十七大精神，大力弘扬西南联大的爱国主义热情，把民族精神与时代精神结合起来，为建设高水平大学提供不竭动力。[1]

关于西南联大的丰功伟绩，全国人大原副委员长王汉斌曾题词："学术重镇，人才摇篮，民主堡垒。"[2]全国人大原副委员长彭珮云曾题词："办学九年育才八千，桃李芬芳社会栋梁"[3]。在培养人才方面，最突出的就是，在不到9年的时间里，联大培养出大量杰出人才，其中有两位诺贝尔奖获得者，90位中国科学院和中国工程院院士，还有几位国家领导人和各条战线的大批骨干。

本文仅就国立西南联大纪念碑的有关情况进行阐述，同时对纪念碑碑文爱国主义思想再做论述[4]，以纪念联大70华诞。

---

[1] 云南西南联大研究会网站。

[2] 《庆祝西南联合大学成立70周年特辑》，《西南联大北京校友会简讯》2007年第42期。

[3] 郭建荣主编：《国立西南联合大学图史》，云南教育出版社2007年版。

[4] 12年前笔者曾发表过《论西南联大纪念碑文的爱国主义思想》，载吴宝璋主编《一二·一运动与西南联大》，云南大学出版社1996年版。

一

抗战胜利，西南联大完成了战时使命。1946年上半年，组成联大的清华、北大、南开三校进行北返的准备。在清华的一次校务会上，联大常委、清华校长梅贻琦说：我们在昆明待了七八年，临走的时候总要留下一个纪念品吧。联大文学院院长冯友兰当即提议“留下一个有古典形式的纪念品”，大家都说好，同时推荐冯友兰筹备这件事。[1]

会后，冯友兰即着手这个“古典形式的纪念品”的筹备之事。首先，他本人撰写出国立西南联合大学纪念碑碑文。作为哲学大师，除了学术理论之外，冯友兰还有很深的文学诗学修养。他撰写的这篇碑文“遣词典丽，文采丰腴，情感激越，命意深沉。碑文初稿曾分送文史专家征求意见，西南联大饱学能文的教授很多，对这篇文章提不出什么修改意见，照原稿刻在碑上”[2]。纪念碑由中国文学系教授闻一多篆额，中国文学系主任罗庸书丹。

纪念碑坐落在联大新校舍（即校本部）东北部后面的小山上。纪念碑高3.5米，宽1.23米。碑的顶部为半圆形，古代称“圆顶的碑石为碣”，因此，联大纪念碑形状为碣。纪念碑的背面是“国立西南联合大学抗战以来从军学生题名”，镌刻着从军学生834人的姓名，为联大校志委员会纂列，中国文学系教授唐兰篆额，数学系教授刘晋年书丹。碑座为须弥座，上有圆拱形顶覆盖，高约5米，宽2.7米。这种形式新颖独特，典雅大方，为纪念碑增添了庄重感，同时又对碑身起到了很好的保护作用。

西南联大于1946年“五四”纪念日举行结束典礼。冯友兰在典礼上朗诵了西南联大碑碑文。接着，大家来到纪念碑前，为纪念碑揭幕。至此，历经抗战八年的西南联大正式结束。

[1] 冯友兰：《我与西南联合大学》，载《三松堂全集》第1卷，河南人民出版社1985年版。

[2] 任继愈：《北方人才不出则已》，载《冯友兰学记》，生活·读书·新知三联书店1995年版。

几十年来，西南联大已成为历史，而西南联大纪念碑则成为历史的见证。特别是中共十一届三中全会以后，中国进入了改革开放时期，遍布海内外联大校友经常都有人回到母校故地看望，一个必看之处就是西南联大纪念碑。1986年9月，联大校友、美国芝加哥大学历史系教授何柄棣来昆讲学，参观联大纪念碑。在纪念碑前，何柄棣朗读三字铭碑文，盛赞冯友兰撰文、闻一多篆额、罗庸书丹为“三绝”。此后，联大纪念碑即被称为“三绝碑”。

杨振宁多次回到母校故地，在纪念碑前朗读碑文，指挥家人唱联大校歌。他说：“1946年西南联大解散的时候，冯友兰先生写了一个西南联大纪念碑（碑文），在《三松堂自序》里，冯友兰先生把这个碑文收进去了，显然他很得意这篇碑文。这篇碑文写得非常之好，西南联大的精神、西南联大的意义、西南联大的影响，都淋漓尽致地写出来了。”[1]冯友兰一生可谓著作等身，然而，西南联大纪念碑碑文他的确是十分看重的，经常提到这个作品。字里行间流溢出“得意”之情。在收入自己的文集之中时，他对当年的碑文又做了细细地阅读，对其中一个字加了注。碑文中有这样一段话“昆明本为后方名城，自日军入安南，陷缅甸，又成后方重镇”。在“后方”二字后面，冯友兰加注“当作‘前方’”。这“一字之注”，冯友兰对自己的这个作品之重视，也可见一斑。

二

1988年，西南联大在昆建校50周年，半百华诞，理应隆庆。为此，清华大学在校园立碑纪念。这个纪念碑位于清华丙所招待所西南侧，于4月24日清华校庆日落成。纪念碑为两面，正面碑文约200字，简述联大历史；背面镌刻藏头诗一首：“西山苍苍，南国荡荡，联合隽彦，大学泱泱。”四句第一字合为“西南联大”。[2]

[1] 杨振宁：《无题漫谈》（2004年5月12日在清华大学中文系的演讲），载《清华大学学报》（哲社版）2004年第4期。

[2] “清华校友通讯丛书”复第18册，清华大学出版社1988年版。

10月17日，南开大学也在校园里建碑纪念。纪念碑由主碑、三校校徽以及刻有纪年的石基三个部分组成。主碑的碑文由黄钰生先生撰书，全文为：西南联合大学建校五十周年纪念碑　集三校俊彦，育四海之英才；安贫乐道，师生同侪；科学民主，壮志满怀；念八年昆明之既往，迎21世纪之即来。一九八八年十一月一日，黄钰生。三校校徽分别刻在三块石板的中间，板与板的连接处上方镶着西南联大校徽，象征着三校团结合作组成西南联大的历史。纪念石基共有九块，由低至高，分别刻着1937至1945的9个年号。[1]

这一年最为隆重的庆祝活动是云南省委、省政府在云南师大举行的“隆重纪念西南联大暨云南师大建校50周年大会”及一系列活动。北大、清华、南开三校领导及联大海内外校友近900人（其中海外校友60人）莅昆与会，可谓盛况空前。

1988年纪念活动非常隆重，清华、南开已在校园内立碑纪念，北京大学也打算在校园内立碑纪念。纪念碑的样式及内容经过多次讨论之后，最后决定将矗立在昆明云南师大校园内的“国立西南联合大学纪念碑”进行复制。之后，笔者接待了来昆进行复制工作的北大同志。1989年5月4日，立于北大勺园不远的复制碑落成。在落成典礼上，当年撰写碑文的94岁高龄的冯友兰先生亲手为复制碑揭幕。并援引自己43年前撰写的碑文里的话对记者说：“西南联合大学之终始，岂非一代之盛事，旷百世而难遇者哉。今天，联大精神仍应弘扬之。”[2]

“国立西南联合大学纪念碑”地处西南边疆的昆明，而具体位置又在云南师大校园一隅，可谓“藏在深闺”，识者不多。而复制的矗立于北大校园里的西南联大纪念碑，由于地处首都，又在中国最高学府，一下子面向全国，乃至世界。其观者甚多，非往日可比，影响也逐渐地扩大。2004年8月在北京论坛上，国务院原副总理钱其琛在其演说中就引用了“北大校园内西南联大纪念碑中的”关于“同无妨异，异不害同”的一段文字，阐述“和而不同”是中国外交的哲学基础。

---

[1]　郭建荣主编：《国立西南联合大学图史》，云南教育出版社2007年版，第268页。

[2]　《光明日报》1989年5月6日。

三

有鉴于北大复制联大纪念碑之举，主要是考虑联大纪念碑本身的价值。2005年12月，在纪念冯友兰先生诞生110周年座谈会之后，冯友兰先生女公子、西南联大校友、著名作家宗璞等致书清华大学领导，倡议清华大学复制和树立“西南联大纪念碑”。倡议书指出：“西南联大从建立到结束正好与抗战八年相终始，在国家民族危亡之际，培养出一批以天下为己任的堪称世界一流的杰出人才。这在三校校史，以至整个中国教育史上应占有极为重要的地位，值得我们总结，继承发扬。冯友兰先生代表西南联大所撰写的纪念碑文，正是站在历史的高度，对这一段历史进行了概括和总结，不仅思想深刻，而且文字优美，有很高的历史价值和文学价值。清华学子不可不读。”[1]

很快，宗璞等人的建议得到了西南联大北京校友会的赞同，校友会正副会长会议“一致认为这是一个很好的很适时的建议”。2006年3月14日，联大北京校友会致函清华大学领导说：复制碑如能明年清华校庆日揭幕，将成为一桩盛事，既以庆祝清华校庆，又以纪念西南联大建校70周年，那是最理想不过的了。[2]一个多月后的4月29日，联大北京校友会召开2006年大会。会上，清华大学教授、联大北京校友会潘际銮常务副会长向大家报告清华大学答应主办2007年纪念西南联大（在长沙）建校70周年的纪念活动，同意接受宗璞等校友和北京校友会的建议，在清华复制和设立西南联大纪念碑。[3]

2007年11月1日，是西南联大建校70周年纪念日。此间，清华大学隆重主办纪念活动。10月27日，举行了清华复制的国立西南联合大学纪念碑落成揭幕仪式。复制碑坐落在清华团委北侧的绿地上，并有“国立西南联合大学纪念碑志”。清华及联大北京校友会领导，以及三校师生代表百余

[1] 《西南联大北京校友会简讯》第39期，2006年4月，第115页。

[2] 《西南联大北京校友会简讯》第39期，2006年4月，第115页。

[3] 《西南联大北京校友会简讯》第40期，2006年9月，第3页。

人出席揭幕式，清华校长顾秉林院士发表了简短讲话，高度赞扬西南联大历史功绩，并当场吟诵了为纪念碑揭幕撰写的对联：九学年刚毅坚卓育英才，七十载薪火传承铸丰碑。[1]

与此同时，南开大学也复制了“国立西南联合大学纪念碑”，立于校园之中。南开复制碑落成早于清华一个半月，落成典礼于9月13日举行。与北大、清华复制碑不同的是，南开复制碑完全按云南师大校园中原碑复制，包括圆拱形的顶，保持原样。复制碑由南开历史系77级校友李德福捐资，著名画家、南开大学教授范曾题写了碑记。[2]

至此，中国大地上，在昆明、北京、天津共有4座“国立西南联合大学纪念碑”。其中云南师大的联大纪念碑是国家级重点文物。加上清华和南开1988建立的两座纪念碑，以及联大蒙自分校和叙永分校的纪念碑，有关西南联大的纪念碑共有8座。

真可谓：联大神州铸丰碑，联大精神放光辉。可以说，这一座座丰碑，对于联大精神的弘扬，将起到重要的作用。

四

冯友兰撰写的“国立西南联合大学纪念碑”碑文，共1178字。通篇文采飞扬，意蕴深广，气势恢弘，充满了强烈的爱国主义精神，读来令人荡气回肠，具有很高的历史和文学价值。1995年，笔者曾著文论述过碑文的爱国主义思想，相同的内容不再赘述，新的思考再阐发三点：

其一，立意高远，气势恢弘。

碑文开头就起笔不凡，站在历史的高度，大气磅礴：

“中华民国三十四年九月九日，我国家受日本之降于南京。上距二十六年七月七日卢沟桥之变，为时八年；再上距二十年九月十八日沈阳之变，为时十四年；再上距清甲午之役，为时五十一年。举凡五十年间，日本所鲸吞蚕食于我国家者，至是悉备图籍献还。全胜之局，秦汉以来所

[1] 清华新闻网。

[2] 北方网。

未有也。”

这段文字，颇有高屋建瓴的气概，不禁使人联想到天安门人民英雄纪念碑碑文：

“三年以来，在人民解放战争和人民革命中牺牲的人民英雄们永垂不朽！”

“三十年以来，在人民解放战争和人民革命中牺牲的人民英雄们永垂不朽！”

“由此上溯到一千八百四十年，从那时起，为了反对内外敌人，争取民族独立和人民自由幸福，在历次斗争中牺牲的人民英雄们永垂不朽！”[1]

人民英雄纪念碑碑文是毛泽东主席撰写的。毛泽东乃诗词文章大家，超迈古人，是中国近代以来少有的大手笔。

可以说，联大碑文开头起笔与人民英雄纪念碑碑文有异曲同工之妙，堪称中国碑文体的绝作。

其次，意蕴丰富，博大精深。

碑文虽短，只有1100多字，但内涵丰富，充满哲理，思辨摄人，振聋发聩。除前述开头站在历史的高度，对日本侵华历史简明总结；再就是记述了西南联大的来龙去脉，而且在总结联大可以纪念的四个方面更是文系古今，较量中外，纵横捭阖，给人以深刻的启迪。

2004年8月举行的北京论坛上，国务院原副总理钱其琛说：“和而不同”是中国古代哲学的一个亮点，是中国外交哲学基础。他援引了北京大学校园内西南联大纪念碑中的一段话，与中外学者一起探讨中华外交文明渊源：“同无妨异，异不害同，五色交辉，相得益彰，八音合奏，中和且平，万物并育而不相害，道并行而不相悖。小德川流，大德敦化，此天地之所以为大。”[2]

再次，“旧邦新命”，铸民族魂。

联大纪念碑碑文写道：“我国家以世界之古国，居东亚之天府，本应绍汉唐之遗烈，作并世之先进。将来建国完成，必于世界历史居独特之地

[1] 《毛泽东选集》第5卷，人民出版社1977年版，第11页。

[2] 《科学时报》2004年9月2日。

位。盖并世列强，虽新而不古；希腊罗马，有古而无今。惟我国家，亘古亘今，亦新亦旧，斯所谓周虽旧邦，其命维新者也。”在这里，冯友兰以“周虽旧邦，其命维新”，表达了对祖国的无限爱恋。

“周虽旧邦，其命维新”出自《诗经·大雅·文王》。冯友兰自己解释：“所谓‘旧邦’就是祖国，就是中华民族。所谓‘新命’，就是建设社会主义。现在我们常说的社会主义祖国，就是‘旧邦新命’的意义。”[1]

20世纪80年代改革开放以后，冯友兰谈道：“联大纪念碑碑文所说的可纪念的四点，有三点已经事过境迁，成为历史的陈迹了。只有‘旧邦新命’这一点不但没有成为历史的陈迹，而且还是一个新时代的开端。对日抗战的胜利也只是奠定了‘旧邦新命’的基础。在这个基础之上，还有空前伟大的建筑物建立起来。”

杨振宁曾说：90年代我读到冯友兰先生的《三松堂自序》，“这是非常好的一本书，我尤其喜欢里面的一个词，这是冯友兰先生发明的，即‘旧邦新命’。他有一个特点，制造一个综合了许多想法的词，这在他的书里会屡屡出现的。‘旧邦新命’的意思是说，中华民族从商周以来就是一个邦，现在有了新的命运”[2]。

温家宝总理不止一次地引用“周虽旧邦，其命维新”来阐述改革开放对中国的发展的重要性。2006年4月，温家宝出访澳大利亚、新西兰、斐济、柬埔寨四国。每到一国，他都会看望当地华侨、华人，向他们介绍祖国的发展、民族复兴的希望和未来发展应该关注的问题。在谈到历经艰险，走向复兴的祖国，温家宝说：“周虽旧邦，其命维新。”我们这个古老的国家通过不断的变革在不断地发展。但是，最大的一场变革，就是改革开放，它使我们的国家发生了巨大变化。[3]2007年9月6日，首届夏季达沃斯论坛年会在大连世界博览广场开幕，温家宝总理出席开幕式并致辞。之后，温家宝回答了现场观众的提问。有人提问：中国已经进行多项改革，

[1] 冯友兰：《三松堂全集》第1卷，河南人民出版社1985年版。

[2] 杨振宁：《无题漫谈》（2004年5月12日在清华大学中文系的演讲），载《清华大学学报》（哲社版）2004年第4期。

[3] 《湖南在线》（湖南日报版）。

正处在关键历史时期。今后当历史学家回顾这段历史时，他们将如何定义现阶段改革的特征？温家宝回答说：今后，当历史学家回顾这段历史时，他们会说，现阶段的改革是中国这个古老而又新的国家在改革的道路上迈出的关键一步。“周虽旧邦，其命维新”，改革将伴随社会主义现代化建设的整个过程。改革决定中国的前途和命运。[1]

冯友兰说过：“我常以身为中国人而自豪，因为中国人既有辉煌的过去，又有伟大的将来。我们现在的工作，有‘承先启后，继往开来’的意义。”“旧邦新命”，60多年前冯友兰在西南联大纪念碑中的预言昭示着中华民族伟大复兴的历史必然；今天，它已经并继续实现。中国，这个有着五千年文明的古老国家，正在焕发出前所未有的青春，以其巨人的步伐向前迈进。

（原载《西南联大与现代中国研究》，人民出版社2008年版）

补记

在此，值得一提的是，国家主席习近平在对外交往中也常用西南联大纪念碑文中的话表达相关思想。2014年3月，习近平访欧，27日和法国总统奥朗德共同出席在巴黎举行的“中法建交50周年纪念大会”。他在讲话中提出“中国这头和平可亲文明的狮子已经醒了”，还7次引经据典来阐述相关思想。其中谈道：“‘万物并育而不相害，道并行而不相悖’。中国梦是法国的机遇，法国梦也是中国的机遇。”前面两句典出《中庸》第三十章。意思是说：万物同时生长而不相妨害，道路同时并行而不冲突。习主席引用此典是希望中法两国的文化、交流、合作能够相互包容。同年6月5日，习近平在中阿（拉伯）论坛第六届部长级会议开幕式上的讲话《弘扬丝路精神，深化中阿合作》中指出：人类文明没有高低优劣之分，因为平等交流而变得丰富多彩，正所谓“五色交辉，相得益彰；八音合奏，终和且平”。这篇讲话收在当年10月出版的《习近平谈治国理政》（外文出版社）一书中。该书第320页对“五色交辉”4句注释：“见冯友兰《国立西南联合大学纪念碑碑文》（《三松堂全集》第14卷，河南人民出版社2000年版，第154页）。”

[1] 中国经济网。

“学术自由”与“民主堡垒”

——三读国立西南联合大学纪念碑文

西南联大新校舍大门旁的“民主墙”

“学术自由”与“民主堡垒”

——三读国立西南联合大学纪念碑文

1995年、2007年，笔者先后写《论西南联大纪念碑文的爱国主义思想》《联大神州铸丰碑》。现在，谨撰此文以志西南联大暨云南师范大学在昆建校70周年之纪念。

一

冯友兰先生在《国立西南联合大学纪念碑文》中谈到西南联大“缅维八年支持之苦辛，与夫三校合作之协和，可纪念者盖有四焉”。其中可纪念者一、二、四（旧邦新命，同无妨异、异不害同，抗战不十年间收恢复之全功），笔者在前述两文中均有论述，而“可纪念者三”尚未论及。

纪念碑文曰：“万物并育而不相害，道并行而不相悖，小德川流，大德敦化，此天地之所以为大。斯虽先民之恒言，实为民主之真谛。联合大学以其兼容并包之精神，转移社会一时之风气，内树学术自由之规模，外来民主堡垒之称号，违千夫之诺诺，作一士之谔谔，此其可纪念者三也。”本文主要就其中“学术自由”与“民主堡垒”做一论述。

二

西南联大从成立开始即融汇了三校的优良传统，即北大的“民主自由”之风、清华的“严谨求实”之风和南开的“活泼创新”之风。海纳百川，有容乃大。联大正是融汇三校的优良之风，在当时抗战的艰苦条件下，从实际出发，锐意创新，从而，树立起“学术自由之规模”。

（一）名家荟萃，大师云集

梅贻琦1931年任清华校长在就职演说中说：“所谓大学者，非谓有大楼之谓也，有大师之谓也。”此话仿佛是针对西南联大讲的。

事实上，联大没有“大楼”是名副其实的，而有“大师”亦远非一般可比。抗战前，三校本已是人才济济；合组联大之后，可谓大师云集，名家荟萃。自然科学方面有江泽涵、陈岱孙、陈省身、赵访熊、华罗庚、吴有训、王竹溪、周培源、张文裕、赵忠尧、吴大猷、黄子卿、曾昭抡、杨石先……人文科学有闻一多、朱自清、陈寅恪、杨振声、向达、罗常培、罗庸、王力、冯友兰、汤用彤、金岳霖、钱钟书、沈从文、费孝通……名单还可以长长列出。当时，联大的教师常年一般保持在350人左右，其中教授、副教授约占一半。据统计，8年间在联大任教的教授先后共有300余人，这个名单现镌刻成《国立西南联合大学教授名录》立于云南师大校园之中。

联大教授多为著名科学家、学界泰斗、一代宗师，许多人在自己所研究的学术领域是巍峨的高山，是凌云的峰巅。“联大教授阵容之鼎盛，在古今中外知名大学中，也堪称绝无仅有。”[1]

联大阵容强盛的教授队伍，正是“内树学术自由之规模”的雄厚基础。

（二）教授治校

联大在梅贻琦主持下继承了三校“教授治校”的传统。主要通过教授会来实现，教授会由全校教授、副教授组成。教授们在教授会内可以对校务充分发表意见。同时可选出代表出席校务委员会，这样，又多了一个教授发表意见的渠道。

联大各院、处长均为教授兼职，所以教授们又直接负有管理学校各方面工作的职责。

此外，各学系亦设教授会，教授会设主席，负责各该系课程编制、工作分配及设备等筹划事宜。后来系教授会主席改称系主任。

教授治校保证了教授在学校中的主体地位，这是“内树学术自由之规模”的必要条件。

[1] 萧荻：《南清北合　联大花开》，载《人民日报》（海外版）1987年10月30日。

（三）课程开设之盛与充分的学术自由

由于联大人才济济，故能开出数量众多的课程。据不完全统计，联大8年共开出课程1600门以上（重复课程不算），比抗战前三校中任何一校都齐全、充实、完备。这些课程基本上都是专于该门的教授担任，所讲内容都是教授自己研究的成果或心得。如闻一多的“楚辞”课即讲他多年研究、四易其稿的《天问疏证》，华罗庚开的“解析数论”“连续群论”“行列式”“方阵”等课程，就是他结合自己研究成果来讲授的，反映了当时的最高学术水平。

对于联大开设课程的盛况，许多联大学生在几十年后回顾起来心情都是十分激动的。其中一位后来也成为大师的学生是这样说的：“每当学年伊始，教务处公布全部课程，无数的课程单把好几堵墙壁都贴满了，真是壮观！学生们一连几天，在课程表前挤来挤去，记下自己要选的、想听的课程。那是知识的海洋、学术的群峰。莘莘学子有幸跃入这个烟波浩渺的海洋，踏上攀登那些高峰的道路，他们深恐竭尽四年的青春年华，还望不到大海的彼岸和高峰的顶点。”[1]

由于师资的充裕，许多课程常常几位教授同时开讲，风格观点纷呈，师承流派各异，政治倾向也不尽相同。这一点在“中国通史”课中表现得较为突出，这门课是当时联大文学院共同必修课，分别由吴晗、雷海宗、钱穆等讲授，内容观点差别很大，各具特色。吴晗主要讲制度演变史，用“纵法”讲，讲得系统；雷海宗的主要观点是历史循环论，用“横法”讲，故事性强；钱穆则讲他在宜良岩泉寺完成的《国史大纲》。因为联大开设了那么多的课程，所以教师学术自由得以充分发挥，学生可以充分自由选课。讲得好的，门庭若市，否则门可罗雀。这实际上是一种学术竞赛，保证了民主学风的发扬；也是“内树学术自由之规模”的重要体现。

（四）研究机构实力雄厚

梅贻琦认为：学术研究是立国兴邦的命脉所系，不学无术将使国家民族陷于愚昧的深渊，招致外侮与欺凌，这在中国近代历史上是极为惨痛的

[1] 李埏：《谈联大的选课制及其影响》，载《云南文史资料选辑》第34辑，云南人民出版社1988年版。

教训。[1]

1938年7月7日，联大蒙自分校在旧海关旷地举行抗战纪念会。冯友兰出席并做讲演，他在总结了一年来抗战所取得的进步之后，指出“然学术界之效率则有减退，对此我等须做更大的努力”[2]。由此可以看出当时联大教授们对学术也都是非常重视的。待蒙自分校迁回昆明以后，1939年联大三校先后恢复了研究院，正式地开展了学术活动和高层次人才的培养。研究院院长由各校长兼任，各学部主任由各相关学系系主任兼任。

西南联大三校先后共设立9个研究所，先后设过32部。其中，北京大学研究院有3所12个学部：文科研究所（设哲学、中国文学、语言学、史学、人类学5部）、理科研究所（设算学、物理学、化学、地质学、生物学5部）、法科研究所（设法律学、经济学2部）。清华大学研究院有4个研究所16个学部：文科研究所（设中国文学、外国文学、哲学、历史学4部）、理科研究所（设算学、物理学、生物学、地学、化学、心理学6部）、法科研究所（设政治学、经济学、社会学3部）、工科研究所（设土木工程、电机工程、机械及航空工程3部）。南开大学有2所4部：商科研究所（设经济学部）、理科研究所（设算学、物理学、化学3部）。

此外，清华大学还有5个特种研究所：农业研究所（下设植物病害学、昆虫学、植物生理学3个组）、航空工程研究所、无线电研究所、金属学研究所、国情普查研究所；南开大学还有边疆人文研究室（设边疆语言、人类学、人文地理、边疆教育4个组）。

西南联大上述15个研究所（室），实力之雄厚，在当时中国高校中首屈一指。这也是联大“内树学术自由规模”的又一必要条件。

梅贻琦曾说：“办学校，特别是办大学，应有两个目的，一是研究学术，二是造就人才。”[3]西南联大本科教育培养的人才之众，水平之高，过去多有论述，在此不赘。恢复的三校研究机构一个任务就是培养高层次的人才——硕士研究生。据统计，联大共培养硕士研究生222人，其中毕业83

[1] 《梅贻琦日记（1941—1946）》，清华大学出版社2001年版，第261页。
[2] 蔡仲德著：《冯友兰先生年谱初编》，河南人民出版社1994年版，第230页。
[3] 《梅贻琦日记（1941—1946）》，清华大学出版社2001年版，第261页。

人。他们后来大多成为大师级的人才：杨振宁、钱伟长、任继愈、黄昆、吴征镒、何炳棣、何炳林、王瑶、李赋宁、阴法鲁等等。

前面所论西南联大研究机构实力雄厚，在当时中国高校中首屈一指，有两点是应当强调的。第一，当时，就研究所、学部设置数量而言，中央大学是多于西南联大的；然而就教师和研究人员水平而言，中央大学是逊于联大的。第二，就研究生招生规模、培养质量和研究生的成就而言，中央大学都逊于联大。

上述研究机构还与联大各院系相互依托、配合，在极其困难的条件下，取得了举世瞩目的丰硕研究成果。其中，对西部地区，主要是云南的各个方面展开了空前未有的调查研究，有力地推动了云南和中国西部地区的开发。

在理工科方面，突出的是北大地质系与理科研究所地质学部，因地制宜地对西南各省的地质、地层、矿产、地质构造等方面进行了调研。其中，对云南矿产的调查，如铝、锡、铁、铜、铅、磷、汞等资源都有新的发现。袁复礼和冯景兰等到西康做矿产调查，发现麻哈金矿、蒙经铜矿，冯景兰还撰写了《云南地质矿产》《川、康、滇铜矿纪要》等5篇有经济价值的论文。在地层及构造研究方面，孙云铸撰写了《云南西部之奥陶纪海林禽动物群》《滇西中志留纪地层》；孙云铸与张席禔合作写了《滇西上寒武纪之发现》等；张席禔等到贵州考察，进行“云南三叠纪地层之比较及分层研究”。地质地理气象学系李宪之对“西南高层气流与天气研究”也取得了成果。生物系吴韫珍等带领年轻教师及学生广泛采取云南植物标本，绘制标本图，与吴征镒发现了植物新种“金铁锁”，考证了《滇南本草》和《植物名实图考》中的植物学名。清华农业研究所植物病害组对云南稻、麦、棉、豆、水果及三七、菌类等经济植物、植物病害等进行了广泛调查研究，在抗病育种方面取得了突出成果，发表调查报告34篇；虫害组为防治虫害做了大量调研工作，发表了《云南虫害调查简报》等，还对紫胶、白腊两种特别虫产做了系统研究；植物生理组在理论研究上成绩卓著，先后在国内外学术杂志上发表论文80余篇。针对云南极为丰富的水力资源，1938年联大土木工程系与资源委员会合作，组成“云南省水力发电勘测队"，由工学院院长施嘉炀主持，经过两年工作，初步提出开发计划，其中一些被资源委员会采纳并动工实施。

在人文科学方面，成绩亦十分显著。北大文科研究所两组外出调查比较突出。一是向达等人参加中央研究院组织的西北史地考察，还参与敦煌、张掖、武威等地古墓发掘，有许多崭新的发现。二是调查西南少数民族语言取得丰硕成果。主持者罗常培先后撰写出《云南之语言》《从语言上论云南民族之分类》《贡山俅语初探》《昆明话与国语的异同》等专著和论文。袁家骅写出《峨山窝尼语初探》《阿细情歌及其语言》等论文，郑天挺写了《发羌之地望与对音》，吴泽霖进行黔滇苗族调查，还写出《么些人之社会组织及宗教》等等。这些成果均属开创性的，直到今天仍有不小的影响。罗庸研究滇中文化艺术，发掘出不少抗清志士的诗文。文研所在出成果的同时，还培养出一批研究生，这些研究生也出了一批成果，其中关于西南民族及其语言方面的论文有：胡庆钧《叙永苗族调查报告》、马学良《撒尼倮语语法》。特别是高华年的《昆明核桃箐村土语研究》《墨夷语中汉语借词研究》《墨夷语法》等，高华年的导师、著名语言学家罗常培对其关于彝语研究评价很高，认为高的"借字之分析及语法之结构，均为前此中外学者所未道及"。地学系张印堂写成《云南边疆种族地理》《云南经济地理》的论文，特别是关于"中英滇缅北段未定界江心坡地理考察"，明确了江心坡现状及其对中英两国政治、经济之关系。罗常培、郑天挺、张印堂、潘光旦等还应邀参加了大理县志的修纂工作。陈达领导的清华国情普查所对呈贡县进行了人口普查和农业普查。值得一提的是南开大学边疆人文研究室在玉溪、峨山、新平、元江等县与思普地区，以及石屏至佛海（勐海）等地，对当地少数民族的语言、民俗、社会经济、地理环境等方面进行系统调查研究，形成了一批很有价值的成果，比如《纳苏宗教与巫术的调查》《红河上游摆夷地理环境的调查》《车里（景洪）、佛海茶叶与各部族经济关系的调查》《扬武坝街子汉夷互市的调查》等等。这些调查集人类学、社会学、语言学、历史学与经济地理学等多种学科，是我国对西南边疆民族地区进行的首次系统调查，也是旧中国学术界的一次创举，因此受到了高度评价和重视。

（五）学术成就斐然

联大教师将教学与学科研究紧密结合起来，许多教师都有丰硕的研究成果，不少研究成果进入世界前列。1941年至1946年间，教育部共进行六届学术奖励，其中西南联大教师获奖甚多。据统计，联大教师获奖者有33人次，占全国六届奖励总数（314）的10.5%。

其中，获国家一等奖的有7人，占一等奖得主总数的43%，他们是：冯友兰《新理学》（1941）、华罗庚《堆垒素数论》（1941）、周培源《湍流论》（1942）、吴大猷《多元分子振动光谱与结构》（1942）、汤用彤《汉魏两晋南北朝佛教史》（1943）、陈寅恪《唐代政治史述论稿》（1943）、杨钟健《许氏禄丰龙》（1943）。

获国家二等奖的有14人：金岳霖《论道》（1941）、许宝騄《数理统计论文》（1941）、钟开莱《对于机率论与数论之贡献》（1942）、马士俊《原子核及宇宙射线之向学理论》（1942）、孙云铸《中国古生代地层之划分》（1942）、李谟炽《公路研究》（1942）、朱光潜《诗论》（1943）、闻一多《楚辞校补》（1943）、王竹溪《热学问题之研究》（1943）、张青莲《重水之研究》（1943）、赵九章《大气之涡旋运动》（1943）、李嘉言《贾岛年谱》（1944）、樊弘《资本积蓄论》（1945）、吴大猷《建筑中声音之涨落现象》（1945）。

获国家三等奖的有12人次：陈铨《野玫瑰》（1941）、王力《中国语法理论》（1942）、张印堂《滇缅铁路沿线经济地理》（1942）、费孝通《禄村农田》（1942）、朱汝华《关于分子重排及有机综合论》（1942）、冯景兰《川滇康铜纪要》（1942）、高华年《昆明核桃箐村土语研究》（1943）、郑天挺《发羌之地望与对音等论文三篇》（1943）、罗廷光《教育行政》（1943）、张清常《中国上古音乐论丛》（1943）、阴法鲁《先汉乐律初探》（1943）、阴法鲁《唐宋大曲之来源及其组织》（1945）。

综上所述，可以说西南联大“内树学术自由之规模”所言不虚，而且规模十分壮观，在抗战时期的中国高校是名列首位的。

三

"外来民主堡垒之称号"是对联大"民主"精神的高度赞誉。联大民主精神表现是多方面的，与科学精神紧密相连，比如前述"教授治校""学术自由"等也都属联大民主精神，此不赘述。

因为联大由北大、清华、南开三校联合而成，因此其民主精神是有传统的；又因为联大诞生于抗日烽火中，与抗战相始终，因此，其民主精神往往与爱国精神紧密相连，并且突出表现在抗日救亡和爱国民主运动方面。关于上述两个方面，现做以下阐述。

（一）继承三校民主传统

西南联大由北大、清华、南开三校组成，三校皆有光荣的民主传统。简而言之，北大曾是"五四"爱国民主运动的发祥地，清华大学曾是"一二·九"运动的指挥部，而南开大学在五四运动、"一二·九"运动中，则是天津地区的砥柱。

三校合组西南联大之后，实际上可以说，西南联大与生俱来地继承了三校的民主传统。而这一点可以说是西南联大后来成为抗战大后方"民主堡垒"的基础。

（二）中共地下组织及其外围组织和学生进步社团

西南联大从长沙临大一开始就建立了中共地下组织，到昆明之后，党的组织不断发展壮大。据统计，9年之中在联大学习过的地下党员学生共有206人。1940年是联大党员人数最多的时期，有党员83人，约占当时云南全省党员247人的三分之一。[1]可以说，"当时，联大党组织是云南党员人数最多、最集中、力量最强的地下党组织。联大成为云南地下党的主要阵地。这一时期，联大中共组织团结广大师生，在开展抗日爱国民主运动中，发挥了核心作用"[2]。

西南联大中共外围组织先有"中华民族解放先锋队云南地方总队部"

[1] 西南联大党史编写组：《中共西南联大地下组织和群众革命运动简史》，云南人民出版社1994年版。

[2] 萧超然等编著：《北京大学校史》（增订本），北京大学出版社1998年版。

（简称“民先”），后有“社会科学研究会”（简称“社研”）。1945年春，联大党组织创建“民主青年同盟”（简称“民青”）。“民青”在云南民主运动中发挥了很大作用，1946年2月，中共中央对西南联大创建的“民青”组织给予了很高的评价，称：昆明在群众运动所产生的“民青”组织非常好，我们应该帮助它们发展与壮大。

西南联大的学生社团很多。前期在校内外影响最大的学生进步社团是群社。其他的进步社团可以开列很长的名单：联大话剧团、戏剧研究社、剧艺社、山海云剧社、南湖诗社、群声歌咏队、高声唱歌咏队、引擎社、冬青文艺社、微波社、神曲社、阳光美术社、悠悠体育社、铁马体育会……数量众多的社团是联大开展各种形式活动的基本单位。

在中共地下组织的领导下，党的外围组织和进步学生社团出壁报，举行形势报告会、体育比赛等，辛勤地开垦着联大的民主园地；到街头、农村，甚至到专县开展抗日救亡宣传，高唱革命歌曲，演出救亡戏剧，进行演讲比赛。总之，上述活动在抗战初期推动了抗日救亡运动轰轰烈烈地开展。

可以说，中共地下组织和学生进步社团是西南联大开展爱国民主活动和爱国民主运动的领导核心及中坚力量。

（三）一浪高过一浪的爱国民主运动

1941年1月6日，国民党顽固派制造了震惊中外的“皖南事变”，抗战初期国共两党一致对外的局面遭到破坏，联大校园的民主活动也一度沉寂。

12月7日，日本空袭珍珠港，太平洋战争爆发。不久，香港被占领，留在香港的各界名流无法撤离，而国民党政府行政院副院长兼财政部部长孔祥熙却垄断中航飞机，将私人财产以至洋狗、马桶等都运到重庆。当时联大教授陈寅恪在香港，陈的一亲戚托孔将其带回重庆，却被拒登机，陈后来历经艰险逃离香港，给友人写信说：“恪不如狗。”消息传到昆明，联大师生满腔愤怒。1942年1月6日，学生们自发贴出“打倒孔祥熙”的标语，并上街示威游行。“倒孔”运动得到了国民党统治区广大群众的支持，打破了国统区的沉寂局面，成为昆明民主运动重新恢复的先兆。

1944年因为国民党政府要将青年节由5月4日改为3月29日，引起了联大教授和同学们的一致愤慨。为此，联大进步学生举办了一系列纪念

“五四”青年节的活动。学生们称这一天为“联大民主精神复兴的一天”。此后，联大学生还与昆明其他学校一起召开了“七七”抗战七周年时事晚会、云南护国首义纪念大会。

1945年联大学生又举行了规模更大的“五四”纪念周活动，联大各个社团的壁报琳琅满目，大门内墙的“民主墙”挤满了观看者。昆明不少群众到联大参加纪念活动，他们说“到联大过节”。4日那天，联大与昆明其他大专院校学生在云大操场举行盛大集会，而后又举行盛大游行。这是抗战以来，联大民主力量的大检阅。正是在上述情况下，西南联大被誉为中国抗战大后方的“民主堡垒”。

（四）关于“民主堡垒”称号的由来

联大纪念碑文说：“外来民主堡垒之称号。”“外来”，究竟从何而来？何时而来？现在难以详考。

1945年3月8日，昆明妇女界发表对时局的呼吁：“盟友们曾誉昆明是中国的民主堡垒，我们昆明妇女界，誓必守此‘堡垒’，为实现民主政治而奋斗！”[1]从这段史料可以知道以下两点。

第一，“民主堡垒”称号是盟友赞誉的。抗战时期中国主要盟友为美、英两国，从当时的情况来看，在昆明的盟友则主要为美国。第二，联大纪念碑文所说“外来民主堡垒之称号”，指的是对西南联大的誉称；而该段史料表明这一誉称已扩大到昆明。由此看来，盟友称西南联大为“民主堡垒”，已经有一个时期了。究竟有多长时间了，笔者以为至少半年，或者一年。所以这样说，主要基于以下考虑。

1944年6月25日，美国副总统华莱士到西南联大参观。此前，联大壁报协会的同学们知道消息，认为这是一个很好的宣传机会。于是在闻一多教授的指导下，“报协”举办了中英文联合版大型壁报，高约6.7米，长约13.3米，大标题是“我们决心与世界任何地方的法西斯战斗”。华莱士来联大参观时，随行记者拉铁摩尔把它摄入镜头，后来在美国报纸上刊出。应该说，在此前后，联大被美国媒体称为中国抗战大后方的“民主堡垒”。

[1] 西南联大党史编写组：《中共西南联大地下组织和群众革命活动简史》，云南人民出版社1994年版，第80页。

后来，进而昆明也被称为“民主堡垒”。

后来，还有“要革命的到西南联大去”的说法，也有记者希望西南联大“不仅要成为民主堡垒，还要成为民主坦克车”之说。[1]

（五）“一二·一”运动

抗战胜利后，饱经战乱、付出巨大代价和牺牲的中国各族人民渴望和平安宁，重建家园。而蒋介石却一意孤行，依靠美国的支持发动内战，武装进攻解放区。中国面临着两种前途、两种命运的抉择。11月5日，中共中央号召“全国人民动员起来，用一切方法制止内战”。西南联大和云大等昆明大中学生率先响应中共中央的号召，11月25日，在联大大草坪召开时事晚会，呼吁反对内战，争取和平民主，晚会遭到反动当局破坏和捣乱，学生们举行罢课抗议。12月1日，反动派进行镇压，制造了震惊中外的“一二·一”惨案，1名教师和3名学生牺牲，数十名师生受伤。于是全国人民声援，一个以学生为主的社会各阶层参加的反内战、争民主的爱国民主运动席卷了整个国民党统治区。毛泽东称“一二·一”运动为“国民党区域正在发展的民主运动”的标志。周恩来在当时延安青年纪念“一二·九”10周年大会上指出：“我们处在新的‘一二·九’时期，昆明惨案就是新的‘一二·九’。‘五四’青年运动未完成的任务，由‘一二·九’继承起来，‘一二·九’未完成的任务，由今天的青年运动继承起来。”因此说，“一二·一”运动是五四运动和“一二·九”运动的继承和发展，是中国青年运动史上的第三个里程碑。

综上所述，西南联大的民主运动及其为中坚力量开展的爱国民主运动，赢得了外来的“民主堡垒”称号。从1942年年初的“倒孔”运动，直到“一二·一”运动所体现的联大纪念碑文所说的“违千夫之诺诺，作一士之谔谔”的民主精神，将永垂青史。

（原载昆明市《史与志》2009年第1期）

[1] 郭建荣主编：《国立西南联合大学图史》，云南教育出版社2007年版，第182页。

西南联大从军“八百壮士”题名碑

西南联大从军“八百壮士”题名碑

导言：西南联大“三绝碑”

抗战胜利，西南联大完成了战时使命。1946年上半年，组成联大的清华、北大、南开三校进行北返的准备。在一次会上，联大常委、清华校长梅贻琦说，我们在昆明待了七八年，临走的时候总要留下一个纪念品吧。联大文学院院长冯友兰当即提议：“留下一个有古典形式的纪念品。”大家都说好，同时推冯友兰筹备这件事。

会后，冯友兰即着手筹备。首先，他本人撰写出国立西南联合大学纪念碑碑文。冯友兰的学生任继愈说：这篇碑文“遣词典丽，文采丰腴，情感激越，命意深沉。碑文初稿曾分送文史专家征求意见，西南联大饱学能文的教授很多，对这篇文章提不出什么修改意见，照原稿刻在碑文上”。纪念碑由中国文学系教授闻一多篆额，中国文学系主任罗庸书丹。

纪念碑坐落在联大新校舍（今云南师大一二·一校区）东北部后面的小山上。纪念碑高3.5米，宽1.23米。碑的顶部为半圆形，古代称“圆顶的碑石为碣”，因此，联大纪念碑为碣。纪念碑的背面是“国立西南联合大学抗战以来从军学生题名”碑。两碑碑座均为须弥座，上有圆拱形顶覆盖，高约5米，宽2.7米。这种形式新颖独特，典雅大方，为纪念碑增添了庄重感，同时又对碑身起到了很好的保护作用。

西南联大于1946年“五四”纪念日举行结束典礼。接着，大家来到纪念碑前，为纪念碑揭幕。至此，历经抗战八年的西南联大正式结束。

西南联大已成为历史，而西南联大纪念碑则成为历史的见证。特别是中国实行改革开放以后，遍布海内外的联大校友经常回到母校故地看望，一个必看之处就是西南联大纪念碑。1986年9月，联大校友、美国芝加哥大学历史系教授何炳棣来昆讲学，18日参观联大纪念碑。在碑前，何炳棣朗读碑文，盛赞冯友兰撰文、闻一多篆额、罗庸书丹为“三绝”。此后，联大纪念碑即被称为“三绝碑”。何炳棣，1938年清华大学毕业，任西南联大历史系助教。1944年考取留美公费生，1952年获哥伦比亚大学英国史博士学位。后长期从事中国历史研究，论著丰硕，成就卓著。曾当选美国艺文及科学院院士、中国社会科学院名誉高级研究员。1988年，旅居美国的西南联大教授伍启元撰文说：“李政道和杨振宁两位同学是人所共知的诺贝尔物理学奖的得主，何炳棣同学的地位绝不在他们二人之下。”

1989年和2007年，北京大学、清华大学和南开大学分别复制西南联大纪念碑于各自校园中，使纪念碑内容在三校师生中及更广的范围传播，产生了更大的影响，引起了更大的关注。

笔者曾三次著文对联大纪念碑文进行相关的论述和介绍，兹不再赘。本文主要是对联大从军学生及题名碑进行阐述解读。

“国立西南联合大学抗战以来从军学生题名”碑（以下简称“题名”碑）为联大校志委员会纂列，中国文学系教授唐兰篆额，数学系教授刘晋年书丹。“题名”碑上镌刻着联大从军学生姓名834人，所以人们以抗战初期淞沪会战中守卫上海四行仓库的谢晋元部队的光荣称号——“八百壮士”来称呼。

“题名”碑所载的学生从军时间，始于1941年8月，终于抗战胜利，共4年。从军比较集中的时间，大致可分为三个时期：1941.8—1942.7，1943.11—1945.1，1945.1—1945.8。本文即按这三个时期来进行叙述。

一、太平洋战争爆发前后的从军活动（1941.8—1942.7）

（一）中缅风云急

1938年9月28日，日本飞机开始对昆明进行狂轰滥炸。就在这第一次空袭中，西南联大教授闻一多头部负伤，一名军事教官及其幼子罹难。

由于云南的防空力量很差，日机轰炸几乎是进入无人之境。包括联大师生在内的昆明人民苦不堪言，跑警报成了昆明市民的家常便饭。

1940年，受聘担任中国航空委员会顾问的美国空军退役上尉陈纳德受中国政府的委派，赴美洽购飞机，招募飞行员。经过辛苦奔波，购买到100架P-40战斗机，招募到110名飞行员。1941年8月1日，陈纳德正式组建了“中国空军美国志愿队”，俗称“飞虎队”。下辖三个中队：一、二中队驻昆明，三中队驻仰光。四个月后的12月20日，志愿队在昆明上空迎战前来空袭的10架日本飞机，以9：0的辉煌战绩轰动了国内外。从此，“飞虎队”的名字也传扬世界。

1941年12月7日，珍珠港事件发生。次日，美英等国对日宣战，中国与美英结为同盟国家。1942年1月2日，中国战区设立，蒋介石担任最高统帅，史迪威任战区参谋长兼驻华美军总司令。1942年7月，飞虎队改编为美国陆军第10航空队第23大队（亦称美驻华空军特遣队）。也就是说，此后飞虎队回归美军建制。

太平洋战争爆发后，日军实行南进，进攻东南亚，缅甸危急。英国请求中国派兵援缅，中国同时为了保卫抗日运输生命线——滇缅公路，遂组成10万人的远征军入缅作战。

（二）首开译训班

在上述形势下，飞虎队需要翻译，中国远征军也需要翻译。于是，教育部号召全国大学外文系三四年级男生参军一年。军委会开始创办战地服务团干部训练班，培训翻译人员。

译训班第一期于1941年8月4日开始，有来自重庆、成都、昆明的34人参训。其中有西南联大的巫宁坤、杜运燮、姜希贤、沈湘云、吴天纲、赵煜华、邓灼、李鹏等人。10月17日第二期开班，联大外文系的许渊冲、罗宗明、万兆风、朱树飏、卢福庠（卢静）、吴其昱、黄维、查富准、于丕哲等二三十名同学参加。

译训班由西南联大吴泽霖教授负责，兼任副班主任；联大外文系主任陈福田教授负责教务，联大教授赵九章、张德昌、袁家骅、莫泮芹、温德、皮名举、王忠信、王赣愚、崔书琴等教授讲授相关课程。

译训班设在美军第一招待所，即昆明西站昆华农校内。这里1938年至1939年为西南联大理学院，后来又加上文学院和法商学院曾租借办学。许渊冲说他的大一就在这里上课，因此联大师生们都很熟悉。译训班每期2—

3个月。后来，因为太平洋战争爆发，美军来华，需译员甚急，第二期提前结业。

战地服务团译训班办了两期，共培训译员70多人，大半为西南联大学生。其他还有中央大学以及武汉、复旦、中山等大学的学生。分到飞虎队的有30多个同学。其中，联大同学大多分到飞虎队第一中队（驻巫家坝），级别分别同空军上尉、中尉、少尉，因此被称为翻译官。

（三）服务飞虎队

联大外文系三年级学生许渊冲在译训班中，成绩突出，被分到飞虎队大队部机要秘书室。工作内容是每天将昆明行营的军事情报译成英文，送给陈纳德大队长。陈纳德根据这些情报，加上美军自己的情报，来安排飞虎队三个中队的战斗任务。

许渊冲回忆说：有一次情报说，日本一艘军舰到达海防，一批士兵登陆；还有一批日机进驻河内机场。据此，秘书室研究认为日机很可能要对昆明进行空袭。秘书室负责人要我把情报火速译成英文，并派专车送我到陈纳德指挥室。陈纳德准将看了我面呈的情报后，和中国空军总指挥毛邦初少将研究，对军队和战机部署做了调整。“第二天日本飞机果然袭击昆明，但飞虎队早有准备，不等敌机飞入市区上空投弹，就在滇池上空进行截击。”我目睹了这场空战，看到一架架日机被击落。毫无疑问，许渊冲也看到了自己译员工作的重要价值。

许渊冲由于工作认真负责，陈纳德给他颁发了一枚镀金的“飞虎章”。

（四）罹难在怒江

联大外文系四年级学生黄维，天津人，译训班结业时，成绩优秀，授同空军上尉，正准备到机场报到。这时，译训班负责人陈福田教授说，远征军即将赴缅，也急需翻译，向译训班要人。于是，黄维主动应征赴缅。

由于英国从殖民主义立场出发，开始迟迟不让远征军入缅，致使战机坐失；远征军入缅后，英缅军又望风溃逃，使远征军孤军奋战，最终兵败缅甸。1942年5月，日军攻陷缅甸。黄维所在的部队后撤回国。在抢渡怒江时，人多拥挤，江水湍急；船到中流，黄维失足落水，抢救不及，不幸殉职。其名字列“八百壮士”题名碑殉职人员的第一名。

（五）殒命野人山

名列殉职人员第五名的是朱谌。朱谌原在北平艺文中学读书，这个中学的校长是查良钊。毕业后，1938年入杜聿明第五军机械化部队通讯营，1940年参加过昆仑关战役，由少尉升为中尉。同年部队到昆明，他请假考取西南联大物理系，大一到叙永分校就读，1941年回到昆明。同年底，他对叙永同学何宇（联大化学工程系）说，中国远征军要入缅了，他要回部队（第五军）去。何宇回忆说，后来只是在报纸上看到第五军打得如何如何好，英国人如何如何不行。老牌帝国主义部队不如中国部队，大家看了很解气。

1942年秋冬，朱谌所在的通讯营的营长来昆明文林街文林堂为朱举行了一个追悼会，联大一些同学参加了。营长说：由于英军不通知我们就先撤，致使我军的归路被日军截断，只得向北穿过野人山。原始森林中，人烟绝迹，雨季终日大雨。粮药均绝，朱谌带的粮药都是和同伴们共享用光，又累又饿，背靠一棵大树坐下去，就再也没有站起来。

研究表明，中国远征军10万人入缅，最后生还的仅有4万余人。实际上，在缅甸的战斗中牺牲的只有1万多人。换言之，在撤退中非战斗死亡的近4万人。当然，这是杜聿明按照蒋介石的命令，错误指挥造成的。朱谌就是殒命野人山的远征军中的一个。

（六）走出野人山

当然，也有幸运的，走出了野人山。其中一位著名的人物是西南联大外文系教师穆旦。他是一位诗人，他把野人山和远征军的白骨写入诗篇，给人以极大地震撼。然而，他的名字并未被镌刻在“八百壮士”题名碑上。

穆旦，原名查良铮，生于天津，祖籍浙江海宁，与联大训导长查良钊、香港著名武侠小说家金庸（查良镛）是同宗同辈的。1935年入清华大学外文系读书。抗战爆发后，随校南迁长沙，后又参加“湘黔滇旅行团”，步行到云南，进入西南联大，1940年毕业。留任助教，到叙永分校教大一英文。在联大，他是蒙自“南湖诗社”发起人之一，也是“文聚社”的骨干成员。他诗歌创作颇丰，受到闻一多的赞赏，是联大学生最仰慕的校园诗人之一。

1942年2月，中国远征军入缅，急需翻译。穆旦投笔从戎，参加中国远征军入缅，做一名中校翻译官。远征军撤退中，他跟随部队进入了野人山，他的传令兵死了，战马倒毙，在胡康河谷，他跨过前面已经腐烂的尸骨，目睹了战友们的非战斗死亡，九死一生。

穆旦遇见了孙立人的部队，转道印度，成为九死一生的幸存者。他正是根据亲身的体验，写出了著名的诗篇:《森林之魅——祭胡康河上的白骨》。“胡康河谷”，缅语，意为魔鬼居住的地方。人们把这片方圆数百里的无人地带称为“野人山”。诗中有森林和人的对话，而最摄人心魄的是“葬歌”：

在阴暗的树下，在急流的水边，
逝去的六月和七月，在无人的山间，
你的身体还挣扎着想要回返，
而无名的野花已在头上开满。
……
静静的，在那被遗忘的山坡上，
还下着密雨，还吹着细风，
没有人知道历史曾在此走过，
留下了英灵化入树干而滋生。

西南联大与穆旦同样写过野人山和远征军诗歌的，还有学生诗人杜运燮。他是译训班第一期结业后分派赴缅的远征军的翻译，缅甸败退的经历同样令他终生难忘，他后来到了印度，写下了《林中鬼哭夜》《给永远留在野人山的战士》等许多诗篇，同样令人痛断心弦。

（七）战斗在蓝天和飞越驼峰

1941年，国民政府开始在全国各大学招收空军飞行员，此前是从陆军中选拔。至1942年，西南联大有一批学生报考并被录取。他们分配在空军各个飞行大队，包括轰炸机和战斗机大队，与美国空军盟友并肩作战，给日寇以沉重打击，有的还英勇献身。在这批空军飞行员中，化学系的马豫驻防云南陆良空军轰炸机大队。

几十年后，马豫曾多次查对联大学生从军题名碑，发现碑上缺少当年他们这批报考空军并成为飞行员的学生的姓名。他就自己的记忆所及，提供了这批学生的名单：

戴荣钜（1939年入地质地理气象系）、王文（1940年入机械系）、吴坚（1940年入航空系）、崔明川（1940年入物理系）、李嘉禾（1940年入物理系）、马豫（1940年入化学系）、李经纶（1940年入化学系）、黄雄畏（1939年入地质地理气象系）、马启勋（1942年入哲学心理系）、祝忠权（1940年入地质地理气象系）。

其中，戴荣钜、王文、吴坚三人在战斗中牺牲，崔明川、李嘉禾两人飞机失事殉国。

1942年5月，远征军兵败缅甸。之后，日寇截断了中国抗日运输生命线——滇缅公路。为了保证抗战生命线的继续，中美立即开辟了中印（驼峰）航线。航线是从昆明等机场到印度阿萨姆邦汀江等机场，这条航线，是当时世界上最艰险的航线，也被称为“死亡航线”。从它开通到抗战胜利的三年多时间里，中美共动用了1000多架飞机，其中损失飞机达609架，1500多名中美飞行员血洒长空。

西南联大学生中有一批人参加了驼峰飞行，并有人献出了生命。他们也是“题名碑”没有记载的。几十年后，他们中的邓汤美回忆说：当年应征从军的联大学生中“航空系一部分去航委会高级机械班学习后分配到空军工作。我当年考入中航公司去印度飞模拟器和空中训练，不久即做副驾驶飞行于印缅与中国之间，长时期飞越青藏喜马拉雅山脉高原、举世闻名极其惊险的‘驼峰’”，当时在驼峰航线上“飞行过而幸存的联大同学有：机械系罗道生、谭中禄、华人杰、陈仁奂，土木系冯少才，化工系萧弗沛，政治系周炳，航空系陈启蕃和我”。

邓汤美还说，当时“每年都要甩飞机，发生事故。我飞行期中即见到先后失踪三架飞机。其中，朱晦吾就是联大叙永外文系同学（他与我是中学同学）和沈宗进（联大45级电机系同学）遇难，使我迄今记忆犹新”。

上述参加空军和飞越驼峰航线的共21人，其中有7人牺牲。

二、战略大反攻：战斗在中缅印战场（1943.11—1945.1）

（一）战略大反攻：大批美军来到中缅印战场

1943年，世界反法西斯战争发生了重大转折，由战略防御转为战略反攻。首先是1月下旬，苏德战场开始转折：历时半年的斯大林格勒大会战取得胜利，歼灭德军150万人。接着，美英联军在北非战场先歼灭德意联军25万多人，9月初又登陆意大利本土，迫使意大利政府投降。亚太战场上，美军在上一年6月中途岛之役击沉日本4艘航空母舰，8月在瓜达尔卡纳尔岛登陆，至1943年取得瓜岛战役的胜利，开始了太平洋战区的战略反攻。中缅印战场也转入战略反攻：首先是1943年10月，中美英联合进行缅北反攻；1944年5月，中美进行滇西反攻。

在上述形势下，大批美军来到中国，来到中缅印战场。

首先是美国空军。1942年7月，中国空军美国志愿队（飞虎队）改编为美国陆军第10航空队第23大队（也称“美驻华空军特遣队”）；1943年3月特遣队扩编为第14航空队，拥有战斗、轰炸、侦察各型飞机1000余架，空地勤人员2万多人。11月，又成立中美空军混合团，美空军人数又有增加。

其次，在印度蓝姆伽训练营，除了大量的教官和管理人员之外，史迪威从美国调来300名军官，担任中国驻印军各级联络官，以及在昆明训练基地的教官和管理人员。

再次，新组建的滇西远征军，接受美械装备共12个军，军部和师部均建立一所野战医院，从军部到连队均配备完善的通信设备；训练中国军队掌握美械及各种设备，来了大量的美军人员。此外，远征军司令部、集团军，至团一级都设美军联络参谋组。

总的来说，来到中缅印战场的各种美军人员数以万计。为了接待这些美军，仅昆明就设立了19个美军招待所。

（二）军委会外事局举办译训班

大批美军要开展工作，需要大批的翻译。为此，军委会外事局举办译员训练班，计划培训3000名译员。教育部向西南联大、中央大学、交通大学、武汉大学、重庆大学等学校分派了译员征调名额。因为需要甚急，后来教育部要求上述大学的1944级（届）全体男生，只要体检合格，全部征调。从第三期开始，不限年级，但实行招考；高校扩大到云南大学、贵州大学、大夏大学等。译训班在昆明、重庆两地举办。

昆明译训班，地点仍在昆华农校，增建了新的校舍。从1943年11月1日开始至1945年7月8日，共办了8期；第九期上课不久，因抗战胜利而中辍。培训时间原定每期3个月，后改为8周，大大缩短。

培训工作由西南联大负责，吴泽霖任班主任，樊际昌、戴世光分别任教务长和训导长。授课多由联大教授兼任。因此有人说："译员训练班工作全班人马，都由联大包下来了。"每期招生时，为打消一些同学的顾虑，学校要求教授们找学生谈话，做工作；同时联大负责人的子弟积极报名参加，比如蒋梦麟之子蒋仁渊，训导长查良钊之子查瑞传。梅贻琦之子梅祖彦刚升大二，不在征调范围，也报名应征。

据联大档案记载，联大学生入外事局译训班9期共437人。结业后，分派到航委会、外事局、美军指挥机关以及各个战斗单位、后勤部门（医院、招待所等），主要担当盟军的翻译官。

（三）战斗在缅北反攻战场

外事局译训班结业后，许多联大学生被分配到缅北反攻战场。当时缅北战场还有不少联大学生未进译训班而直接应聘前往的。总之，缅北战场从指挥机关到后勤医院等各个单位，都有联大学生战斗和工作的身影。

1. 孙立人向联大要译员

孙立人，安徽舒城人。1915年入清华学校，1923年留美，先在普渡大学学土木工程，后又入有"南方西点"之称的弗吉尼亚军校。回国后，1932年受时任财政部部长的宋子文之邀，任财政部税务警察团长；1937年"八一三"淞沪之战，孙立人任税警第二支队少将司令，在苏州河7次打退日军进攻，身中弹片13处。1942年初，远征军入缅，税警总团编为新编第38师，孙任师长。入缅后，指挥仁安羌大捷，率1000多人，迎战10倍于己的敌人，解救出7000多名英军及500多名传教士和记者，声名大震。远征军兵败缅甸后，又率部成建制撤退到印度。

1943年底征调翻译时，孙立人闻讯写信给西南联大工学院（工学院院长施嘉炀和他是清华同学），征求应届毕业生到其军中做翻译和技术工作。院里公布了他的信，15名同学相约报名前往。其中，电机系6人：李循棠、梁家佑、蒋大宗、费纪元、吴铭绩、李桂华，土木系4人：王伯惠、戴祖德、孙致远、张世斌，机械系5人：陈柏松、方为表、宁兴奋、江今俊、曾善荣。

1944年2月，15人在巫家坝乘C-47运输机到达印度阿萨姆汀江机场，车接到雷多新38师留守处。因为没有经过译训班的培训，新38师翻译室为他们安排了10天的训练。翻译室主任衣复得，美国康乃尔大学博士，西南联大土木工程系教授，蓝姆伽训练期间应邀到军中，担任孙立人的上校秘书，兼任翻译室主任。翻译室副主任是联大外文系的潘申庆。翻译室的联大学生还有梁树权、李活、关品枢、程本立、廖开鑫、孙可宗等。据统计，当年联大校友在新38师（后为新1军）中任技术教官和翻译官的共29人。

10天训练结束后，在前线指挥所，孙立人接见了他们，询问专业，征求意见，分配工作。除张世斌因训练时枪走火受伤，留医院治疗外，6人分到步兵营，8人分到炮兵营、工兵营、通讯营、军械处等专业单位，都是同少校衔。

2. 缴获日军第18师团的关防

王伯惠是土木系的，被分到工兵营。他到达前线时，正值部队向胡康河谷的重镇孟关进军。

当时驻守缅北的日军主力是“王牌部队”第18师团。该师团曾参与发动卢沟桥事变，后又参加攻占上海、南京大屠杀、攻占广州、进攻广西、占领南宁等一系列罪恶行动，对中国人民欠下累累血债；太平洋战争爆发后，又参加进攻马来西亚、荷属东印度和缅甸战役；占领缅甸后进犯滇西，一直打到惠通桥。面对这支罪恶累累的部队，中国驻印军发誓一定要讨债雪耻。

在进攻孟关的战役中，新38师和新22师奇兵迂回突袭瓦鲁班。面对战斗力已经完全不同于过去的中国军队，日军惊慌逃窜，遗尸757具，师团长田中新一中将仓皇逃走，师团关防被我坦克营缴获。几十年后，王伯惠对于缴获日寇关防这件事仍记忆犹新、十分看重。2005年西南联大北京校友会召开纪念抗战胜利60周年大会，王在会上发言："当时曾用这个关防印了多份印章由参战各部队作为纪念品收藏。"此次他又将这个印章复印了一批带到会上，作为第二次世界大战胜利的纪念品分发给大家。

3. 翻译官修理无线电

机电系的吴铭绩被分到通讯营当译员。营里只有营长是少校，因此全营只有他和营长享受少校给养。他的具体工作是将营里需要补充的通信器材列单交给美军联络官；有损坏的通信器材，也列单连坏器材一起交联络官，送厂修理。工作简单轻松。

不久，他发现送修的器材中，大部分很容易修复，比如脱落一根接线，掉一颗螺丝。于是他对送修的器材进行检查，能修的就自己修。这就大大地提高了工作效率，通讯营很高兴，美联络官还送给他成套的维修工具。

有一次，送修的一台无线电发报机，说电报发不出去。经检查，机器没有毛病，问题出在使用的军士为保养预防生锈，用润滑油抹在拉杆天线上，使两截拉杆天线之间绝缘了。天线失去作用，电报自然发不出去。由此，吴铭绩产生了培训通信兵学些电学基础知识的想法。在孙立人将军的首肯下，他在新兵中挑选了十几名年仅十四五岁的孩子兵来培训。由于业务扩大，吴便把同来的费纪元同学要来，一起工作到打通中印公路回国。

4. 在密支那前线

联大历史系大四同学卢少忱，译训班结业后分到印度雷多第48医院当译员。在那里工作了3个月，他想到前线部队。于是他和地质系的同学王忠诗、陈鑫一起向上级申请。恰逢要派大批部队增援密支那，所以3人申请被批准。他们乘飞机从雷多到密支那，王、陈2人到新30师88团，卢到90团工兵营。攻占密支那战役持续80个日日夜夜，战火硝烟中的经历给卢少忱留下了深刻的记忆：

营部中只有营长、副官、电话员、传令兵、美国上尉联络官和我。我的工作主要是随时把营长的战斗计划、部署和战况向联络官沟通，并联系补给弹药、给养以及要求美国空军协同时，进行翻译工作。

时值雨季，淫雨绵绵。虽穿着雨衣，但内衣也是透湿的。因为双方炮火猛烈而密集，我们营部的几个人不得不经常躲在略有遮盖的掩蔽部里，坑约1.5米见方，半身多高，地面雨水流入坑中，积水过膝。两腿泡在水中，时间长了，皮肤发白，夜不能眠。当地疟疾流行，有一种毒蚊叮咬后24小时内发烧可丧命。因此每天要服两次阿脱平黄色药片，时间一长皮肤呈土黄色。最令人讨厌的是遍地的蚂蟥，长达几寸，满腔人血，即使揪断，也不撒嘴……

7月中旬以后，我军日益接近密支那市区中心。日寇拼死顽抗，积尸遍地，有的腐烂了爬满白蛆，漂浮在河沟上，散发着臭味。当行军蹚过半身河水时，浑身沾染上死尸的臭味……

密支那之役共歼灭日军2000多人，我军也伤亡6600多人（其中阵亡2400余人）。密支那战役的胜利表明我军斗志旺盛，英勇善战。曾有人问日军俘虏：盟军战斗力如何？回答是：印度的，一个的十个；美国的，一个的三个；中国的，一个的一个。虽然夸大其词，但正如史迪威说过的：“中国军队已向世界表明，如果能够获得适当的装备、训练及领导，必然不亚于世界上任何部队。”

5. 史迪威支持译员与医院贪污做斗争

罗达仁，联大哲学系大四学生，1944年3月1日进译训班，结业后乘飞机到印度汀江机场，先后被分到野战医院、14医院、20医院当译员。有两件事使他终生难忘。

20医院在雷多，占地1000多亩，规模宏大，分美国区、中国区、俘虏病房区等。医院病房多，伤病员多，译员也比别的医院多，共20多名，大多是联大的应届毕业生，待遇均同少校。译员的工作就是充当美国医生、护士与中国伤病员之间的桥梁。

医院美国区和中国区的差别很大。中国区病房像收容所，美国人对中国人似乎就是救世主。中国区里有一位姓何的管理主任，少校，阴险而粗暴，不仅克扣伤病员食物，不让他们吃饱，还对译员常常借故刁难，克扣待遇。后来译员们弄清楚，中国少校级以上的军官领的是美国给养，我们20多位译员也是享受美军的给养，但是都被姓何的贪污了。

一次，一个病房的伤员高喊："我们的翻译官被打了！"罗达仁到那个病房一看，他的好友、联大化学系同学沈家驹满脸是血，躺在地上，全身抽搐，不断呻吟。几个伤病员说："是何主任打的。因为沈翻译官看见我们吃不饱，适逢何主任进来，便向何说，你至少要让伤员吃饱饭，他们是为国家受伤的。本来我们一直吃不饱，多次向何主任反映，结果送来的东西越来越少。沈翻译官是为我们挨打的。"罗达仁把这件事告诉了其他译员，大家决定罢工抗议，并用英文写了一个呈文和事情的经过，每个人都签名，送呈总指挥部司令史迪威将军。

呈文送上去了，史迪威到前线去了。大家只好等待，终日忧心忡忡。因为美国护士对他们说，在军队里罢工就是暴乱，是要被送上军事法庭的。

就在他们悬心苦熬苦等之中，史迪威从前线回来了。他把罗达仁他们请了去，认真地询问了何少校贪污情况，异常愤怒：我早就知道，中国军中总有那么一些贪赃枉法的不法分子！然后他也批评了译员们不该采取罢工的方式，这样授人口实，也给工作带来损失。当看到译员们流下眼泪，又转口说："回去立即复工，我立即处理此事。"

不两天，一位新的中校管理组长来了，还带了几个人，对原来的管理组进行清查。之后，何主任被撤职查办，还有两三个联络官也走了，管理组改组后，医院面貌焕然一新。

6. 见到了伤员孙立人

一天，联络官来病房找到罗达仁，要罗跟他走："有个将军受伤了，快走！"

来到一个病房，罗达仁看到一个中国伤员。医生正在问他是如何受伤的，罗刚要进行翻译，伤员自己用英语流利地回答。原来这个伤员是孙立人，40多岁。医生检查了伤情，并为他施行了手术，之后孙立人躺在床上休息。罗对孙立人说：孙将军，我是译员，你的英语比我说得好，我是多余的，我这就走。孙立人留住罗达仁，对他说：我们还是校友呢，他讲了自己的经历，说原先向西南联大工学院要翻译，还有教授也来了。

孙立人伤情好转后，要人请医院里的中国伤员到他的病房谈话。他问候伤员们，听他们倾诉，还给每人20 卢比保养身体。孙立人与罗达仁谈了很多，罗加深了对他的了解，对他十分崇敬，认为他是当代的岳武穆。

（四）战斗在滇西反攻战场

1. 在美军昆明总部和滇西前线指挥部

梅祖彦在译训班结业后，和50多人一起由外事局分派到昆明美军总部译员室工作，为三级译员，同上尉。

昆明美军总部是美国陆军在云南的指挥机构，办公机构设在昆华农校大院内新建的一片平房中，大院中的教学大楼为美军第一招待所。总部人员约100人，当时美陆军领导机构一般分为人事、情报、作战、军械四个系统。

梅祖彦的主要工作有两项：一是翻译作战系统交来的部队编制表；二是随军械系统的军官与中国兵工署联系在昆明生产美式武器的问题。当时美军在中国战场试用喷火器，梅翻译了喷火器的全部文件。此外，译员们还轮流随美军总部给滇西各驻扎点送日常补给的车队当翻译。

1944年5月，远征军调集16万大军，全部美械装备，向盘踞滇西的2万多日军发起总攻。远征军司令长官卫立煌将司令部由楚雄前移到保山马王屯，昆明的美军总部也派出一个前线指挥部到马王屯。梅祖彦和钟安民、凌瑞麟、卫世忠等一行译员也到了马王屯。后来还调来孙原（会日文）和井绍文、蔡国模等，还有很多过路的译员，也多是联大同学。

战事紧张时，每天晚上中美双方举行高层碰头会，一般由远征军参谋长肖毅肃和美军窦恩准将交换情报，研究作战方案。翻译任务主要由钟安民担任。其他人轮流值班，或随美军出差。

在马王屯的后期，美军总指挥史迪威将军曾来视察。他表情严肃，很少言语。后来知道当时他刚和蒋介石决裂，那次视察是他回国途中的停留。

2. 在炮兵训练中心和云南驿兵站

张之良在译训班结业后，被分配到昆明干海子炮兵训练中心。先后在炮兵学校射击教练组、通讯组、驮运组、野战炮兵营、医务室当翻译官，工作了7个月。

1944年夏末，远征军进攻龙陵很不顺利。增调10个炮兵营支援，因而急需翻译官跟随，调张之良前往。张误了飞机，改搭美军的吉普车到怒江前线。车过云南驿美军兵站时，那里的队长说："你不用去龙陵了，就留在这里工作。他们已就近调了一位译员去了。"

当年冬，衡桂柳相继失守。日军打到贵州独山，昆明、重庆也岌岌可危。军政部着了慌，向四面八方调兵到贵州救急。张之良回忆说："那时，我不分昼夜地与一位美军少校天天跑机场，接送军兵。见到穿灰军服的，知是包围陕北的胡宗南部；穿黄色美式军装的，知是由印缅调回来的新6军。"后来，贵州总算保住了。

滇西战争结束，张之良与美军工兵们爬山越岭，修建中印输油管。美军在缅甸的5000多匹大骡子交给中国，还有缴获的1头大象。张之良又和一美军中尉，装了几麻袋钞票，放在粮车上沿途购买粮草，押送这些食量巨大的牲畜。

3. 训练炮兵

张咸恭从译训班结业后被派到步兵训练中心学习美国武器。两周后又分到干海子炮兵训练中心，学习掌握美国75毫米山炮的使用。山炮行军时用骡马驮载，因此还要学驮载和马掌等课程。

不到1个月，张咸恭调保山跟美军炮兵教官沃兹上校，训练远征军71军87师的炮兵营。训练场设在保山西面的一个大村子。后来教官又增加了几名美军官和军士。译员多的时候达7人，有联大物理系的王季超。训练时，教官讲，译员翻译。讲的内容比干海子时学的更详细具体，效率很高。训练了1个多月，大反攻已经开始，炮兵营开赴前线。

4. 参加攻打松山和龙陵的战斗

71军渡过怒江后，首先攻打松山。张咸恭所在的炮兵营，不过江。阵地设在怒江东岸山腰上，与松山山头相望，直线不过4公里。反攻开始，美教官变成联络官。第一次攻击，先炮轰了半小时，效果不大。我炮阵地暴露反遭日军炮击，一个连附受了轻伤，还损失了一些器材。

几天后，再次反攻，先是十余架美机轰炸半小时，接着炮轰半小时，随后步兵进攻。谁知敌人还击的炮火还是相当猛烈的，我军伤亡很大。这样的反攻又进行了几次。步兵白天上去，占了一些敌人工事，晚上又被敌人夺回去。到7月下旬，又连续攻击了5次，攻占了日军全部外围据点，但核心据点仍屡攻不下。最后采用挖地道通向敌人堡垒下面，装炸药爆破。同时，使用了新发明的火焰喷射器，向敌堡洞口喷射，对攻坚战起了重要作用。终于在9月初占领了松山。

之后，炮兵营又增援攻击龙陵。此前，我军已经两次进攻龙陵，又被敌人赶出。这次我炮兵营在龙陵东南山林地带布置阵地，与其他炮兵团队组成强大火力。张咸恭和一美军少尉住在阵地后方的民房里。大家都发了枪，以对付小股流窜日军的袭击。但还是有两名士兵牺牲，1名排长受伤。10月25日我军向龙陵发动总攻，炮兵营发射了大量炮弹。11月6日拿下龙陵。张弄到一张龙陵文笔塔的照片，作为参加攻打龙陵的见证。

5. 高黎贡山大塘子：美军少校阵亡

姚元从译训班结业后，被分配到远征军第53军116师348团的美军联络组，担任组长梅姆瑞少校的翻译，姚也为少校衔。

1944年5月，53军渡过怒江向高黎贡山东坡南线的日军反攻。5月19日，在进攻敌人主阵地大塘子战斗中，姚元跟随梅姆瑞、营长王福林，还有一个美空军通信兵一起，携带电台指挥美机对敌扫射。突然，敌人迫击炮打来，梅姆瑞当即牺牲，王福林重伤送医途中死亡，姚元背部被弹片击中受伤。

梅姆瑞是腾冲战役中牺牲的美国军人中军衔最高的军官。腾冲光复后，中美两军为梅姆瑞举行了葬礼，他的遗体安葬在一个台地的大榕树下。60年后，腾冲国殇墓园重新为19名盟军阵亡将士建墓立碑时，梅姆瑞的英名醒目地镌刻在墓碑上。

6. 姚元获美国总统颁发的“自由勋章”

1944年8月末，姚元调116师任美军联络组组长林格中校的译员。

在围攻腾冲城时，从一个俘虏的供称中，知道第二天上午日机将从曼德勒来轰炸攻城部队。为此，师长要求美机来制空保护。但这要保山美军总部联络美空军才行，而当时联络的时间已过。林格要姚元无论如何必须联络上。姚元经过极大的努力，通过师部、军部、集团军总部及远征军司令部等一系列电话总机，终于接到美军总部。接通后，美军司令窦恩又在外看电影，直到半夜，窦恩方得知，并允许派空军保护。第二天，敌机果然前来，被我击落轰炸机、战斗机各两架。

10月，师联络组得总部讯，有一架运输机失事，3名机组人员跳伞后下落不明，其大概方位在我驻地附近。经一再探询，失事地点在腾冲西北，不属敌、我防区。第二天，姚元和美军医生乘一辆吉普前往搜寻。几经周折，终于找到了3名机组人员。他们已被当地乡政府收容，经军医体检无恙，送回总部。

林格因工作出色，晋升上校，调任军联络组组长。姚元亦随他调往。此后随53军进攻芒市、遮放、畹町，直至与驻印军会师芒友，滇西反攻战胜利。

姚元因工作出色，1946年5月获美国总统颁发的“自由勋章”。此勋章是专门颁发给第二次世界大战配合美国作战有功的盟军将领及97名外事局翻译官。据有关资料，西南联大学生担任翻译官获得“自由勋章”的一共16人，他们是姚元、梅祖彦、冯钟辽、钟香驹、程道声、李益深、许芥昱、李乃纲、刘厚醇、马维周、邹国奎、左永泗、王蜀龙、蔡国模、林龙铁、卢飞白。

（五）战斗在鄂豫湘桂黔前线

1. 为第14航空队提供情报

1943年冬外事局首批译训班结业后，王式中被分派到航委会英文翻译室。1944年初，美军第14航空队深感陆军情报不及时，不准确，以致空勤经常扑空；决定组织6个陆空联络组，到各战区迅速获取准确的第一手情报。每个联络组由美军情报官兼组长，还有报务员2人和译员1人，共4人组成。

当时，往河南第一战区派了2个组。王式中到其中一组任译员。他们先到洛阳，适逢日寇发动豫湘桂战役。他们为14航空队提供了一些情报。然而，第一战区副司令长官汤恩伯为了保存实力，不进行抵抗，仅1个月就丢失40多座城池。陆空联络组只好随长官部撤退。之后经西安，到湖南芷江，又到衡阳、桂林，最后回到昆明。王式中亲见国民党军队的腐败和溃败；沿途逃难的人群，混乱惊恐之状，深深地印在他的记忆中。

1945年春，王式中调昆明空军第5路司令部编译室，翻译司令部所获情报，送交美军第14航空队，以安排空勤任务。一次，第14航空队根据王式中他们的情报派出飞机炸沉停泊在武汉江面的日寇兵舰和商船。他感到，翻译官同样参加了战斗，和飞行员共同取得了胜利的成果。

2. 与新四军合作的美军陆空联络组

阎秉渊1944年4月从译训班结业，被派到航委会编译室，后又被选参加美军陆空联络组，担任翻译。联络组由美军盖尔少校率领，到湖北前线。通过当地中国军队搜集日军情报，以便美军第14航空队配合地面部队，粉碎日寇打通平汉线的阴谋。联络组的中心电台设在老河口（武汉西北），第五战区司令部所在地下设南阳和樊城两分台。中心台可与14航空队总部联络。阎秉渊3名译员，程耀德在河口，钱亿年到南阳，阎随美军少校欧高士到樊城。

但是，联络组到这几个地方后，半年多竟没有获得一件有价值的情报。于是，联络组在取得新四军同意后，阎秉渊樊城分台于当年冬进入新四军第5师师部所在地工作。第5师师长是李先念。联络组所以如此决定，是因为他们认为，中国八路军和新四军是真正的抗日力量，中共对敌情报了解最多，情报及时，准确可靠。而他们这一认识又是因为几个月前发生的一件事：两名美军飞行员在武汉上空执行任务时被日军击中，跳伞后被新四军拯救脱险，并受到很好的医疗和款待，还在解放区参观访问。

8月，阎秉渊随欧高士等两名美军带着收发报机，进入解放区。30多名新四军通讯战士，背着小型收发报机深入敌占区，在孝感、应山、天门、汉川、鄂城，甚至九江附近架起电台，不断向第5师师部中心电台发送有价值的日军情报，再转给联络组转发后方。期间，联络组和新四军建立了良好的关系。

1945年3月，欧高士等美军人员撤离解放区，临行前还向李先念辞行。阎秉渊由于在联大受到进步同学陈柏松等人的影响，留在新四军，走上了革命道路。

3. 牺牲在黎明前的黑暗中

缪弘，江苏无锡人，联大外文系大二学生，很有才华的校园诗人。1945年报考外事局译训班第7期，经6周训练，与联大20多个同学分派到一个对外不公开的部队：鸿翔部队。该部队1943年创建，地点在昆明岗头村。因此说岗头村是中国伞兵发祥地。

缪弘参加的是伞兵突击队。这是以鸿翔部队为基础的中美混合组织。共有10个队，每个队有二三十名美军官兵和8名译员，全部美式装备。缪弘在第8队，联大同学罗振诜在第10队。

6月，伞兵1队秘密出发空降广东新会的敌后方。因为军情紧急，新建的8、9、10三个队还未来得及训练跳伞也要出发，这3个队共有24名译员，其中有联大同学五六人。7月，这3个队来到宜良，领取伞兵突击队队员的全部装备，还给每个人照相、填表。表中有一栏格外醒目："当你不幸阵亡时，如何通知你家人。"填表人对此反应不一，有的恐惧，有的兴奋。

当时中国军队反攻桂林，出动伞兵突击队3个队。他们从呈贡机场出发，降落在柳州。7月31日凌晨，突击队进攻丹竹机场，任务是攻击机场旁的山顶，上面有控制机场的日军。攻击中，和缪弘同一组的美国兵不敢前进，退到山下。作为翻译官，他不但没有跟着后退，而且勇敢地冲向山顶。黑暗中，他被日军狙击手击中，在黎明前倒下。半个月后，日寇投降。

缪弘的英名镌刻在联大从军"八百壮士"题名碑的第二名。他牺牲后，联大教授李广田从他的诗集中挑选编成了《缪弘遗诗》，并作序题签。联大的著名诗人教授冯至写过一篇读后感，评价很高。

三、抗战后期：参加中国青年远征军（1945.1—1945.8）

（一）豫湘桂大溃败与"十万青年十万军"

1944年4月，日寇发动打通由东北至西南大陆交通线的"一号作战"，即豫湘桂战役。8个月中，中国正面战场丧师失地，一溃千里。日军一直打到贵州独山，地处大后方的川滇岌岌可危。

8月27日，蒋介石发出“一寸山河一寸血，十万青年十万军”的号召；10月24日，又发表《告知青年从军书》，号召青年入伍。政府还对从军青年规定了许多优惠政策。11月11日，云南省组成“从军征集委员会”。4天后，西南联大成立“知识青年志愿从军委员会”。

（二）联大学生踊跃从军

此次联大学生从军，与前两次相比，师生意见分歧很大，不少人认为，蒋介石消极抗日，积极反共，把胡宗南几十万大军留驻关中监视八路军而不去打日本，为此史迪威曾多次和蒋介石发生争论，现在鼓动学生参军只是打着抗日的旗号。中共联大地下组织与进步同学分头串联，揭露蒋介石的骗局。联大教授张奚若发表谈话，劝同学们“不要盲从”。因此，有一些同学不愿应征，有的甚至把辣椒粉抹在肛门上，引起痔疮复发，以逃过体检。后来，有人因为没有应征而没有拿到联大的毕业证书，比如汪曾祺。

更多的教授，钱端升、冯友兰、周炳琳、燕树棠等，都动员学生从军。闻一多发言最突出，角度不同，最具鼓动性：青年从军既是抗日需要，又可以改造国民党军队。不少学生就是听了他的讲话，报名从军的。联大校方则一再动员，校领导再次带头，梅贻琦的二女儿梅祖彤报名从军，参加救护队。《云南日报》对联大学生报名十分关注，不断地进行报道和宣传。

在上述情况下，联大学生报名从军从一开始不太积极，到后来比较踊跃，全校报名的有300多人（其中教师5人），经体检合格者200多人，这个数字是联大以前所没有的。

（三）热烈欢送，奔赴印度

1945年1月28日，是淞沪抗战纪念日，联大在图书馆前面为从军学生举行了隆重的欢送仪式。入伍学生们走出新校舍后，经文林街、青云街、华山西路、华山东路、圆通街，最后到达入营地北校场。

入营的200多名联大学生，全部编入中国青年远征军。这是抗战后期政府动员青年学生入伍组成的一支特殊队伍。联大学生被编在第207师。2

月4日，从巫家坝乘飞机，经驼峰航线到印度阿萨姆汀江机场。在这里，大部分同学被编入服务营补给连，为二等兵。后来又乘火车到达集训地蓝姆伽。蓝姆伽，印地语为“神住的地方”。这个地方已有很高的知名度了，原先是第一次世界大战时期英国关押德、意俘虏的战俘营，前两年成为史迪威训练中国驻印军的基地。

（四）学汽车驾驶，成绩创纪录

蓝姆伽训练基地过去开设步兵学校和炮兵学校，现在大批美国援华的汽车即将到来，因此设立汽车学校。联大学生来这里就是接受汽车驾驶训练，以便把美国援华汽车驾驶回中国。

在汽车学校，联大同学学习和训练都很刻苦，因此成绩令人赞叹。不少同学受训8天就可以独立驾驶，这在汽车学校是没有过的。3月26日，毕业考试，无一人不合格，破了汽车学校的记录。

毕业后一段时间，联大学生参加运输军用物资的行动，两人一辆10轮大卡，还带拖车，往返于蓝姆伽和加尔各答之间。天亮上路，日落宿营，十分辛苦。这段运输经历，不仅巩固提高了驾驶技术，大家还到加尔各答等城市观光，增加了对印度的了解。当然，不少同学参军改造旧军队的想法破灭了。

（五）驾车回国，凭吊战场

青年远征军第207师为运输美国援华物资，专门组建两个汽车团：汽车暂编第一团和第二团。联大学生被编入第一团。团长为简立，少将，出身黄埔六期和美国弗吉尼亚军校，曾任中国第一支空降部队鸿翔部队伞兵团上校副团长，到汽车团后升为少将团长；他和联大同学关系比较融洽。

7月，炎热多雨。汽一团联大同学开始了返国的征途。先经加尔各答到雷多，雷多是中印（史迪威）公路的起点。面对着崇山峻岭和野人山莽莽原始森林，同学们想到了过去远征军的巨大牺牲。汽一团分四批回国，第一批有团部、第四营、第一营一连之一部，共240人；驾驶着70多辆吉普车和10多辆卡车，由简立少将和美军第47运输营营长克拉克中校率领，美军菲特上尉任队长。

7月6日，车队出发，沿着史迪威公路行驶。一路上，同学们看到许多战争的遗迹：缅北重镇密支那郊外，脱轨的歪斜着的列车，弹痕累累；敌人的地堡，被炸药和火焰喷射器击毁，烧成黑乎乎的洞口……在中缅边境小镇芒友，他们凭吊了新一军38师芒友战役阵亡将士的墓地。

7月18日下午，车队到达昆明西郊车家壁，受到联大训导长查良钊的迎接慰问。整个行程历时13天，1059英里（1705公里）。之后，汽一团其他3批车队和汽二团也陆续抵昆。

不久，参加青年远征军的联大同学基本上都复了学，没有复学的大约有20多人。

就在这次从军热潮中，除了参加青年远征军之外，还有40名联大同学报考了空军及译训班（如方复、何焕生等），其中一部分被派往美国受训，学习大型轰炸机领航。

四、结语：三个相关问题

联大从军“八百壮士”的史事，非本文所能言尽，本文述及的仅是其中的一部分。这里还有三个问题需要指出。

（一）“八百壮士”应“庶垂令闻，及于久远”

在伟大的抗日战争中，联大从军的“八百壮士”做出了自己的贡献，有的还献出了年轻的生命。这是他们的光荣和西南联大的骄傲。他们的名字应彪炳史册，正如“题名”碑所云“庶垂令闻，及于久远”。然而，一个时期由于“左”的思想影响，这些抗战从军的学生们在历次政治运动中受到不公正的对待。“题名”碑反而成了他们的“罪证”，这是历史的颠倒。事实上，“八百壮士”中许多人后来参加了革命，还成了党和国家的各级领导骨干和业务技术骨干。中共十一届三中全会以后，种种诬蔑不实之词已经推倒，冤假错案得到平反昭雪。30多年来，“八百壮士”中的许多人来“题名”碑寻找自己的名字，缅怀逝去的青春岁月和战友。

1990年4月10日，国家航空航天工业部部长林宗棠，在“亚洲一号”卫星发射之后，由西昌卫星发射中心到昆明视察工作。其间，专门来纪念馆、“三绝碑”、“题名”碑参观。他的名字镌刻在“题名”碑的最下面一排。

同年10月4日，一位来自美国的联大校友和夫人回到母校，专门到“题名”碑寻觅。找啊找，突然他们笑了，“找到了——朱恩松”，立即在碑前拍照留念。

“题名”碑上的邹承鲁、钮经义，1980年两人同时当选中国科学院院士。他们是轰动世界的中国合成胰岛素的首创者。

“题名”碑上的黄枬森，后来成为北京大学哲学系资深教授，对我国马克思主义哲学教学和研究，做出了重大建树。1989年北京大学将“国立西南联合大学纪念碑”复制立于校园后，曾多次与亲友一起瞻仰，向他们讲述当年从军的光荣往事。

……

（二）“题名”碑的遗漏

“题名”碑云:“其有遗阙，补于校志。”改革开放以来，西南联大北京校友会在编纂联大校史时，对“题名”碑上的名字进行了认真的核对查证，首先发现有两人的名字（王福振、曾仲瑞）重复镌刻。继而又根据新的信息，确认了许多从军同学名字刻漏了。对此，校史上已做补述。本文前面已有一些述及，比如参加空军和飞越驼峰航线的校友等，在兹不赘。据笔者不完全统计，“题名”碑的遗漏至少有40余人。这样，题名碑上834人，减去重复的2人，尚有832人。而加上遗漏的40多人，就有870多人。870多人，用“八百壮士”的称呼仍然是恰当的。

联大校友周锦荪2004年曾写过一篇文章《能算第802个吗？》，刊载于《西南联大北京校友会简讯》第29期。周锦荪1940年考入西南联大电机系，大二下学期转物理系，1944年5月加入“民青”。1945年6月毕业前夕，美国新闻处心理作战部在联大招募两名工作人员，去湘西前线从事战场调查。经组织同意，他和也是“民青”成员的历史系张彦被录用。7月初，两人和美方来招募的官员洛克武德一起到湖南，从沅陵开始调查工作。8月上旬，美国用原子弹轰炸日本广岛、长崎，苏联出兵东北，日本宣布投降，两人的工作也就此结束。

幸运的是，经洛克武德的安排，两人以美国新闻处记者的身份，穿着美军制服，参加了8月21日在芷江举行的日本投降的洽降仪式，亲眼看到日本法西斯的屈膝求和的场面：日本侵华军总司令冈村宁次派出的副参谋长今井武夫一行在机场降落，在中美军人的监护下，今井一行进入会场；在会场里，今井双手捧着一把指挥刀呈给中国陆军总参谋长萧毅肃，接着萧毅肃向他宣读长篇命令。

周锦荪在文章中提出，他和张彦当时没有参加翻译官的征调，不在“八百学子”之列；然而他们上述这段经历，“能算第801和802号吗？”笔者以为，他俩参加抗战的经历是肯定的，列入“八百壮士”也没有问题。当然，这也说明“题名”碑确有遗阙。

另外，关于联大从军学生殉职者，碑上有5人，2006年1月西南联大校史（修订版）根据搜集到的材料，又增补了10人，共15人：黄维、缪弘、曾仪、吴若冲、朱谌、戴荣驹、王文、吴坚、崔明川、李嘉禾、何懋勋、朱晦吾、沈宗进、杨大龄、雷本端。其中，前5人为碑上已列有并注明为殉职者；杨大龄、雷本端，碑上有名，但未注明殉职。其余8人碑上无名。实际上，校史中还提到一人：艾曾光，但未计入殉职者的总数。如此，联大从军学生殉职者共有16人。

（三）不应遗忘的“三百英豪”

“国立西南联合大学抗战以来从军学生题名”碑，没有包括国立长沙临时大学时期从军的学生。而这是不能漏掉的，也是不能遗忘的。

长沙临大时期，学生中掀起过一个从军运动。为此，临大常委会决定：“凡服务与国防有关机关者，得请求保留学籍。”当时，由于时局的召唤，校方的支持，同学们一批又一批地走上抗日前线。他们有的参加八路军、新四军，有的奔赴延安，有的参加湖南青年战地服务团，有的投入保卫武汉的战斗中，也有一批共产党员被党组织派到国民党军队中。

其中，熊向晖在周恩来的亲自布置下，打入胡宗南身边任机要秘书；朱平等共产党员，根据组织安排前往延安；马继孔等人到山东，参加八路军，章文晋等30人报考陆军交通辎重学校，后服务于机械化部队；于立群到重庆航空委员会无线电通讯员训练班学习，从事地下工作……

根据长沙临时大学校方记录，当时参加抗战工作的有295人。据此，我们可以用“三百英豪”来称呼他们。

综上所述，“八百壮士”（870人），加上“三百英豪”（295人），西南联大在伟大的抗日战争中，共有1160多人奔赴抗日疆场。

参考文献

西南联大44级编：《国立西南联合大学八百学子从军回忆》，2003年11月。

联大人杰　彪炳史册

——从杨振宁的两次题辞谈起

“两弹一星”功勋奖章获得者中的西南联大校友

联大人杰　彪炳史册

——从杨振宁的两次题辞谈起

一

1988年，西南联大校友、诺贝尔奖获得者杨振宁为庆祝西南联大暨云南师大建校50周年题辞：“中兴业，需人杰。”2002年，杨振宁又为西南联大成立65周年题辞：“千秋耻，既已雪；中兴业，需人杰。”

两次题辞均为“中兴业，需人杰”。杨振宁何以对这两句话有如此特殊的感情呢？笔者以为原因有三：

其一，题辞语出《西南联大校歌》。杨振宁对西南联大校歌很有感情，每与校友聚会，都要高唱校歌；他还曾在西南联大纪念碑前指挥过家人唱联大校歌。“中兴业，需人杰”，这两句话可以说是联大校歌中的核心，极大地鼓舞联大的教师为中华民族中兴大业而培养人才，鼓舞联大的学生为中华民族中兴大业而努力学习，争当人杰。

其二，杨振宁题辞时将校歌中的“须人杰”的“须”字改为“需”。“须”和“需”有共同的词意，但也有侧重。“须”侧重必须，即完成中兴大业，必须要人杰方能担任。而“需”侧重需求，即中兴大业，需要大批人杰才能完成。这一改动，表达了杨振宁对当今北大、清华、南开、云师大四校，以及整个中国的高等教育的殷切期盼：在中华民族伟大复兴新的征程上，要努力培养更多的人杰。

何谓“人杰”？这个词中国古已有之，宋代李清照有诗云“生当为人杰，死亦为鬼雄”。“人杰”为人中的俊杰、豪杰。而杨振宁题辞中亦即联大校歌的“人杰”则主要为人才中的杰出者，即杰出的人才，它包含着为民族而献身的精神。

杨振宁2002年的题辞还有“千秋耻，既已雪”。这两句话也出自《西南联大校歌》。杨振宁题写时改了两个字，即将“终当雪”，改为“既已雪”。抗战时的校歌，说“千秋耻，终当雪”，表明了联大人对抗战充满必胜的信念和决心。“既已雪”则是说：抗战早已胜利，中华民族伟大复兴已经开始，并正在大踏步地前进。字词之间充溢着杨振宁对中华民族历史巨变的难以抑制的豪情。

其三，联大九年（含长沙临大）培养了大批人才，而且多是人杰，许多还是世界一流人杰，驰誉海内外。杨振宁认为应该很好地宣传他们。1999年初，杨振宁从大洋彼岸打电话给有关方面，建议正式披露中国科学家研制“两弹一星”的史实。正是采纳了他的建议，当年4月我国首次公开披露了这段历史。为此，杨振宁还亲笔撰文“追忆两弹元勋邓稼先”。

二

联大九年，进入该校学习的学生共有8000人，其中毕业生有3800多人。在这些联大校友中，很多人后来成了多方面的杰出人才，突出的有以下四个方面。

（一）中国科学院院士和中国工程院院士

联大校友中有许多人成为中科院和工程院院士。联大校友中两院院士包括联大教师和学生两个方面，本文主要是谈联大学生中的院士。据有关资料统计，联大校友中的两院院士共有172人（其中学生90人）。其中：

1. 中科院院士共154人（包括哲学社会科学部的11人和自然科学143人，其中学生78人）。

2. 中科院外籍院士4人（其中学生2人）。

3. 中国工程院院士12人（均为学生。其中2人同时为中科院院士，即双院士）。

上述联大人杰中，有10人堪称代表。

一是“两弹一星”功勋奖章获得者。

“两弹一星”即原子弹（后为原子弹和氢弹的合称）、导弹和人造地球卫星。关于“两弹一星”的重要性，毛泽东曾经说：“我们也要造一点原子弹、氢弹，没有这个东西，人家说你不算数。”邓小平也曾说过：“如果六十年代以来，中国没有原子弹、氢弹，没有发射卫星，中国就不能叫有影响的大国，就没有现在这样的国际地位。”

1999年9月新中国建立50周年前夕，中共中央、国务院、中央军委表彰23名为研制“两弹一星”做出突出贡献的科技专家，并授予“两弹一星功勋奖章”。其中，有8名为西南联大校友：赵九章、郭永怀、陈芳允、屠守锷、杨嘉墀、王希季、朱光亚、邓稼先。

限于篇幅，这里不一一介绍8名获奖者，仅简要介绍杨振宁“追忆两弹元勋邓稼先”的文章《没有任何外国人参加》中记述的一段动人故事。

邓稼先与杨振宁是儿时的伙伴。《中国大百科全书》物理学卷指出：“杨振宁于1971年夏访问中华人民共和国，是美籍知名学者访问新中国的第一人。”就在这次回国，他提出第一个要见的人就是已经阔别22年的挚友邓稼先。在离京赴上海时，杨振宁忍不住问邓稼先：中国的原子弹有没有外国人参加？因为他在美国听说，中国的原子弹是一个美国人帮助研制的。邓当时没有回答，因为事涉国家机密。据说，1964年10月16日中国第一颗原子弹爆炸后，严济慈来到好友许德珩家，两人谈到原子弹的事，许问严：“是谁有这么大的本事，把原子弹搞出来了？”严说：“问你的女婿呀！”许十分惊愕：“我的女婿——邓稼先？”由此可见当时的保密是很严格的。当杨登机离京后，邓请示上级，周总理指示说可以把真情告诉杨振宁。邓立即写了一封短信叫人送到上海，杨接到这封信时正在宴会上。当他打开信看到“中国的原子弹是中国人自己造的，没有一个外国人参加”时，他的感情受到极大震荡，不得不离开宴会去洗手间，他害怕在筵席上失态，因为那时，他已泪流满面了。[1]

二是首次获得诺贝尔奖的华人。

1957年12月10日，诺贝尔物理学奖第一次为两名年轻的华人获得，他们是杨振宁、李政道。杨振宁曾经说过，这次获奖的意义超出了科学，让世界知道华人是聪明的，使华人对自己有了信心。而这一点意义是极其巨大的。我们知道，从1840年鸦片战争起，在西方列强的侵略之下，中

[1] 科学日报社编：《请历史记住他们》，暨南大学出版社1999年出版，第134页。

国走上了贫弱不堪的道路，开始了不堪回首的极其屈辱的历史。杨振宁说：“甲午战争和八国联军侵华的时候，恐怕是中华民族5000年历史上最黑暗最悲惨的时候”，“那是任人宰割的时代，是有亡国灭种的危险的时代”。[1] 在中国公园的门口，挂着“华人与狗不得入内”的牌子；因为鸦片的戕害，中国人被称为“东亚病夫”；由于国家的破败衰微，中国人被认为智商低下。1957年，突然有两位华人获得了诺贝尔奖，其向世界所展示的意义当然是不言而喻的。

（二）抗战从军者

1.“八百壮士”

抗战中，西南联大从军学生在云南是最多的，在全国也是少有的。8年间，因盟军来华而应征当译员的，连同加入远征军及空军的西南联大学生，前后共800余人。

1946年5月4日，西南联大结束时，在联大新校舍（今云南师大）东北角树立了“国立西南联合大学抗战以来从军学生题名”碑。该碑为联大校志委员会纂列，中国文学系教授唐兰篆额，数学系教授刘晋年书丹。碑上镌刻着联大战时从军学生姓名共834人（事实上，还多于此数），是西南联大学生直接参加抗战的历史见证，对于研究西南联大校史和中国抗战史都具有重要的价值。因为碑载姓名800余人，所以人们以抗战初期淞沪会战中守卫上海四行仓库的谢晋元部队的光荣称号——“八百壮士”来称呼。

联大“八百壮士”在过去伟大的民族解放战争中做出了自己的贡献，有的还献出了年轻的生命，这是西南联大和我们民族的光荣。其名其事，应该“庶垂令闻，及于久远”。

2.“三百英豪”

如果说，联大抗战从军的“八百壮士”的姓名是一一载之以碑的，那么还有许许多多投身中国共产党领导的抗日队伍的联大同学，却没有任何碑石记下他们的名和姓。但是历史不应忘记他们，这种投身中共领导的抗日队伍的从军情况以西南联大前身长沙临大时期最为突出。

1937年底，长沙临时大学时期，处在抗日前线的长沙，经常遭到日

[1] 科学日报社编：《请历史记住他们》，暨南大学出版社1999年出版，第127页。

本飞机的轰炸。多数临大同学无法安心读书，希望投身抗日队伍参战。这时国共两党重要人物和一些社会名流都先后到临大演讲。八路军驻长沙办事处主任徐特立的演讲主要是阐述中共的抗日民族统一战线政策和动员民众的问题，还介绍八路军和延安的情况，号召同学们拿起枪杆到革命队伍中去，他的讲话受到同学们的热烈欢迎，“掌声时常打断他的讲话，刚讲完，就被同学们围上了，想问这问那”[1]。12月31日，中共中央领导人周恩来在武汉向大学生做报告，明确指出现阶段青年运动要挽救民族危亡，完成救国的重大任务。他号召青年应当到军队里去，到战地服务去，到乡村中去，到敌人占领的地方去。[2]周恩来的讲话在青年学生中引起了强烈反响，传到长沙临大，进一步为同学们指明了方向。

一时间，长沙临大学生中掀起了一个从军运动，许多学生提出申请“参军去”“到前线去”。对同学们的要求，临大常委会决定：“凡服务与国防有关机关者，得请求保留学籍。”由于时局的召唤，校方的支持，青年们一批又一批走上抗日前线，他们有的参加八路军、新四军，有的奔赴延安，有的投入保卫武汉的战斗中，有的参加湖南青年战地服务团，也有一批共产党员被党组织派到国民党军队中。到临大结束时，校方记录参加抗战工作离校学生有295人[3]。我们可以称其为“三百英豪”。

综上所述，长沙临大和联大先后共有1100多名学生奔赴抗日疆场。

（三）中共地下党员和英烈

1. 中共地下党员

西南联大从长沙临大一开始就建立了地下党组织，到昆明之后，党的组织不断发展壮大。据统计，9年之中在联大学习过的地下党员学生共206

[1] 马伯煌：《徒步三千，流亡万里》，载《笳吹弦诵在春城》，云南人民出版社、北京大学出版社1986年版。

[2] 周恩来：《现阶段青年运动的性质和任务》，载《周恩来选集》上卷，人民出版社1980年版，第89—90页。

[3] 西南联合大学北京校友会编：《国立西南联学大学校史》（修订版），北京大学出版社2006年版，第62页。

人。[1]“当时，联大党组织是云南党员人数最多、最集中、力量最强的地下党组织。联大成为云南地下党的主要阵地。这一时期，联大中共组织团结广大师生，在开展抗日爱国民主运动中，发挥了核心作用。”[2]

2. 联大英烈

在抗日战争和解放战争期间，西南联大党组织在中共云南省工委领导下，率领进步师生和国民党反动派进行了艰苦复杂的斗争，培养了大批革命干部；为了推翻国民党反动统治，建立一个独立、富强的新中国，西南联大先后有15名师生在民主革命中英勇牺牲。他们是：教师闻一多，学生何懋勋、潘琰、李鲁连、王昊、钱泽球、曾庆铨、钟泉周、吴国珩、江文焕、齐亮、刘国鋕、荣世正、陈海、陈虞陶。他们中有的在抗日疆场上阵亡，有的在爱国民主运动中被敌特杀害，有的在解放战争的沙场上捐躯，有的在建国初期巩固政权的斗争中献身。他们的牺牲精神，永远激励着人们前进。

（四）党和国家各级领导及其他方面的人杰

1. 党和国家各级领导人

联大学生中有许多人成为著名的政治家，有的进入党和国家领导人的行列：中共中央政治局常委宋平，全国人大副委员长王汉斌、彭珮云，全国政协副主席钱伟长、朱光亚、孙学凌等；不少人担任部长级的干部：国家教委副主任何东昌，航天航空工业部部长林宗棠，财政部副部长李朋，国家测绘总局局长李曦沐，首任驻美大使章文晋，驻坦桑尼亚大使何功楷……

2. 其他方面的人杰

联大学生成为社会科学等方面的著名专家以及著名作家等，难以计数：刘国光、汪子嵩、黄枬森、任继愈、朱德熙、王均、马识途、汪曾祺、许国璋……

今天，当我们仰望历史的星空，联大人杰，群星灿烂，熠熠生辉。

[1] 西南联大党史编写组：《中共西南联大地下组织和群众革命活动简史》，云南人民出版社1994年版。

[2] 萧超然等编著：《北京大学校史》（增订本），北京大学出版社1988年版，第347页。

联大人杰为中国乃至人类做出了重大贡献，永远值得国人骄傲，永远彪炳史册。

（原载《西南联大研究》第一辑，中国大百科全书出版社2005年版）

闻一多在昆明的八年

闻一多在昆明的八年

朱自清在《闻一多全集》的序言中说："闻一多先生为民主运动贡献了他的生命，他是一个斗士。但他又是一个诗人和学者。这三重人格集合在他身上，因时期的不同而或隐或现。"

本文概述闻一多诗人、学者的简历，而侧重阐述他在昆明8年作为民主斗士的战斗足迹。

闻一多，1899年11月24日诞生在湖北浠水县巴河镇闻家铺的一个书香门第。据《闻氏宗谱》记载，浠水闻氏为文天祥后裔。浠水闻氏一直以文天祥事迹教育后代，闻一多从小亦受熏陶。

闻一多自幼在祖父创办的家塾中"与诸兄竞诵"经史诸书，好学勤思，被称为"书痴"。1910年11岁时，他考上武昌两湖师范学堂附属高等小学。次年，武昌起义爆发，少年闻一多剪去辫子，以行动拥护辛亥革命。

1912年秋，闻一多报考清华学校以湖北第一名入选复试，清华复试后以第二名被录取，时年仅14岁。闻一多入学后，他本应于1921年毕业，然而，临近毕业时，因支持北京8校教师"索薪"斗争而罢考，被罚延缓一年毕业。这样他在清华先后读了10年。由一个稚嫩的少年成长为成熟的青年。10年间，他刻苦勤学，在文科方面，才华出众，脱颖而出。在同学中，他与罗隆基、潘光旦、吴泽霖等过从甚密。他曾担任班长、级长、级会会长，《清华周刊》《清华学报》的中文编辑，成为同学公认的学生领袖。

1921年9月，他致力于写诗和研究诗歌理论，并结交了梁实秋、顾毓琇等一批爱好文学的青年，成立清华文学社，他担任文学社书记兼诗歌组负责人，社友称他为"新诗的革新家"，梁实秋则说他是"清华现在惟一之诗人""东方的魂"。

闻一多幼年即喜好绘画，入清华后兴趣尤增。1915年，其作品被送展巴拿马博览会。1919年，他与梁思成等发起成立“美术社”。由于对美术的爱好及其在这方面的实践和成绩，后来闻赴美留学，选择了学习美术。

1922年7月，闻一多赴美留学。他先入芝加哥艺术学院专攻绘画。在这里，各门成绩俱佳，获得美国教育界给学生的最高褒奖——最优等名誉奖。1923年转学到科罗拉多大学艺术系。在该系，他功课上成绩颇佳，主持艺术系的利明斯姊妹认为他是最有希望的学生。1924年暑假以后，他又转入纽约艺术学院。在这里他与其他中国留学生一起寄兴于戏剧方面，他们公演的英文古装戏《杨贵妃》《琵琶记》受到当地华侨和美国人士的赞颂。

留学期间，闻一多学的是美术。然而，这些学校的水平满足不了他的要求，他很快就感到“西洋画实在没有中国画高”，并且“日渐觉得我不应当作一个西方的画家”。因此，他“诗兴总比画意浓”。在美期间，他写下了不少著名的诗篇和诗论，强烈地表达了他的爱憎。1923年他的第一本诗集——《红烛》在上海出版。

美国是一个种族歧视极端严重的国家，闻一多目睹了包括中国人在内的有色人种受到的歧视，他强烈地感受到这种歧视，因此深深地思念自己的祖国。闻一多也正是用诗人的天赋，表达自己对祖国炽烈的爱。尤其是留美后期，他写下了《七子之歌》，诗中抒发对当时澳门、香港、台湾、威海卫、广州湾、九龙、旅顺大连“失养于祖国，受虐于异类”而“眷怀祖国之哀忱”，殷盼中华“七子”之归来。70多年以后，伴随着香港，尤其是澳门回归祖国，《七子之歌》响彻神州大地，流入海内外中华儿女的心田。

1925年5月闻一多提前回国。始则执教于北京艺术专门学校，担任教务长。次年参加北京《晨报副刊》编辑工作。1927年春，他到武汉参加北伐军总政治部的工作，担任艺术股长，他任职仅1月因不习惯军队生活而辞行。接着到上海政治大学任教，后又受聘于南京第四中山大学，担任外文系教授兼主任。回国以后，闻一多一直醉心于新诗创作，发表大量著名诗作，同时，他认真研究，在新诗格律理论方面做出重要贡献。闻一多又一次弃画就诗，对此，他风趣地说：“绘画本是我的原配夫人，海外归来，逡巡两载，发妻背世，诗升正堂。”1928年，闻一多第二本诗集《死水》出版，该诗集的面世奠定了他在中国诗坛上的地位。

1928年秋，闻一多应邀出任筹办中的武汉大学的首任文学院院长兼外文系系主任。1930年他受聘于青岛大学，任文学院院长兼国文系系主任。1932年8月，应朱自清邀请，他回到阔别10年的母校清华大学，担任中文系教授。1927年至1932年这一期间，闻一多走的是一段艰难的历程。他希望寻求新的救国道路，于是走进书斋，转向学术研究，由“诗人”变成“学者”。

1937年七七卢沟桥事变发生，清华大学、北京大学、南开大学3校南迁湖南长沙，联合组成长沙临时大学。闻一多随校南迁，执教于临大，在文学院所在南岳上课。年底，南京失陷，长沙告急，临大决定西迁昆明。闻一多经反复考虑，放弃乘车船，与黄钰生、李继侗、曾昭抡、袁复礼等11名教师一起，参加250多名男生组成的旅行团，徒步入滇。1938年2月19日，旅行团从长沙出发，一路跋山涉水，风餐露宿，备尝艰苦，行程3500公里，历时68天。闻一多沿途上重操本业，写生风景画100多幅；指导学生收集民歌民谣，后来编辑为《西南采风录》；还蓄须明志，发誓非抗战胜利不剃。

西南联大蒙自分校·歌胪士洋行楼上·得“何妨一下楼主人”雅号

长沙临大到昆后改称西南联合大学。文学院和法商学院暂设蒙自。5月3日闻一多由昆明前往蒙自，次日抵达，住歌胪士洋行楼上。同住楼上的还有陈岱孙、郑天挺、陈寅恪等十几位教授。闻一多本学期讲授“诗经”课程。授课之外，整天伏案，潜心治学，极少下楼，连饭后大家的散步也不参加。郑天挺劝他 “何妨一下楼呢？”为此得了“何妨一下楼主人”的雅号。蒙自分校仅上课一个学期即迁回昆明。

武成路福寿巷·日机首炸昆明时负伤·参与戏剧工作

8月，闻一多到贵阳去迎接家人，时值贵州省举办中学教师暑假讲习会，应聘在黔讲学1个月。9月初，闻一多携眷回到昆明，全家8口（夫人高真，儿子立鹤、立雕、立鹏，女儿铭、翱，老保姆赵妈）租住武成路福寿巷3号住宅，房东是中医，姓姚。在这里，闻家住了10个月。

9月28日，日寇9架飞机首次空袭昆明，在小西门外投弹炸死我居民190多人，数十人受伤。当时闻一多去小西门昆华小学找上学的立鹏、立雕。走到西城埂，敌机已飞临市区上空，闻一多赶快到一墙下躲避，不想炸弹震落的砖石砸到头上，顿时血流满面。好在伤势不重，大约一周后恢复。但这一天的流血经历，给闻一多和家人留下了深刻的印象。

10月上旬，闻一多与冯友兰、朱自清、罗庸、罗常培5人被聘为编制联大校歌校训委员会委员。1个月之后，常委会将校训定为“刚毅坚卓”，校歌采用罗庸作词、张清常谱曲的稿子。歌词有云：“千秋耻，终当雪；中兴业，须人杰。”充分表达了西南联大师生们关于抗战必胜的坚强信念和教育兴国的高度认识。

11月，新学年开学，闻一多讲授“尔雅”“楚辞”两门课。其中“楚辞”一门首先讲《天问》，他的讲稿是四易其稿的《天问疏证》，逐字讲解，一学期仅仅讲了《天问》一篇。

这一学期，闻一多的爱国热情被抗日烽火点燃了，突出的表现是他积极参加昆明的话剧活动。1938年底，由学生中的中共地下党员和“民先”队员为骨干的西南联大话剧团成立，闻一多应邀担任导师。成立大会上闻一多勉励同学们说：“剧团成员要演戏，但不能荒疏学业，一定要认真读书。”

此后他两度参与话剧演出，给人们留下了深刻的印象。其一是陈铨改编的多幕剧《祖国》。该剧描写在日寇占领下某城市的一位教授，不顾个人安危，和学生、工人一起抗击敌人，最后为祖国英勇牺牲。闻一多应邀做舞台设计和制作。他的设计十分精心，为了突出爱国的主题，尝试用黄色灯光表现忠勇，用蓝色灯光表现悲壮。排练时，他在一旁给同学们出主意，提意见。1939年1月该剧在昆明最大的剧场新滇大舞台演出，闻一多带领同学安置布景、道具。演出非常成功，连演八场，场场客满，盛况空前，给大后方春城注入了新的活力。其二是《原野》。这是曹禺的剧作，也是主要由联大剧团演出，曹禺亲任导演，凤子演女主角，请闻一多担任舞美设计。该剧立意反抗与复仇，闻一多为该剧上演亲撰的“说明书”及设计的布景、道具和服装，都创造性地烘托了这个主题。他设计时十分认真，每幕都画出平面图与曹禺商议。他匠心独运的设计十分成功。1939年暑期，该剧上演，再次轰动春城。

晋城北门街·潜心著述与“诗化家庭”

1939年暑假后，日寇空袭昆明次数增多，联大不少教师疏散到城郊居住。此时，闻一多补行休假一年，举家搬到晋宁县城。当时的晋宁县城在晋城，距昆明约40公里，县城不大，城中心有古色古香的鼓楼，东、南、西、北四街成十字形从楼下通过。闻家租住北门街苏子阳家的二楼宅子。

在晋城，闻一多按他制订的一年研究计划，潜心钻研，还整理往日研究的诗经、楚辞、乐府、神话的旧稿，重点是为下学年要开的“上古文学史”课做准备。此间，他写成《易林琼枝》一卷，分10组129条；发表了《姜螈履大人迹考》等论文。

当时次子闻立雕、三子闻立鹏、女儿闻铭均在草村国立实验小学读书。作为诗人的闻一多，对孩子进行的教育是“诗化”教育。他常常给孩子们讲解古诗，最主要的是唐诗。而选讲的唐诗又大多关系国家兴亡盛衰和人民艰难困苦、备受煎熬方面的，如《卖炭翁》《茅屋为秋风所破歌》《长恨歌》《兵车行》《琵琶行》等等。作为学者的闻一多，由于研究造诣精深，因此他给孩子们讲解唐诗特别能深入浅出，传情、传神，生动感人。孩子们一个个听得如痴如醉，有时鼻子发酸，与诗中人物呼吸相通。“诗化”教育的另一方面就是要求孩子们熟读善背古诗，为了督促孩子们的背诵，闻一多还规定了“惩罚”制度，背不下来的要为他捶腿100下。

节孝巷周宅·后院遭炸弹

1940年8月，闻一多休假期满，从晋城搬回昆明城内，与胞弟闻家驷共同住在小东门内节孝巷13号周宅。闻家驷是西南联大外国文学系法国文学教授，与闻一多关系极为密切。现在兄弟俩住在一起，十分欢悦。

新的学期开学，朱自清教授开始休假，其清华中文系主任之职务由闻一多代理。那学期闻一多讲授“诗经”“古代神话”等三门课程。其中《中国文学史分期研究（一）》即他在晋城准备的《上古文学史》。9月，联大学生“冬青”文艺社成立，闻一多与冯至、卞之琳应邀担任导师。不久，联大戏剧研究社演出《阿Q正传》，闻一多应邀任顾问会成员。

9月22日，日军在越南海防登陆。30日，27架日机从越南起飞轰炸昆明，炸死市民187人，270多人受伤。空袭中，一枚炸弹落在闻一多家的后院，幸亏是个“哑弹”，没有爆炸，否则闻一多一家早就上西天了。经此一惊，加上此后日机空袭昆明及滇缅公路日渐频繁，闻一多举家移居西郊农村陈家营杨姓宅院。

陈家营·闻一多华罗庚两家隔帘而居传佳话

杨家宅院是昆明地区典型民居“一颗印”，即四合院结构建筑。两层楼，楼下为灶房、堆放杂物及养牲口，楼上住人。闻家住正房楼上3间。1941年，华罗庚家也搬来这里，两家隔帘而居留下了佳话。

此前，华家住黄土坡村。一次空袭华罗庚被“活埋”在炸塌的防空洞中，耳朵也震出血。死里逃生后，华家迁到离城更远的大塘子，这个小村子与杨武之教授（清华数学系主任、杨振宁之父）家只隔了一条路，两家往来十分方便。但是不久，一枚炸弹落在杨家天井中，房屋也倾塌了，幸而杨家外出躲警报才没有伤亡。华家也外出躲警报到了大河埂，此处就在陈家营附近。当时的华家真有点走投无路，闻一多急人所难，热情欢迎华家与他家挤在一起。华家搬来后，闻家腾出稍大一点的一间给华家。这样闻一多家8口与华罗庚家6口住在一起，因为中间没有墙，只好挂条床单隔开。闻、华两家相处甚洽，形同家人。后来，华罗庚为怀念他们这段难忘的生活，曾写下小诗一首："挂布分屋共容膝，岂止两家共坎坷；布东考古布西算，专业不同心同仇。"

今天，闻一多和华罗庚住过的陈家营旧居已声名远扬了。1992年11月，华罗庚的女儿华苏与原清华大学党委书记李传信一起来滇出席熊庆来百年诞辰活动，同时奉母命寻访当年华家住过的地方。笔者应传信、华苏之邀，陪同寻找。黄土坡村故居早已没有留下任何踪迹，经过一番周折找到了陈家营华家住过的地方，后来笔者撰写发表了《寻访华罗庚旧居》一文。文中记载：当年华家的房东姓杨。当时华苏、传信我们在杨宅前合了影。1999年8月12日，昆明市政协文史委员会组织对抗战时期部分文化名人旧居进行专题调研，又寻访了陈家营闻、华两家当年住过的杨宅。新的变化是，陈家营的住宅已经被编上门牌号码。2000年中共云南省委宣传部影视中心组成大型专题片《西南联大启示录》摄录组，6月11日笔者带领该项目组到陈家营杨宅进行实地拍摄。

陈家营离西南联大校舍有六七公里。闻一多住在这里时，每周进城上课一次。上午进城，下午上课，晚上住联大单身宿舍，次日上午再上课，然后回陈家营。不上课时，闻一多在寓所埋头伏案。在陈家营居住的一年时间，他先后撰写了《乐府诗笺》，《伏羲考》一、二部分，《怎样读九歌》，《贾岛》，《类书与诗》，《周易义证类纂》，《九章解法》，《宫体诗的自赎》等文论，可谓著述甚丰。

在陈家营的1年中，联大在四川叙永县设立分校，联大文学院中文系主任兼师范学院文学系主任罗常培因公赴叙永分校，校方决定罗离昆期间，闻一多暂代其职。闻代系主任之职从6月至9月共4个月。其间，老舍应梅贻琦邀请来昆，闻一多主持了老舍在联大中文系的演讲会。

司家营·清华文研所·伟大的转变

1941年9月，清华大学决定成立文科研究所，冯友兰任所长。文研所下设中国文学、外国语文学、历史学、哲学四部，闻一多任中国文学部主任。接着闻一多为文研所选址而奔波。9月的一天，闻一多和助教何善周两人从陈家营步行进城，然后又到东北郊龙泉镇。在这里，他们看好了司家营的房子，接着和住在龙泉镇的王力、陈梦家两人商定研究所就设在这里。

10月初，闻一多举家搬到司家营姓司的一个院子，这也是“一颗印”结构。闻一多全家住进门左手边楼上，右手边楼上为朱自清、浦江清、何善周、许维遹4人合住。正面的楼上为图书室，楼下为办公室。此外离司家营不远的麦地村桂家祠堂，也是清华文研所租用的房子。从1941年10月至1944年5月，闻一多都住在司家营。司家营是闻一多在昆明居住时间最长的地方。

司家营61号的女主人名叫司兰英，她拿出一个镜框指着其中一张照片对笔者说：这就是我的父亲，闻一多居住在这里时的房东，名叫司荣。当年老父亲做木材生意，盖这院房子当时在村里是很不错的。房子刚盖好，还没来得及栅楼板，西南联大的教授就来租用房子，并拿出钱来栅了楼板。房子盖起来至今没有大修过，仅检过漏，完全是当年的样子。老父亲在世时，常常给我们讲起联大教授的事情。她指着院子左边楼上说，当年闻一多一家就住这边，因为闻家人口多，闻家小姐住大门的楼上，右边楼上住朱自清等几位教授。与此同时，她的侄子从室内拿出一张照片和一张名片。名片是闻一多三子闻立鹏来时给的，上面写的头衔是中央美院油画系主任、副教授；照片是闻一多夫人高真及二子闻立雕回返这个故居时的合影，照片上没有写时间，笔者推测可能在20世纪70年代。

关于桂家祠堂，根据祠堂内嵌在墙上的碑记可以知道，它是清宣统二年（1910年）建盖的。四合大院，宽敞宏丽，雕梁画栋，非常精致。正面楼上楼下各有5间宽大的房间，两边厢房，楼上楼下各3间。可以看出，当年冯友兰教授等选择这里作为文研所颇有眼光。然而，现在这里的情况比较糟糕。1991年笔者来时这里就完全出租给外省人培植人工菌，院内一片破败景象，还散发着浓烈的霉味。今年（2000年）又至，情况依旧。当地村民对此颇有微词，考察者和摄制组的人员无不慨叹可惜。

在这里的近3年间，闻一多在司家营继续研究整理《易经》《诗经》《楚辞》等著作，撰写了《楚辞校补》《从人首蛇身像谈到龙与图腾》《七十二·附识》《芣苡篇》《端节的历史教育》《四杰》《孟浩然》《庄子内篇校释》《画展》《时代的鼓手——读田间的诗》《文学的历史动向》《复古的空气》《家族主义与民族主义》《说舞》等一系列著作和论文。其中，《楚辞校补》1943年获教育部学术论著二等奖。

这一时期，清华文研所除了从事研究之外，还培养研究生。从1941年至1945年，文研所共招考录取了7名研究生（文学组6人，语言文字组1人）。闻一多、朱自清等对他们均进行精心指导培养。

在司家营居住期间，闻一多每周进城到联大新校舍上两次课。1943年上学期讲授“楚辞”，下学期讲授“唐诗”和“诗经”。1943年下学期还在中法大学（在北门街）兼课，讲授“中国文学史”。此外，还为各种短训班、讲习会等讲课，或讲专题讲座。同时，还开始“中国新诗选”的工作。

司家营距城18公里，闻一多每周两次进城上课。来回几十公里，为了节省车钱，一般都步行，因此十分辛苦。这时，他家的生活也十分清苦，连豆腐（闻家管它叫“白肉”）也不大吃得起，孩子们说那时“不知肉味为何物，饭桌上常常是炒蚕豆、清水煮白菜、萝卜‘老三样’”。为了补充点营养，家里买点豆渣和白菜煮在一起，闻一多还给它取了个雅号，叫“一锅煮”。然而苦中也有乐，闻一多每次进城和上完课回家，闻夫人都要带着孩子们送行、迎接。当时住在文研所的各位老师家眷都不在身边，对此十分羡慕。

1939年底至1943年，国民党顽固派先后掀起了3次反共高潮。1944年，国民党在对日作战的豫湘桂战役中一溃千里，闻一多等30人发表《昆明文化界对时局的宣言》。这样的形势下，国民党当局在联大加紧政治上的控制。一方面，教育部要重新“审定”教授们的资格；另一方面，规定院处长以上的教授加入国民党。这些都引起了联大教授们的不满。1940年10月，联大召开教授会传达重新审定教授资格的规定，教授会讨论时，“许多先生发言非常愤慨”，闻一多等拒绝填表上报。1943年3月，蒋介石《中国之命运》一书出版，闻一多看后说：我简直……吓一跳，我们的英明领袖原来是这样想法的吗？“五四”给我的影响太深，《中国之命运》公开向“五四”宣战，我是无论如何受不了的。

与此同时，闻一多越来越关心国家的前途和命运，他怀着极大的兴趣阅读艾思奇的《大众哲学》及重庆《新华日报》等进步书报。

在司家营居住的这一期间，闻一多明显地开始了他的伟大的转变。

昆华中学兼课·迫于生计“治印”·向往延安·想加入中国共产党

抗战的昆明，随着国民党军事上的失败，通货膨胀，物价飞涨，货币又急剧贬值，人民的生活状况不断恶化。报载当时“昆明物价，全国第一”。联大教授生活十分艰难，闻一多一家由于人口较多，甚至时有“断炊”之威胁。闻一多常常思考如何贴补全家生计，并与清华研究所的同事商谈。熟悉他的老同事想起他曾搞过篆刻，遂怂恿他以“治印”谋开源之道。不久，他正式挂牌治印时，浦江清教授特撰骈文启事，梅贻琦、冯友兰、朱自清、蒋梦麟、熊庆来等12位著名教授具名推荐，一时轰动春城。

1944年1月18日，《新华日报》刊登简讯《昆明二三事》，其中即有“闻一多教授订润例作金石”的消息报道。后来，闻一多在家信中心酸地说：“弟之经济状况，更不堪问。两年前时在断炊之威胁中度日，乃开始在中学兼课，犹复不敷，经友人怂恿，乃挂牌刻图章以资弥补。最近三分之二收入，端赖此道。”为了养家糊口，闻一多即大量治印。然而他从来没有把它当作单纯的商品，每一方印都作为艺术品来创作。在昆期间，他究竟刻印多少，难以统计。仅1990年9月文物出版社出版《闻一多印选》即收印谱500余方（1943年至1946年7月）。这些都是闻一多篆刻艺术创作的结晶。

关于中学兼课，亦即迫于生计所为之事。1944年3月，经友人介绍，闻一多受聘于昆华中学担任兼职教师，教高三两个班国文课（主要讲授“诗经”“楚辞”“史记”“作文”等）。昆华中学校长颇为慷慨，给他以专任教师待遇，酬金每月1担（120斤）平价米，半开20元（滇铸银圆，两枚1元），并提供住房两间。

5月初，闻家从司家营搬到昆华中学，先住在初中部学生宿舍，后住在一座小洋楼里。在昆华中学，闻一多一家住了大约9个月。这期间，他发表了一系列学术文章：《关于儒·道·土匪》《从宗教论中西风格》《九歌校释——东皇太一》《可怕的冷静》《八教授颂》《龙凤》《愈战愈强》《诗与批评》《一个白日梦》《什么是儒家》等。

这期间，闻一多积极参加了一系列重要的进步民主活动。

其一是参加了“西南文化研究会”。

该会是一个不公开的学术团体，是中共党员华岗和周新民根据党组织的意见，邀约昆明文教界有代表性的人物而组织起来的。旨在帮助他们了解时事和形势，更好地团结他们。研究会设在北门街唐家花园（唐继尧之子唐筱蓂住宅）。西南联大参加的教授有曾昭抡、潘光旦、闻一多、吴晗、闻家驷等，加上还有楚图南等，共10余人。研究会每两周聚会一次，每次一个主题，由一位参加者先做学术报告或时事报告，然后大家座谈。研究会前后持续了将近两年，大抵前期偏重于学术交流，后期着重政治活动。后来学习中共的文件多起来了，内容有毛泽东《论联合政府》、朱德《论解放区战场》等。其中吴晗、闻一多两位教授受的影响特别显著。在此基础上，1943年7月，经周新民、潘光旦介绍，吴晗加入了民主政团同盟。

其二是捍卫“五四”革命传统的斗争和“五四”纪念周活动。

1944年5月3日，联大历史学会发起举办“五四”座谈会。张若奚、闻一多、吴晗等参加会议并发了言。闻一多回顾了他在清华参加五四运动的情况，他说：“‘五四’时代我受到的思想影响是爱国的，民主的，觉得我们中国人应该如何团结起来救国。‘五四’以后不久，我出洋，还是关心国事……当时要打倒孔家店，现在更要打倒……现在我要和你们‘里应外合’地把他打倒。”

5月4日联大文艺社举行文艺晚会，邀请闻一多等进行演讲。由于听众过多，加上三青团的捣乱破坏而延期。5月8日晚，文艺晚会在联大图书馆前大草坪举行，除了联大学生外，云大等校同学及昆明一些市民也来参加，与会者达3000人之多。闻一多、罗常培、冯至、杨振声、朱自清、沈从文、卞之琳、孙毓棠、闻家驷等做了演讲。闻一多演讲比较激昂，题目是《新文艺与文学遗产》。他说："'五四'的任务没有完成，我们还要干！我们要科学，要民主，要打倒孔家店和封建势力。"他的讲话激起了经久不息的掌声。这次晚会不仅在联大，而且在昆明，甚至在蒋管区也是空前的。它冲破几年来的沉闷空气，把昆明的学生运动推向新的发展阶段。闻一多此次会议的讲话是一个转变。

其三，参加纪念抗战7周年时事晚会。

晚会是联大、云大、中法、英专四校学生自治会联合在云大至公堂举办的。昆明大中学校师生2000余人到会，近20名著名教授讲话。他们不顾国民党当局"只能谈学术问题"的无理限制，分别从政治、军事、经济、文教等方面以及国际形势来检查国民党7年来的抗战"业绩"及其推行的反动政策，鼓励青年们争民主、争自由。闻一多在热烈的掌声中发言，他慷慨激昂地说："国家到这步田地，我们再不出来说话，还要等到什么时候？我们不管还有谁管？有人怕'闹事'，我们要闹闹又何妨！"华罗庚说这次大会当时影响非常大："它不仅打击了发动派的嚣张气焰，特别是使不少徘徊歧路的知识分子觉醒过来，大大增强了民主阵线的力量。"

其四，参加昆明各界人士在昆华女中操场上召开的纪念辛亥革命33周年大会。

闻一多、吴晗、李公朴、楚图南等出席演讲。闻一多演讲的题目是《组织民众与保卫大西南》。这次大会公开响应中共中央关于废除国民党一党专政建立联合政府的号召，最后通过了闻一多宣读的大会宣言，主张立即结束国民党一党专政，召开国民会议，成立民主联合政府，保障人民的各种自由。

其五，参加云南各界人士及大中学生在云大广场举行的纪念云南护国起义大会。

到会者6000人，闻一多、潘光旦、曾昭抡、吴晗及护国起义元老黄斐章、由云龙、白小松等出席并演讲。闻一多在演讲中指出：护国起义的经验告诉我们，要民主必须打倒独裁，"让我们就从昆明开始，继续护国精神，扩大民主运动，争取更大的胜利"。大会通过了吴晗起草、闻一多润色的宣言。宣言指出，保证抗战胜利的唯一方法是民主政治，具体方案是：（一）结束一党专政；（二）召集人民代表会议；（三）组织联合政府。接着数千群众举行了声势浩大的示威游行，闻一多和潘光旦、曾昭抡等人走在队伍前面。

这时期，闻一多的言行清楚表明，他在几十年曲折的道路上，经过不断的探索，深深地认识到中国的希望在中国共产党，他真心诚意地相信党、拥护党，乃至自觉地贯彻党的方针、政策。党的地下文化工作负责人张光年回忆说：当时他在“昆华中学教职员宿舍一个二楼上暂住的时候，我几次去看望他。一天晚上，他满怀热忱地对我说，我想到延安去看看，你能帮助我吗？……我要去！想学学怎么做好组织工作。现在青年们信任我们，可是情况很复杂，咱们办法少，得去延安取取经……我听出来，他已通过其他渠道，提出了同样问题”。1944年秋，吴晗介绍闻一多加入“民盟”。据史料记载，吴晗曾说，就在闻应允加入“民盟”的晚上，他告诉吴晗说自己是一个马列主义者。将来一定要请求加入共产党。正因如此，后来当西南联大学生洪季凯创立中共领导的“民主青年同盟”并向闻一多、吴晗征求意见，闻、吴表示理解、同意，并给了许多帮助和支持。

这一时期，西南联大因其民主气氛浓厚，及其在昆明民主运动的中坚作用，被誉为“民主堡垒”。在西南联大和整个昆明的民主运动中，闻一多享有极高的威望。因为他掌握了真理，每次演讲很能赢得听众。

西仓坡·英勇战斗·为民主而献身

1944年冬，西南联大在西仓坡建盖了一批教职员宿舍。学校采用抽签的方法分配，闻一多抽中了。1945年1月，闻家从昆华中学迁到西仓坡宿舍，房子每套两间，还附带一个小间用人住房，闻家又自己建了一小厨房。因为房小拥挤，长子立鹤和二子立雕均住在学校。闻家和吴晗家住在对面，从此成天在一起，交谈十分方便。

西仓坡是闻一多在昆明最后的居所。1945年春季，有一天，何善周进城去见闻先生。当闻知道何还在注释《左传》的时候，便说：“把这些东西都放下，将来打倒了蒋介石，解放了全中国，回到清华园再好好地研究，现在首先是‘革命’！”因此，闻一多这一时期在西仓坡撰写的多是战斗篇章：《五四运动的历史教训》《人民的世纪》《五四断想》《人民的诗人——屈原》《“新中国”给昆明一个耳光罢》《谨防汉奸合法化》等等。

1945年4月，中共地下组织根据党的七大精神，与“民盟”商议由西南联大、云大、中法、英专四大学学生自治会联合举办盛大的“五四”纪念周，以扩大民主运动的影响。

5月2日晚，闻一多出席联大新诗社举办的“诗歌朗诵晚会”，到会2000多人。作为诗人的闻一多首先发言，后来他又朗诵了解放区诗人艾青的《大堰河——我的保姆》。

5月4日，联大等校学生自治会在云大操场上举行了“‘五四’纪念大会”，到会者6000人。当吴晗、潘大逵演讲时，天下起雨来，有人找地方躲雨，会场乱了起来。闻一多站出来大声疾呼：“是青年的都过来！是继承‘五四’血统的青年都过来！”接着他说：2000多年前周武王起兵伐纣，就在宣誓出兵那天，下起大雨，许多大臣说不吉利，建议改期出兵。周武王说这是“天洗兵”。在闻一多的讲话中，人们很快又集中站好，大会继续进行。会后举行了万人游行，队伍不断高呼“立即停止一党专政！”“组织联合政府！”等口号。这是皖南事变之后，国统区出现的第一次公开宣传中共主张的群众示威游行。闻一多等人始终走在队伍中。当队伍回到会场时，闻一多又走上讲台做了演讲。

1945年5月，重庆《新华日报》昆明营业分处成立，地址在青云街31号。闻一多知道后，即让何善周去买报纸，并为清华文研所订了一份《新华日报》。从此《新华日报》成为闻一多最喜爱读的报纸。

这一时期闻一多与吴晗积极从事“民盟”和西南文化研究会的活动，协助中国共产党团结文化界人士，帮助支持“民青”开展工作。从1944年“五四”纪念活动以后，他们两人成为昆明民主运动的著名战士，昆明民主运动的文件大多是他们两人合作起草，往往是吴晗写分析形势部分，闻一多写号召、主张部分，然后共同修改。联大许多壁报和学生进步团体都请他们担任导师，联大和昆明地区的民主集会他们几乎是每会必到，而且发表演讲，鼓舞发动人们同反动派斗争，昆明许多人都听过他们的演讲。广大青年爱戴他们，反动派则恨之入骨，他们在1944年“双十”节、护国纪念会等集会演讲以后，名字很快就上了康泽、陈果夫的密报，继而把他们列入暗杀名单。然而他们毫不畏惧。

1945年7月底，联大开始放暑假，闻一多到司家营文研所从事研究。8月10日，日本外务省向美、中、英、苏发出乞降照会，各报纷纷出版号外，人们奔走相告，欢呼声、鞭炮声响成一片。次日上午，长子闻立鹤和研究生王瑶不约而同地带着报纸赶到司家营向闻一多报告日本乞降消息。闻一多闻讯喜不自禁，立即到龙泉镇上小理发馆，把蓄了8年的长髯剃了。在回家路上，闻一多向长子吟诵并讲解杜甫《闻官军收河南河北》，“剑外忽传收蓟北……漫卷诗书喜欲狂……”回到西仓坡宿舍，吴晗见到还沉浸在胜利喜悦中的闻一多说：“你那把胡子剃得太早了！”此时的吴晗已预感到：抗战的胜利，不等于人民的胜利，内战的危机正日愈严重。

很快，闻一多就深切地感到这种内战危机的到来。9月4日，为庆祝抗战胜利，联大、云大、中法三校学生自治会，昆明文协、民主周刊社等团体联合在联大东食堂举行“从胜利到和平”庆祝晚会。闻一多、曾昭抡、吴晗、周新民等出席并演讲。闻一多在演讲中警告：“谁不要人民，人民就不要谁！”他还宣读了昆明文化界发起的《制止内战宣言》。10月1日，“民盟”临时全国代表大会增选闻一多为中央执行委员会委员。同日，联大张奚若、闻一多等十教授发表《为国共和谈致蒋介石毛泽东两先生电文》，提出对于国是的主张。要求立即召集政治会议，成立联合政府；而后举行国民大会代表选举，召开国民大会，制定根本大法，产生立宪政府。此电在当时影响颇大。此后闻一多多次坚定地表达反对内战的主张。

10月3日，蒋介石命嫡系部队突然袭击，迫使云南省政府主席龙云下台，改组省政府，由李宗黄代省主席，关麟征为云南省警备总司令。不久，李宗黄请闻一多为其刻印，因为“此公”于云南省府改组当中给人印象不佳，闻一多拒绝了。

11月25日，联大、云大、中法、英专4校联合发起，在联大民主草坪举行反对内战的时事晚会，钱端升、伍启元、费孝通、潘大逵四教授在会上演讲。昆明大中学生及各界人士6000多人参加大会。大会进行之中，国民党始则派特务混入会场捣乱，继而以机枪、冲锋枪对会场上空射击，进行恫吓，散会后又断绝交通通道。对于反动派的破坏行径，四大学学生纷纷议论，十分愤慨，当夜许多人即签名罢课以示抗议。当晚，闻一多探望刚刚病愈的联大英籍教授罗伯特·白英，而未参加时事晚会。九时许，当他在白英家听到枪声时，认为情况严重。

次日，昆明《中央日报》发表污蔑学生的造谣消息："西郊匪警，黑夜枪声"，更加激起了学生的愤怒，昆明18所大中学校学生联合罢课，并成立罢课委员会。

11月29日，西南联大召开本年度第二次教授会议讨论学生罢课问题，82人出席。闻一多担任记录。会议推举闻一多与冯友兰、张奚若等8人起草《国立西南联合大学全体教授为11月25日地方军政当局侵害集会自由事件抗议书》。从本次教授会起，至12月20日西南联大召开的第八次教授会，讨论学生罢课问题，闻一多一直担任记录。

12月1日，特务暴徒袭击联大新校舍、联大师范学院等处，制造了"一二·一"惨案，杀害联大学生潘琰、李鲁连，昆华工校学生张华昌及南菁中学教师于再，缪祥烈等25名学生受伤。

2日，死难师生入殓。3日，四烈士灵堂设于联大新校舍图书馆，闻一多第一批到灵堂祭奠，并送了挽词"民不畏死，奈何以死惧之"。3日，昆明《民主周刊》《时代评论》等报刊发表《我们对"一二·一"惨案严重抗议》，此文为闻一多亲手改定。6日，闻一多与潘光旦、向达、费孝通等298名大中学教师联名发表《为12月1日党政军当局屠杀教师学生昆明市各大中学教师罢教宣言》。"一二·一"惨案在全国各地引起了强烈反响，进而形成震惊中外的民主运动。闻一多一方面坚决支持学生与反动当局斗争，另一方面与中共地下组织保持联系，注意有理有利有节地开展斗争；同时，还积极工作，与联大常委梅贻琦交谈，争取到梅支持学生关于查处罪魁祸首的复课条件，从而使斗争顺利发展，发挥了主要作用。1946年2月，闻一多撰写《“一二·一”运动始末记》。文章指出“‘一二·一’是中华民国建国以来最黑暗的一天，但也就在这一天，死难4烈士的血给中华民族打开了一条道路”。3月17日，昆明学联为4烈士举行盛大出殡。闻一多作为治丧委员会常委和云大校长熊庆来、联大训导长查良钊等组成殡仪主席团，走在出殡队伍的前列。下午5时，出殡队伍返回联大墓地，举行公葬仪式。墓道前有两根火炬石柱，基座上镌刻着闻一多撰写的《“一二·一”运动始末记》。公葬主祭者查良钊首先致辞，闻一多、吴晗等人也做了致辞。闻一多悲痛激愤地说：“今天我们在死者的面前许下诺言，我们今天的方向是民主，我们要惩凶……他们跑到天涯，我们追到天涯，这一代追不了，下一代继续追，血的债是要血来偿还的。”

5月4日，上午9时，联大全体师生在新校舍图书馆举行结业典礼，省市各机关负责人及各界人士应邀出席。梅贻琦主持大会，宣布西南联大正式结束。随即师生们分批离昆北返。典礼后，人们到校园东北角举行联大纪念碑揭幕式。碑额“国立西南联合大学纪念碑”为闻一多篆书，碑文由冯友兰撰写，罗庸书丹。因为三位名家合作，此碑后来被称为“三绝碑”。

自从1944年以来，闻一多作为一名民主战士愈战愈勇，成为青年学生的朋友，成为国统区民主运动的一面旗帜。特别是“一二·一”运动以后他越来越看清楚了国民党反动派的丑恶嘴脸，因此他也就更加旗帜鲜明地进行战斗。敌人对闻一多等民主斗士恨之入骨，必欲除之而后快。5月，他们在近日楼、青云街、文林街等处张贴标语和壁报，对闻一多等进行攻击，污蔑他们是拿卢布的俄国特务，把他们称为“闻一多夫”“吴晗诺夫”等，造谣称“李公朴奉中共之命携巨款来昆密谋暴动”。他们对闻一多攻击尤多，甚至扬言悬赏40万元收买闻一多的头颅。

联大的教师和学生们一批批离开昆明，闻一多因为民主运动的事情，推迟北返行程。5月7日，吴晗离昆，闻一多接替了《民主周刊》社社长职务，更加紧了工作。同时，他和夫人也准备北上复员事宜。考虑到夫人身体不好，闻一多决定全家乘飞机经重庆返北平。然而闻家人口多，机票难买，费用昂贵，不得不分批走。6月20日，二子闻立雕和三子闻立鹏先行飞渝，等候全家到齐后再一起到北平。

1946年7月11日，西南联大最后一批同学乘车离开昆明，复员北返。蓄谋已久的反动派再也按捺不住了，当晚，暗杀了李公朴。随即，传说敌人第二个暗杀目标即是闻一多。不少同志和朋友都劝闻一多不要外出，暂避一下。然而，闻一多已将生死置之度外，他说："事已至此，我不出去，什么事都不能进行，怎么对得起死者！假如因为反动派的一枪就都畏缩不前，放下民主工作，以后有谁还愿意参加民主活动，谁还信赖为民主工作的人？"

7月15日，李公朴殉难经过报告会在云南大学至公堂举行。同志们为了闻一多的安全，请求他不要参加。最后他以只出席不讲话为条件，得到大家的同意。在报告会进行中，当看到李公朴夫人张曼筠悲愤难言时，特务乘机起哄，闻一多怒不可遏，拍案而起，做了著名的《最后一次演讲》。演讲中，闻一多大义凛然地说："我们不怕死，我们有牺牲的精神，我们随时像李先生一样，前脚跨出大门，后脚就不准备再跨进大门！"恨得咬牙切齿的敌人再也忍耐不住，当天下午，在西仓坡宿舍门口枪杀了闻一多。与他在一起的长子闻立鹤为掩护父亲，身负重伤。

闻一多遇害举国震惊。17日，毛泽东、朱德给闻一多夫人高真发来唁电；周恩来等参加国共和谈的中共代表团从南京发来了唁电，同时就"李闻惨案"向国民党政府提出强烈抗议。海内外舆论纷纷悼念李、闻，强烈谴责反动派暗杀罪恶行径。与反动派愿望相反，烈士的鲜血唤起了更多的群众丢掉幻想，投入埋葬蒋家王朝的战斗。

1949年，毛泽东在著名文章《别了，司徒雷登》中写道："我们中国人是有骨气的。许多曾经是自由主义者或民主个人主义者的人们，在美国帝国主义者及其走狗国民党反动派面前站起来了。闻一多拍案而起，横眉怒对国民党的手枪，宁可倒下去，不愿屈服……我们应当写闻一多颂……他们表现了我们民族的英雄气概。"

闻一多是中国人民的骄傲和自豪，他永远活在云南人民的心里。1986年7月15日，闻一多殉难40周年之际，云南师范大学在闻一多战斗过的西南联大民主草坪上树立了闻一多“拍案而起”的雕像。次年，昆明市人民政府将闻一多在西仓坡的故居连同其殉难处公布为市级文物保护单位。

[原载《昆明文史资料选辑》第35辑《抗战时期文化名人在昆明》（一），云南美术出版社2000年版]

品格高尚　毕生奉献

——缅怀朱德祥教授

品格高尚　毕生奉献

——缅怀朱德祥教授

今年（2003年）是云南师大朱德祥奖学金首次颁发20周年纪念，西南联大云南校友会要出版一本文集纪念西南联大建校65周年，朱老生前是联大云南校友会会长，谨撰此文以做纪念。

朱德祥奖学金及其由来

云南师大现有14种奖学金：朱德祥奖学金、伍达观奖学金、伍集成奖学金、西南联大育才奖学金、德国赛德尔奖学金……在众多的奖学金中，朱德祥奖学金是最早设立的，而且是荣誉最高的奖学金。它要求获奖学生学年个人素质达标测评智育单项成绩文科学生在90分以上，理科学生成绩在88分以上。每年获奖者仅有1至数人，最高的为近两年，达到9人，而有的年份没有人获奖。因此，获得朱德祥奖学金对于云南师范大学学生来说是一个很高的荣誉，获奖者非常珍视，虽然它的奖金并不高。该项奖学金从1983年9月首次颁发至今20年，获奖者共52人。

朱德祥奖学金何以有如此高的荣誉？这是因为它的创立者的高尚品格和创立过程的动人故事所决定的。朱德祥奖学金创建者朱德祥先生是西南联大教师，1949年开始任昆明师范学院教授，他一贯辛勤敬业，节俭自律；只讲奉献，不求索取。中华人民共和国成立后，由于他在教学、科研等各个方面的贡献，1957年被评为云南省先进工作者，1963年当选为省人大代表，1975年和1978年又连续当选第四、五届全国人大代表，1978年被评为云南省劳动模范。

在荣誉面前，朱先生觉得国家给自己的太多，而自己贡献的太少；他还认为国家有困难，人民生活水平不高，自己不能拿这么多的工资。他写报告给上级要求减薪，未获批准。于是他就自动减薪，两个月领一次工资，这样一直持续了七年多。后经领导多次做工作，他才停止了自动减薪，而将7年多积存的44个月工资共计1.3万元捐给学校。1983年2月，学校党委研究，并报上级批准，把这笔钱作为学生奖学基金。后来这个消息见诸报端，上海科技出版社给学校党委写来一封信，随信寄来6000余元。来信说朱教授多年因翻译、出版著作而与出版社建立了不同寻常的关系，这6000元是朱先生先后捐献的稿酬，出版社建议在征得朱先生的同意后，将此款作为奖学基金的一部分。据云南师大数学系领导回忆，20世纪60年代，朱先生一部译作将要出版，他向系领导表示，要将稿酬捐给系里做公益福利基金，谁有困难借给谁。系领导认为不符合政策没有同意，于是朱先生将这笔稿酬捐给出版社，做发展科技出版事业之用。现在出版社寄回此笔款项并提出作为奖学金的一部分，朱先生深表同意。

有人问朱先生："为什么要捐资助学？"朱先生说："我的出身决不忘怀，不知道有多少良师益友帮助过我。前人栽树我吃果，我理应栽树。"关于这一点，朱老的一次讲话深深印在笔者脑海里。

1977年恢复高考，笔者当时参加高考进入昆明师范学院历史系。入学后，系里请朱老给我们讲话，用现在的话说就是入学教育。朱老说：我是江苏南通人，出生在一个贫穷如洗的家庭，1926年考上南通师范，该校是南通状元之张謇1902年创办的，是中国第一所师范学校。1932年我毕业留校工作，两年后，表弟从清华大学来信说，清华大学现首次在全国招收10名贫寒公费生，应该说表哥是可以考得起的。我经过准备参加了考试，没有梦想到的事竟然达到了。然而考取了也非常忧虑，原因是母亲去世，哥哥当家，独木难支。于是决定不去清华读公费生了。但此事被南通师范的一位姓胡的老师知道，对我进行了责怪之后说，这个问题由他解决，他在老师和我的好朋友中找10个人，每年每人借出10元钱，共100元，凑给我哥哥，这样4年就是400元，4年后我如果还不出，就由他姓胡的还。胡老师不仅坚定了我赴北平就读的决心，启程时还送了50元给我作为"远道不时之需"。这就是朱老所说的"前人栽树我吃果"。在他看来当年南通师范的胡老师的雪中送炭是多么的及时，清华的贫寒生公费又是何等的重要啊。

朱老讲这一席话时非常动情，以至20多年过去，至今笔者都言犹在耳。后来在朱老《八旬回顾》回忆文章中还专门写道："历史系、体育系请我为学生讲话，我介绍自己的经历。"正因为吃了前人栽树的果，自己才渡过难关，所以朱老认为自己一定也要栽树结果，给贫困而努力学习的学生以帮助。

实际上，正如朱老说的"不知有多少良师益友帮助过我"。在很多的师友帮助中，突出的还有杨武之、陈省身等老师的关心照顾。由此，朱德祥还与他们结下了深厚的友谊。

与杨振宁一家和陈省身的友谊

朱德祥到了清华就读后，公费每年240元。公费生考分有一个标准，不达标就不得公费。朱德祥学习十分努力，思维敏捷，成绩优异，深得熊庆来、杨武之、陈省身、华罗庚各位教授的赏识。然而公费只能解决日常的学习生活。当时的杨武之对这个优秀学生喜爱之余，还想给他增加一点收入。于是，就叫朱德祥给他的儿子、杨振宁的几个弟弟做家庭教师。这样，朱德祥与杨武之一家结下不解之缘。

1937年6月中旬暑假，朱德祥第一次回家。旋即卢沟桥事变发生，日军大举入侵中国，平津先后沦陷；接下来，北大、清华、南开南迁湖南后组成长沙临时大学。朱德祥在南通家乡不知此事，但此间他接到杨武之老师发来两封信函，通知他，学校迁湘，公费停发，可能有点补助。朱德祥于是直奔长沙临时大学，是年11月1日开始上课。

1938年初，长沙临大再迁云南。朱德祥亦随校迁滇，并于当年毕业。尔后，他应老师熊庆来之聘，先在云南大学任教，1944年起又回联大任教。1945年8月抗日战争胜利，次年西南联大完成抗战之使命而宣告结束，北大、清华、南开3校复员北返。为感谢云南父老乡亲抗战8年对联大的养育之恩，联大师院留昆独立设置，改名国立昆明师范学院。同时留下一批教授担任师院各系主任及骨干教师，联大数学系系主任杨武之留任昆明师院数学系系主任。时值重病在身，于是他要朱德祥向清华梅贻琦校长请假一年，留昆明协助工作。梅校长复函说：清华北返复校之后，更加需才孔急，速回校。然而朱德祥望着重病的杨武之，不忍离去。他在《八旬回顾》中写道："数学系主任杨武之先生留任。他重病托孤，病稍愈命我出试题准备招首届新生，找教师准备开学"，"1946年，我拿了清华的工资办昆明师院的事，替系主任请名医治病，出试题招生，除自己上课外，还为学校招聘教师"，这样，"我被留在昆明师院40年直到1986年退休"。"重病托孤"，这是一个带有厚重历史色彩的关键词，也是朱德祥一生与杨武之师生亲密友谊的写照。

20世纪70年代末，杨振宁回母校昆明师范学院访问观光。笔者当时在校就读，曾和同学们一起欢迎杨振宁来校，时任副校长的朱德祥陪同杨振宁在校园参观，杨振宁对朱德祥十分尊重。他们在校园留影，与老花工亲切交谈的情景，给人留下深刻印象。1991年，云南师大编辑出版《朱德祥执教五十五周年文集》，杨振宁闻讯，欣然题词："很高兴听到将为朱德祥先生出版庆祝文集的消息。朱先生是我父亲的学生，又曾做过我弟弟们的老师，和我家有两代的关系。我们全家都极敬佩他的平实诚恳的态度和为教育工作奉献一切的精神。"

朱德祥与老师陈省身的师生之谊也是十分感人的。

在长沙临大，朱德祥选修了陈省身先生开的几何课程。此前陈省身留学法国，得博士学位后又到法国跟知名学者研究了一年，此时刚刚回国。长沙临大迁滇后，改名西南联大。朱德祥继续选修陈省身讲授的几何课程。陈省身感到这个勤奋的学生学业优秀，也知道他家庭贫寒，亏债很多，于是想给他一些帮助。陈省身将其在巴黎新购的两本书R.Garnier著的《代数与几何》（法文）交朱翻译，待书出版后得点稿费用来还债。当时朱德祥完成了学业在云南大学数学系任教，又到云大附中上课，此间，他争分夺秒，用了一年就完成译稿。1940年陈省身先生将译稿及原著寄重庆国立编译馆。遗憾的是，译稿和原著失落而未及出版。然而，这段师生之谊朱德祥终生难忘。1985年陈省身回昆到云南师大参观，朱德祥以西南联大昆明校友会理事长身份热情接待，事后他向笔者讲述了他与陈省身先生的这段故事。1991年云南师大为朱德祥出版执教五十五周年文集，编委会致函在美国的陈省身教授，请他为文集题词。他欣然命笔：“德祥于三十年代曾选习我的黎曼几何，回首前尘，感触万端。五十年来他在数学教学做了重大的贡献。我们是同年出生的，万里外互祝健康有福了。陈省身一九九一年夏于加州。”

在数学教育方面的重大贡献

朱老热爱并将毕生献给了数学教育事业，正如陈省身所言，“他在数学教学做了重大的贡献”。朱老对数学教育方面的贡献，包含两个方面：一是高等院校数学教育，二是中学数学教育。

朱老先后执教于西南联大、云南大学和云南师大半个多世纪。作为西南联大的教师、国内著名的数学教授，他在几何方面有很高的造诣。1954年，教育部在北京召开高师数学专科教学计划会，朱德祥出席并主持会议。

朱教授特别注重教材建设，他认为：在教学计划和教学大纲制定后，关系到教学成败的首先是教材；而云南地处边疆，有26个兄弟民族，文化水平落后于一些省市，教育工作要从省情出发。因此，朱教授继承西南联大精神，20世纪50年代就按照大纲，结合云南实际自编教材。由于他充分认识教材的重要性并针对省情编写教材，这些油印的讲义在使用中效果很好，很快传到省外，不少兄弟院校纷纷采用。但朱老却在使用中对这些讲义不断进行修改、提高、完善。

受教育部的委托，朱德祥教授先后编写过3部教材：《初等数学复习及研究（立体几何）》《初等几何研究》《高等几何》，三部书均由高等教育出版社出版。由于这几部教材水平比较高，所以深受好评，一再印刷。其中，《初等几何研究》印刷4次共11.5万册；《高等几何》也印了4次，达24.4万册；而《初等数学复习及研究（立体几何）》2次印刷，多达34万册。这些数据有力地说明，3部教材深受全国高等院校广泛欢迎，从而为提高高校数学教学质量起到了突出作用，产生了巨大影响。

除了上述3部教材之外，朱老还翻译出版了3部世界数学名著：[法] J.阿达玛著《几何》上册、下册，[法]J.唐乃尔著《理论和实用算术》，这3部译著均由上海科技出版社出版，分别印刷2至4次不等，印数为2.3万册至9.4万册，也是深受好评，在教学中发挥了重要作用。

朱德祥在高师几何教材建设方面构想全面，自成体系，形成系列。除了上述6部著译外，还撰著出版了《新编解析几何》《方法、能力、技巧》等著作。

朱老不仅注重教材的编写，还注重对教材使用者的培训。1983年，昆明师院数学系主办全国高等几何学习班，北至黑龙江，南到海南岛，120多名担任这门课程的教师，参加了培训。朱老主讲，大家深感受益匪浅。朱老还利用外出参加学术会议的机会，应邀到广西、河南、贵州、四川等地高师院校讲学。当他感受到各地的欢迎，竟“忘了老之将至”。

由于在教材建设上的突出成就，1989年国家教委授予朱德祥等人“高师几何系列课程的建设”全国普通高校国家级优秀教学成果奖。

因为朱老在数学特别是几何学方面的造诣和数学教学方面的贡献，他先后担任中国数学学会第三、四届理事会理事，教育部理科（数学、力学）教材编审委员，全国高师院校高等几何教学研讨会理事长。

50多年中，朱老除了在云南师大任教以外，为提高全省中学数学教育的质量，还应邀到全省各地讲学，足迹几乎遍及云南的各个地州和许多县份。1982年暑假，迪庆、大理、昭通3个地州联合邀请朱老到三地讲学，对象是中学教师。笔者当时担任昆明师院函大79级中文专业“中国通史”主讲教师巡回讲课到昭通，适值朱教授也在昭通讲课，当地中学数学界对朱教授讲课评价极高，宛若众星拱月，欢迎之隆重，仿佛使人置身在节日之中。一位中学教师对笔者说，我从未听到过像朱教授这样高水平的课，语言幽默，深入浅出，逻辑性强，一些多年的难题迎刃而解，听后真解渴，简直是大旱逢甘霖。还有一位中学教师说，听朱教授的课，如沐春风，是一种艺术的享受。这些话使笔者对朱老师有了进一步了解，也使我为之震撼：一个好的教师竟有如此魅力！行笔至此，上述情景如电影画面般一幕幕映过我的脑际。

当然，朱德祥教授的贡献绝不止在数学教育方面，但他对自己所做的贡献十分谦虚。他曾说过："我唯一的菲薄贡献是在祖国西南边疆民族地区，率妻子儿女全部从事我一生热爱并为之艰苦奋斗的教育事业，力求不辜负云南人民养育之恩。"

朱德祥教授的一生是教书育人的一生，是只讲奉献不求索取的一生，是平凡而又伟大的一生，他永远活在我们心中。

（原载："国立西南联合大学昆明建校65周年纪念文集"《西南联大精神永垂云南》，云南西南联大校友会编，云南教育出版社2003年版）

补记

朱德祥生于1911年12月6日，卒于1994年10月，享年83岁。

春城结巨子　赤子恋故乡

杨振宁与弟妹们在昆明西北郊惠家大院家门口。全家为躲避日机轰炸在此住了3年（1940—1943年），同院一共住了联大教授14家。

春城结巨子　赤子恋故乡[1]

去年（2008年）2月中旬，参加昆明市政协全会期间，苏国有君告诉我他正在撰写一部有关杨振宁在昆明的新著，并就几个问题征求我的意见。我当即表示了支持。一年过去了，苏君带着完成的《杨振宁在昆明的读书生活》书稿来到我家，请我为之作序。翻看打印好的书稿，不禁使我想起了有关杨振宁的一些往事。

一

杨振宁是中华民族的骄傲，是人们景仰的科学大师。但我最初听到的却是关于他父亲的故事。

1977年12月，我参加了因“文革”而停止了12年之后又恢复的高考，被录取在昆明师范学院（今云南师范大学）历史系，1978年3月入学就读。入学教育时，历史系请来全国人大代表、著名数学家朱德祥教授给我们做报告。朱教授讲了他考入清华大学的经历，勉励我们要珍惜来之不易的机会，努力学习。

朱德祥是1934年进入清华大学学习的，因为成绩优秀，他和老师杨武之教授结下了不解之缘。1937年6月，放暑假期间，朱德祥回到老家江苏南通。一个月后，“卢沟桥事变”爆发，清华南迁长沙，与北大、南开联合组成国立长沙临时大学。在家乡的朱德祥，连接杨武之教授两函，遂赶往长沙上课。4个月后，长沙临大西迁昆明，更名国立西南联合大学。朱德祥参加了湘黔滇旅行团，徒步西行昆明就读，并于1938年7月毕业。之后，在云南大学任教6年；1944年到西南联大任讲师。抗战胜利后，西南联大结束，北大、清华、南开三校复员。朱德祥作为清华大学的讲师，也要北返

[1]　本文为苏国有著《杨振宁在昆明的读书生活》序，云南人民出版社2009年版。

清华。然而，后来发生的事情，却使他留在了昆明，并终其一生。

关于为何留在昆明，朱德祥说，三校复员北返，为感谢云南父老乡亲抗战8年对联大的养育之恩，经教育部批准，联大师院留昆独立设置，改名国立昆明师范学院，同时留下一批教授担任师院各系主任及骨干教师。联大数学系主任杨武之留任昆明师院数学系系主任。时值重病在身，于是他要我向清华梅贻琦校长请假1年，留昆协助工作。梅校长复函说："清华复校之后，急需人才，请速回校。"然而我望着重病的杨武之师，不忍离去。朱德祥后来在《八旬回顾》中写道："数学系主任杨武之先生留任。他重病托孤，病稍愈命我出试题准备招首届新生，找老师准备开学"，"1946年，我拿了清华的工资办昆明师院的事，替系主任请名医治病，出试题招生，除自己上课外，还为学校招聘教师"。这样，"我被留在昆明师院40年直到1986年退休"。杨武之教授也因为逾期未能返回清华，而被解聘。新中国成立后，他到上海任教于复旦大学。

"重病托孤"，这是一个带有厚重历史色彩的关键词，也是朱德祥一生与杨武之师生亲密友谊的写照。1991年，云南师范大学编辑出版《朱德祥执教五十五周年文集》，我参加了文集编委会，杨振宁为文集题词："很高兴听到将为朱德祥先生出版庆祝文集的消息。朱先生是我父亲的学生，又曾做过我弟弟们的老师，和我家有两代的关系。我们全家都极敬佩他的平实诚恳的态度和为教育工作奉献一切的精神。"

二

就在听了杨振宁父亲的故事之后4个多月，我见到了杨振宁。

1978年7月14日，杨振宁偕家人一行6人回到昆明师院参观，受到了全院师生员工的热烈欢迎。我在欢迎的人群中，第一次见到杨振宁。他当时50多岁，看上去风华正盛，神采奕奕。在学校大门旁的花圃，与老花工交谈，亲切随和，老花工还问他弟弟的情况，当时的情景给我留下了难忘的印象。之后，他参观了闻一多衣冠冢；在西南联大纪念碑旁，激动地唱起了西南联大校歌。他说，回到母校，仿佛又回到了30多年前。

我和杨振宁接触，并有过交谈则又是10年后的事情。

1988年是西南联大暨云南师大建校50周年，中共云南省委和云南省人民政府决定隆重纪念，并组成纪念筹委会，省委副书记聂荣贵担任筹委会主任。筹委会办公室设在云南师范大学，我当时任办公室秘书组长。11月1日是联大校庆日，纪念活动安排在10月下旬至11月上旬。而这一期间，杨振宁有活动安排，不能莅昆。恰逢云南大学邀请他为首届熊庆来奖学金颁奖，于是他借机提前回到云南师范大学表示对母校50华诞的祝贺。

7月18日下午，杨振宁回到母校，云南师范大学领导与他在专家招待所会议室会见并座谈。云南省纪念联大50周年筹委会负责人朱德祥、黄平、陈盛年等也参加了会见座谈，杨振宁饱含深情地回忆了当年在联大读书的岁月，听到他清楚地说当年他的准考证号是“0008”号，大家都感到吃惊。他还说了他父亲与昆明师院（即云南师范大学）的关系，祝愿云南师大不断发展前进，最后还向学校签名赠送了自己的著作《读书教学四十年》。

作为工作人员，我参加了这次会见，并在座谈结束时，代表筹委会办公室请杨振宁为50周年校庆题词。当我准备将宣纸和毛笔给他时，他掏出钢笔，并打开笔套：“还是用钢笔吧，我长期都用它。”少顷，他将笔套又套了起来：“要考虑一下。这样吧，我回宾馆想好了再写，明天给你们。”当时，我很有感慨，这位科学大师对题词是如此的慎重，完全不像一些明星大腕，签名题词那样的随意。之后，杨振宁和座谈的全体成员一起到西南联大纪念碑前合影留念。至今，我十分珍惜这张合影。

第二天，我看到了杨振宁的题词：“庆祝西南联大暨云南师大建校五十周年。中兴业，需人杰。杨振宁。”中兴业，需人杰，语出西南联大校歌，杨题词时将校歌中的“须人杰”的“须”字改为“需”。“须”和“需”有相同的词意，但也有侧重，“须”侧重必须，即完成中兴大业，必须要人杰方能担当；而“需”侧重要求，即中兴大业，需要大批人杰才能完成。杨振宁以此表达他对云南师范大学和北大、清华、南开四校以及整个中国高等教育的殷切期盼：在中华民族伟大复兴的征程上，需要努力培养更多的人杰。在当年的纪念活动中，杨振宁的这一题词，被广为宣传。

三

本书有一节“春城有缘结巨子”，作者考证出华人获诺贝尔奖的7人中，有4人与昆明有缘。这是一个十分有趣的发现。4人中，有2人与昆明的关系是间接的，直接学习、生活在昆明的是杨振宁和李政道。而李政道在昆明只有1年，杨振宁则长得多，而且这段岁月对他的一生是很重要的。杨振宁赴美留学之前在中国生活了23年。这23年，他在家乡安徽、北平和昆明，大约各占三分之一。而杨振宁说，“昆明和北平是我最熟悉的地方”，“昆明可以说是我的第二故乡，并且她对我的影响远远超过了合肥”。

在昆明的7年多，在西南联大读书6年（其中本科4年、硕士生2年），其余为在昆华中学读书和等待赴美而教书的时间。这段时光正值青春韶华之期，是一个人一生中最宝贵的时期。正因为如此，杨振宁十分怀念这段时光，尤其是他在西南联大的读书生活：

“想起在中国的大学生活，对西南联大的良好学习空气的回忆总使我感动不已。联大的生活为我提供了学习和成长的机会。”[1]

在西南联大，打下了一生“扎实的根基”。西南联大的“学术风气是非常好的。教师阵容非常强大”；教师“教学风气是非常认真的，我们那时候所念的课，一般老师准备得很好，学生习题做得很多。所以在大学的四年和后来两年的研究院期间，我学了许多东西”。[2]

“西南联大绝对是一流的大学。”“我那时在西南联大本科生所学到的东西及后来两年硕士生所学到的东西，比起同时美国最好的大学，可以说是有过之而无不及的。”[3]

杨振宁在昆明的岁月，基本上是整个抗战时期，是中华民族灾难最深

[1] 杨振宁：《读书教学四十年》，三联书店香港分店1985年版，第5页。

[2] 杨振宁：《读书教学四十年》，三联书店香港分店1985年版，第113页、第114页。

[3] 杨振宁：《追忆逝水年华》（英文版）序言（一），载许渊冲著《续忆逝水年华》，湖北人民出版社2008年版，第8页、第48页。

重的时期，战争和灾难给杨振宁留下了终生难忘的印象：

“中日战争（1937—1945年）是一场漫长的浩劫，与中国悠久历史上所发生过的任何一次战争相比，都有过之而无不及。降临到千百万老百姓头上的是难以名状的灾难。有1937年12月的南京大屠杀。有日本人的‘三光政策’（杀光，烧光，抢光），由于这一政策，单在华北一地区，从1941—1942年的1年之内，人口就从四千四百万锐减到两千五百万。有1944年河南省的大饥荒（我实在不知道应该怎样来形容这场惨剧！）。”[1]

正是在日军全面发动侵华战争，中国半壁江山沦陷的情况下，西南联大才迁到大后方云南，杨振宁随父来到了昆明，春城也才有幸结巨子。然而，大后方的昆明也未能完全幸免于战争的灾难。在昆明，杨振宁亲身感受到战争的灾难：“1944年底日军的最后一次攻击，当他们攻到桂林和柳州时，在昆明人人都担心贵阳会随时陷落。还有数不清的疯狂轰炸。1940年9月30日，我家在昆明租赁的房屋正中一弹。我们少得可怜的一点家当几乎全部化为灰烬。万幸的是，全家人都已躲在防空洞里，免于遭难。几天之后，我带着一把铁锹回去，挖出了几本压歪了的但仍可用的书本，欣喜若狂。今天已很难了解，在那种困难的岁月里几本书的价值。”[2]

因此，杨振宁不能忘怀昆明的艰难岁月，对昆明充满深情。他多次回到第二故乡；每次回昆，都要到母校看望，还几次到他家曾经住过的惠家大院去寻访。21世纪初，昆明市进行抗战时期文物普查时，当年杨振宁抱着弟弟在惠家大院家门口的那张著名照片，为我们最终确定杨武之故居帮了不小的忙。

四

2003年，81岁的杨振宁回归祖国，在清华大学任教，他将自己的住所取名“归根居”。他说：“我在中国住了20多年，在美国住了差不多60年。”“归根居”是这位海外赤子长期眷恋故乡的必然归宿。

---

[1] 杨振宁：《读书教学四十年》，三联书店香港分店1985年版，第4页。

[2] 杨振宁：《读书教学四十年》，三联书店香港分店1985年版，第4页。

1957年，杨振宁和李政道成为首次获得诺贝尔奖的中国科学家，举世瞩目，全球华人引以为骄傲和自豪。对此，杨振宁曾经说过：这次获奖的意义超出了科学，让世界知道中国人是聪明的，使华人对自己有了信心。对于杨振宁的这一说法，我曾认真品味，仔细解读，感到含意甚深。10多年来，云南师大新生入学教育时，我都讲西南联大校史，都要讲我对杨振宁获诺贝尔奖的意义的解读：

我们知道，从1840年鸦片战争起，在西方列强的侵略之下，中国走上了贫弱不堪的道路，开始了不堪回首的极其屈辱的历史。杨振宁说："甲午战争和八国联军侵华的时候，恐怕是中华民族5000年历史上最黑暗最悲惨的时候"，"那是任人宰割的时代，是有亡国灭种的危险的时代"。[1]在中国公园的门口，挂着"华人与狗不得入内"的牌子；因为鸦片的戕害，中国人被称为"东亚病夫"；由于国家的破败衰微，中国人被认为智商低下。1957年，突然有两位华人获得了诺贝尔奖，其对于全世界的华人所产生的影响是巨大的，其向世界所展示的意义当然是不言而喻的。

怀着对祖国的眷恋和关注，杨振宁作为美籍华裔科学家，第一个访问了新中国。关于这次访问，他说："1971年春，从报上可以清楚地看出，自1949年以来冻结了的中美关系正在显出融解迹象。当我获悉美国国务院已经解除了美国公民不可到中国旅行的禁令后，我认识到重见我的故乡，重见我的家人、亲戚、老师和朋友们的机会来了。我迫不及待，因为我怕刚刚打开一条小缝的门，很可能由于越战和亚洲不断变化的地理政治形势而在几个月内又会被重新紧闭起来。"[2]"我于7月间去中国访问了1个多月。那时从美国到中国的学术界人士可说绝无仅有。"[3]

正是在这次回国将要离开时，当他从儿时的伙伴、"两弹"元勋邓稼先一封短信中得知"中国的原子弹是中国人自己造的，没有一个外国人参加"时，他的感情受到极大震荡，不得不离开宴会去洗手间，他害怕在筵席上失态，因为那时，他已泪流满面了。

---

[1] 科学时报社编：《请历史记住他们》，暨南大学出版社1999年版，第127页、第128页。

[2] 杨振宁：《读书教学四十年》，三联书店香港分店1985年版，第13页。

[3] 杨振宁：《读书教学四十年》，三联书店香港分店1985年版，第122页。

1972年夏天，杨振宁第二次到中国旅行，他说："我已经拿定主意，作为一名中国血统的美国科学家，我有责任帮助这两个与我休戚相关的国家建起一座了解和友谊的桥梁。我也感觉到，在中国向科技发展的道途中，我应该贡献一些力量。"[1]也就是此次回国之行，杨振宁向周恩来总理建议采取"多注意基础科学的政策"，这一建议受到了毛泽东和周恩来的重视和采纳。此后，杨振宁为祖国的发展做了许多工作，做出了重要的贡献。

一次次的回国访问，杨振宁深感要促进美国和中国邦交正常化。1977年1月，杨振宁以"全美华人协会"负责人的身份与他人共同发起成立"全美华人促进美中邦交正常化委员会"。他们"致美国卡特总统公开信"，进行了不懈的努力和工作。1979年元旦，中美宣布建立正常关系。1月28日，邓小平访问美国。1月30日，在华盛顿，全美华人协会、全美各界华人和美中友好协会联合举办欢迎邓小平副总理宴会，杨振宁代表协会和全美各界华人致题为《建造友谊桥梁的责任》的欢迎词。致辞中，他心情激动，特别讲到旅美华人150年间的血泪史和对美国社会的巨大贡献。可以说，这是海外赤子对祖国母亲的深情倾诉。

回归祖国后，2004年5月12日，他在清华大学中文系发表演讲，对20世纪人类历史上最重要的历史事件进行总结，他说：对人类历史有最大影响的、最重要的是两大事件："一个是人类学会了用科技增进生产力，在这100年中是空前的，而且会继续发展下去；第二个是中华民族的崛起。这两件事情之重要再过50年、100年之后会越来越清楚。"他还说："20世纪是中华民族一个大的时代，中华民族从一个贫困、被欺负到一种不能再悲惨的地位到了今天，这个转换是史无前例的。"[2]

应该说，这是科学大师的一个科学的高屋建瓴之论。当年，杨振宁与李政道获得诺贝尔奖，祖国和人民为之骄傲；今天，祖国翻天覆地在崛起，杨振宁为祖国母亲而自豪，他的高屋建瓴之论就是这种自豪的深刻诠释。

---

[1] 杨振宁：《读书教学四十年》，三联书店香港分店1985年版，第14页。

[2] 杨振宁：《无题漫谈》，载《清华大学学报》（哲社版）2004年第4期。

五

10年前，苏国有君在撰写《杨武之：要将双手撑天空》时，就向我探询过我对杨振宁的了解及与杨的接触。尽管这一接触很简单，但是他却和我一样地珍视它。这也是作者嘱我为本书写序的主要原因。10年来，作者写了多篇关于杨振宁和西南联大的文章，他对这方面的了解和研究在不断深入。

作者以杨振宁年轻时代在昆明的学习生活为选题写作本书是很有价值的，也是具有挑战意义的。说很有价值，一是因为杨振宁的“昆明时代”是一个重要时期。正是在昆明，他奠定了日后取得巨大成就的坚实基础。二是较为系统地记述杨振宁在昆明的读书生活，对于揭示他在昆八年与获得诺贝尔奖之间的奥秘，对于揭示西南联大为何能创造人间奇迹的奥秘，以及对于探讨一个人的青年时代应当怎样度过等等问题，都是很有意义的。说具挑战意义，是因为许多资料比较缺乏，整个工作需要艰辛地劳动。然而，作者花了数年之功，挖掘搜寻，勤奋写作，尤其是对杨振宁在昆华中学读书等相关情况，用力甚多，精心考证，最后给我们展现出一个较为完整的、清晰的年轻时代的杨振宁形象。

作者是带着一种责任来写作本书的。他说：“没有将西南联大在昆明的历史，没有将杨振宁等一大批对中国乃至世界科技和文化有影响的历史文化名人在昆明的历史，较为准确和全面地挖掘出来，是昆明这座历史文化名城的一大缺憾。”可以说，作者以自己的辛劳来消除缺憾的工作是卓有成效的。

作者对本书的定位是“学术著作”。他高度重视已有的学术成果和史料，尽量在每一个细节上都做到真实不虚，持之有据。这种态度是难能可贵的，其努力的效果也是肯定的。与此同时，作者兼顾可读性，全书写得流畅、生动，这也是本书的一个特点。书后所附资料使本书更加丰满。当然，还有一些其他优点，这就有待读者自己去发现了。

最后，有必要借此机会对两个问题加以说明和辩证，因为这两个问题在本书中不止一次谈到，在联大研究中也经常发生舛误。

其一，关于西南联大毕业生人数的问题。书中谈到西南联大本科毕业生有两处，一说2437人，一说2000多人。实际上，关于联大毕业生的人数还有一些其他说法，但都不准确。所以如此，主要是统计口径不同，也有统计的缺失。有鉴于此，去年我指导1名本科生参加云南师大学生课外科技作品竞赛，撰写《西南联大毕业生问题研究》，该文获一等奖，其结论是：联大本科毕业生3723人（其中，联大学籍本科毕业生为2453人，获北大、清华、南开三校文凭的本科毕业生为1270人），专科毕业生约180人，联大毕业硕士研究生83人，共3986人，约4000人。

其二，关于联大留学教授人数的问题。书中也两次谈到这个问题，引用的数字是：联大教授179名，有97人留美，38人留欧陆，18人留英，3人留日，23人未留学；3位常委，2位留美。这一说法的出处是1946年联大结束时，联大学生社团编的《联大八年》。这一统计，限于当时条件，是很不准确的。然而60多年来，这一问题的研究没有新的进展，许多学者，包括北大、清华、南开大学等校的校史皆引用这一数据。为了搞清这一问题，今年，我指导一名硕士研究生以《西南联大留学教授问题研究》为题，撰写学位论文。首先，弄清联大八年共有302名教授，然后对每一个教授留学问题进行研究，结论是：联大至少有256名教授留过学，没有留过学的有24人。留学教授中，留美167人，留英34人，留欧陆47人（其中：德26人，法15人，瑞士1人，意大利2人，奥地利1人，俄2人），留日8人。3位常委，皆留学美国。

总而言之，本书的出版，是杨振宁研究和西南联大研究的新的成果，我要向作者表示衷心的祝贺，同时也热忱地向读者进行推荐。

2009.6.9

联大名师名校友

2009年2月22日，应安徽电视台邀请，我和谢本书教授作为访谈嘉宾飞赴合肥，拍摄“西南联大名师名校友”电视系列节目。该节目为安徽电视台《旧闻新说》栏目，其定位是：“挖掘旧闻故事，探寻时代进程。”它是一个创新的栏目，收视率颇高。

我们所讲的“西南联大名师名校友”系列，名师是联大著名教授，名校友为联大时的学生，后来成就卓著者。

我和谢教授讲的人物有一个大致分工，谢老师讲文科方面的人物，我讲理科方面的人物。具体而言，我讲的联大名师有：吴大猷、陈省身、华罗庚、梁思成（林徽因）、周培源、叶企孙6位；名校友有杨振宁、李政道、邓稼先、王希季、吴征镒，还有文科的汪曾祺，共6人。

每个人物一集，要求有三五个有趣的故事作为支撑；要求讲述生动，深入浅出。因此，当时我做的准备内容都比较丰富。

几年过去了，重读原来准备的大量丰富资料，感到应该把它写成文字。由于时间比较紧，这里仅选择了当时讲的12个人物中的三个（吴大猷、华罗庚、吴征镒），进行了写作，并补充了一些新的内容，收入本书。至于杨振宁、邓稼先已有专文，也收入本书。

联大名师名校友之一

吴大猷：慧眼识英才的物理学大师

吴大猷与李政道

吴大猷：慧眼识英才的物理学大师

吴大猷，广东番禺人，1907年生，祖父是晚清进士，翰林院编修，父亲是举人。1921年夏，伯父应邀到天津担任广东旅津中学校长，已入中学的他随赴津门，并重新考试，进入南开中学一年级。

一、才华出众　又遇良师

1925年夏，吴大猷以高二学历考入南开大学矿科。大一刚完，矿科停办，转入物理系。

当时，南开大学物理系教授饶毓泰是国内极少数知名的物理学家之一，又是南开物理系的奠基人。吴大猷遇到饶毓泰，明白了求知的意义，有求知的兴趣，因此学习用功，成绩出众，成为饶的得意门生。大四时，系里聘他给大一新生上实验课；毕业后，饶先生又将他留校，交给他教学重任。

1931年，吴大猷获得赴美留学奖学金。考虑学费低一些，他选择了密歇根大学物理系。其实，这里红外分子光谱研究力量雄厚。学校看了他在南开大学的成绩，认为他已达到较高程度，系主任Randall教授十分看重他。Randall曾改进红外光谱分析的技术，因而使密歇根物理系成为这方面的鼻祖，他对青年总是采取鼓励态度。吴后来说："这位先生和饶毓泰老师，对我以后的学习、工作和生活，起到了关键的、也可以说是举足轻重的影响。"吴大猷学习了红外光谱的实验技术，并且在光谱仪上做了改进发明，使鉴别率提高。老师们称他为"优秀的年轻人"。1933年，吴大猷就完成了博士论文，获得博士学位，并且获得研究奖助金，留校继续研究一年。

1934年，应北京大学邀请回国任教。这时，饶毓泰在北京大学物理系任系主任。当时中国物理学的著名教授大多集中在北大和清华，这其中有饶毓泰、朱物华、郑华炽、周培源、任之恭、吴有训、赵忠尧、叶企孙、萨本栋等。现在，吴大猷也成了他们中的一员。到抗战爆发前的两三年里，吴大猷在国内外期刊上发表了十四五篇论文。学生中有马士骏、郭永怀、马大猷、虞福春、孔令晟等一批英才。

二、生活比别人艰辛　忠贞爱情成美谈

抗战爆发后，吴大猷先到四川大学做讲座教授；1938年夏到昆明西南联大执教，是年冬，他住在北仓坡螺翠山庄张维翰宅院，一年后搬到西仓坡若园巷周部长的宅院。周部长即周钟岳，时任国民政府内政部长，在重庆。张维翰曾任内政部次长。所以吴说：由次长的房子跳到部长的房子，也可算是“高升了”。1940年秋，日本飞机空袭频繁，吴大猷搬到岗头村北京大学盖的简易平房居住。

从岗头村到联大新校舍上课，走路要1个小时。当时，为避开日军空袭，联大上午课安排在7至10时，下午4至7时。为了赶早上的课，吴大猷清晨5点多就要起程，上完课又赶回岗头村。一天两个来回共20多里，十分劳累。穿的皮鞋用不了几天就要打掌，更费的是袜子；穿的黄咔叽布裤子，膝盖上补着大补丁。

有一天下午，吴大猷进城，理完发办完事后，回到西仓坡若园巷周宅，准备住一夜，次日一早上课，不必跑远路。结果到了若园巷一看，周公馆被炸。吴说：如果不疏散到岗头村，还住在这里，又不躲警报，那正好中“头彩”。

有一次，吴大猷由岗头村搭一辆马车到联大上课，坐在车尾。车下一个山坡，马忽然惊跳起来，吴被颠下车，昏倒路旁，过了很久才苏醒，勉强步行回到宿舍，一进门便昏过去。这次摔伤成脑震荡，卧病4周之久。

住在岗头村，生活十分不易。到日寇投降前，是最困难的时期。当时，物价上涨，货币贬值，拿到满箱纸币的薪水，赶快买成实物。后来为了战后回乡准备路费，许多联大教授都摆地摊卖旧东西。吴大猷说：“我

可能是教授中最先出马的一个。”

联大教授周培源曾说：吴大猷当时的日子比大家更加艰辛一些。这就是他的夫人阮冠世患严重的肺结核，后卧病疗养，因此他既要料理家务，又要照顾夫人。

其实，吴大猷与阮冠世的爱情故事早在南开大学时就已成佳话。阮是吴在南开大四时教大一实验课时的学生，天生丽质，聪颖过人，令他一见钟情。从那时两人就开始相爱，南开校园里常常可见两人的身影。阮家在北平，吴常随她回家。阮一家人都喜欢这个憨厚老实的广东青年。然而，吴留校当助教不久，阮被诊断出患肺病。对于两人的关系，亲朋好友都劝他三思，师长也担心他的事业前途会受影响，阮自己则含泪提出分手。但是，吴坚定表示：“生活里如没有她，我就不会幸福。”

1931年赴美留学，吴带着阮同行。两人共用一份奖学金，加上阮治病和医药费开支，使得吴不断地打工加班挣点钱；有时在实验室不停地干，甚至一连三天晚上都不合眼。爱情的力量是巨大的，他不仅没有倒下，没有影响学业，反而觉得比谁都幸福。

回到北大任教，吴大猷把母亲接来一起住。母亲看到未来的儿媳如此体弱多病，且不能生育，坚决不同意他们的婚事。因为她年轻时就守寡，全部希望寄托在这个独子身上；断了香火，如何对得起早逝的丈夫和先祖？然而吴大猷说：我爱她不是一朝一夕了，生活里如果没有她，再大的功名对我来说又有什么幸福可言？我要好好照顾她，而结婚是我今生能够照顾她的唯一方式。大家听了这番话无不为之动容，母亲也只得让步。1937年，经过8年的苦恋，这对有情人终成眷属。

来到昆明，阮冠世仍一直体弱，卧床时间多。1940年秋跑警报，跑到岗头村北大盖的简易平房处，后来干脆搬到这里住，就是因为阮冠世来到这里，“回都回不去了”，因为她“从来未走过这么多的路”。大家也都说：既来之，则安之。1943年，阮冠世病情加重：发烧心慌，有时还吐血，冒虚汗，衣服不断被汗水浸湿。吴大猷守候着，终日忙着给她换衣服，烘干洗过的湿衣。梅贻琦和郑天挺赶来看望，北大办事处甚至派人来预备帮助料理后事。兴许是爱情的力量的支撑，“冠世并没有放下我，她仍旧活着”。

这种情况持续了几个月，后来他把她送进惠滇医院设在车家壁的分院。他住在病房照料，要他的研究生黄昆看家。看家没有问题，关键是还要为老师养猪。原来阮病倒之前，吴买了两头小猪，打算养到年底卖掉赚点钱聊补家用。很快死了一头，阮住院后，剩下的一头长大了，黄昆每天要将它赶进小猪厩很不容易，因此写信给老师报告情况。吴只好回信叫他到岗头村找人卖掉。吴说这时已无心计算养猪花了多少本钱，到底是赚了还是蚀了。

对于爱情的忠贞，对于妻子长时期的照顾，朋友和同事们都称赞吴大猷是一个“标准丈夫”。

三、逃避压力有法　研究成就斐然

面对大家的称赞，吴大猷却说他是过着特别的“逃避”生活。他说：整个抗战期间，“物质生活困难是实情，毋庸讳言，但使我感到最难支持的还是由于冠世长期卧病所产生的巨大精神压力”；“我的神经特别健全，即使遇到许多不如意的事情，我也有我的逃避方法，就是埋头写书，借以解脱”。

抗战前两年，吴大猷和饶毓泰、郑华炽教授从事光谱方面的研究，建立一个光栅室，还做了一些“拉曼效应”研究。抗战爆发，此事中断。来到昆明，北大为筹备40周年校庆，约请同仁写论文。吴大猷决定撰著《多原子之结构及其振动光谱》的专论。因为此前已有研究，现在写书主要是打字，有时也去小东门内中央研究院化学研究所查阅资料。书稿1939年春即完成，1940年在上海出版，扉页上写着献给妻子冠世。吴大猷将书寄赠国内外好友、同仁及图书馆，回应是一片好评。1942年，这部著作获教育部（即国家）学术奖励一等奖。

1942年秋，英国著名科学家李约瑟来中国出任英国驻华使馆科学参赞，在重庆建立中英科学合作馆。其间，他到昆明，向西南联大赠送了一批图书和物资。此间，他将吴大猷的上述著作寄给诺贝尔奖得主拉曼。拉曼在给李的信中称，吴大猷教授的著作对于他和同事们正在进行的研究有着很高的参考价值，一定会使他们获益匪浅。

在岗头村期间，条件十分艰苦，但是吴大猷还想继续做一些研究实验。在离开北平时，曾将分光仪的光学部分（三棱镜）带出来；后来又请从美国回昆明的从前的学生马大猷带来低压汞弧灯。有了这些条件，他请学校在岗头村租了一所泥地的房子做实验室，将三棱镜放在木制的架子上，拼凑成一个最原始的分光仪，试着做一些“拉曼效应”工作。他说：“我想，在20世纪，在任何实验室里，不会找到一个仅靠一个三棱镜，并且是用一个简陋木架做成的分光仪。”吴大猷所以如此，是因为他总觉得，这样做总比坐着不干要好得多。

在联大时期，除了撰著了上述著作外，吴大猷还撰写了17篇研究论文，将德文Wigner关于群论的书译成英文。他说：“这都是我的‘逃避’压力的妙法。如果没有这些‘逃避’妙法，我的神经恐怕早就支持不了了。”

四、慧眼识英才　育才传佳话

1941年秋，燕京大学毕业的黄昆考上北大研究院，师从吴大猷。吴说，他是一位优秀青年，我接受了他，让他半做研究生、半做助教，这样他可以得到一些收入。黄昆说：“1942年至1944年期间，在昆明西南联大，我曾从吴先生做研究生，可以说是当时受教于吴先生最多的一个。有一年多的时间，我就住在和吴先生住房在一起的实验室里，在生活上几乎是吴先生家庭的一员。”1945年黄昆留学英国，获布里斯托尔大学博士学位。1955年当选中国科学院学部委员（院士），后担任中国科学院半导体研究所所长，是中国半导体物理学研究的开创者之一，其研究成果在国际上被称为“黄—佩卡尔理论”“黄散射”。2001年获中国首届国家最高科学技术奖。

吴大猷回忆道：抗战这一时期，是他一生中最可贵的光阴，“幸运的是适逢其会遇上了一批卓越的学生，系杨振宁、黄昆、黄授书、张守廉等，再加上发现了李政道的奇才”，可谓英才汇聚。他们之中杨振宁、黄昆、张守廉是联大物理系最优秀的，被称为“三剑客”。后来杨振宁、李政道成为诺贝尔奖获得者，他们对自己的老师吴大猷始终念念不忘。黄授书后来留学美国，在美国太空总署工作。张守廉曾任美国纽约州立大学电机系主任。

当然，最令人称道的是吴大猷接收李政道转学，后来又推荐仅念了大二的他到美国深造的故事。

李政道祖籍苏州，1926年出生于上海，他天资聪颖，小学、中学都未曾毕业，靠着同等学力升学。1943年又以同等学力考入浙江大学，先入电机系，一周后转物理系，还未开始上课，学校就向贵阳以北数百公里湄谭县永兴场转移。因为日军发动豫湘桂战役，打到了贵州独山。当时，李政道想参军上战场。他的老师王淦昌和束星北不让他参军，并建议他到昆明西南联大读物理。然而他投师无门。幸而在重庆的姑父请一位叫梁大鹏的朋友写了一封介绍信，他带着这封信到昆明找到吴大猷。吴经过回忆想起梁与他在美国密歇根大学有过一面之交，当时吴是接梁的新房客。

适值学年中间，不经考试不能转学。吴大猷便和几位相关老师商量，让李随班听讲并参加考试，若及格，待暑假后正式转入二年级。李应付课程绰绰有余，每天课后都到吴大猷处要求给更多的读物和习题，而且无论给他什么样难的书和题目，都能很快读完做完，并又来要更多的。吴从他做题的步骤及方法上很快发现其思维敏捷，大大异乎常人。而且，李跟班旁听参加考试的成绩优秀，于是他成为联大正式的大二学生。

抗日战争胜利后，1945年冬蒋介石由美国对日本广岛、长崎的投弹行动认识到原子弹的重要性，决心造原子弹。他和军政部长陈诚、副部长兼兵工署长俞大维谈这件事。俞大维是西南联大化学系教授曾昭抡的表兄，遂问计于曾昭抡。曾昭抡曾经在昆明《正义报》发表过《从原子弹说起》的文章。曾又推荐吴大猷和华罗庚，并一起赴重庆讨论此事。他们建议建一个国防研究机构，而之前应先派人到美国学习。蒋介石接受了他们的建议，由吴大猷、曾昭抡、华罗庚分别各推荐理、化、数两名优秀人才，组成军政部科技考察组赴美学习考察。1946年春，吴大猷考虑到他的得意门生杨振宁、黄昆已分别赴美英留学，遂推荐了联大助教朱光亚，还有一位人选他提名刚念完大二的李政道，联大理学院院长叶企孙同意并批准了吴的推荐。曾昭抡推荐了唐敖庆和王瑞駪，华罗庚则推荐孙本旺，以及已经在美国的徐贤修。

1946年9月，朱、李、唐、王、孙5人同船赴美，学习原子弹制造技术。然而，美国并没有学习原子弹相关技术的学校接纳他们。于是，他们各自联系学校，进行深造学习。比较麻烦的是李政道，他仅有大二学历。在吴大猷的建议下，他到芝加哥大学联系就学。凭着机敏的应对，他幸运地成为该校研究生院的旁听生，进行试读。1948年春，他成为正式的博士生，1950年获博士学位。1957年和杨振宁一起获得诺贝尔奖。

对于吴大猷的睿智目光，周培源说："大猷先生慧眼识英才，这是当代士林佳话。"吴大猷自己谦虚而幽默地说，不是他选择了李政道，而是李政道选择了他，是李政道从重庆跑到昆明来找他的。

参考文献

吴大猷：《回忆》，中国友谊出版公司1984年版。

附：享誉世界的物理学大师

——西南联大著名教授吴大猷

日前，93岁高龄的台湾著名物理学家吴大猷逝世。惊悉此讯，国家主席江泽民深为悼念，3月5日特电致唁："吴先生毕生献身科学研究和教育事业，为中国科学发展做出重大贡献，在世界物理学界享有盛誉。"

吴大猷，广东番禺人，1907年生；1929年毕业于南开大学物理系，留校任教；1931年留美，1933年获密歇根大学博士学位；1934年回国任北京大学教授，1938年至1946年任西南联大教授。抗战胜利后出国，先后在美国、加拿大、瑞士等国的多所大学和研究机构任教或从事研究；1948年当选中央研究院院士，1957年当选加拿大皇家学会院士；1983年至1994年担任台湾中央研究院院长；1992年被聘为北京大学名誉教授。

在西南联大时期，吴大猷已是物理系著名教授。当时的昆明，物资匮乏，夫人又常年卧病，加上日本飞机空袭，生活、工作条件极其艰苦。1940年以后，为避日机轰炸，他住在岗头村，到联大上课一天两个来回共20多里，非常劳累。正是在这种情况下，吴大猷科学研究和教学成就斐然。抗战8年间，他撰写发表17篇研究论文，将Wigner关于群论的德文书译成英文，著成并出版《多原分子结构及其振动光谱》（英文）一书，该书一出，在国内外产生不小的影响，各方称誉，美国也翻印出版，为此获中央研究院和教育部奖金。教学方面，他为本科生开设电磁学、物理学基础、近代物理等课程；为研究院的学生讲授量子力学、物理学基础、高等力学、量子力学与原子光谱、量子化学等课程。

他的研究与教学给学生以极大的影响，从而培养出了一批世界著名的专家学者。吴大猷自己回忆道，抗战这一时期，是他一生最宝贵的光阴，“幸运的是适逢其会遇见了一批卓越的学生，系杨振宁、黄昆、黄授书、张守廉等，再加上发现了李政道的奇才”。杨振宁、李政道是诺贝尔奖获得者，他们对自己的老师始终念念不忘。黄昆随吴大猷做硕士论文，后来曾任中国科学院半导体所所长。黄授书后留学美国，在美国太空署工作。张守廉曾任过美国纽约州立大学电机系主任。

（原载于《云南师范大学校报》2003年3月20日）

联大名师名校友之二

华罗庚：天才的数学大师

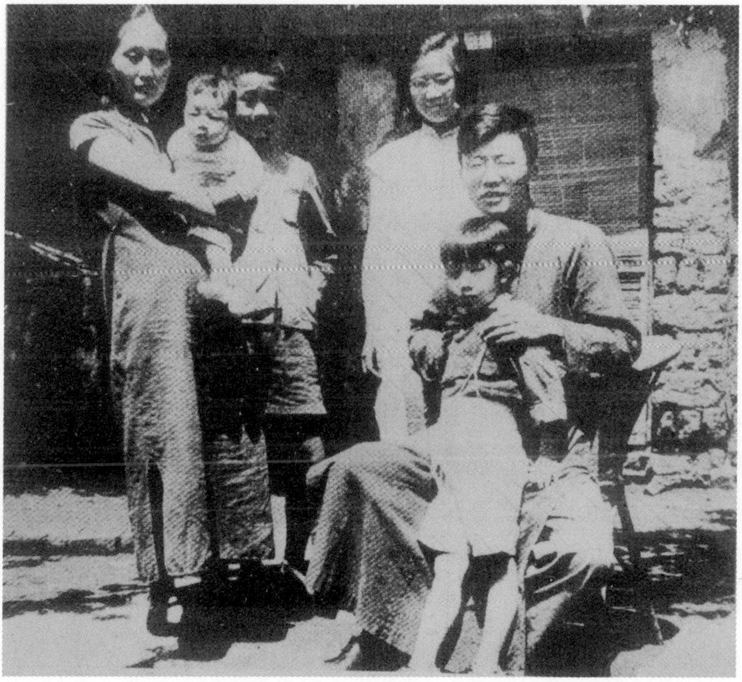

华罗庚全家在昆明陈家营住宅前（1945年）

华罗庚：天才的数学大师

华罗庚，1910年11月12日出生在江苏省金坛市一个贫民家庭，父亲开一爿小杂货店“乾生泰”。15岁初中毕业后，考上上海中华职业学校，尽管学校免收学费，因家庭贫寒，交不起饭费，读了一年只好辍学回家，帮助父亲料理杂货店。

一、痴迷数学　抗争命运

读初中时，华罗庚对数学产生了浓厚的兴趣。在杂货店里看数学书，进行演算，心思完全在钻研数学题上。有时睡到半夜，忽然想出一个数学难题的解法，立即起来把它记下来。一次，顾客买货问价钱，他脱口回答的竟是刚刚演算题目的答案。父亲看他对生意心不在焉，成天迷着看“天书”，很不满意，骂他“书呆子”；要把他演算的草稿纸烧掉，这时，他会紧紧地护住这些草稿纸。

就是在这样的情况下，华罗庚自学了高中和大学低年级的数学课程。

19岁时，金坛中学校长、留法回来的王维克很欣赏他的数学才能，要他到学校当会计兼事务员，还打算让他教初中一年级补习班。但是，正好这时母亲病逝，他也染上伤寒，卧床半年，险些丧生。病愈后，左腿落下跛足的残疾。王维克让他继续在学校工作，还教补习班。仅1个月，有人告状说王任用不合格的教员，于是王辞职，华的教学也停了。继任校长韩大受原来就很器重华罗庚，所以仍聘他为会计。在逆境中，华罗庚与命运抗争，下决心：“要用健全的头脑，代替不健全的双腿。”

二、弄斧班门　初试锋芒

贫病不仅没有削磨华罗庚钻研数学的热情，反而激发他把眼光投向更广阔的地方。他节衣缩食订了两份刊物：《科学》《学艺》。随着不断深入钻研，他的数学水平也在不断提高。1929年12月，他在《科学》杂志上发表了第一篇论文。

有一天，他看到《学艺》上发表了著名教授苏家驹的一篇文章《代数的五次方程之解法》。这是一个阿贝尔早在1816年已证明是不可能的问题，而苏文却说："余终不信其绝对不能解，数年以来，潜思摸索，似得一可解之法。"华罗庚仔细研究了苏文之后，发现了破绽：一个十二阶的行列式计算错了。于是，他撰写了《苏家驹之代数的五次方程解法不能成立之理由》，并投发在1930年12月的《科学》杂志上。论文是有说服力的，立即在数学界引起了震惊。

华罗庚此举可谓初试锋芒。长期贫病的磨砺，铸就了他敢于挑战的精神。后来他把它总结为"弄斧到班门"。他说："中国古代有一个说法，切忌班门弄斧。可是我的看法是反过来的：弄斧必到班门！你要耍斧头就要敢到鲁班那里去耍。在旁人面前耍，欺负人家干啥？你到鲁班面前耍一耍，如果他说你有缺点，一指点，我下面就好一点了；如果他点点头，说明我们的工作就有相当成绩。所以我主张弄斧到班门，下棋找高手。"正是这种精神使他在逆境中能够克服困难，不断前进、创新。

可以说，华罗庚关于苏家驹的这篇论文是一篇著名的论文。首先它不惧权威，一个初中毕业的数学自学者敢于向权威挑战，其次，这篇论文引起了慧眼独具的大师们的关注，从而改变了华罗庚的命运。

清华大学数学教授杨武之首先看到这篇文章，经过打听，作者是本系助教唐培经的同乡，而且是一个自学成才的残疾青年。富于同情心和正义感的杨武之立即将文章推荐给数学系主任熊庆来，并让唐培经讲述了作者的情况。熊庆来的许多同事认为论文的水平远远超过了大学教授；熊庆来则认为：华罗庚他日将为异军突起之科学明星。

三、人生新平台　几度大跨越

熊庆来决定把华罗庚调到清华大学数学系，他亲自向学校交涉，经过一番奔波，学校同意了这个要求。于是，22岁的华罗庚走进了清华园。后来，“庆来慧眼识罗庚”成了国内外科学界传扬的佳话。

华罗庚到了清华园数学系后，怎么安排成了问题。因为华只是初中毕业生，而助教都必须有大学毕业的资格。于是，熊庆来只好安排他在数学系当助理员，工资为助教的一半，每月40元。华罗庚对此十分满足，他说：“清华给我的钱比金坛初中给的钱优厚多了，清华对我来说是求之不得的。”

熊庆来是发现千里马的伯乐，但起初对华的实际水平的估计仍然偏低。他要华先去听解析几何与微积分课，而这对华来说太浅近了。不久熊发现了华的水平比他估计的高，于是他要华来听他的算学分析课，甚至在备课中遇到难题也和华商讨。当时，华罗庚和陈省身、吴大任、许宝騄、柯召一个班，熊庆来、杨武之、孙光远给他们上课。

除了上课，华罗庚主要的时间都用于自学钻研。他强烈地认识到，“人家受的教育比我多，我必须用加倍的时间以补救我的缺失；人家每天8小时的工作，我要工作12小时以上才觉得安心”。华罗庚天赋过人，勤奋异常，他用实际行动诠释“天才出于勤奋”的名言。后来他还用这样的诗句来总结自己的学习经验：“埋头苦干是第一，熟练生出百巧来，勤能补拙是良训，一分辛苦一分才。”

进入清华园，眼界大开，他告别了过去初级水平的研究，直指尖端，不畏艰难。他上杨武之的“群论”课，在杨武之的引导下，走上了数论研究的道路。后来他以无限感激之情给杨武之写信：“古人云生我者父母，知我者鲍叔，我之鲍叔乃杨师也。”

在学习钻研数学的同时，华罗庚还学习英、德、法语。在认真研习希尔伯特的《数论报告》之后，他还将此书译成中文，对兰道的三卷本巨著《数论教程》反复钻研，达到融会贯通。

1933年，到清华大学一年半后，华罗庚的才能被大家认识。系里想让他教微积分课，郑桐荪教授建议将他由助理员提拔为助教。为此，清华大学专门开会讨论，会上由理学院院长叶企孙主持。会上争议颇大，数学系代理主任杨武之坚决赞成，叶企孙最后拍板决定：清华出了个华罗庚，是好事，我们不要被资格所限制！这次破格，打破清华的记录，也是华罗庚人生的一次大跨越。

有了新平台，华罗庚的研究也上了新台阶。1934、1935、1936三年中，华罗庚发表了21篇论文。其中，18篇是在德、日等外国数学杂志上发表的。当时，中国人写的论文，在国外杂志上发表者寥若晨星。一时间，华罗庚“声名鹊起，同侪佩服”。1935年，清华大学再次破格提拔他为教员。

1936年夏，在叶企孙、杨武之等人的推荐下，中华文化教育基金委员会保送华罗庚到英国剑桥大学留学。当时的剑桥大学是世界数学中心之一。他到达剑桥时，适逢执牛耳的数学大师哈代到美国访问。之前，哈代读过华的论文，并留下良好的印象。因此，哈代让人转告华罗庚：如果他愿意的话，可以在两年之内获得博士学位，而其他人通常要三四年甚至更长时间。

华罗庚听了哈代留下来的话后说：谢谢，请转告哈代先生，我只有两年研究时间，要多学东西，多写文章，我不是为学位而来的，而是为了学问。在剑桥期间，他听了七八门课，记了厚厚的一摞笔记，写了18篇高水平论文。这些论文先后发表在英、苏、印、法、德等国的数学刊物上。其中《论高斯的完整三角合估计问题》在《伦敦数学学报》上发表后，引起震动。

在离开英国时，华罗庚向老师哈代告别。哈代问他这两年都做了些什么。他谈了自己的研究成果，哈代听后连连称赞，把他关于他利问题的研究称为“华氏定理”，哈代说自己正在与人写一本书，你的一些结果应该写进书里去。后来这本书名叫《数论入门》，书中引用了华研究的几个结果。专家们指出，这是近代以来中国数学家最早被外国名家引用的成果。

在剑桥大学的两年，华罗庚没有拿到博士学位，然而他实现了人生的又一次大跨越：成为在国际上有一定影响的数学家。

抗战爆发后，华罗庚放弃了应邀访苏的计划，于1938年回到祖国。这时清华大学与北京大学、南开大学联合组成西南联合大学，华罗庚来到昆明。他出国前是清华的教员，现在西南联大以何种职称来聘用他又成了问题。以他在数学界的水平和成就，国内鲜有人可与之匹敌。然而，当时教育部规定，由教员到教授，中间还有两个级别：讲师、副教授。于是问题提到了西南联大教授聘任委员会。当时联大理学院院长、著名物理学家吴有训，将华罗庚在国内外发表的数十篇论文带到会上进行介绍，数学系主任、华罗庚的老师杨武之仗义执言，说华的研究成果已居世界前列，力主越过讲师、副教授，将华罗庚直接提升为教授。最后，会议一致通过华罗庚由教员跃升为教授。这是华罗庚继其由初中毕业的学历调到清华大学任助理员，又由助理员转升助教之后，第三次突破清华大学暨西南联大常规而破格录用人才的记录，也是华罗庚人生的第三次大跨越。这次跨越，使他进入清华大学之后，仅用了7年时间，从一个初中毕业生，仅念过1年职高，成为全国最高学府西南联大的正教授，而通常人们要用大约20年才能走完这个历程。周培源说：这在我国近代教育史上没有第二人。

四、八年艰辛险丧命　不断进取创辉煌

1938年，华罗庚万里迢迢回到昆明。此前，妻子吴筱元和两个孩子华顺、华俊东已历经艰难到了昆明，经两位恩师熊庆来（时任云南大学校长）和杨武之的帮助，在城里的青云街租房住下。青云街离华罗庚上课的地方不算太远。当时西南联大理学院租借大西门外昆华农校校舍上课。

1938年9月28日，日本飞机开始轰炸昆明，华罗庚和家人开始了跑警报的日子。因为腿不方便，每次来回十几里路，步履艰难，走得很慢，到家了天都快黑了。华罗庚常常是在郊外野地备课，做研究，每天很累。后来为了减轻劳累，一家人搬到郊外的黄土坡租农民的房屋居住。

住在黄土坡的许多人都在附近山谷挖了防空洞，华罗庚也请人挖了一个。洞有半人高，里面有土墩，可以坐人，躲警报时还可以在里面看书。

有一次，华罗庚思考数学问题有了灵感，要到旁边的闵嗣鹤家去谈谈。刚走出门，警报响起，到闵家防空洞口时，日军飞机已到头顶，扔下一串炸弹，炸塌了防空洞，把华罗庚和闵嗣鹤几个人埋在里面。空袭过后，家人喊人来刨，因为怕伤到被埋的人，吴筱元和大家坚持用手刨，先把头扒拉出来，直刨得十指出血，花了两三个小时，刨出来了，总算无大碍。但是华罗庚耳朵震出了血，一段时间还失聪。经此“活埋”，险些丧生。

此后，华罗庚搬到更远一些的大塘子。跑警报到大河沟一带，也不安全。正在走投无路时，住在不远处的闻一多邀请华家和他们一起住。当时闻一多住在西北郊的陈家营，租杨姓农民家的房子。于是华罗庚一家搬到陈家营和闻家挤在一起。两家人中间挂了个布帘子，开始了令人难忘的“挂布分屋”生活。

陈家营离联大新校舍20多里，华罗庚到学校上课只能乘坐农民驾的牛车，往返十分不便。于是，有课时华罗庚就住在学校单身宿舍，与陈省身、王信忠（日本史专家）三人一间。陈省身回忆说：房子相当挤，每人一床、一桌、一椅、一书架；但是，“一清早没起床就互相开玩笑，虽然物质上很艰苦，但生活上却很有意思”。

1941年10月，闻一多一家搬到昆明东北郊的龙头街司家营，华家继续住在杨宅，但是移到厢房的小楼上。华罗庚与闻一多结下深厚的情谊。闻比华年长11岁。闻一多曾为华罗庚治石印一枚，还刻了幽默的边款：“甲申岁宴为罗庚兄制印兼为之铭曰：顽石一方，一多所凿，奉贻教授，领薪立约，不算寒碜，也不阔绰，陋于牙章，雅于木戳，若在战前不值两角”。1946年，三校北返复员。7月，反动派制造了“李闻惨案”，15日特务暗杀了闻一多。当时在由南京到上海的火车上的华罗庚从报上看到消息，悲愤异常，吟诗悼念：“乌云低垂泊清波，红烛光芒射斗牛；宁沪道上闻噩耗，魔掌竟敢杀一多！”

战时的昆明，物价飞涨，货币贬值。华罗庚一家人生活每况愈下。华罗庚说：当时条件很差，吃不饱，饿不死，那时候，有句话叫“教授教授，越教越瘦”。他讲过一个故事：教授在前面走，要饭的在后面跟，跟了一条街，前面那个教授实在没有钱，回头说：“我是教授！”那个要饭的就跑掉了，因为连他们都知道，教授身上是没有钱的。

华罗庚烟瘾很大，因为生活困难，把烟也戒了。在家里，大人的衣服给孩子穿，大孩子穿了又给小孩子穿。1944年，第四个孩子出生时，没钱进医院，只好在家中由大女儿华顺一个同学的做医生的妈妈接生。因为穷，华罗庚给刚出生的孩子取名华光，意思是钱花光了。后来，华罗庚回忆在陈家营的这段难忘的生活：

“想到了40年代的前半叶，在昆明城外20里的一个小村庄里，全家人住在两间小厢楼里，食于斯，寝于斯，读书于斯，做研究于斯。晚上，一灯如豆；所谓灯，乃是一个破香烟罐子，放上一个油盏，摘些破棉花做灯芯；为了节省点油，芯子捻得小小的。晚上牛擦痒痒，擦得地动山摇，危楼欲倒，猪马同圈，马误踩猪身，发出尖叫，而我则与之同作息。那时，我的身份是清高教授，呜呼！清则有之，清者清汤之清；而高则未也，高者，高而不危之高也。在这样的环境中，埋头读书，苦心钻研……”

西南联大数学系先后由江泽涵、杨武之掌系，拥有一批精英：郑洞荪、申又枨、曾远荣、刘晋年、赵访熊、赵淞、蒋硕民；而以科研最为突出的华罗庚、陈省身、许宝騄被称为数学系“三杰”。

当时，“天才数学家”华罗庚更是声名远扬。有一个华罗庚为俞大维解密电码难题的故事颇为人称道。1943年，华罗庚参加国民政府举办的中央训练团，期间认识了兵工署长俞大维。俞早年留美，获哈佛大学哲学博士学位，后又到德国柏林大学深造；1925年他有一篇关于数理逻辑的文章登于德国《数学年鉴》，这在当时是破天荒的。10年后，当华罗庚的论文也刊登在德国《数学年鉴》，成为中国第二个在该年鉴上发表论文的人。从这时起，俞就关注这个比自己小13岁的年轻的“天才数学家”。

俞见到华当天即请他帮助解一道数学难题。俞说，已请教许多外国专家均无答复，你若数月后得到计算结果，我就感谢万分了。当晚，华带回“难题”。次晨自厕所出来，将答案写在一张手纸上，当即请人给俞。俞大维收到答案大为惊奇，从此对华倍加照顾。据说这个难题就是密电码问题，也有人说是美国截获的日军轰炸昆明的密码。1946年，当蒋介石想搞原子弹，曾昭抡推荐华罗庚、吴大猷及他们推荐的高足，一起赴美考察时，俞大维促成了华罗庚在美治疗腿疾，由政府出资。

还值得讲述的是，在陈家营农家小楼上，华罗庚撰写了《堆垒素数论》。起先，华罗庚开始深入研究华林-哥德巴赫猜想问题，并得到了一系列成果，于是决定写一本专著，全面论述三角和的估计及其在华林-哥德巴赫猜想问题上的应用。大约从1940年开始用英文写作，夜以继日，用了8个月的时间即完成。当时读初中的大女儿华顺在寒暑假里帮助打字。这部《堆垒素数论》有60万字。后来，华罗庚把书稿交给当局有关部门，请求出版。然而，书稿竟被弄丢了。

中国数学界对这部书给予了很高的评价。适值教育部第一次在全国开展学术评奖，然而，教育部无人能对该著作进行评审。后来请到老一辈数学家何鲁。何审读中，不时拍案叫绝，一再对人说："此天才也！"亲笔将书稿抄写了一遍，并作长序介绍。何与熊庆来等一致主张对该著作授奖。结果，1941年中国首届学术奖励，《堆垒素数论》获自然科学类唯一的一等奖。

"堆垒素数论"这一学科是由苏联院士、著名的数学大师维诺格拉朵夫奠基的，华罗庚的研究有重大发展。1941年华将书稿又寄给维诺格拉朵夫，第二次世界大战结束后，1947年，该著作在苏联用俄文出版，引起世界数学界的关注，维诺格拉朵夫称它是"优秀专著"。新中国成立后，1953年，该书在中国出了中文版；1957年，华罗庚对中文本做了修订。之后，该著作的德、匈、日文本相继面世。

据说，华罗庚在西南联大曾讲授过"堆垒素数论"课。开始时，慕名而来的学生，座无虚席；后来一天天减少；最后，只剩下四个人，一星期后只剩下两个人，即青年教师闵嗣鹤、钟开莱。当时，因为空袭，往返学校很不方便，闵、钟二人干脆搬到华家旁边租房而居，两人认真阅读书稿，给了华罗庚协助。

五、放弃优裕生活　投身祖国建设

1946年，华罗庚赴美讲学，担任普林斯顿数学研究所研究员。1948年被伊利诺大学以优厚的待遇聘为终身教授。同年，当选中央研究院院士。当时，一家人在美国过着优裕的生活。

1949年新中国成立。消息传来，华罗庚十分激动，他谢绝了伊利诺大学的多方挽留，毅然回国。途经香港时，写下了著名的《致中国全体留美学生的公开信》。他在这封长达2000多字的公开信中，深情地呼唤："朋友们！'梁园虽好，非久居之乡'，归去来兮！"不少有为青年，在这封信的感召下，回来投身到新中国的建设中。

回国后，华罗庚先后担任清华大学教授，中国科学院学部委员（院士）、数学研究所所长，中国数学会理事长，中国科学院副院长，中国科学技术协会副主席，全国人大常委，全国政协副主席等职；在培养人才和科学研究等方面做出了杰出的贡献；是应用数学为国民经济服务的先驱者，提出"统筹法"和"优选法"，并开展推广应用，取得巨大的经济效益。

1985年6月12日，华罗庚在日本东京做学术报告时，突发心脏病逝世。他一生发表论文200篇，出版专著10部，科普作品10余部。由于其杰出的成就，被选为美国科学院外籍院士、第三世界科学院院士，德国南锡大学、美国伊利诺大学、香港中文大学荣誉博士。

参考文献

王元著：《华罗庚》，北京开明出版社1994年版。

顾迈南：《华罗庚传》，复旦大学出版社1997年版。

附：寻访华罗庚旧居

今年（1998年）是西南联大暨云南师大建校60周年纪念，谨撰此文以表对西南联大及其先辈大师们深切怀念之情。

1992年11月21日，李传信同志约云南师大前党委书记叶涛同志和我协助完成一项任务：寻找华罗庚教授在昆明的旧居。我一听很高兴，表示非常愿意。

传信同志是清华大学原党委书记。1988年云南省隆重纪念西南联大暨云南师大建校50周年时，他率清华大学代表团来昆参加纪念活动。我作为纪念活动工作人员，认识了他。他此次来滇，是应弥勒县和云南大学邀请，参加“熊庆来百年诞辰纪念”活动的。熊庆来是世界著名的数学家，一生参与创建过清华等三所大学的数学系，是中国近代数学的先驱；他在担任云大校长12年间，将一个不名的地方大学办成了在世界上有一定知名度的大学；他在清华任数学系教授时，曾慧眼识得英才华罗庚，此事早已传为科学史上的佳话。此次“熊庆来百年诞辰”活动，清华大学派出了3人参加，传信同志前来，说明清华大学对此活动的重视；还有华罗庚的女儿华苏（清华大学数学系副教授）一同到来，体现了清华办事的周密。

第二天是星期天。当我们见到传信同志时，他说：离京前，华罗庚先生的夫人向女儿交代了一项任务——找到父亲执教西南联大时在昆明的旧居，看一看老房东，这是父亲生前的一桩夙愿。华苏接着说，母亲告诉她，当年全家在昆明住过黄土坡和陈家营。我知道，1938年9月下旬日本飞机开始轰炸昆明，此后，昆明市民经常要“跑警报”。西南联大校方为了教授们的安全，就请大家分散到城郊各农村租借房屋居住。每人每周课程相对集中一些，上课的头一天进城住集体宿舍，上完课又返回乡下。当时联大教授的住所，东南西北郊，到处都有。因此有一个说法：昆明有多大，联大就有多大。

简短的交谈之后，我们驱车上路，开始寻找华罗庚旧居的行动，先到黄土坡。抗战时期，这里可能只是一个小村庄，但今天这一带已居民密集，单位很多，范围远非当日可比。而我们的线索仅仅是“当年西南联大教授住过的地方”。可以想见，这样的寻找无异于大海捞针。找过不少单位，也询问了不少人，结果都是似是而非，于是只好到陈家营去。

与黄土坡不同，陈家营范围没有太大的变化，仍然只是一个村子，过了昆明电化厂数百米，就到了。当我们具体问起华罗庚教授住过的地方时，却又成了问题。年轻人不用说，就是中年人，甚至老年人，都说不知道抗战时期本村还住过西南联大教授。但令人欣喜的是，询问中我们得知一个线索，本村有一位72岁的姓陈的老人，1949年是陈家营农民协会主席，大家都说他知道的事多。于是我们开始打听这位老人。经过几番辗转，还真找到了他，老人身体健朗。当我们说明来意，特别是谈到华罗庚是一个著名的数学家时，他问我们要找的这个人是不是腿脚不方便，走路要画一个圈。想不到华先生因伤寒而落下的突出的身体特征竟帮了大忙，使我们省去了许多口舌，一下子拉近了距离。后来当我看《华罗庚传》时，又一次庆幸我们这次寻访的顺利。这部传记里曾叙述熊庆来破格聘请22岁的华罗庚到清华工作时，派一个教员带着华的照片到火车站迎接。对着很小的照片，这位教员全神贯注，费了很大功夫，当他终于接到拄着拐杖的华罗庚时，曾嗔怪地说，早知道你是个瘸子，何必费这么大劲。

姓陈的老人带我们来到了当年华罗庚的住处。这是昆明城郊最常见的农家院落，一正两耳的两层小楼，虽比较陈旧，但还坚固。我们站在院里，老人叫出了主人，一位戴舌帽、穿中山装，拿一根两尺长旱烟杆的农民，约莫五六十岁。老人向他介绍了我们的情况，然后指着他说：他家姓杨，他的老父亲叫杨云，就是华教授的房东，今年84岁，只可惜瘫了，卧床不起好多年，也不知道事情了，看看他儿子还知道些什么。

经过交谈，杨云的儿子说，过去听父亲讲过家里是住过教授，但更详细的情况就不知道了。家里原来的老房子，早就不行了，现在的是重新盖的，就在原来的地基上，样子也差不多。

经主人同意，大家楼上楼下看了起来。老房东因为已不知事，大家也就没有打扰他了，但颇有些遗憾。这时，只听得传信同志喊道：这就不错了，找到了！华苏，照相！可以向老太太有个交代了。于是，华苏拿出相机，对着房子拍起照来。

时过境迁，物换人变。我顿生感慨，想起了华罗庚先生曾多次谈到他在昆明生活的一段讲话："我住在昆明乡下，我住的房子是小楼上的厢房，下面养猪、马、牛。晚上牛在柱子上擦痒，楼板就跟着摇晃。没有电灯，就做一个油灯使用。油灯是什么样的呢？就是一个香烟筒，放个油盏，那儿没有灯草，就摘一点棉花做灯芯。就是在这种微弱的灯光下，我从1940年至1942年完成了我的《堆垒素数论》，后来又跨到了矩阵几何。"是啊，这位数学大师举世闻名的成果就是在眼前这里问世的。

关于为什么搬到这里来住，1979年纪念闻一多90周年诞辰时华罗庚曾著文说过："为躲避日寇的飞机轰炸，一多先生举家移居在昆明北郊的陈家营。我们一家走投无路，也来到这里，一多先生热情地让给我们一间房子，他们一家则住在连通一起的另外两间房子里，两家当中用一块布帘隔开，开始了对于两家人都是毕生难忘的隔帘而居的生活。"他还曾写过四句诗，记述了这段生活："挂布分屋共容膝，岂止两家共坎坷；布东考古布西算，专业不同心同仇。"联大两位著名的教授正是在极端艰苦的条件下，安贫乐道，深研着自己的专业。这首诗其实是当年联大所有教授乃至中国的大多数知识分子生活工作的写照。

正当我遐想之际，华苏请传信和叶涛同志，老房东的儿子、我和她一起在小院里合影留念。后来，她将这张合影赠给我，我非常珍视，把它压在书房玻璃台板下。每当看到它，我就想起这次难忘的寻访华罗庚先生旧居之行，就会想起西南联大更多的事情。

（原载云南师范大学《高教研究》1998年第3期）

联大名师名校友之三

吴征镒：世界植物区系研究的权威

吴征镒：世界植物区系研究的权威

一、芜园奇书启蒙　童趣痴迷植物

吴征镒，江苏仪征人，1916年6月13日出生在九江，从小生活在扬州。祖上做过道台，时已家道中落，但位于扬州北河巷的吴道台宅第仍规模壮观，其后花园芜园是吴征镒儿时的“乐园”。母亲出身书香门第，家有“五之堂”，他从小就受到“五之”的熏陶。母亲告诉他，“五之”语出儒家经典《中庸》的“博学之，审问之，慎思之，明辨之，笃行之”。进入私塾后，学习“四书五经”，知道了“五之”的含义，遂把“五之”作为自己努力学习、求取真知的方法。后来，他知道北京大学曾将“博学审问，慎思明辨”作为校训，更是“笃行之”。

10岁时，他在父亲的书房中看到一本名叫《植物名实图考》的书，并被它深深地吸引。该书作者吴其濬，清嘉庆二十二年（1817）状元，先授翰林院修撰，后在10余省为官，“宦迹半天下”。曾任湖南、浙江巡抚；道光二十三年（1843）调任云南巡抚，次年又兼署云贵总督；吴还是“具稀世才”的渊博学者，政务之余，研究自然科学，所到之处，采集植物标本，仔细观察，摹绘成图，汇集成书。该书收录植物1715种，每种植物所绘图形，精致逼真，文字准确，并引征古籍考证。其中有云南植物300余种。民国年间多次印行，还翻译为日、法、英、德等国文字出版，外国植物学家十分重视，称它是《本草纲目》的发展。

此书对少年吴征镒来说是一本“奇书”，对他产生了巨大影响。俗话说，兴趣是最好的老师。他对这本书产生了浓厚的兴趣，爱它里面漂亮的画图，时常翻看，后来还对照书上的图谱到家宅的芜园中寻找花卉草木进行辨认，渐渐地在这座“乐园”中认识了几十种花草树木。他还观察春笋破土、夏花繁盛、秋叶飘落、冬树萧瑟、审问植物四季变化的奥秘，领略到大自然的神奇。

初中时，吴征镒因对植物的痴迷已小有名气。学校组织春游踏青，生物老师随手所指植物，他皆能脱口说出名称。他还跟着老师唐寿学会了采集植物，制作标本。高中一年级时，他采集制作的植物标本已积累了上百份，深得生物老师唐耀赞赏，还专门为他在班上办了一个展览，展出他采集的标本。

从小养成对植物的浓厚兴趣，使吴征镒立志长大做一个植物学家。

二、清华成绩优异　抗战长征南下

1933年，17岁的吴征镒高中毕业，他报考了自己心仪的清华大学生物系。考试成绩中数理化是好的，而更为突出的是国文。当时国文题目是写一篇游记，这是朱自清出的。由于古文功底扎实，又喜读游记美文佳作，因而他的国文得了高分。结果以20多名的成绩进入清华大学。清华是1925年设立大学部的，他是清华大学九级学生。

由于家境艰难，吴征镒大学生活比较困难；幸有五兄半薪资助，支持他完成学业。他学习刻苦努力，专业成绩出类拔萃，其他课程成绩也都不错。他回忆说当时生物、英文、历史这些课程都是一些最好的老师上课。其中国文课，大一时是朱自清讲授，朱对吴已有印象，加之又是扬州老乡，吴时常向朱自清请教，深得教益。他课余爱好十分广泛，对文学尤甚，有许多朋友是国文系的，来往甚多，经常写新旧诗、填词，还唱昆曲。对于国家大事也十分关注，九一八事变，“一二·九”运动使他产生了“读书效国”“科学救国”的思想。

1937年，吴征镒以优异成绩毕业并留校担任助教。他急于从实践中进一步扩展自己的专业视野。7月上旬，就在举行毕业典礼的那天，他已用自己第一个月的助教工资自费报名参加西北科学考察团，到绥远（今内蒙古）、宁夏去领略荒漠草原植物风光。然而，考察途中先后惊闻卢沟桥事变和7月29日北平沦陷的消息。从此，开始了8年全面抗战颠沛流离的生活。

9月，经舟车辗转回到扬州，教了两三天中学，旋即接到清华大学的通知：到长沙报道。当时，清华与北大、南开三校联合组成长沙临时大学，校址在湖南圣经学院，文学院设在南岳衡山，11月1日上课。到了长沙，因三校刚合并，人浮于事，许多助教无“教”可“助”。吴征镒被派到岳麓山后左家垅清华工地一小院落中，与清华农业研究所的同事一起搞研究。12月13日，南京沦陷，长沙成为后防重镇，开始闻到越来越多的火药味。

一天，吴征镒与同事到南岳衡山采集植物标本归来，在圣经学院左侧大楼上整理标本。突然，日寇9架轰炸机来袭。不远处的小吴门（小东门）火车站被炸，在强烈震荡中，吴征镒等人从4楼阁楼上“飞下”草坪，幸无大碍。然而，轰炸中，正在举行婚礼的新人及其家人罹难。他亲睹飞来的一颗人头，怒目圆睁：那种“死不瞑目”的惨状，给他留下了难忘的印象。

长沙很不安全了。临时大学决定再度搬家：西迁昆明。西迁队中，有一路由200多名经体检健壮的男同学组成的湘黔滇旅行团（即步行团）。湖南省主席张治中专门派了一名中将黄师岳担任旅行团团长，南开大学秘书长黄钰生担任副团长兼学生指导委员会主席。学生指导委员会又称辅导团，由11名教师组成。其中有5名教授：闻一多、李继侗、曾昭抡、袁复礼、黄钰生；其余6人为讲师、教员、助教：许维遹、李嘉言、王钟山、毛应斗、郭海峰、吴征镒。

1938年2月14日，旅行团指导委员会成立，留下一张珍贵合影。在这张照片中，吴征镒站在左边第二的位置。湘黔滇旅行团后来被称为中国教育史上的一次创举。

旅行团2月19日出发，行程3500里，历时68天。吴征镒当时草写简记了每天的行程和大事要事。1946年7月，西南联大结束，三校北返复员。为了纪念联大8年难忘的历史，联大学生社团“除夕”社编辑出版《联大八年》一书。吴征镒应邀将当年由长沙到昆明的日记草稿进行整理，名为《长征日记》，全文7000多字，收录在《联大八年》书中。数十年来，吴征镒的《长征日记》是唯一的流传最广、确切记载旅行团事迹的记录。

《长征日记》简明扼要，内容丰富，文采焕然、语言幽默，民族风情、气候地理、 民风民俗、大事险情等，无不跃然纸上。今日读来，仍使人有亲临其境之感。

三、植物王国令人醉　联大八年备艰辛

1938年4月28日，旅行团到达昆明。吴征镒到联大生物系做助教。当时，生物系尚有一些经费，遂抓紧开展半年的考察研究工作。吴征镒后来说："1938年是我毕业后野外活动最忙的一年。"

6月初，吴征镒雇驴一头，驮着行军床和工作用具，绕行昆明郊区各村镇进行调查，采集植物标本，经一个多月，初步认识了2000多种昆明地区的植物，并由此窥见云南高原植物区系的繁复多样性。

与此同时，他的老师吴韫珍住在民生街宽巷5号，每天到近日楼花市买野花，边解剖边绘图，吴征镒和老师一起准备植物分类学的本地教材。师徒手边很重要的一本书是吴其濬《植物名实图考》，经常查阅考证。正是这本书将儿时的他引入植物王国。而现在他来到这位作者做总督的昆明，经过一段时间的查考，对这本书有了新的认识。这位总督兼学者在其任内对所见植物钩玄的记载和相当形似的绘图，使得师徒二人每有新的认识和鉴别，无不发出惊叹："难得有心人啊！"从而醉心于《植物名实图考》和兰茂的《滇南本草》的鉴定考证中，几乎忘却了当时的战局。

8月，吴征镒和张景钺、吴韫珍等师友，组织了大理苍山和宾川鸡足山的综合考察。苍山上杜鹃繁花似锦，冷杉林苍翠欲滴，使人心旷神怡。他学到很多活的知识。回昆后一个月，吴征镒又作为李继侗教授的助手，随20多位综合考察团员，沿着刚刚通车的滇缅公路到芒市、遮放、瑞丽直至畹町，考察荒地和植物，收获颇大，印象深刻。

正是在这一次次的考察中，吴征镒深深感受到云南这个"植物王国"的极大魅力。

1939年夏，联大新校舍落成，理学院、文学院和法商学院从昆华农校中迁入。生物系在南区，吴征镒在系主任李继侗办公室旁的一大间茅草顶的植物标本室工作。里边用装罐头的旧木箱排成架子，陈放两万号标本。与生物系办公室斜对的是数学系。吴常常看到还带有稚气的杨振宁来办公

室找他的父亲杨武之主任。南区东北角有清华农科3个研究所围成的1个小院子。这里是生物系师生聚会之地，也是清华农科三所从大普吉进城的落脚地。

有一次，9架日寇飞机前来轰炸。当紧急警报拉响，吴征镒和同事刘德仪立即跑警报，从联大东北区北面小门跑出，刚奔到小门外的乱葬岗子中，炸弹就下来了。只见南区附近升起浓烟和尘土，心知不妙。当他们紧伏在坟堆中间，只见一架侦察机盘旋低飞，机翼上的“红膏药”和飞行员身影都清晰可见。吴征镒回忆说：飞行员大概忙于记录战绩，而没有顾得上扫射，否则我等“小命休矣”。此次空袭，生物系两幢实验室被炸塌，吴的标本室幸免。此后，日机常来光顾，如入无人之境。

从1940年开始，吴征镒对吴韫珍老师抄来的《中国植物名录》文献，对照秦仁昌从英国皇家植物园标本馆拍摄来的1.83万张标本照片，进行整理和鉴定。他非常珍视这些文献和照片。他知道，近代以来由于国家的贫弱，英、美、德、法等西方国家的采集者，披着传教士、旅行家和外交官外衣纷至沓来，掠走了云南等西南地区难以计数的植物标本和果木，掠走最多的是英国人。直到1950年，吴用了10年的功夫，做了3万多张卡片。这些卡片为理清中国植物家底打下重要基础，并成为日后吴征镒编纂《中国植物志》最基本素材。

1942年，吴征镒考取了北大研究院生物研究生，师从张景钺教授。因避空袭，借居在大普吉清华大学农研所3年。其间，大普吉西南的陈家营曾住有闻一多和华罗庚两家，留下了“挂布分屋”的佳话。同时还住过黄子卿和王伏雄两家，村边有一个土主庙，内设中国医药研究所。吴征镒和几个同事在大殿的泥菩萨前进行《滇南本草图谱》的编著石印工作，自画自写自印。3年出了1本，开了中国植物考据学的先河。

后来，由于陈纳德飞虎队遏止了日军对昆明的空袭，吴征镒和同事们搬回城里。先后和同事租住过先生坡、昆华中学南院后边的大殿（西仓，南隔壁是西仓坡，闻一多、吴晗、潘光旦等师友的宿舍，今云南师大幼儿园所在地）、玉龙堆1号、文林街复兴巷底；因为兼课，也曾住过云南大学和大绿水河的五华中学等处。

联大8年，跑警报，生活之艰辛无一不给吴征镒留下深刻的记忆。然而最感终生难忘的是业师吴韫珍教授之死。吴师是留美博士，著名的植物分类学家，治学严谨。吴征镒和他师徒情深。1938年师徒二人发现一植物新属，确定为“金铁锁”的新种。因为生活困难，1942年吴师将家眷送回上海青浦老家。由于工作辛劳，生活艰苦，贫病交迫，吴师急于治好胃病而开刀。术后，伤口久不愈合，转为腹膜炎而英年早逝，年仅42岁。吴师之死，极大地冲击了吴征镒单纯的“科学救国”思想。他黯然神伤，认为吴师的命运集中反映了抗战大后方联大师生的处境。之后，他接替吴师承担了教学工作。

四、多才多艺　又红又专

西南联大被誉为抗日战争大后方的“民主堡垒”。吴征镒说，“民主堡垒”的基础是形形色色的“读书会”和社团；特别是1942年至1946年的几年间，联大不知有多少大小不一的读书会；联大的南墙被称为“民主墙”，那是联大民主精神火花的标志。而吴征镒就是联大读书会和社团的积极分子。

吴征镒有很好的古文基础，后来又养成了广泛的爱好，能作新诗填旧词，还会唱京剧；在联大还参加“曲会”，唱昆曲。他嗓子好，能唱昆曲的“弹词”“骂曹”“扫秦”“冥判”“夜奔”等全出，慷慨悲歌，抒情展志。他的多才多艺，在参加联大社团活动中得到很好的发挥，同时对革命活动又起到极好的作用。

从长沙到昆明的湘黔滇旅行团中，吴征镒认识了闻一多。一路走来，他深受闻一多学者气质、风度的熏染，受益良多。到了昆明，闻一多指导的“新诗社”和“剧艺社”是西南联大最为活跃的社团，吴征镒经常参加这两个社团的活动。特别是纪念“五四”“一二·九”，或纪念鲁迅等专题晚会上，吴都会参加，而且都有诗朗诵，似投枪匕首，效果很好。

1942年，吴征镒考取北大生物系研究生。1942年至1943年间，他与好友陶光（云大中文系）在云大映秋院，系统地读了鲁迅的各种作品，增进了反封建和反殖民地的思想意识，极大地促进了人生思想认识的转化。业师吴韫珍英年早逝，使他单纯的“科学救国”思想产生了动摇。

后来，因日本飞机轰炸，北大生物系研究生迁到大普吉清华农业研究所。当时，几位中共党员（或“民先”队员），清华金属研究所的胡光世、无线电所的王天眷、周国铨及联大数学系的田方增，发起组织了一个读书会。他们邀约吴征镒和陈芳允、周家炽等人参加 ，一共八九个人。胡光世与吴征镒是扬州同乡并中学同学，又是拜过把子的好友；1931年九一八事变后，吴和胡热血沸腾，一起下乡宣传，主张不要内战，一致抗日；在清华读书时，又是同学，“一二·九”运动后胡加入了“民先”，给了吴不少启蒙和帮助，使他从“科学救国”的梦想中醒悟过来。

这个读书会利用周日，在大普吉山边丁佶塘（因联大商学系主任丁佶教授在此游泳溺水身亡而得名）小树林内学习。主要学毛泽东《新民主主义论》《论联合政府》；通过讨论，掌握文章精神，大家思想有很大提高。读书会还严格执行中共南方局对党员及外围组织成员的“三勤”（勤学、勤业、勤交友）指示。

1944年，从大普吉回到城内，胡光世又介绍吴征镒认识了中共党员章文晋（后是新中国外交部副部长）、李之翰、周文燕等人。不久，吴征镒和联大工学院杨捷发起组织了一个读书会，有田方增和云大、浙大的四人，经常学习开会。

与此同时，吴征镒和联大教授吴晗交往多了起来。后来他称吴晗为自己的“引路人”。闻一多和吴晗介绍他加入“十一”学会（“十一”是“士”的拆字），取“士大夫坐而论政”之意，各抒己见。1945年，闻、吴又介绍他加入“民盟”。当时民盟多在教授层里活动，不定期在北门街唐家花园举行时事讨论会。吴征镒当时是讲师，得以参与其中，是参与者中年龄最小的。经常参加讨论会的有闻一多、吴晗、潘光旦、曾昭抡、楚图南、费孝通、尚钺、罗隆基、冯素陶，以及民盟总部来的潘大逵等，还有华岗、周新民、李文宜等中共党员。华岗的身份是云大教授，实际是代表中共南方局与龙云进行联系的。

抗战胜利后，吴征镒投身反内战争民主的“一二·一”运动中。在为

“四烈士”出殡的大游行中，他在设在省党部门口的路祭仪式上，面对国民党特务，高声朗诵自己用新诗体写的祭文，悲愤控诉刽子手的罪行。运动后，闻一多、吴晗让他和杨明等人负责昆明盟市委，联系进步教授、讲师和助教。

经过一系列的学习和锻炼，“一二·一”运动后，中共地下组织发展吴征镒加入党组织，入党介绍人是他生物系的同学殷汝棠。后来，吴征镒十分感慨地回忆说：从“一二·九”学生运动受到启蒙开始，到加入党组织经历了大约10年的考验。

1946年7月，反动派先后暗杀了李公朴和闻一多。他和未复员的联大师生举行了“李闻”追悼会，他作了五言古体长诗《哭浠水闻一多师》，诗中悲愤地写道：“九死犹未悔，先生小屈原”“大江流众口，浩荡出荆门”“暗夜风雷迅，前军落大星”“大法无纲纪，元凶孰典刑”。8月，他和几位同事离开昆明，复员北平。

五、革命战士　专家本色

吴征镒回到北平，在清华任教。业师李继侗认为他到美国深造将有更好的发展，为他张罗联系到哈佛大学的手续。吴征镒考虑到自己肩负的责任，婉谢放弃了赴美学习的机会。

他以民盟北平市委成员的身份，站在革命斗争的前列，参与发起组织“讲教助（讲师、教员、助教）和职员联合会”。1948年5月，美帝国主义扶植日本侵略势力。6月，北平学生发起了“反美扶日”大游行；高校教职工发起“反美扶日”拒绝领取“美援面粉”的活动。吴征镒带着“宣言”文稿，到朱自清等著名教授家中征求签名。6月18日，清华大学张奚若、朱自清等110名教职员发表《抗议美国扶日政策并拒绝领取美援面粉宣言》。8月，因为身份暴露，组织安排吴征镒转入解放区。

1949年2月，北平解放。吴征镒参加接管大学、故宫和各个系统研究所的工作，任北平市军管会文教委员会高教处副处长，为新中国的教育科学事业而奔忙。中国科学院成立后，他担任静生生物调查所整理委员会副主任，植物分类研究所副所长、研究员；还担任中科院北京地区中共第一任支部书记。

1950年，美帝国主义发动侵朝战争，并使用细菌弹。为了抓住美帝发动细菌战的罪证，许多国家派出科学家赴朝调查。吴征镒也为此事来到朝鲜。一天，他在调查的行军路上，发现路旁一张奇怪的树叶，立即判断这种树叶是朝鲜所没有的，只有在北美洲才会有这种树叶。他小心地用纸包好将叶片带回去检验。果然，叶子上沾满了病菌。吴征镒从万千落叶中发现美国发动细菌战的罪证，他的“火眼金睛”的故事被传为佳话。

1955年，他当选首批中国科学院学部委员（院士）。

六、踏遍青山辨草木　誉满世界铸辉煌

新中国成立后，吴征镒兼负行政职务的同时，从不放松专业研究。有时开会间休息10分钟也会到标本室去看标本，晚上则是他可以专心做研究的时间。然而最使他不能忘怀的是过去在云南亲身感受的“植物王国”的魅力，那里有13000种以上的高等植物，占中国高等植物的一半左右。七彩云南是一个令人梦萦魂牵的地方。

1958年，吴征镒42岁。他说，我已年逾不惑，亟思一个安身立命的场所有所创树，才对得起这一“学部委员”头衔。他毅然申请调往昆明，要与蔡希陶合作建一新所，在植物学研究上以完成自己的夙愿。

蔡希陶，浙江东阳人，1911年生，1930年考入北平静生生物调查所当练习生。1932年、1937年两度入滇调查云南植物，历经艰险，取得重要成就。抗战时期，他供职的云南农林植物研究所是当时中国植物分类学的研究中心，也是西南联大生物系师生们实习、研究的重要基地，吴征镒与他结下了深厚的友谊。此时，蔡希陶担任中国科学院植物分类研究所昆明工作站主任。

1958年夏天，吴征镒带着夫人段金玉和一双7岁、5岁的儿女来到昆明，筹建中国科学院昆明植物研究所。次年5月，研究所正式成立，吴征镒任所长，蔡希陶任副所长。但是，蔡很快就到西双版纳去筹建热带植物园

去了。

野外考察，采集标本是植物学家最基本的工作。吴征镒踏遍云岭大地；进新疆，上西藏，到青海，赴台湾，走遍了祖国的山山水水；还出国访问进行考察，除了非洲之外的四大洲许多地方都留下他的身影。总之，一切有主要植物资源的地区，都留下他的足迹。

吴征镒天生平足，行走时间一长就会疼痛不已。然而，这并不能使他停止翻山越岭。考察中他不知摔了多少跤，为此同事们送了他一个雅号——“摔跤冠军”。他却说：摔跤也好，有时还能发现新种呢！一次，在文山西畴的考察中，他摔倒在地上，坐着不动。大家以为他摔伤了，正想去扶他，只见他左顾右盼，发现了一株白色寄生植物，并仔细观察，认出这是锡杖兰。他惊喜地对大家说：“这是中国的新纪录。”后来，这个摔出来的重大发现在同事中传为美谈。

几十年来，他恨不得把所有的时间都用来研究，连吃饭也嫌耽误时间，生病住院也要进行写作，90岁高龄以后也未停止工作。

勤奋的工作和丰厚的积累，使他练就了惊人的记忆力，他能说出近万种植物的名字，它们的形态特点，以及分布地点。

1956年，中苏友好时期。苏联植物学家到云南考察，吴征镒陪同他们到德宏。当他们看到从未见过的丰富的亚热带植物，惊叹不已。然而，更让他们惊叹的是，无论他们指向哪一种植物，吴征镒都能迅速说出它的拉丁名称。苏联专家送给他一个誉称——“植物电脑”。

1983年，吴征镒到英国考察，来到大英博物馆。英国人专门安排请这位著名的植物学家鉴定清朝时期，驻华公使在中国采集的一些至今未能鉴定的标本。吴征镒用放大镜仔细观察后，用流利的英语说出每一种植物的拉丁学名及其科、属、种、地理分布，曾经记录过的文献、资源开发的意义。英国人佩服赞叹不已。由于对植物研究的深厚功底和广博知识，吴征镒被称为中国植物的“活词典”。

吴征镒不仅博闻强记，博古通今，还有许多创新。他把植物进化学说与大陆板块学说结合起来，提出北纬20°—40°，即中国南部、西南部和印度支那地区，可能是东亚地区植物的摇篮，甚至是北美和欧洲植物系的发源地；以云南为主的西南地区，可能是古北大陆、古南大陆和地中海地区三大植物区系的并汇点，从而创立了一套植物区系发展的新体系。他提出“东亚植物区”的概念，认为这是地球最古老的植物区；还提出了被子植物起源“多系—多期—多域”的理论。

一次访问日本自然保护区，他竟说出其绝大部分珍稀植物的名称。日本同行在惊叹之余，大惑不解，问他有何秘密。他说95%是阅读文献，5%是根据植物分类学的理论推断出来的。

他的一个博士生研究玉龙山植物区系，在论文中写出了1800种植物。他根据植物分布区域的记录，指出该区系植物应该有3000种。令人难以置信的是，当这位博士生在不同季节对该区系进行考察，他所“预见”植物的标本竟都被找到了。

吴征镒以其辛勤的汗水和超人的智慧，铸就了学术的辉煌：共发表各类论文140多篇，主编或编写了数十部学术专著。其中最令人瞩目的是：

1959年开始参加组织《中国植物志》的编纂。该巨著收载中国3万多种植物的科学名称、形态特征、生态环境、地理分布、经济用途和物候期等，是世界各国已出版的植物志中数量最多的一部，共80卷126分册，5000多万字。这部科学巨著历时45年，2004年10月完成全部编辑。吴征镒担任了17年主编，完成了全书三分之二的编研任务。

他还主编《云南植物志》《西藏植物志》等。其中，《云南植物志》21卷2452万字，收载高等植物1.6万种，其体量超过《欧洲植物志》的1.3万种，接近《美国植物志》的2万种。

2007年，91岁高龄的他，还接受了联大同学、国家重大文化工程《中华大典》主编任继愈的委托，担任《中华大典·生物学典》的主编，兼任《植物学分典》主编，并积极地开展工作。

在70多年的植物分类研究中，吴征镒定名和参与定名的植物分类群有1766个，是中国发现和命名植物最多的一位。以他为代表的三代中国植物分类学家改变了中国植物主要由外国人命名的历史。

一位美国科学院院士评价吴征镒“是世界上最杰出的植物学家之一，是一位对中国乃至世界其他地方的植物有着广博知识的真正学者”。

从1980年起，吴征镒任美国植物学会终身外籍会员，瑞典植地学会名誉会员、苏联植物学会通讯会员。1997年当选世界自然保护协会ISCN理事。

1999年他荣获号称“世界园艺诺贝尔奖”的日本花卉绿地博览会纪念协会“考斯莫斯国际奖”，成为世界第7位、亚洲第2位获得该奖的学者。

2007年，他荣获中国国家最高科学技术奖，是西南联大校友获得这一荣誉的第4人。

参考文献

吴征镒：《西南联大侧忆》，载《云南文史资料选辑》第34辑，云南人民出版社1988年版。

吴征镒：《深切缅怀我的引路人吴晗先生》，载《西南联大北京校友会简讯》第46期（2009.10）。

吴征镒：《西南联大：民主堡垒》，载《西南联大北京校友会简讯》第48期（2010.10）。

附记：2013年的两次采访：永远的怀念

2013年2月9日下午，农历除夕，《云南日报》资深记者罗霞找我，就宣传报道中科院院士、著名植物学家吴征镒进行采访。事情显然有些紧急。她说，省里领导日前到医院看望吴老，他深度昏迷。领导要求很快对吴老的事迹进行宣传报道。

义不容辞，何况吴老是我敬仰的前辈，我接受了采访。主要谈了1984年以后我在云南师大党委办公室工作，吴老担任西南联大云南校友会副会长，我和吴老的一些接触，对他的了解，尤其是1988年省委、省政府举办西南联大暨云南师大建校50周年纪念活动时吴老的一些情况。没几天，罗霞的采访文章就写好了。

过了一段时间，罗霞打来电话：吴老闯过了鬼门关，已经苏醒并逐渐好转。报道要推迟发表。3月初，罗霞又来电话：最近，领导指示对吴老的宣传不要等了，要立即进行。采访文章《地灵人杰铸就大师》在《云南日报》和《春城晚报》3日、4日分别刊出。

然而，天不假年。3个多月后的6月20日，因为担任“滇西抗战纪念馆”展览创意策划布展工作顾问和展览大纲撰稿工作，我随省委宣传部领导到腾冲，商讨纪念馆布展中的一些问题以及确定开馆日期。21日，云南广播电视台著名主持人江涛电话约我26日做一期纪念吴征镒的节目。他说：吴征镒院士20日凌晨逝世，享年97岁。此前，江涛看过报上刊载的罗霞采访我的报道。

6月26日中午12:30—13:00，云南广播电台“云广新闻访谈·百姓与社会”栏目，我作为访谈嘉宾接受江涛的采访：介绍著名植物学家吴征镒。这是一次深切的悼念和缅怀。

西南联大校友中的开国三功臣

20世纪80年代末90年代初，我参加“西南联大党史编写组”工作。编写组撰写的《中共西南联大地下组织和群众革命活动简史》，1994年出版，我担任该书统稿。当时，书中有的问题写得十分简约。所以如此，主要是书的体例所限。今年（2009）是中华人民共和国60华诞，现将西南联大学生中的中共党员和“民青”成员三人（熊向晖、李炳泉、傅冬菊）为新中国的诞生所做的重大贡献进行简要介绍，以做纪念。

西南联大校友中的开国三功臣之一

中共超级“特工”熊向晖

中共超级“特工”熊向晖

熊向晖，1919年生，安徽凤阳人。1936年考入清华大学中文系，曾参加“一二·九”运动，1936年加入“中华民族解放先锋队”，同年12月在清华加入中共。1937年11月在国立长沙临时大学转经济系。此间，受周恩来派遣，打入胡宗南身边，深受重用，长期潜伏“静卧”，直到抗战后期和解放战争的几个关键时刻，传送国民党核心绝密情报，使中共中央在面临重大危险时，化险为夷。毛泽东称赞他的工作是中共情报工作最成功的范例。熊向晖也被称作中共超级“特工”，他在胡宗南身边“卧底”被称为国共情报史上最重大的事件。熊向晖的出色工作及贡献，由于地下工作的原则，长期未能公开。直到改革开放后，1991年初，熊本人撰写回忆文章《地下十二年与周恩来》在《人民日报》海外版连载发表，才为人们所知道。新中国成立后，熊长期在外事部门工作，后担任中国驻英国临时代办；以周恩来总理助理名义参加中美会谈，为中美恢复正常关系做出了贡献；担任中国首次出席联合国大会的代表团代表；还曾任中国驻墨西哥首任大使等职务。

一、周恩来“闲棋”布“冷子”　熊向晖潜心成“卧底”

1937年卢沟桥事变之后，北京大学、清华大学、南开大学三校南迁湖南联合组成“国立长沙临时大学”。11月1日，长沙临大开学上课。11月12日，上海失陷；12月13日，日军占领南京，并溯长江而上，武汉吃紧。这时，国共已实行第二次合作，共同抗日。国共两党不少领导人都主张青年大学生走出校门参加抗日工作。12月31日，周恩来在武汉大学做了《现阶段青年运动的性质》的讲演，也号召青年到军队去，到战地去，到农村去，到被敌人占领的地方去，发动群众，组织群众，争取最后的胜利。在这种形势下，长沙临大的学生不少人，或到军队去，或参加战地服务团，或到延安、新四军及华北、华东敌后工作。《国立西南联合大学校史》记载，“长沙临时大学时期，校方记录参加抗战工作离校的学生有295人”。

在长沙临时大学开学一个半月，即南京沦陷后几天，熊向晖接上了中共组织关系，随即熊向组织表示了想去延安的要求。而党组织指示他，不要暴露党员身份，报名参加“湖南青年战地服务团”。据《中共西南联大地下组织和群众革命活动简史》记载：“党组织决定熊向晖、徐晃、池际尚组成党小组（熊任组长），参加湖南青年战地服务团的抗日宣传工作。”当时，参加湖南青年战地服务团的临大学生有24人，他们经武汉军委会政治部第三厅分配至胡宗南部，改名“第一军随军服务团”。于是党组织指示熊向晖打入胡宗南身边。稍后，熊根据组织安排，到武汉八路军办事处。董必武接见了他，并告诉他，到胡宗南处是周恩来的决定。

周恩来为什么要做出这一决定呢？首先，胡宗南的地位重要。胡是黄埔一期毕业生，在黄埔时即深受蒋介石信赖，1936年任第1军军长。抗战爆发后任第17军团军团长，参加了淞沪抗战，是黄埔学生辈中地位显赫的人物。其次，周恩来考虑到当时国共合作形势较好，但蒋介石在抗战中会不会反共，还难以断言。作为中共情报工作的创始人和卓越领导人，周恩来认为要未雨绸缪，派人打入蒋介石的重要人物身边，以待将来之用，他把这叫作“下闲棋”“布冷子”。基于这一考虑，当听说长沙组织去胡宗南部的服务团，周立即要当时在武汉八路军办事处的蒋南翔推荐一秘密党员报名参加。周曾是黄埔军校政治部主任，他对黄埔一期的学生胡宗南是了解的。因此，针对胡的特点，周对去胡宗南处的人提出了具体要求：出身名门，或官宦之家；仪表不俗，公开政治面目不左不右，言谈举止有气质；学过孙中山著作，知识面广，记忆力强；心细，能随机应变。

根据周恩来的要求，蒋南翔推荐了熊向晖。蒋所以推荐熊，因为蒋是清华大学中共负责人，又是熊的入党介绍人，对熊是了解的。当时，熊的父亲在湖北高等法院任庭长。

胡宗南十分重视从服务团中选拔所需人才，亲自分三批接见服务团人员进行面试。为了很好地完成组织交给自己的任务，在胡接见时，熊向晖对胡进行认真观察，感到胡有点奇怪。于是，熊“萌生了一个念头，想使这个‘有点奇怪’的人感到奇怪”。因此，当胡点熊的名时，他故意违例，坐而不立，只举右手，说“我就是”。而当时的情况是胡点到谁的名字谁就起立应声“到”。果然，熊的特立独行，一开始就给胡留下不一般的印象。接下来，胡问：“你为何到本军来？”熊答：“参加革命。”胡一怔，再问：“你到本军是为了参加革命？”熊答：“孙中山先生遗嘱中第一句就是‘余致力国民革命凡四十年，革命尚未成功，同志仍需努力’。贵军是国民革命第一军，到贵军当然是参加革命。”胡觉得他的回答很有意思，又问：“怎样才是革命？”熊答：“孙中山先生说过，驱逐鞑虏，恢复中华，现在驱逐鞑虏就是抗日，抗日就是革命，不愿抗日是不革命，反对抗日就是反革命。”胡又追问：“对反革命怎么办？”熊脱口而出：“杀！”至此，胡看了熊好几秒，然后在名册上熊的名字下面画了4个圈（大多数人画1个圈，少数画2个，至多画3个）。

晚饭后，胡宗南派人接熊向晖去个别谈话，对熊深感满意。之后还宴请了熊的父亲，夸熊“少年英俊，才识超群”；并向熊父保证，一定要把熊培养成“栋梁之才”。后来，胡宗南将熊向晖送到中央陆军军官学校第七分校（在西安）学习。一年半后，学习期满，熊便成为胡的侍从副官、机要秘书。

此后五六年间，根据组织的安排，熊在胡的身边工作，不动声色，直到1943年才开始发挥其特殊作用。

二、熊向晖情报作用大　朱老总一电退胡军

1943年5月下旬，共产国际解散。国民党趁机策划第三次反共高潮。当时，胡宗南掌握四五十万人的军队分布在陕甘两省。蒋介石密电胡宗南，要其“闪击延安”，一举消灭中共首脑机关，夺取陕甘宁边区。

当时，国民党调动5个军，而延安只有一个359旅，还忙于开荒种地，形势十分严峻。7月初，胡宗南军事调动业已完成，计划7月9日对延安发动进攻。在这一关键时刻，熊向晖将胡宗南的部署及时报告了地下组织，并

迅转延安。

7月4日，即敌军行动前5天，根据熊向晖提供的情报，朱德致电胡宗南，内称：“自驾抵洛川，边境忽呈战争景象。道路纷传，中央将趁国际解散机会，实行剿共。我兄已将河防大军向西调动，弹粮运输络绎于途，内战危机，有一触即发之势。当此抗战艰虞之际，力某团结犹恐不及，若遂发内战，必致兵连祸结，破坏抗战团结之大业，而使日寇坐收渔利，陷国家民族于危亡之境，并极大妨碍英美苏各盟邦之作战任务。”

胡宗南接到朱德电文后，感到事机已经暴露，要查究泄密者。为此，他还专门征询熊向晖的意见，熊从容应对，毫无破绽。经反复商讨，胡致电蒋介石，建议罢兵，蒋亦无奈，只得同意。

三、周恩来紧急召见熊　马歇尔不愿做“蒋干”

抗战胜利后，胡宗南以第一战区司令长官身份在郑州对日受降。不久，蒋介石升他为上将。志满意得的胡宗南考虑到自己今后事业上的发展，决定保荐熊向晖到美国留学。于是熊向晖到南京准备报考美国大学研究院所需要的材料文件。

1945年12月，美国派美陆军参谋长马歇尔上将作为总统特使来华“调处”国共争端。1946年1月10日，国共代表正式签订停战协定。同日，国共及美方代表在北京设立“军事调处执行部”，负责监督执行停战协定。此后，周恩来奔走忙于军调工作。

6月10日，周恩来紧急地派人通知在南京家里的熊向晖到梅园新村中共驻南京办事处（周公馆）。跟着前来通知的人，熊向晖秘密地“潜入”周公馆。十分焦虑的周恩来一见到熊，开门见山地说：3天前（7日），我乘坐马歇尔的专机到延安，研究东北停战问题。回南京时，因为连日开会，十分疲倦，在飞机上就睡着了。不慎将装在衬衣口袋里的一个小本子掉在飞机上了。小本子上唯一重要的东西就是记有你在南京的住址，而且旁边还写着一个“熊”字。昨天下午4点多钟，马歇尔派他的副官来把一个火漆密封的小盒子当面交给我，里面正是丢掉的小本子。

周恩来强调说：马歇尔肯定会把小本子拍照，这样你就有暴露的危险。按地下工作通常的作法，你应该转移到安全的地方。但是毛主席说你顶几个师；一下子撤掉几个师，我下不了这个决心。

周恩来要熊向晖到上海可靠的地方暂住半个月，以观察情况。周说：如果马歇尔将小本子照的相送给蒋介石，蒋一定会很快采取行动，这样组织上立即将你安全送到苏北解放区。半个月后，如果一切正常，则说明马歇尔没有把照的相送蒋，这样你可回南京继续办理留学手续；办完手续后，还应去西安见胡宗南。

谈话之后，周恩来和董必武与熊向晖共进工作午餐。席间，熊说，在上海半个月后，如不发生意外想直接回西安，不去美国留学；内战很快就要开始，留下来可以继续起点作用，对党有利。周恩来说：胡宗南保荐你去美留学，中央也同意，怎好说不去？去美留学，许多人都求之不得，你不求而得，自愿放弃，不合常情，只会使别人感到奇怪，还会引起胡宗南的怀疑。现在我们没有条件派自己的同志去美留学，胡宗南代我们“培养”你，得益的是我们。如果战争时间短，你回国后可以做新中国的外交工作。而当前要解决的是我丢了小本子可能带来的问题，闯过这一关。此后，按照周恩来的安排，熊向晖到上海暂避。

如同周恩来估计一样，马歇尔确实对小本子拍了照，还立即派人按照小本子上的地址，了解到“熊”即胡宗南的心腹副官熊向晖。这使他大吃一惊，他感到此事极可能是一个惊天的巨谍案。经反复思考，为了美国在华利益，马歇尔决定将此绝密情报送给蒋介石。

当马歇尔兴致勃勃地来到蒋介石官邸，告诉蒋要提供一份很有价值的情报时，马歇尔本以为蒋会欣然接受，甚至还会表现得迫不及待，没想到，蒋介石看到这位过去支持史迪威与自己作对的美国人已心有不快，他淡然地说：中国最需要的是美国的军援和经援，而不是什么情报。蒋甚至还说：请不要忘记，几年前日本偷袭珍珠港时，戴笠事先就侦获了这个绝密情报，而美国的情报系统则一无所知。蒋介石的揶揄打消了马歇尔的兴头，心里很不是滋味，深想此时硬要这份绝密情报送给蒋介石是很不合适的。

3天后，美国驻华大使司徒雷登邀请马歇尔看京剧，剧目是著名的

《群英会》。马歇尔曾驻军中国，颇有汉学造诣，完全看得懂这出经典京剧。当他看到“蒋干盗书”一场时，心有触动，联想到自己差一点就当了蒋干。在他看来周恩来这个人行事一贯谨慎，遗失在飞机上的那个小本子很可能就是周瑜设计的那封书信，而蒋干正是盗得那封书信后献给曹操，结果曹操杀了自己的水军都督蔡瑁和张允。想到这里，马歇尔甚至有些庆幸。之后，他销毁了小本子的照相。

最终，马歇尔没有出卖熊向晖，熊向晖则闯过了这一关，继续在胡宗南身边充当卧底。

四、将留美又被调回　李德胜从容得胜

解放战争时期，1947年初蒋介石密谋进攻延安，歼灭中共陕北主力，共抽调主力15个旅，此外还有2个旅配合，总兵力共计17万人。进攻时间，定于3月10日。这个日子是美、苏、英、法四国外长内定在莫斯科开会的时间。最后进攻命令要待部队集结完成才下达。

此前，熊向晖新婚燕尔，还请了蒋经国为其证婚。蜜月之后，按胡宗南的保荐和安排，准备赴美国留学。胡宗南的打算是，将来熊向晖学成归来可对其事业有更好的助益。3月1日，正当熊与新婚妻子在杭州旅行，以便3月上旬由上海乘船赴美。这时，军统保密局毛人凤查到熊的行踪，并急切的要熊次日到南京见胡宗南。对于这一突如其来之事，熊甚为狐疑：难道是身份暴露了吗？当见到胡时胡才说：通过军统组织找你，我这也是没有办法的办法，因为事出紧急。然后解释道：要执行蒋介石的秘密计划，要熊来助一臂之力。胡说：“推迟3个月，要打延安了，打完这一仗，你再走。”真是鬼使神差！

重新回到胡宗南身边的熊向晖，3月2日晚将进攻延安的方案仔细阅读，并于次日密告地下组织。之后，蒋介石密电胡宗南，进攻延安时间推迟了3天，为的是等美军驻延安观察组撤离。熊及时将这一变化的情报秘密送出。毛泽东、周恩来得到情报后，称赞说：“很及时，很得用。”

就在14日拂晓敌军进攻延安前10来个小时，熊又了解到，从南京专程

来了一个配备美国最新侦测无线电台方向位置的设备及操作人员分队，帮助胡宗南力图将中共指挥首脑查明，以便一举歼灭。情况十分重要，关系到党中央的安危。由于时间十分紧急，只有10个小时，胆大心细的熊向晖将情报白纸黑字写在纸上，装入信封，派胡宗南的机要交通员送出。这种做法，是违反秘密工作常例的，中间任何一个环节出问题，熊向晖都要暴露，并掉脑袋。然而，他不顾自己的安危，因为这是他当时所能采取的唯一办法。就这样，毛泽东对胡宗南的动向了如指掌。当时，许多中央领导和同志们都请求毛泽东离开陕北，转移到解放区。但是毛泽东说，只要了解敌情，最危险的地方也可能是最安全的地方。胡宗南占领延安，毛泽东仍留陕北，化名李德胜，率领人数不多的中央直属队转战陕北。

就在胡宗南占领延安一个半月后，西北解放军不到3万人的兵力，在毛泽东的指挥下，同比自己多达10倍的国民党军队从容周旋，并取得了青化砭、羊马河、蟠龙三战三捷的胜利，歼敌1.4万余人。5月12日，新华社发表社评《志大才疏阴险虚伪的胡宗南》。这篇社评是由周恩来改写的。当然，胡宗南做梦也不会想到他的最绝密的作战方案还没下达到他的军师长们时，毛泽东已经了如指掌；而且这是由他最信任的副官传达出去的。

5月20日，沮丧的胡宗南对熊向晖说：你还是去美国吧，明天一早就走。7月，熊乘船赴美，先在密歇根大学研究院学习，后转入俄亥俄州西部自治大学研究院攻读硕士学位。胡宗南还在等待熊向晖学成归来助他一臂之力。然而，他等到的是失去蒋介石的信任，以及一次又一次的失败。

五、周恩来宴请张文白　看似一般意却深远

1949年4月，熊向晖取得硕士学位后回国。同一个月，李宗仁代总统派出张治中为首席代表的国民党代表团到北平与中共谈判。后来，因为蒋介石拒绝《国内和平协定》，谈判告吹；张治中等人随之失去代表身份留在北平。4月20日，中国人民解放军“百万雄师过大江”。10月1日中华人民共和国宣告成立。

11月5日，周恩来总理在中南海勤政殿设宴招待国民党原和谈代表张治

中、邵力子、刘斐等人，熊向晖应邀参加。

席间，张治中看到熊向晖有些诧异：“这不是熊老弟么？你也起义了？”周总理解释道：“他不是起义，是归队。”客人似乎有些愕然。

总理说，今天我向大家“公开一个秘密”，边说边指着熊：他是1936年入党的共产党员，是我们派他到胡宗南那里去的。客人们顿时大为惊讶。刘斐原是国防部次长，他说，真想不到！难怪胡宗南打败仗。总理说：蒋介石的作战命令还没有下达到军长，毛主席就先看见了。

张治中说：我早知道蒋介石在军事上、政治上都远远不是共产党的对手，今天才知道，在情报上他也远远不是共产党的对手。蒋介石的特务如狼似虎，胡作非为，花天酒地，哪有像熊老弟这样的人。

总理还说：蒋介石、胡宗南已经知道他（熊向晖）是共产党员，今天我向大家讲出来，希望文白先生有便转告蒋介石，让他知道来龙去脉，还要劝他改弦易辙，反共是自取灭亡，反攻是痴心妄想，劝他不要反动到底。我们对他还寄予期望。总理还补充说：那时国共合作，熊向晖同志是帮助胡宗南抗日的。但蒋介石、胡宗南要打内战，逼得我们不得不如此呀！

总理又指着熊说，今大向你们公开这个秘密，还有一层意思，以后要他在外交方面做些事情，你们都是熟人，是给你们打个招呼，免得误会。

其实，这次宴会是周恩来又一次重大战略行动。而一切是在不经意间进行的，在樽杯相碰之中完成。可以说，这一点连熊向晖也是不知道的。

六、蒋介石着魔阻胡宋　毛和周终成全歼功

就在周恩来宴请张治中等人时，中国人民解放军正在进行西南战役。当时，胡宗南已退到西南地区，他与宋希濂两个主力兵团，约有几十万人马。毛泽东对西南地区的战略意图是要将这两个兵团消灭在中国大陆，不使其逃逸境外。遵照毛泽东的部署，刘邓二野在一野一部配合下，已完成对胡宋两部的迂回包围。

然而，胡、宋两人8月在汉中秘密会晤，达成共识：避免与共军主力在

西南决战，而放弃四川，取道西昌，退往滇西中缅边界，凭借澜沧江、怒江及高黎贡山之险，继续抵抗，实在不行即退往缅甸。应该说，胡、宋两人的共识是当时国民党高级将领在国民党军队节节败退情况下，对军事形势及即将到来的最后局势最为清醒的看法，其拟订的作战方案也是最为厉害的，当然也是中国人民解放军在西南战役中不愿看到的结局。

但是，当胡、宋向蒋介石汇报他们的作战方案后，却被断然否决。原因是当时蒋介石还打算将西南地区作为在大陆最后的必须保持的反共基地，将来要与台湾及沿海岛屿相配合进行反攻。同时蒋介石认为：如果把大陆完全放弃，则国民政府在国际上的地位将完全丧失。蒋还认为西南地区形势险要，物资丰富，尤其是四川人力很充足。因此，他坚决不同意胡、宋退守滇缅的方案。

随着杨勇兵团迅速接近贵阳，解放军西南战略的战略意图逐渐暴露。在这种情况下，敌人，特别是蒋介石也会明白过来，从而放弃他原来的打算，转而同意胡宗南、宋希濂的作战方案。因此，阻止蒋介石同意胡、宋作战方案就成了我军战略计划是否能够最后完成的关键。

古人云：运筹帷幄决胜于千里之外。周恩来在北平宴请张治中等人，特别有熊向晖出席，应该说，这是他的精心安排。席间，周总理说："蒋介石、胡宗南已经知道他（熊向晖）是共产党员，今天我向大家讲出来，希望文白先生有便转告蒋介石，让他知道来龙去脉。"这些话讲得是那么随便淡然，"有便"一词用得是那么的不经意。而事实上，一切都在周恩来的预料之中。当天晚上，张治中就给蒋介石写了一封信。信里有一段话是张治中白天在宴席上的感叹："过去我只知道国民党在军事上、政治上不是共产党的对手。今天我才知道，国民党在情报上也远远不是共产党的对手。"接着张治中发出两问："你有像熊向晖这样的人才吗？胡宗南怎么能不打败仗，国民党的天下怎么能不丢？"

两个星期之后，即大约11月下旬，正在重庆坐镇指挥西南战役的蒋介石看到了张治中的信，尤其是后面的两问深深地刺激了他。而这时胡宗南、宋希濂正在再三地向他电呈从成都突围，请求弃川入滇缅。于是，从12月4日至16日，蒋介石连续4次拒绝了胡、宋的请求，态度之坚决，超乎寻常。胡、宋兵团外逃缅甸的退路被切断了。胡、宋无计可施，只能坐以待毙。

12月9日，云南省主席卢汉通电起义，四川将领刘文辉、邓锡侯、潘文华也联名通电起义。10日清晨蒋介石仓皇逃离成都，飞往台湾。直到12月19日，宋希濂兵团在大渡河全军覆没，宋本人也做了俘虏。这时，中国人民解放军关门打狗之势完全明朗，蒋介石才猛然意识到他犯了战略大错，当即批准胡宗南的第5次请求，命胡率部向西昌突围，进而弃川退缅。

然而，一切都晚了：国民党军队兵无斗志，将生异心，败势已定。成都解放前夕，胡宗南逃出，本想去西昌，但因天气不好，只好转海南三亚，后被蒋介石逼回西昌。孤守西昌时，胡宗南手下的18兵团司令李振、7兵团司令裴昌会、20兵团司令陈克非、15兵团罗广文等相继起义、投降。几天之内，胡宗南的几十万大军土崩瓦解。1950年3月26日，胡宗南从国民党在大陆上的最后一个据点西昌乘飞机，只身逃台。飞机刚一起飞，解放军就向西昌总攻，全歼留在西昌的敌军。按照毛泽东的部署，中国人民解放军包围并全歼胡、宋两大兵团，宣告了西南战役的完全胜利。

参考文献

熊向晖著：《我的情报与外交生涯》（修订新版），中共党史出版社2006年版。

（原载《史与志》2010年第1期，收入本书时有增改）

西南联大校友中的开国三功臣之二

和平解放北平的功臣李炳泉

李炳泉在平津前线司令部接待崔载之（中），左为东北野战军参谋处处长苏静。

和平解放北平的功臣李炳泉

李炳泉在西南联大读书时，就是一个出色的党的地下工作者，曾任联大学生进步社团“群社”社长，中共联大文理法学院党分支组织委员，中共罗平县委书记。抗战胜利后到北平，以记者身份为掩护，积极为党工作，两次传递重要情报；特别是参加北平和平解放的谈判的全过程，为和平解放北平做出了重要的贡献。

一、西南联大优秀生　出色地下工作者

李炳泉（1919—1970年），原籍河北任丘，生于山东济南一个殷实的知识分子家庭。1937年高中毕业，适值抗战爆发。在辗转逃难的途中，曾考取6所大学，因战火纷飞均未能入学。1938年秋来到昆明，进入西南联大学习。据《国立西南联合大学史料》（五）学生卷记载，他一开始是借读西南联大地质系一年级的，次年以转学正式录取在二年级。他的学习成绩，在班上名列前茅，与马杏垣在班里考试轮流当冠军。新中国成立后，马杏垣曾任中科院院士、国家地震局局长。

据《中共西南联大地下组织和群众革命活动简史》记载，李炳泉在学习之余，积极参加联大中共地下组织领导的公开的进步学生社团“群社”活动，并成为骨干，担任副社长、社长。1940年12月，经联大中共总支书记李晨的介绍，加入了党组织，不久还担任文理法学院（男生）党分支组织委员。1941年1月6日，国民党反动派掀起第二次反共高潮，制造了“皖南事变”。之后，特务头子康泽到昆明坐镇，准备对中共组织进行大搜捕。这时，已读到大三的李炳泉被列入黑名单。根据党组织的决定，李炳泉疏散到罗平县，以中学教师身份为掩护，在当地开展党的工作。不久，中共云南省工委指派他担任罗平县委书记兼城区区委书记。在荒僻的罗平，他埋头苦干了一年半，当地工作开始打开了局面。这时，上级紧急通

知：罗平所属的泸西地区发现了内奸，李炳泉也被告密，党组织要他迅速安排好工作，立即转移。

1942年底，李炳泉到达重庆八路军办事处，与中共中央南方局负责青年工作的钱瑛接上关系。他希望到延安，钱瑛要他继续在国统区隐蔽工作，并与她保持单线联系。他考虑已不能回西南联大复学，遂于1943年暑假后经考试进入重庆复旦大学外文系三年级继续完成学业。因为才华出众，不久被选为外文系学生会主席。他团结同学，同时积极地为党工作。

二、传消息写文章　揭露美军暴行

抗战胜利后，根据钱瑛的指示，李炳泉1946年春随母亲到北平，以《道报》《益世报》记者职业为掩护，继续从事地下工作。

当年11月，国民党华北“剿总”的《平明日报》创刊。经过党组织的同意，通过堂兄、傅作义的少将联络处长李腾九推荐，李炳泉到《平明日报》任采访部主任。

与此同时，西南联大结束，北大、清华、南开三校复员北返。联大党组织的骨干袁永熙、王汉斌等亦北返。抵达北平后，其组织关系由中共中央南方局交南京局（后改为上海局），原来南方局负责青年工作的钱瑛任南京局组织部长。转到平津的袁永熙、王汉斌等地下组织，称为平津地区的南系地下党组织。根据钱瑛的安排，袁永熙担任南系地下党北平学委书记，王汉斌为北平地下学委委员。当时的北平只有地下学委，尚无地下市委，学委负责整个平津地区地下党的工作。到北平不久，袁永熙即找到李炳泉并与其接上组织关系。王汉斌也经傅冬菊介绍，由李炳泉安插到《平明日报》当记者。

1946年6月，蒋介石在美国政府的支持下，悍然进攻中原解放区，全面发动内战。为取得美国的援助，国民党当局与美国签订了《中美警宪联合勤务协定书》《中美友好通商航海条约》等一系列丧权辱国的条约和协定。这些条约和协定片面地规定美国在华享受各种特权。依恃这些特权，驻华美军以“占领者”的姿态，为所欲为，横行霸道。据重庆《民主报》

统计，仅1945年8月至1946年7月，在上海、北平、天津、青岛、南京5市就发生美军暴行3800起，中国人死伤者3300多人。其中，被美军吉普车轧死者1000多人，妇女被强奸的有300多人。对于美军的暴行，中国人民无不义愤填膺。

1946年12月24日（圣诞节前一天）晚上，北京大学先修班女生沈崇到王府井南口的平安电影院看完电影，回家途经东单广场，被驻华美军士兵皮尔逊、普利查德两人拖至附近小树林强奸。25日，北平民营的亚光通讯社就此事发出新闻消息。反动当局马上将亚光社总编辑王柱宇叫去大骂并扣押起来，同时封杀这一消息。当时在《平明日报》任采访部主任的李炳泉得知此事，立即向袁永熙汇报。袁与北平地下党北系主要负责人佘涤清商量后，一方面指示李炳泉将消息告诉给西南联大返平后进入北京大学的地下党员李凌，由他在北大校园内用海报公布；另一方面，由党组织和“民青”领导的北大学生社团出面，发动群众，开展抗议美军暴行的斗争。

12月30日上午，北大、清华、燕京、辅仁、中法、北师大等高校学生5000多人在北大沙滩广场集合，下午举行声势浩大的示威游行，人数达1万多人。北平抗暴游行点燃了全国抗暴的怒火，许多地方都举行了声势浩大的游行示威。到1947年1月5日，全国各地参加抗议美军暴行活动的有50多万人，其中学生至少有30多万人。斗争中，李炳泉不仅起到了传递消息的关键作用，还自始至终地参与抗暴活动的新闻采访，写成几十篇稿件并刊发报端，积极推动抗暴运动的发展。其中，当国民党当局迫于群众压力对犯罪美军士兵进行审讯时，李炳泉作为被允旁听的九名记者之一，并对审讯发表了一组报道，当皮尔逊等罪行已被庭审认定，但仍以贵宾身份平安回国，李炳泉又发文对反动当局媚外卖国行径予以揭露。

北平学生抗议美军暴行游行是1935年“一二·九”运动之后的首次大游行，是昆明发起的“一二·一”运动所掀起反内战运动的继续和发展，它和此后的反饥饿、反内战“五二〇”运动等一浪高过一浪，形成解放战争的第二条战线，配合解放军的军事斗争，为推翻蒋家王朝起到了重大作用。

三、及时传递重要情报　中共中央化险为夷

1948年3月，毛泽东从陕北东渡黄河，5月下旬到达河北平山县西柏坡，与先期到达这里的刘少奇、朱德、周恩来、任弼时等中央领导会合。此后，一直到1949年3月，西柏坡就成了当时中国革命的领导中心。

1948年10月中旬，辽沈战役即将结束。蒋介石飞赴北平，与华北“剿总”总司令傅作义密谋，妄图乘我华北主力部队正在攻打归绥、太原，留守西柏坡兵力薄弱之际，派主力第94军，新编骑兵第4师等为先头部队，第35军、16军、92军的3个师为后续部队共10万兵力，由涿县等地经保定南下，突袭石家庄和中共中央所在地西柏坡，以挽救其失败灭亡的命运。

正当巨大的危险悄悄降临的时候，李炳泉得到了这个极其重要的情报。当时，他与《益时报》采访部主任、地下党员刘时平（也是西南联大同学）单线联系。作为刘的上线，他知道刘与傅作义的一些部属比较熟悉，就嘱咐刘注意搜集敌军的动向情报。一天，刘时平从傅作义所属的任骑兵旅旅长的同乡鄂友三处得悉一个重要情报：敌人将于10月28日偷袭西柏坡，“去端共产党的老窝”。刘立即向李炳泉做了汇报，李十万火急地报告上级，并由地下电台迅报中共中央。

中共中央得知这一重要情报后，立即行动起来。当时留守西柏坡的兵力只有1个团1000人左右。中央军委紧急动员军民迎战，并迅速调主力部队来冀西，同时做好掩护中共中央和毛泽东安全转移的准备。之后，毛泽东和周恩来商议，决定学习诸葛亮，唱一出“空城计”。毛泽东说：“我们在动员华北军民准备粉碎敌人进攻的时候，还要通过新华社把蒋介石、傅作义的阴谋公开，向他们宣布我华北军民已做好准备，必将歼灭敢于来犯之敌。……我们还要警告蒋介石、傅作义：北平是这样的空虚，你们究竟还要不要北平？”接下来，毛泽东为新华社写了两篇新闻稿和1篇社评并先后播发：《蒋傅匪军妄图偷袭石家庄》《华北各首长号召保（定）石（家庄）沿线人民准备迎击匪军进扰》《评蒋傅匪军梦想偷袭石家庄》。

蒋介石听到中共广播后，深感军机已经泄露，下令傅作义加快行动。

就在敌军加快南下时，我野战军也火速行军。这样，战场上敌我态势顿时转变。敌先头部队唯恐突进被歼，遂急忙撤退，但仍被我军歼灭3700余人。我军还缴获战马240匹，汽车90辆及大批军用物资。

四、北平和谈闯险关　古都解放建功勋

1948年9月，中共平津地下学委书记黎智通知将撤到解放区的李炳泉留在北平，并通过堂兄、华北“剿总”少将联络处处长李腾九进行争取傅作义率部起义的工作。与此同时，黎智和学委委员王汉斌还决定，将在天津《大公报》工作的傅冬菊调回北平，专做其父亲的工作。傅冬菊是李炳泉单线联系的地下党员。于是李炳泉迅速赶到火车站，把已上了火车要回天津的傅冬菊拉下来留在了北平。

11月，辽沈战役结束，平津战役即将开始，傅作义的联络处长李腾九，深感前途渺茫，心情烦乱，常与堂弟李炳泉聊天。李炳泉给他分析形势，加以安慰，并适时亮出自己中共党员的身份，还要堂兄相机工作，争取傅作义走和平起义的道路。李腾九认清了形势，看到了希望，接受了劝说傅作义的建议。

这时，傅作义曾要女儿致电中共中央领导请求和谈，但是电报发出后一直未得答复，而形势又发展很快，为此他十分焦灼。12月中旬，傅要李腾九找中共联系。经王汉斌向上级汇报批准，北平地下党决定派李炳泉以公开的中共党员身份出面见傅作义。见面后，李向傅分析形势，劝其早下和平解决问题的决心。傅决定派《平明日报》社社长崔载之代表他与解放军平津战役前线司令部进行谈判。李炳泉亦将此次见面情况向中共北平地下学委负责人佘涤清、王汉斌汇报，佘、王又电告中共华北局城工部并平津前线司令部。从此，李炳泉即作为中共北平地区党的代表，直接参加了和平解放北平问题的谈判工作。

当时，和谈是在极其秘密的状况下进行的，因为北平城内有大批蒋介石系统的特务，主要的驻守军队又是中央嫡系部队，消息稍有泄漏，后果即不堪设想。此外，谈判人员不仅要经过敌我双方岗哨的盘查，还要在通

过两军对峙的无人区随时可能成为双方射击的目标。其面临的凶险是难以预料的。为了完成任务，李炳泉不怕牺牲，先后三次冒着生命危险穿越敌我枪炮对峙的死亡线。

一越死亡线。1948年12月14日，李炳泉带着崔载之一行出城。当时，除了凶险难测，李炳泉对我军也没有明确的联络地点和信号，也不知道如何才能找到我军领导人。但是他知难而进。结果出城不远，前方发生战斗，崔载之所带电台又被发现，先被扣留，后经疏通，只好返回。15日，李、崔一行再次秘密出城，没带电台，车行结合，终于到了两军对峙的无人区。这是最危险的地方，一行四人飞快穿越，总算到了解放军前沿阵地。在李炳泉的请求下，战士们将他们作为俘虏逐级押送到东北野战军平津战役前线三河。起初东野还将李炳泉也当作傅作义的代表，经与中共华北局城工部部长刘仁联系，才弄清了李的身份，其中的艰险曲折不一而足。后来为了工作的需要，刘仁将李炳泉的党组织关系转到平津前线司令部。

之后，平津战役前线司令部参谋长刘亚楼和东北野战军参谋处长苏静与崔载之进行谈判，李炳泉参与其事。这次谈判由于傅作义自恃有不少军队，讨价还价，因此没有成功。接下来，解放军连克新保安和张家口，打掉了傅作义的两大主力，并于12月25日宣布国民党头等战犯43名，傅作义也名列其中。傅作义怎么也想不通，气急败坏，情绪极差。这时，蒋介石已觉察到傅与中共接触谈判，先后派军令部长徐永昌，次子蒋纬国到北平视察，进行安抚，劝其南撤，就任“东南军政长官”。

面对这种情况，1949年1月1日，为了稳定傅作义，促成北平和平解放，毛泽东致电平津战役前线林彪、罗荣桓、聂荣臻，内容是关于北平谈判六点意见，并要求派一可靠的人直接向傅作义传达。林、聂商议后，认为最合适的人选还是李炳泉。于是，元旦当晚，林、聂亲自找李谈话，将毛泽东的元旦6点意见445字口授李炳泉，并要李背熟记住。

二越死亡线。1月2日，李炳泉从解放军前线阵地出发，飞步穿越两军对峙、流弹横飞的无人区，在德胜门外又通过敌军盘查，当晚回到北平城内。次日一早，由李腾九陪同，当面向傅作义传达了毛泽东的6点意见。傅疑虑顿释，并十分感动。他怕蒋介石特务发现李的行踪，安排李入住北平他的一处寓所。

三越死亡线。1月4日，崔载之来告李炳泉，傅作义决定再次派代表出城谈判。李认为此行目的达到，任务已经完成，遂第三次穿越死亡线，回到平津战役前线司令部，向林彪、聂荣臻做了汇报。林、聂当即指定李负责傅方代表的接待工作。

1月7日，傅作义的代表周北峰和“民盟”张东荪前来谈判。林、罗、聂亲自出面，李炳泉为双方做了介绍。双方草签了“会谈纪要”。但是，由于傅作义还心存幻想，尚有犹豫，没有最后下定决心，因而没有按规定在14日午夜前答复。于是，14日至15日，解放军29个小时即攻克天津，全歼守敌13万。至此，傅作义才最后下定决心。15日，由他的副手、华北“剿总”副总司令邓宝珊、周北峰与林彪、罗荣桓、聂荣臻谈判，16日双方达成《关于和平解决北平问题的协议》。

1月31日，北平宣告和平解放，李炳泉这位北平和谈的功臣，也随着中国人民解放军的入城队伍，胜利地返回北平。

新中国成立后，李炳泉长期担任新华社外事部主任、全国记者协会书记，不幸的是在“文化大革命”中被迫害致死。1978年10月得以平反昭雪。

参考文献

丁群著：《扛起地狱的闸门·第二条战线英豪传》，江苏人民出版社2004年版。

（原载《史与志》2010年第1期）

西南联大校友中的开国三功臣之三

促成北平和平解放的傅冬菊

促成北平和平解放的傅冬菊

1948年11月29日，平津战役拉开了序幕。面对着辽、金、元、明、清五朝古都留下的故宫、天坛、颐和园等无数中华民族文明的珍贵文物古迹，同时也出于新中国将定都北平的考虑，中共中央希望和平解放北平。为达这一目的，解放军采取打与谈两手斗争，一方面对国民党华北“剿总”总司令傅作义进行策反，另一方面以武力促和谈。最终，1949年1月31日，迫使傅作义率部起义，北平和平解放。

在北平和平解放的斗争中，中共对傅作义的一举一动了如指掌。解放军平津战役前线司令部三统帅之一的聂荣臻曾说过：“在战场上，像这样迅速准确地了解敌军最高指挥官的动态及情绪变化，在战争史上是罕见的。”而这一“迅速准确的了解”，是由傅作义的中共地下党员的女儿傅冬菊来完成的。

一、中学即识周恩来　就读联大入“民青”

傅冬菊，1924年出生，山西荣河人，傅作义的长女。抗战初期，傅冬菊进入重庆南开中学读高中一年级。由于家风的影响，她生活朴实，富于正义感。因为爱好文学，经常阅读苏联小说，思想上逐渐倾向进步，不久即加入了中共外围组织“号角”，参加“一个月读一本书，写一篇读后感”的进步活动。后来还经常到重庆《新华日报》社和八路军办事处，结识了一些共产党的干部。当时，在日常生活中，通过具体事情，她感到国共两党是完全不同的，从而产生了自己的看法。有两件事给她留下了深刻的印象，一是她的同学中有许多国民党高官的子女，有个高官有8个老婆、40多个子女。其中和她同校读书的子女就有七八个。二是1941年6月5日日本飞机轰炸重庆，成千上万的群众拥入防空洞里躲避。后因防空洞被锁，结果上千人窒息而死。在清理现场时，国民党军警竟然将死难者随身所带的财物抢掠一空。因此，她深感“国民党实在太腐败了，太不像话了！”在《新华日报》社和八路军办事处，她看到从周恩来、王若飞到一般的工作人员，平等一致，条件虽然艰苦，但大家工作十分努力，清贫而廉洁，因此，她也想成为共产党员。她还认识了周恩来，周恩来和蔼可亲，知道她和几个女同学要求进步，常常给予鼓励，傅冬菊甚至还以为自己已经是共产党员了。

1942年，傅冬菊考入西南联大。在西南联大“三十一（1942）年度新生名册”文学院一年级正式生中记载：“傅冬菊，女，19岁，籍贯山西荥河，外国文学系。”这里的“荥河”显然是印错了，应为荣河。荣河在黄河边上，现属运城市的临猗县。值得一提的是，这个名册中还有她同年级的另一个同学：“王汉斌，男，18岁，籍贯福建惠安，中国文学系。”王汉斌后来是西南联大中共外围组织“民主青年同盟”（简称“民青”）的负责人之一，正是他介绍傅冬菊加入“民青”组织。后来还介绍她加入党组织，是她的上级领导。

在西南联大读书期间，傅冬菊嫌自己名字中的“菊”字俗气，而改名傅冬，写文章署名傅冬，大家也叫她傅冬。因为是抗日名将傅作义的女儿，在学校里大家都知道她。但她低调，从不张扬，和同学相处平和可亲。加入“民青”组织以后，默默地积极为党工作。

1945年抗战胜利，西南联大战时任务完成。1946年夏，西南联大结束北返，傅冬菊亦北返并最后完成了学业。1946年秋，傅冬菊到天津《大公报》工作，负责编辑《时代青年》和《妇女生活》两个副刊。不久，经王汉斌、李定介绍，她加入了中国共产党。

二、父亲内战当先锋　女儿与之辩通宵

傅冬菊的父亲傅作义（1895—1974），1918年保定军官学校第五期毕业，从排长一直干到团长。1926年，由于能打硬仗，攻守兼备，开创了晋军以少胜多的先例，31岁的傅作义，一年之内由上校升到中将，一时传为军中佳话。1931年九一八事变，作为35军军长和绥远省主席，他通电

全国，请缨抗日。1933年率部参加长城（怀柔）抗战，后晋升二级上将；1936年领导绥远抗战，收复察西重镇百灵庙（在内蒙古乌兰察布草原），成为全国闻名的抗日民族英雄。抗战全面爆发，国共联合抗日，傅作义先后任第二战区北路前敌总司令、第八战区副司令长官。1939年底，指挥奇袭包头，毙伤敌人3000余人；1940年三四月间又率部反击日伪进犯河套地区，击毙日军水川中将，歼敌3700多人，取得“五原大捷”。

1945年8月，抗战胜利。傅作义遵从蒋介石的命令，从绥远省的归绥东进到绥东、察哈尔、热河去接受日军投降。而这些地方原是八路军的游击区，八路军在这里与日寇打了几年的仗，理应由八路军受降，而且朱德总司令已下令当地八路军受降。傅作义东进的行动与八路军发生了冲突，于是双方由抗战时期的友军，变成了敌我。这时他还公开致电中共中央，说共产党打了第一枪。接下来，蒋介石不顾全国人民的反对，发动内战。傅作义积极参加内战。1946年秋，解放军包围山西大同，眼看就要攻下，傅作义出兵解了大同之围，并先后从解放军手里打下集宁、丰镇。在连得数城后，他公开致电要毛泽东放下武器，到国民政府里去做官。1946年10月11日，傅作义奇袭并占领张家口。就在这一天，蒋介石宣布召开伪国大。傅作义得意洋洋，通电全国，宣称他的胜利是民心向背的结果，同时指责中共“发动内战，丧失民心”，还狂妄地说如果中共归顺国民政府，他“甘愿为毛泽东执鞭”。国民党则将他捧为“中兴名将”“塞上英雄”！

面对父亲的倒行逆施，傅冬菊十分不满。她利用周末，还请了两天假，乘火车到张家口，与父亲争辩。她用两件事对比，向父亲进行“猛烈进攻”。一是1940年的“五原大捷”，得到全国人民包括中国共产党的慰劳。二是傅作义说过“抗战胜利后，要解甲归田”，女儿抓住这句话批评父亲言行不一致，而且还充当蒋介石打内战的急先锋。

女儿尖刻的语言，激怒了傅作义，他说：“你刚走出校门，年轻，对社会了解多少？你知道吗？爸爸为了实现抗日救国的抱负，费尽了多少心血才经营了这样一支军队。那时，要打鬼子，使人民免受鬼子的奸淫烧杀，就需要枪炮子弹、军饷军粮。这些东西靠谁供应，只能靠我心里非常不满意的国民政府。‘五原大捷’后，蒋介石给我授‘青天白日勋章’，我坚决辞勋，不给他好脸看，不就是表示对他的不抗日假抗日、真剿共灭共的政策不满吗！我所带的这支队伍是在控制与反控制、吞并与反吞并的斗争中逐渐壮大，是在夹缝中生存下来的。你小小年纪，哪里懂爸爸的苦衷……"

那天夜里，父亲向女儿诉说了在别人面前无法启口的隐情。当然，女儿的争辩对父亲的触动很大。事后，他对身边的亲信说："这样再打下去，我们即便战死在疆场，也不会有人来为我们收尸！"

三、根据组织安排　卧底父亲身边

傅作义积极参加内战，蒋介石委以重任，1947年12月任命他为华北"剿总"总司令，节制平津两市及晋、冀、察、绥、热河五省军政；还许诺将委他为华东南军政长官，统一指挥国民党军队。1948年初傅作义进驻北平。

面对北平的形势及傅作义的情况，中共方面分析认为，蒋介石对傅作义的察绥军一直奉行"排斥、渗透、控制、吞并"的政策，还用中统、军统两条绳索捆住傅作义的手脚，现在对傅委以重任，实为其打内战的需要，目的也只是要傅充当其鹰犬；而傅作义作为抗日名将，曾与共产党、八路军合作抗日，与蒋介石有矛盾，反对蒋的吞并，是有斗争的；这时北平中共地下组织及外围组织"民青"等有数千成员，具有相当的力量。因此，对傅作义实行策反和争取不仅是必要的，也是可能的。

1948年初，中共晋察冀中央局（后为华北局）有关领导指示地下党组织通过各种关系和渠道开展对傅作义的策反工作。策反工作是很艰难的。地下党先后联系参加策反工作的人员有：傅作义保定军校的同学和结义兄弟、35军副军长曾廷毅，傅作义军校学习时的老师刘厚同，傅作义的同乡、华北学院教授杜任之，傅作义的高级幕僚、少将联络处长李腾九，华北"剿总"副总司令邓宝珊等。其中，一个很关键的人物，即傅作义的女儿傅冬菊，她所起的作用是十分关键的。傅冬菊入党后，仍在天津《大公报》当编辑。当时华北"剿总"在天津黄家花园设有办事处，傅冬菊利用这个办事处开展党的工作。北平和天津的中共地下党员要到解放区，她就介绍他们到这里住宿；她还用华北“剿总”办事处的公章为他们开进出关卡的介绍信。一时间，华北“剿总”天津办事处俨然成了中共地下工作的联络点和转运站。

1948年9月，傅冬菊到北平组稿，乘火车返回天津时，火车将要开动，一个人将她拉下火车。她一看，此人叫李炳泉，中共地下党员，也是西南联大的学生。李对她说，组织要你留在北平，以照顾你父亲生活的名义，多向党提供一些你父亲的思想动向等方面的情报；北平地下党的学委书记佘涤清近日将与你接头，由他领导你的工作。

从此以后，傅冬菊就留在了父亲的身边，并与佘涤清接上了头，差不多每天都要到东皇城根李中（李树藩，也是联大的同学）家里，和佘涤清（有时是崔月犁）见面，将父亲的情况，包括情绪上的细微变化，向党组织报告。

四、情报及时占主动　以打促和谈成功

（一）傅作义的求和电报使平津战役提前打响

1948年11月2日，辽沈战役结束，11月6日淮海战役打响，解放军声势浩大的进攻态势震撼了蒋介石，给傅作义带来了巨大的压力，因为共产党的下一个目标就是国民党在北方的最后据点——北平。11月4至6日蒋介石把傅作义召到南京商议对策。回到北平后一段时间，傅作义常常是彻夜不眠。11月17日早上，傅冬菊来到父亲的房间，父亲主动问她，近日你和那位同学又见面了没有？他到底是真共产党还是假共产党？

“那位同学”，是傅冬菊此前对父亲说的一个代称。因为她感到不便于暴露自己的党员身份，所以以一位共产党的老同学作为代称来表达党组织对父亲的态度。她说，这个老同学既关心我，也关心你，而且说你是抗日英雄，和共产党、八路军合作抗日过，所以有接受和谈的可能，共产党希望和你再次合作，和平解决平津问题，避免古都北平和工业城市天津再遭战火摧残。

傅冬菊听父亲主动问起，就很肯定地回答：是真共产党！父亲说：那好，请他替我给中共发个电报。傅作义不让女儿用纸笔记录，而是口授两遍，让女儿背熟。电报内容大意是：我已认识到过去以蒋介石为中心来统一国家、复兴民族和随蒋戡乱是完全错误的，决计将所属的约60万军队、200架飞机交中共方面指挥，以达救国救民之目的，请求派南汉宸来北平商谈和平事宜。这里所说的南汉宸，是中共华北财经办事处负责人，新中国成立后是中国人民银行的首任行长。

傅冬菊将电报内容告诉王汉斌，并电转至中共中央。然而一直没有得到回音。傅作义问女儿，女儿又问王汉斌和崔月犁，但都没有得到正面答复。

原来，中共中央收到傅作义求和电报之后，毛泽东认为，驻守北平的国民党军队中，主要力量李文的四兵团（辖5个军）和石觉的九兵团（辖3个军）是蒋介石的中央嫡系。傅要与中共和谈的消息一旦走漏，蒋介石就会下令中央军南撤，这样就会对正在进行的淮海战役十分不利。鉴于此，毛泽东决定提前发动平津战役。于是，11月下旬，东北野战军百万大军立即结束休整，从3个地方越过长城，秘密入关，迅速将国民党华北的60万守军分割包围在张家口、新保安、北平、天津几个点上。北平实际上成了一座孤城。

面对华北战场的形势，蒋介石先后4次派人到北平劝傅作义南撤，第三次来劝的是蒋纬国，他带来蒋介石的亲笔信，说念及他们多少年的交情，要傅到南京，将来做东南军政长官，还说“千军易得，一将难求”。但是傅坚持未走，并和中共方面进行了3次谈判。

（二）第一次谈判：讨价还价

随着局势的发展，给中共的求和电没有答复，傅作义十分焦灼。12月12日，他要少将联络处长李腾九找共产党联系。北平地下党决定让李炳泉以党员身份见傅作义。李炳泉是李腾九的堂弟，此前他已做通了堂兄的工作。当着李炳泉由堂兄引导，到中南海居仁堂傅作义办公室与傅相见后，傅提出由崔载之作为他的代表，与李炳泉一起去见中共方面的领导。傅所以派崔载之为自己的代表，是因为李炳泉公开的身份是北平《平明日报》

采访部主任，崔是该报的社长，而该报是1946年傅作义派人创办的，作为傅的喉舌，是北平的几家大报之一。

12月16日，崔载之一行携电台随李炳泉到达八里庄，东北野战军参谋处长苏静和平津战役前线司令部参谋长刘亚楼先后与崔进行了谈判。中共方面要求华北的所有国民党军队，包括傅作义的嫡系都放下武器，而崔与傅联系后傅说："我的军队可以，其他我控制不了。"同时，傅还要求建立华北联合政府，保留自己的军队，放回困在新保安的嫡系35军到北平。傅的这些要求均未被同意，所以这次谈判无果而终。此时的傅作义，一方面愿意谈判，同时对形势认识不足，心存侥幸，犹豫观望，对自己的实力估计过高，与中共讨价还价，不愿放下武器。于是中共决定以打促谈。

12月22日，解放军一举歼灭新保安傅的第35军，军长郭景云兵败自毙；24日，解放军攻克张家口，消灭傅的第105军，孙兰峰率部分人员逃回绥远。几天之中，傅作义的嫡系主力丧失。

12月25日，中共权威人士宣布了以蒋介石为首的43名头等战犯名单，傅作义名列其中。当傅听到这个消息，气急败坏，加之自己的主力刚刚在新保安和张家口被歼，情绪十分沮丧，怎么也想不通，念着"完了，一切都完了，政治生命也完了"。

事后，傅冬菊将父亲的情况报告了中共地下组织。为了解除傅作义的顾虑，促其下决心和平解决北平问题，1949年1月1日，毛泽东专门发了一个电报给平津前线指挥部，后来人们把它称为"元旦六条"。林彪派李炳泉向傅作义作传达。这个电报中的第二条的大意是：傅作义追随蒋介石反共，我方不能不将他和阎锡山、白崇禧、胡宗南等人一同列为战犯。我们这样一宣布，他在蒋介石嫡系军队中的地位立即加强了。他可以借此机会大做文章，表示除了坚决和我们打下去再无别的出路，而实际上则与我们和谈，里应外合，和平解放北平，或经过不太激烈的战斗解放北平，使我们有理由赦免他。

当李炳泉把毛泽东的意思向傅作义传达之后，傅如释重负，情绪大为好转。毛泽东的这封电报又把傅作义拉到谈判桌前，于是又有了第二次谈判。

（三）第二次谈判：心存幻想

傅作义第二次派出的和谈代表是周北峰，他是少将处长，曾留学法国，抗战时代表傅与中共有过多次接触，还曾去过延安。此外还有“民盟”的张东荪。

谈判在解放军平津战役前线司令部进行，林彪、罗荣桓同周、张进行了充分会谈。到1月10日，双方草签了“会谈纪要”，同时拟订了关于起义的多项条款，限傅作义14日午夜前明确答复。但是，当周北峰将“会谈纪要”交给傅作义后，傅看后叹气摇头，说“谈的问题还不够具体”，以后便没有下文了。

实际是，此时的傅作义还以天津为倚凭，不愿放下武器，还心存幻想，还在摇摆。地下党将了解到的情况报告中共中央。于是，中央军委、平津前线司令部布置进攻天津，以打掉傅作义最后的幻想。天津警备司令陈长捷，是傅作义在保定军校的同学。他在天津构筑了坚固的城防工事，扬言起码可以守上半年。当中共派人与陈长捷洽谈投降之事，被陈拒绝。但是他怎么也想不到的是，他的城防工程图纸，却被中共地下党员描了一份，并送到林彪手中。1月14日，毛泽东下令对天津发动总攻，经过29个小时激战，天津就落入解放军之手，13万蒋军被歼，陈长捷被俘。傅作义再一次被震撼。

（四）第三次和谈：下了决心

天津拿下后，中央军委做了两手准备：一是傅可能投降；二是拒不投降，即武力解放北平。而且中央军委通过地下党将上述意思转告傅作义，特别指出，时间不多了，必须快下决心。

1月15日，傅作义派他的副手、华北“剿总”副总司令邓宝珊作为全权代表，还有周北峰，出城和谈。这一次，他是下决心与中共合作了。解放军平津前线三统帅林彪、罗荣桓、聂荣臻与邓、周进行了谈判，16日达成“和平解放北平问题协议”，和谈成功。1月31日，中国人民解放军开入北平城。北平和平解放，平津战役宣告胜利结束。在这一战役中，蒋介石军队被歼灭和改编的共52万人，只有驻守塘沽的5万人从海上逃掉。

在和平解放北平的斗争中，中共地下党员、傅作义的女儿傅冬菊在每一个关键的时刻都发挥了关键的作用。聂荣臻评价说："迅速准确地了解傅作义的动态及情绪变化，对我军做出正确的判断，下定正确的决心，进行正确的部署，具有重要的作用。"

2月21日，傅作义和邓宝珊到中共中央所在地西柏坡，受到毛泽东的接见。一见面，傅作义第一句话就说："我有罪！"毛泽东说："谢谢你，你做了一件大好事，人民是永远不会忘掉你的！"接着毛泽东握着他的手，风趣地说："过去我们在战场见面，清清楚楚；今天我们是姑舅亲戚，难舍难分。蒋介石一辈子耍码头，最后还是你把他甩掉了。"新中国成立后，傅作义历任水利部长、全国政协副主席等职。傅冬菊则参加了中国人民解放军西南服务团。云南解放后，被分配在云南日报社工作。一年后，调人民日报社，一直从事记者、编辑工作，直到1995年离职休息。

和平解放北平的方式，后来被称为"北平方式"，毛泽东对它做出很高的评价。"北平方式"成为以后解放湖南、四川、云南、新疆的范例。

参考文献

丁群著：《扛起地狱的闸门——第二条战线英豪传》，江苏人民出版社2004年版。

（原载《史与志》2010年第1期）

“中国共产党的理想党员”

——两弹元勋邓稼先

“中国共产党的理想党员”

——两弹元勋邓稼先

今年（2011）是中国共产党诞生90周年纪念。回顾在党的领导下，新中国的成立，中华民族结束了1840年以后任人宰割的悲惨命运；改革开放以来，中国发生天翻地覆的变化。近年来中国经济总量连超法、英、德、日，到去年成为世界第二大经济体，祖国的变化令世人惊叹！

令笔者不能忘怀的是，我国“两弹一星”所取得的巨大成就，为巩固国防，打破核大国的讹诈和垄断，提高我国国际地位，有着极其重要的意义。两弹元勋邓稼先曾说过：“回想解放前，我国连简单的物理仪器都造不出来，哪里有可能造尖端武器。核武器事业（的成就）完全是在党的领导下取得的。”

谨撰此文，以纪念党的90华诞。

一

邓稼先，安徽怀宁人，1924年6月25日出生在怀宁县一个书香门第之家。六代先祖邓石如是清代大书法家、篆刻家。祖父邓艺孙一生从事教育，曾任安徽教育司司长。父亲邓以蛰（1892—1973），16岁留学日本，1917年留学美国，入纽约哥伦比亚大学，一直读到研究生，专攻哲学与美学；1923年回国，先在北京大学任教，同时投入新文艺运动，常与鲁迅、徐志摩、朱光潜、闻一多、张奚若、陶孟和、金岳霖、钱钟书等交往，学界称其为五四运动以来的中国著名的美学和美术史专家，和朱光潜、宗白华并列为中国现代美学的奠基人，还有“南宗北邓”之称；1929年起到清华大学任教。

童年时代的邓稼先，有良好而严格的家庭教育，父亲除了学校的课程之外，还要他读“四书五经”、背诵古诗词、学英文、攻数学，打下了扎实的中西文化基础。在清华大学时，邓以蛰和数学教授杨武之既是安徽同乡，又是多年深交的老友，还都在清华园西院比邻而居。因此，邓稼先与比他大两岁的杨振宁儿时就成了亲密的伙伴；他们总在一起打墙球、弹玻璃球、比赛爬树。1935年，他考入北平崇德中学，与比他高两级的杨振宁同学。

卢沟桥事变后，清华大学的许多教授南下，先在长沙临时大学，后又到昆明西南联大任教。邓以蛰因身患重病（咯血的结核病），不能远行，家人仍滞留北平。日寇占领下的北平实行殖民教育。1940年春末，侵略者强令学生举着小“膏药旗”游行，庆祝他们侵略中国的新的“胜利”。邓稼先气愤地撕毁了小纸旗，并狠狠地踩在脚下，为此招来杀身之祸。为了免遭迫害，父亲让大姐带着他逃离北平，到大后方去。临别时，父亲谆谆叮嘱：“稼儿，你要立志学科学，学科学有用，将来报效祖国，不要像我学文。”

二

姐弟俩穿越重重封锁线，经香港转越南到了昆明。1941年，17岁的邓稼先考入了西南联大物理系，再次与也在物理系的杨振宁同学，杨高他三级。

邓稼先在联大读书期间，经常唱联大校歌，“千秋耻，终当雪；中兴业，须人杰”的歌词深深地激励着他，加上父亲的叮嘱，他立志“科学救国”，努力学习。

当时的昆明，生活、学习条件都很艰苦。邓稼先克服各种困难，抓紧一切时间认真读书。一开始，作为大一新生，他和同学们被安置在借用的大西门外的昆华中学校舍。此处离联大师院（在今龙翔街）比校本部新校舍（今云南师大一二·一校区）近一些。邓稼先和同学们晚上就到联大师院图书馆上自习。但是人多书少位子也少，大家既抢位子又抢书。有时，邓稼先看到自己要看的参考书被别人借了，他就在人家身边转，要人家看完了先不要还让他看一会儿。因为长着一张娃娃脸，同学们都叫他“小孩”。他看书，要做笔记，而且非常仔细，重要的部分全抄下来。大一的普通物理课是郑华炽教授讲授，后来他的大姐和郑华炽结婚，因此他也得到了作为姐夫的郑教授的更多指导。

好友杨振宁常骑自行车来看他。同学们常看到在昆华中学校舍东墙根的树下，两人一起学习古诗文，一个拿着书看，另一个在背诵。半个世纪后，邓稼先去世之后，杨振宁在追忆文章中，还深情地提到他们在昆明背诵《吊古战场文》的事，进而联想到邓稼先常年工作的大漠戈壁的苍凉，安葬牺牲的同事下属的悲壮。

大三以后，邓稼先学习更加主动。联大物理系师资阵容很强，他对许多教授很敬佩，王竹溪讲热力学和电动力学，他认真听课，记笔记，课后还认真整理，视为珍宝，悉心珍藏。他爱听同学们讲故事，也爱看电影，喜欢和同学们聊天，知识面很广。他也常常给同学们讲故事，都是科学家的故事，数学家阿贝尔、物理学家居里夫人等等，更多的是讲当代中国科学家，特别是西南联大物理系自己的老师。比如，吴有训20世纪20年代留美时，师从康普顿，他以实验全面验证了康普顿效应的客观存在，并把这一理论向前推进一步，为此有人称为“康-吴效应”，但吴有训不同意。康普顿1927年获诺贝尔物理学奖，曾说吴有训是他一生中最得意的学生。又比如，赵忠尧30年代完成过物理学发展前沿突破性工作，1936年安德森得诺贝尔奖，他说他证实正电子的存在是得益于赵忠尧的工作，因而有人说赵忠尧与诺贝尔奖失之交臂。邓稼先讲的这些故事，不仅鼓舞了听故事的人，传开了还吸引更多的优秀青年报考联大物理系；同时邓稼先也以故事的主人公为榜样，鞭策自己努力学习，以期为祖国的科学事业做出贡献。

邓稼先乐于助人，对于新生和低年级同学，他会热心地介绍物理系的情况，介绍参考书，讲学习体会，特别是自己学习中曾有过错误理解的问题，他诲人不倦的身影给同学们留下深刻的印象。

他各门功课都学得很扎实，只要稍微看看书就可以通过考试。但他不以此为满足。他很重视学习外语。为了学好英文，他背过《牛津字典》；

曾在旧书店买到一本1500页收词量大的英语辞典，高兴得不得了。他还学习第二外语德语，其扎实程度以至于在美国普渡大学留学时，选了德语而从未去听课，坐吃老本，考试也居然过关。当时，他和杨振宁、朱光亚，以及比他小两岁的李政道，被称为“联大物理学系四杰”。

邓稼先不光是刻苦学习功课，对国事也十分关心。高年级时，他常常思考，要救国，除了学好科学之外，还需要什么？他经常到物理系教师虞福春那里去看《新华日报》以及一些进步杂志。1944年，国际上反法西斯战争节节胜利；然而国内面对日本发动的豫湘桂战役，国民党军队却一溃千里，丧师失地，以致日军一直打到贵州独山。这一年，西南联大纪念五四运动，联大学生自治会发表《国是宣言》，针对当时的国内外形势，国统区的腐败和危机，宣言指出：“民主在昂扬，历史在前进，祖国在危难中，同胞在水火里。”年底，在和同学们讨论“解决中国危机的关键是什么？军事、经济、政治？救国的关键在哪里？”邓稼先说：“看来关键是政治。”

1945年8月抗战胜利了，邓稼先也从西南联大毕业了。1946年，西南联大结束，三校复原北返。邓稼先也回到北平，受聘担任北京大学物理系助教。抱着为了祖国中兴大业，还应进一步学习更多的本领的志向，1947年通过赴美留学的考试。

三

1948年，他到了美国印第安纳州的普渡大学研究生院学习理论物理。在美期间，他曾经和杨振宁同屋一段时间；一开始没有奖学金，生活比较艰苦，和别的留学生合租一个美国老太太的阁楼，吃饭不敢吃饱。后来获得奖学金，生活就改善了。当时邓稼先抓住难得的学习机会，钻研国际上核物理发展前沿的新成果。

新中国诞生时，他异常兴奋，更加努力，想赶快学成回国，报效祖国。由于他学习成绩突出，不到两年就修满学分，并通过了博士论文答辩。当时才26岁，大家称他“娃娃博士”。1950年8月20日，他获得了普渡大学博士学位9天后，他在旧金山登上“威尔逊总统号”邮轮回国。

1个多月后，邓稼先回到北京，出席了外事部门举办的国庆节招待会。会上，有人问他带回了什么，他说：“带回了几双眼下中国还不能生产的尼龙袜子送给父亲，还带了一脑袋关于原子弹的知识。”

四

1950年10月，邓稼先到中国科学院工作，在数理化部做学术秘书。中科院副院长吴有训兼这个部的主任，日常工作就由邓稼先负责。当时，中科院学部，所的学术秘书都是拔尖的中青年科学家。但是，应该说这项工作并没有完全发挥他的专长。

1958年8月，根据著名核物理学家钱三强的推荐，领导找邓稼先谈话：“我们国家打算造一个‘大炮仗’，你愿不愿意？”邓稼先一听，兴奋得几乎要跳起来。他在西南联大的学习，后来又到美国留学，一拿到博士学位就立即回国，不就是为了这一天的到来吗？当然，他也知道，搞原子弹，必须隐姓埋名，不能发表学术论文，不能公开做报告，不能出国，甚至不能随便与朋友交往；当时，组织上明确要求，从事这项工作，“上不能告父母，下不能告妻儿”。34岁的邓稼先义无反顾地选择了搞原子弹的工作。从此，他仿佛消失了一样，秘密地从事研究，常年在大漠戈壁，即使偶然回北京家里也沉默寡语，不能对妻子讲自己到哪里去，干什么。直到28年后，他最终回到妻子身边，而这时他已经因核辐射身体受到极大地摧残，即将走到生命的尽头。

为了搞原子弹，中央专门成立了第二机械工业部，中科院把原子能研究所全部交给二机部。钱三强是原子能研究所的所长（后来任二机部副部长），在原子弹、氢弹研制方面，进行学术组织，十分内行地富有前瞻性地提出研究方案和课题，知人善任，调兵遣将，起了极其重要的作用，堪称中国原子弹氢弹研制的主帅。

研制原子弹，首先要进行理论研究和设计，然后进行冷试验、模拟爆轰试验，最后进行核试验。邓稼先调到二机部核武器研究所（后改为核武器研究院，又称九院）任理论部主任。关于他的工作的重要性，当时的二机部副部长刘西尧有一个比喻，叫作“龙头的三次方”，意思是：“研制核武器的龙头在二机部，二机部的龙头在核武器研究院（九院），研究院的龙头又在理论设计部（简称理论部），即邓稼先他们所在的单位。”

理论设计部的当务之急是筹建队伍。当时，邓稼先到各大高校挑选了28名优秀毕业生，他们后来被称为邓稼先的“二十八宿”。在十分艰苦的条件下，他们开始了工作。一开始，邓稼先亲自授课，从学习流体力学、状态方程、爆轰物理、中子运输的基础知识开始了研究和设计。

与此同时，他们还向苏联专家学习。此前的1957年10月，中苏签订了关于国防等技术协定。然而，随着中苏关系的破裂，1959年6月苏联撕毁了上述协定，拒绝提供原子弹模型和有关生产原子弹的技术资料。7月，周恩来总理向二机部部长宋任穷传达了中共中央的决定：“自己动手，从头摸起，准备用8年时间搞出原子弹”，为此还将“596”即苏联撕毁协定的时间定为中国自行研制原子弹的代号。

面对艰巨而光荣的任务，邓稼先边学习，边钻研，边教学，常常夜以继日，实在太困了，就在办公室长椅上和衣躺一下，天一亮又接着干。别人劝他要注意休息，他说，有人卡我们的脖子，要我们低头，我们要争这口气。

为了取得研制原子弹的一系列关键数据，邓稼先带领他的理论团队对原子弹的物理过程进行了九次模拟计算和分析。同时，还考察各种物理因素对计算结果的影响。当时，没有电子计算机，仅有的是算盘和几台手动、电动计算器。因此，计算工作量十分巨大，算一次，要一个多月；算九次用了一年多时间。常常为了算一个数据，邓稼先团队一天三班倒。一次，邓稼先发现一个苏联专家留下的核爆大气压的数据有问题；如何从理论上否定它，从而肯定自己的计算是正确的，一时间这个问题成了原子弹理论设计的关键。这时，周光召用最大功原理进行论证，推翻了苏联专家的结论。后来，数学家华罗庚说：这是“集世界数学难题之大成”的成果。

1962年年底，邓稼先领导起草的中国第一颗原子弹的理论方案终于完成。接下来就是冷试验，这个任务是由王淦昌为主任的冷试验委员会来完成。为了使理论工作更好地与试验配合，邓稼先也参加了王淦昌的委员会，参与指导了核试验前的各种模拟爆轰试验。

邓稼先经常深入实验现场，胆大而心细。原子弹爆炸试验前插雷管是所有工作中最危险的，一旦发生问题，现场所有人员顷刻都要化为气体。这种时候邓稼先不避死亡的危险，总是站在操作者的身后，指挥若定，以自己的镇定鼓舞着操作人员。许多核心零部件的加工异常危险，特别是把极纯的放射性极强的部件毛坯放在特种机床上加工。邓稼先总是站在工人身后，他十分镇定，工人心里也十分踏实。工人换班他不走，直到拿到合格产品他才休息。

邓稼先沉着处理问题也是出了名的。不论何种紧急的情况、多么危险的问题，他从不回避，总是沉着镇静地与实验人员研讨实验方案和测验结果，找出问题之所在。一次，他回北京开完会回到家里，刚入睡，急促的电话铃就惊醒了他。实验基地有紧急情况汇报，汇报人十分紧张，哭泣的声音说明问题的严重。远在千里之外，邓稼先沉着地询问对方各种数据，待弄清了基本情况后；他告诉对方打开什么，关上什么，根据数据，如何处理，渐渐地汇报者停止了哭泣，稳定了情绪。就这样，五六个小时通过专线电话处理，真可谓“运筹京师，制胜于千里之外”。当然，没有精湛的业务水平是不行的。

1964年10月16日下午3:30，中国第一颗原子弹在塔克拉玛干沙漠中爆炸成功。邓稼先的理论设计方案圆满地通过了检验。

五

毛泽东曾指示：“原子弹要有，氢弹也要快。”第一颗原子弹爆炸成功后，中国核武器研制工作就转入对氢弹研制的突破。由于邓稼先在原子弹研制中的杰出智慧、科学的高水平和出色的组织能力，1964年上级将氢弹理论设计的重任又交给了他。

此前，在钱三强富有远见的部署下，1961年初于敏等人已经开始了氢弹原理的研究。1963年9月，邓稼先负责的理论部的一部分主力人员也开始摸索研制氢弹的原理，因此，中国研制氢弹计划的代号定为“639”。当第一颗原子弹爆炸成功后，中央立即任命邓稼先负责氢弹研制工作，于敏及其研究小组调入二机部九院理论部，于敏担任理论部副主任，中国研制氢弹的步伐加快了。

当时，中国有两台最好的计算机，分别在北京和上海。1965年9月，邓稼先决定于敏带一个组到上海利用那里的J501计算机进行研究设计。经过3个多月的日夜奋战，年底于敏研制组创造出了热核材料燃烧的条件，突破氢弹原理的关键途径。邓稼先立即赶到上海，与大家一起分析计算结果，反复研究；之后，又组织北京的专家充分讨论，进行补充完善，最终形成了一个经过充分论证的工作方案（邓-于方案）。

1966年初，氢弹研制的理论部与实验、设计和生产4个方面的科技人员密切合作，攻克一个又一个的难关，整个工作进展较为顺利。然而，“文化大革命”开始了，九院出现了两派群众组织，争吵对打，研制工作受到干扰和影响。为凝聚人心，邓稼先提出一个口号：“抢在法国人之前搞出氢弹”，有效地说服团结了两派继续工作。当时，法国也在加紧研制氢弹；因此，谁也不愿落下“拖氢弹研制的后腿”的罪名。经过一系列试验和各部门的协同配合，1967年6月17日，中国第一颗氢弹在罗布泊上空成功爆炸。中国氢弹走在了法国前面。

从原子弹爆炸到氢弹爆炸，美国用了7年零4个月，苏联用了4年，英国用了4年零7个月，法国用了8年零6个月，中国只用了2年零8个月。中国的速度是世界上最快的。

六

有了原子弹，还要有发射的“枪”。中国第一颗原子弹采用“塔爆”，即在102米高的铁塔顶部引爆的。西方在震惊之余，嘲笑中国的原子弹是“有弹无枪”。1965年5月14日，中国用一架图-16轰炸机在罗布泊上空成功地向靶标空投了一颗原子弹，中国原子弹有“枪”了。1945年第二次世界大战末，美国向日本广岛和长崎投掷原子弹，也是用轰炸机做“枪”。当然，这是原始的“枪”。先进的“枪”是导弹，即用导弹发射原子弹，就成为核导弹。导弹有近、中、远程之分，最远的是洲际导弹。远程核导弹射程远，命中率高，威慑力大。“中国导弹之父”“火箭之父”钱学森早就想给中国原子弹配上最好的“枪”，也就是实现“两弹结合”，即原子弹（氢弹）和导弹的结合。

两弹结合，在原子弹（氢弹）方面的关键是要使原子弹（氢弹）小型化，武器化。否则，原子弹头太重，就发射不远。邓稼先在原子弹、氢弹先后成功之后，又投入了原子弹、氢弹的小型化的研制工作。

事实上，1967年以后邓稼先一直继续核武器的研制工作：地下核试验，还突破了中子弹技术，一直到电脑模拟的核极限。可以说，邓稼先和他的团队一代人完成别的国家五代科学家的任务，使一穷二白的祖国靠着自己的力量赶上了其他核大国的水平。

七

“文化大革命”中，军事工业受到冲击和破坏，许多军工产品质量发生问题。20世纪70年代末的一次核试验出了事故，飞机空投核弹，降落伞没有打开，核弹摔到地上。由于原子弹体积不大，基地100多名防化兵出动都没能找到。邓稼先不顾基地司令员和许多人的反对，把生死置之度外，决定亲自去找。他和二机部副部长赵敬璞乘一辆吉普车向戈壁深处驶去。在事故发生地区的边缘，邓稼先看到了摔碎的弹体，他不让赵副部长、司机和他同行，自己一个人冲上去。看到没有出现担心的摔爆的后果，一时间他竟忘情地用双手捧起了碎弹片。在向赵副部长说了一句“平安无事”之后，他邀请赵与他合影留念。显然，他意识到自己受到了核辐射。情况正是这样，回到北京后，作为医学教授的妻子许鹿希强拉他去检查身体，结果是他的化验指标几乎所有都不正常，他确实受到放射性钚239的辐射。

事实上，他不止一次地受到过核辐射。1982年他担任九院院长，一次核试爆前，前方报告竖井的测试信号消失了。他立即乘车来到竖井处并下井检查。但是问题一时难以发现，人们劝他离开，他说我不能走。在零下30℃的情况下，他硬是井上井下忙了两天两夜，终于排除了故障，使此次试验取得了成功。

1984年，邓稼先主持了一生中最后组织指挥的一次核试验。然而魁梧的身体已经非常虚弱。1986年以前，我国共进行过32次核试验，邓稼先亲自在现场主持过15次。杨振宁在追忆两弹元勋邓稼先的文章中写道：“‘粗估’参数的时候，要有物理直觉；筹划昼夜不断的计算时，要有数学见地；决定方案时，要有勇进的胆识，又要有稳健的判断。可是理论是否够准确永远是一个问题。不知稼先在关键性的方案上签字的时候，手有没有颤抖？”事实上，由于邓稼先精湛的水平和认真负责、一丝不苟，他主持的15次试验每一次都取得了成功，因此，人们称他为“福将”。

1985年，邓稼先最后离开罗布泊回到北京，他还想参加会议。8月，在领导和医生强迫下，他做了切除直肠癌的手术。由于癌细胞的转移扩散，1986年3月又做了第二次手术。党中央尽一切力量要挽回他的生命，然而他知道自己的时日无多。他争分夺秒地写了一份他和于敏签署的关于中华人民共和国核武器的建议书，提出了中国核武器发展的目标、途径和措施。两个月后，又做了第三次手术。7月29日，因为全身大出血而逝世。弥留之际，他还念念不忘毕生从事的核武器事业，一再说：“不要让人家把我们落得太远。”

八

长期的工作中，由于保密要求，邓稼先从来不把自己工作的情况告诉家人和亲友。有三件事情能够说明当时的保密工作是何等的严格。

其一，1964年，当第一颗原子弹爆炸成功，有关方面来人交给他一封母亲病危的电报和一张机票。其实母亲早就病危，但直到此时，领导才告诉他并安排他回京探望。当他来到母亲的病床前，母亲从报纸号外报道获得中国第一颗原子弹试验成功的消息，又联想儿子是从事核物理专业的，因而猜到长期难以见面的儿子就是从事这项工作。当然，母亲希望能得到儿子的证实，然而儿子却没能明确地告诉她。但是从儿子含蓄的回答中，母亲最后还是带着欣慰离开了人世。

其二，原子弹爆炸成功后，物理学家严济慈去看望好友许德珩。两人说起了原子弹。许德珩问：“是谁有这么大的本事，把原子弹搞出来了？”严济慈笑个不停：“嘿，你还问我，问你的女婿呀！”“我的女婿——邓稼先？”作为全国人大常委会副委员长的许德珩直到这时还不知道那个原子弹是他女婿带着一批科学家搞出来的。

工作严格保密的要求，以及长期在大漠戈壁，即使回到北京也只是偶尔回家看一下。当然妻子和父母家人是理解的。但是，应该说，夫妻长期分居，妻子和整个家庭对中国两弹事业也是做出了不可忽视的贡献。

其三，1971年8月，杨振宁作为海外华裔科学家第一个访问新中国。其间他向有关方面开列的要见的人的名单中，第一个就是邓稼先。于是，正在基地工作的邓稼先被召回北京，见到了阔别22年的杨振宁。杨振宁直到要离开北京时最终还是忍不住提出一个问题：是不是有一个叫寒春的美国人曾参加过中国原子弹工程？因为1964中国原子弹爆炸后，杨振宁在美国就听到这个说法。寒春是1948年3月到中国的，她曾于20世纪40年代初在洛斯阿拉姆斯武器试验室做费米的助手，参加了美国原子弹的制造，那时她是年轻的研究生。杨认为这是个谣言，但他需要得到邓稼先的证实。然而，出于保密的规定，邓没有告诉杨。待杨登机走后，邓请示周总理，得到批准，他立即写了一封信快速请人带到上海。杨要经上海返美，此时上海市领导正在宴请他。当他接到邓的信看后，知道中国的原子弹没有外国人参加，他感情激荡，热泪满眶。

原子弹是核裂变，氢弹是核聚变，它们的原理是完全相反的。在美国，“原子弹之父”是奥本海默，而“氢弹之父”是泰勒。在中国，邓稼先既是原子弹研制的领军人，又是氢弹研制的领军人，可谓中华民族核武器事业的奠基人和开拓者。多次担任核武器现场总指挥的张爱萍将军称邓稼先为“两弹元勋”。邓稼先去世后，张爱萍写下一首挽词：

踏遍戈壁共草原，35年前，连克千重关，群力奋战自当先，捷音频来传。蔑视核讹诈，华夏创新篇，君视名利如粪土，许身国威壮河山，哀君早辞世，功勋泽人间。

1999年正值新中国50周年华诞，此时，1964年第一颗原子弹爆炸成功也过去了35年。

在宣传介绍新中国半个世纪的伟大成就时，许多人很想知道那些为“两弹一星”做出贡献的科学家们的事迹。于是，《科学时报》的记者采访了张劲夫，他当年是中国科学院党组书记、副院长，他是最了解情况的。访谈《在科学院辉煌的背后》发表后，杨振宁从大洋彼岸打来电话，建议张劲夫正式披露参与“两弹一星”研制的这段历史，给历史一个交代，给后人一个交代。经过征求有关方面的意见，张劲夫采纳了杨振宁的建议，以他署名的《中国科学院与“两弹一星”》以内部资料形式分送有关领导。中共中央总书记江泽民看到后，指示文章要由新华社发通稿，在《人民日报》等各大报纸上发表。接下来，中共中央、国务院、中央军委在庆祝中华人民共和国成立50周年前夕（9月18日）对23名“两弹一星”功臣进行隆重表彰。邓稼先被追授“两弹一星”功勋奖章。

1993年，杨振宁曾在《人民日报》上撰文《没有任何外国人参加·追忆两弹元勋邓稼先》，文章说：

“邓稼先是中国几千年传统文化所孕育出来有最高奉献精神的儿子。”

“邓稼先是中国共产党的理想党员。”

九

杨振宁一生最喜爱两首歌，一首是西南联大校歌，笔者曾看到他、听到他的动情歌唱；一首是《中国男儿》。1993年，在追忆两弹元勋邓稼先的文章中，杨振宁写道：“假如有一天哪位导演要摄制邓稼先传，我要向他建议背景音乐采用五四时代的一首歌，我儿时从父亲口中学到的：

中国男儿
中国男儿
要将双手撑天空
长江大河
亚洲之东
峨峨昆仑
古今多少奇丈夫
碎首黄尘燕然勒功
至今热血犹殷红”

令人高兴的是，2011年春节前后，中央电视台播出的表现中国“两弹一星”发展历程的重大革命历史题材电视剧《五星红旗迎风飘扬》，电视剧采纳了杨振宁的建议，主题歌就是《中国男儿》。笔者每当听到这首歌也不禁心潮澎湃。

为什么杨振宁和他的父辈都喜欢这首歌？笔者以为，激越的旋律，激励号召中国男儿为中华民族伟大复兴而奋斗，而建功立业，这是时代的呼唤。从这个意义上讲，《中国男儿》与《西南联大校歌》的主题和旋律是完全一致的。

值得一提是，《中国男儿》也往往被误传，比如被误为“云南陆军讲武堂校歌”。由此，也可看出，近代中国历史上，由于落后挨打，志士仁人们在为中华民族的解放和复兴而前仆后继英勇奋斗中，都是在激越的时代旋律中前行。

当然，这些前仆后继的奋斗，只有在1921年诞生的中国共产党的领导下才取得了成功。

（原载：《昆明文史资料选辑》第54辑，“纪念中国共产党成立90周年专辑”2011年）

两弹功臣L.K.贺

——缅怀贺联奎教授

两弹功臣L.K.贺

——缅怀贺联奎教授

L.K.贺是贺联奎教授给我写信的署名。这是一篇迟到的但是萦怀很久的怀念文章。

2006年，看到《西南联大北京校友会简讯》第40期《沉痛悼念贺联奎同志》，才知道他已于4月3日去世的消息。一时间，实难相信。因为他的身体一直不错，长期坚持冬泳，还写过《喜爱游泳的三位西南联大老寿星》（沈刚如、施嘉炀、温德）。2003年，我要在中科院读博的儿子送书给他，他要孩子告诉我，他身体很好，不要挂念。后因为工作忙碌，与他联系渐少。后来儿子在京工作，本想我可常去北京看望贺老，并向他请教和讨论有关西南联大的问题。不想天不假年，他驾鹤西去，这一切都不可能了。但是，多年来，我和他跨世纪的10余年交往的种种情景时时会在脑海中出现，特别是1990年代他多次来昆，我与他畅谈，讨论问题，以及书信往还，一切还恍如昨天。今年是西南联大建校75周年，谨以此文，缅怀我的这位忘年师长。

一、初闻贺联奎之名

（一）云南省委书记邀请联大校友回第二故乡

1987年3、4月间，全国人大、全国政协两会在北京举行。会议将要结束时，4月5日下午，西南联大北京校友会在中山公园为出席两会的联大校友举行茶话会。会上，北京校友会会长吴仲华报告了校友会的工作；名誉会长、联大教授周培源讲话，“忆当年风雨同舟，喜今朝振兴中华”。周培源和吴仲华都指出，西南联大在抗日战争的艰苦岁月里，坚持办学，虽只有8年多历史，但其成就是巨大的，培养了不少杰出人才和国家栋梁，在中国教育史和中国革命史上写下了光辉的一页。

出席茶话会的联大校友有100多人，其中有马大猷、江泽涵、贺麟、冯至、王汉斌、袁永熙、郝诒纯、朱德熙、任继愈、朱德祥、吴征镒等。原西南联大常委、清华大学校长梅贻琦的94岁夫人韩咏华也出席了茶话会。会议还专门邀请了中共云南省委书记普朝柱参加。

会上，许多校友流露出对第二故乡的思念之情，有强烈的回云南看看的愿望。实际上，这种情感两年前普朝柱就已经感受到了。1985年，云南省委召开了隆重纪念“一二·一”运动40周年大会，当时，我任云南师大党办副主任，参加大会的筹备工作，与会的40多位联大校友明确表达希望在昆明纪念西南联大50周年校庆的意愿。因此，在中山公园的茶话会上再一次感受到联大校友的这一愿望时，一向对西南联大充满感情的普朝柱，当即在会上代表云南省委、云南省人民政府邀请海内外联大校友到云南参加1988年11月1日的西南联大50周年校庆活动。与会者对他的邀请报以长时间的掌声。

（二）云南着手筹备1988年联大校庆50周年活动

1946年联大结束，不久内战爆发；新中国成立后，一直到粉碎“四人帮”，没有机会再提及西南联大的事情。而现在，当年西南联大所在地云南的省委书记邀请海内外联大校友重返第二故乡，共举半百之庆，应该说，这是西南联大结束后的第一次，也是改革开放后云南的一件大事。

全国两会之后，省委委托省政协副主席黄平和省顾问委员会副主任陈盛年（他们二人均为西南联大校友）召集云南师大及西南联大昆明校友会的负责人开会，研究1988年西南联大50周年校庆的筹备工作。很快，成立了云南省纪念西南联大校庆50周年筹备委员会，由省委副书记聂荣贵任主任；陈盛年、黄平、朱德祥（西南联大昆明校友会会长，云南师大原副校长、教授）等为筹委会副主任；还有筹委会委员若干人。这是一个高规格的筹备机构，表现了云南省委、省政府对此事的重视。筹委会办公室设在云南师大，云南师大党委负责人叶涛任办公室主任，作为校党办副主任的我，任筹委会办公室秘书组组长。

筹备工作紧张地展开。其中一项工作是尽快地向海内外联大校友、各地校友会以及北大、清华、南开三校领导发出邀请函。邀请函发出后，回应十分热烈，纷纷寄来回执，大都表示要回昆明参加联大半个世纪的庆典。因为北京的联大校友数量较多，要来的人也很多，联大北京校友会甚至开始与铁道部联系加挂专门车厢，以便统一组织北京地区校友来昆。

（三）出乎意料的反对意见：拒绝出席云南举办的联大50周年校庆

就在云南筹备工作紧张而有序地进行之中，北京校友会传来消息：一些校友拒绝参加1988年云南举办的联大50周年校庆活动。原因是：西南联大的校庆日是来自卢沟桥事变后北大、清华、南开三校联合组成国立长沙临时大学开始上课的时间：1937年11月1日。因此，联大50周年校庆是1987年11月1日；1988年11月1日是联大校庆51周年，而不是50周年，云南举办联大50周年校庆是没有道理的，也是不妥当的，母校的历史不容改动。持反对意见的校友态度十分坚决，其代表之一名叫贺联奎。他们不仅自己拒绝参加云南举办的活动，还发出《倡议书》寄发全国各地校友，同时拟于1987年11月1日在北京举办联大50周年校庆。

应该说，反对意见的看法是很有道理的。我也由此知道了“贺联奎”这个名字。

面对上述反对意见，云南方面筹委会办公室感到十分突然，立即开会商议。大家认为，北京这些校友的反对意见是有道理的，也是完全可以理解的。但是，云南方面提出1988年举行50周年校庆活动也不是没有道理的。第一，1937年11月1日，三校南迁湖南联合组成国立长沙临时大学，而不是国立西南联合大学；第二，1938年春，三校西迁云南，长沙临大才改名“西南联大”，换言之，西南联大是1938年在云南建立的；第三，云南父老乡亲见到了北大清华和南开三校来滇是1938年，云南省委、省政府举行联大50周年校庆活动是代表云南人民对西南联大的深情厚谊，时间的选定也是从历史事实出发的。

筹委会办公室立即将上述情况向筹委会领导和省委领导做了汇报。省委领导也迅速作出指示：立即派人赴京协商，务必妥善处理好此事。

（四）赴京协商：云南1988年的纪念活动改称“联大在昆建校50周年”

经研究，筹委会派出了3位同志赴京协商：筹委会委员许琤（原云南师范大学党委副书记、西南联大昆明校友会副会长）、筹委会办公室主任叶涛、筹委会办公室秘书组长吴宝璋。我们一行3人于1987年中秋节前赴京。

到了北京，西南联大北京校友会立即召集会议。会议由北京校友会副会长吴惟诚（中共北京市委统战部副部长）安排在北京市政协会议室举行。我们在会上申述了1988年举办联大50周年校庆的缘由，特别强调举办这一活动是云南省委、省政府、云南人民、云南师大、西南联大昆明校友会对西南联大充满怀念的深情之举，希望得到北京校友会和持反对意见的联大校友的理解和支持，共同努力，把这件事办好。北京校友会也阐述了持反对意见校友们的看法。大家热烈讨论，各方面都充分发表了意见。最后，北京校友会方面对云南方面的观点表示理解，双方共同决定：1988年11月1日云南举行的纪念活动不用“联大校庆50周年”的提法，称为“联大在昆建校50周年”。

应该说，云南方面此次赴京协商是完成了任务，妥善解决了矛盾和冲突。之后，1987年11月1日，北京联大校友会在北京大学礼堂举行了西南联大校庆50周年大会。而1988年云南举办西南联大在昆建校50周年的筹备活动继续而顺利地进行。

二、在昆结交忘年

（一）初次晤面，称我“校友”

1988年11月1日，隆重纪念西南联大暨云南师大建校50周年大会在云南师大礼堂举行。其他一系列纪念活动也在此后渐次开展。来自海内外的西南联大校友及家属1000余人（其中校友800多人）来昆参加纪念活动，盛况空前。云南省省长和志强在纪念大会上发表了热情洋溢的讲话，贺联奎教授也来出席。活动期间，我专门到校友下榻的宾馆看望他。两人第一次见面，却如故交。

我讲起了1987年因为一些校友的反对意见，我们到北京进行协商，此后整个活动的名称由“校庆”改为“建校纪念”；而您是这些反对意见校友的代表，因此一直想见见您。他说：“这就叫‘不打不相识’，没有这一

‘出’，咱俩不一定认识，那么多的校友。当然，联大校庆计算的时间只能从1937年算起，这是历史，不能改变；现在这个处理也挺好的。校友们对云南省委、省政府组织举办的这次活动，非常感谢，非常满意，那么大的规模，很不容易。我们老校友、老同志，许多人毕业以后就没见过面，给我们创造了这么好的条件。也要感谢你们做具体工作的同志。”

交谈中，他称我“老吴”“校友”。我说我是后学晚辈，叫“小吴”就行了，那时我刚40出头。他说，那我就叫你“宝璋校友”好了，云南师大是联大不可缺少的组成部分，后来留在昆明，我们是“校友”，我是学长。后来他给我写信，一直都这样称呼我。

这次交谈，我对贺老的印象是：语速快，思维敏捷；严肃认真，不乏幽默；有原则，认准的事绝不退让。

（二）对联大情深意笃

纪念活动期间，我和贺老还有几次交谈。有一次，他谈起了过去，谈起怎么考进西南联大的。

他说：“我是河北清苑人，清苑县属保定。小的时候，国家情况很糟，兵荒马乱。但是自己读书很努力，成绩很好，就想将来当科学家，解救我贫穷落后的祖国。抗战期间，北方大多为沦陷区，我们不愿做亡国奴；当时听说遥远的昆明有个西南联合大学，是北大、清华、南开三校联合组成的，是中国最好的大学，为了实现自己‘科学救国’的理想，我决心报考西南联大。1943年，已是抗战后期，我南下昆明，就像联大校歌所唱的‘万里长征’。不同的是我是只身一人，徒步跋涉，备尝艰辛。由于自己的基础还不错，如愿以偿，考入了联大航空系。航空系在工学院，地点在昆明拓东路。在昆明学习了3年。云南就是我的第二故乡。当然，那时候条件不允许，云南许多地区没有去，今后我要争取到云南走一走。1946年抗战胜利后，联大结束返回北平，我又到清华大学继续学习。1947年完成了学业。之后到四川大学、燕京大学教书，1956年到北京航空学院任教。”

贺老说，在西南联大这几年，是我们青春年少的年代，受教于那么多的大师，这是一生中最重要的时期，也是最幸运的事。在联大，我们打下了坚实的基础，练就了扎实的本领，因此能够在新中国建立之后为祖国做出自己的贡献。解放前，靠科学是救不了国的；解放后，没有科学是不可能使国家富强的。

我从贺老的谈话中，深深地感到他为作为一名联大学生的自豪之情，以及对母校的挚爱和眷恋。

（三）张罗航空系校友聚会

贺老是西南联大北京校友会的理事。活动期间，对于校友间的联络、聚会热情且很积极。有一次遇到贺老，他告诉我，联大航空系校友聚会，并给我讲了聚会的一些情况。其中特别谈到两个1944级的校友：李德璋、邓汤美。

李德璋我是知道的。我接待过他，也有过交谈。他是联大校友来昆参加活动最后一个报名的，但他又是校友中第一个到昆明报到的。他一到昆明，走下飞机的舷梯即亲吻昆明的土地，因此被媒体追着采访，成了一个新闻人物。

邓汤美，抗战从军曾担任飞行员，飞越驼峰。贺老告诉我，联大校友中有好几个飞越驼峰，那可是世界航空史上的壮举。他还谈到飞越驼峰的英文书写是“Humpover”。贺老讲的驼峰航线给我留下了深刻的印象，这也是我第一次听到“驼峰航线”的事情。2003年3月，应省政协外事委员会的邀请，我向美国参议员访华团介绍驼峰飞行，特别告诉他们驼峰的总运量超过滇缅公路，当时引起访华团成员的极大兴趣。而我对驼峰的了解，是始于贺老的。

当时，听了贺老的介绍，我请他把航空系校友聚会写成一个稿子，我将在编辑本次纪念活动专刊时刊用。贺老在离昆回京后将写好的稿子寄给我，题目为《海峡两岸、大洋彼岸心连心·联大航空系校友在昆的聚会》。后来，我在编《西南联大暨云南师大建校五十周年纪念集》时，刊登了这篇文章。

（四）很珍贵的资料

1997年，怒江州泸水县片马镇高黎贡山发现了一架驼峰飞行的坠机。这架飞机的编号为C-53，是坠落在驼峰航线下面深山峡谷中许多坠机中的一架。10月7日，省委宣传部邀请了部分专家和新闻等省级单位的人员召开

"怒江二战驼峰飞机残骸"保护宣传工作会议，讨论对C-53坠机的保护和宣传。我应邀参加了这次会议并做了发言。

会上提供一份资料：《云南最新发现"驼峰"飞机残骸资料汇编》，里面有10幅C-53残骸的彩色照片。看到这份资料汇编，我立即想起了最初给我讲飞越驼峰的贺老。后来，贺老来昆寻访考察西南联大遗址时，我将这本资料汇编送给他，他十分高兴：这是一份很珍贵的资料，驼峰航线在"二战"中为中国人民抗战胜利做出了重大贡献。他为联大校友中有好几位驼峰飞行员而深感骄傲。

三、寻访联大故址

我认识贺老之后，就知道他对西南联大校史的编著出版十分关心：参与讨论、搜集资料、提供照片、绘制地图等，做了不少事情。《国立西南联合大学校史》出版后，我看到，书中有6幅西南联大当年所在地区及其校舍的平面图，其中5幅为贺老所绘。这些地图线条简洁，示意明确，为阅读联大校史提供了不少方便。每当我翻阅西南联大校史，看到这些平面图，就仿佛看到贺老。

贺老还一直在做一件事，即对联大当年的校舍和教授们居住过的地方进行考察寻访，并将考察结果写成文章，绘出示意图，为记载和研究西南联大留下了翔实可信的资料。贺老的这些寻访考察活动，有的我参与了，有的他与我进行过讨论。现在回忆起来，还历历在目。

（一）联大北郊校舍故址寻踪

1997年夏，贺老到春城避暑旅游。7月26日，在王云（云南师大原副校长、联大校友）和笔者陪同下，到昆明北郊寻访。此行主要目的是寻找当年清华航空研究所故址和北大教授临时宿舍遗址。

1. 寻访清华航空研究所故址

这次寻访，贺老称之为"圆梦之行"。当年在联大三年级学习空气动力学时，课堂上完全是理论推导，他听说清华航研所有一风洞，就想和同级的两个同学一起去看看，得些感性知识。但是航空系主任不同意，因此他对清华航研所的风洞一直不能忘怀，甚至成了一个“梦”。1996年，《国立西南联合大学校史》出版时，贺老提供了3张联大工学院的照片，其中有一张“风洞”的照片。

50多年过去了，总想找机会圆一下学生时代的梦。这次到昆明就是一个机会。

由于只知道当年航研所在昆明北郊白龙潭，因此我们就以白龙潭为目标进行寻找。一边问一边找，我们先到了昆明啤酒厂，而后找到了白龙潭水源地及白龙庙。然而时过境迁，当地没有人知道这一带当年有过清华大学的房屋。学生时代的梦也未能圆。此行贺老带着些许遗憾离开了昆明。

回京后，执着的贺老访问了当年航研所工作过的刘谋佶学长，又研读了航研所所长庄前鼎撰写的《清华大学1937年到1945年工作报告》（收在《清华大学史料选编》），还查阅了清华大学档案馆里的有关资料。最后，弄清了航研所的准确位置，在上庄附近的一个叫漾坝的小山谷里。

1998年10月底，贺老来昆参加了西南联大在昆建校60周年纪念活动。他再一次来到昆明北郊，此次我因主持师大外院校庆活动抽不出时间，学校派了年轻干部何福全陪同，在右营村遇到一位名叫杨洪春的老者，63岁，有些文化，记忆力极好，居然谈出了一些航研所当年的情况，真是令人喜出望外。杨把“风洞”称为“大管管”，并说“大管管”的所在，即航研所的工作区位置就在今天昆明烟厂西面山坡昆烟中学偏北。循着他指示的方向，贺老看到昆烟中学鳞次栉比的楼房，完全看不出当年的任何痕迹。但是贺老在一片楼群上看到了“养坝区”的字样，认为“养坝”即“漾坝”。至此，贺老也算圆了学生时代的梦。当他把结果告诉我时，我深深地为他的不达目的决不罢休的精神所折服。于此，我也仿佛看到了联大人的科学精神。后来，他把此次航研所寻访写成《西南联大昆明北郊校舍寻踪记》，刊发于《西南联大北京校友会简讯》第25期和第26期。

2. 寻访岗头村教授宿舍遗址

岗头村北大教授宿舍，我过去看吴大猷的《回忆》，有几点较深的印象：一是吴大猷教授住在此处，清晨很早起来到联大新校舍上课，路上要走1小时；下午还要跑一趟（因为当时为避日本飞机空袭，联大的课安排在早晨和下午接近傍晚），一天两个来回20多里地；一双皮鞋穿不了多久就要打掌。二是有一次吴大猷搭一辆马车到联大上课，下坡时，马忽然惊跳起来，坐在车尾的吴大猷被摔下车，昏倒在路旁，不知过了多久才醒过来，自己勉强走回住处，卧床好几个星期。这次摔成了脑震荡。三是吴大猷夫人阮冠世肺病加重，久不见好，经介绍到惠滇医院的车家壁分院去住院好几个月。于是岗头村的家就交给他的研究生黄昆照看。当时家里还养着一头猪，本打算大了之后卖些钱聊补夫人治疗费和家用。经过黄昆喂养，猪长大了，猪舍显得小了，黄昆每天赶猪进圈都不容易，于是写信向导师报告，吴大猷遂回信叫他在岗头村卖掉。四是吴大猷破格收了浙江大学转学来的大一学生李政道。

这次贺老邀我一同寻觅岗头村北大教授宿舍故址。头天晚上，我又翻阅了吴大猷《回忆》。发现书中对曾经住过的岗头村宿舍住户记得很清楚。院内北大共盖了7间房子，住户有：饶毓泰（吴的老师，单身），周炳琳夫妇，杨振声，吴大猷夫妇（还有女佣陈嫂及孩子），章廷谦夫妇和3个孩子，戴修瓒夫妇和孩子，孙云铸夫妇及孩子，刘云浦夫妇及孩子，赵迺抟。几个方丈的小院内，竟挤了9家人；此外还有来此短居的张景钺太太和孩子、雷海宗太太和女儿。再就是，吴大猷还记录了因为居住在岗头村，使他免于一死：有一天傍晚，他由岗头村步行进城，到西仓坡附近原来的住处——借住的周部长（即周钟岳，时任国民政府内政部长）的房子，发现这里当天下午被日机炸成一片瓦砾。吴大猷感叹："假如我们未留在岗头村，那天下午也许不去躲警报，那便正好中'头彩'。"

第二天（1997年7月26日），我们来到岗头村。开车的师傅小李就是岗头村一带的人。他轻车熟路，从龙泉路往西驶上半山坡，一直到了汽车不能再前行的地方。我们步行到了一处铁丝网围着的地方，这是昆明卷烟厂的烟叶堆栈（几十垛覆盖的烟叶堆占着一大片地方）。隔着铁丝网，小李指着烟叶堆后面的山坡上一座小庙说，那就是永丰寺。几年前，贺老为了解岗头村北大教授宿舍情况，曾问过张友仁校友，知道"宿舍的墙外有一条小河，宿舍以北的山坡上有树林，还有一座小庙"。于是"小河"和"小庙"就成了贺老寻觅岗头村北大教授宿舍的坐标。然而，现在一大片烟叶堆栈横亘在眼前，一时也找不到可通永丰寺的路径；又由于还要到西郊普吉，时间较紧，于是贺老拿起相机，拉长镜头，从铁丝网眼中对小庙进行远距离拍摄。就这样，遗憾地结束了在这里的寻找。

回到北京，贺老做了许多访问和查对资料的工作，感到对北大岗头村校舍的情况比较清楚了。第二年的10月30日，贺老来昆又二访岗头村。由于时间比较宽裕，又是有备而来，贺老到了永丰寺，并判断当年宿舍墙外小河已经改道，从而最后确定了当年北大教授宿舍的大致位置。关于宿舍院内的一些具体情况，有四个方面的收获：第一，每家人住房分布确定下来，当时每间房子不大，仅有12—16平方米。第二，院内有蒋梦麟校长的住房，在院内北面的高台上；但蒋难得来，房子由家属住着；靠院子东门有汽车棚，是他来时停车用的。第三，吴大猷家里摆有两张书桌，一张是吴用，另一张是李政道用，因此贺老说：李政道真是吴的“入室弟子”。第四，除了这个小院之外，岗头村还有北大人居住，比如“联大校歌”歌词的作者罗庸就住在村子里的民居内。

贺老这次的寻访文章，（特别是北大教授宿舍各家居住位置还画有示意图），发表在《西南联大北京校友会通讯》第25、26两期上，十分珍贵。遗憾的是由于校对原因，错字不少。

3. 关于普吉的寻访

1997年7月26日下午，我和王云陪同贺老到大普吉探访清华科研基地遗址。联大时，清华大学在研究院之外还设了5个特种研究所：航空、无线电、金属、国情普查、农业（下设植物病害学、昆虫学、植物生理学3个组）。所谓“特种”，即只从事研究，不招收研究生；而三校的研究院实际就是研究生院。5个所中，航空研究所在昆明北郊（前文已谈过），国情普查研究所设在呈贡文庙内。在大普吉的是无线电、金属、农业3个所。这些研究所的研究人员和教授中的1/3至1/2，成为新中国成立后中国科学院的院士。因此，大普吉被称为“抗战时期的一个院士中心”。费孝通曾说：“大普吉1940—1946年成了我国抗战时期有名的科学中心之一。”

然而，时过境迁，当年的3个研究所遗迹已很难寻觅。经询问当地的老人，总算找到当年几个所的大致位置，即今省良种试验场和昆明化工研究所之间、云南冶炼厂铁路线与这里公路的交会点周围。令人高兴的是，经一老者指点，还发现一幢当年农业研究所的平房。房屋闲着，呈衰破之状，贺老拍了照片。

回京后，贺老到清华大学档案馆查阅资料，居然找到了1940年绘制的“大普吉金属及无线电研究所平面图”的蓝图。图中标有清华图书馆的位置，还注明农业研究所在金属及无线电所的南边。贺老将蓝图和我们考察的方位进行比对，完全符合。接着，他还将那幢平房的照片寄给昆明的吴征镒鉴别。吴先生当年在过农业研究所。很快，吴回信，确认此平房就是农业研究所的病害学组的房屋。对此，贺老十分高兴，将此次寻访经过撰成文稿，并将上述蓝图进行复绘，发表在《西南联大北京校友会简讯》第26期，并寄我一份。令人遗憾的是，2000年6月11日，我带《西南联大启示录》摄制组到大普吉去拍摄时，农业所的那幢平房已不复存在了。

离开大普吉，我们到海源寺。贺老说联大有教授在这一带住过。多方打听，一无所获。我们来到了海源寺旁的灵源别墅，这是当年龙云的一座别墅。屋脊是琉璃瓦砌成的一条龙，廊前抱厦有6根石龙抱柱，雕刻着精美的龙腾彩云的纹饰。这一切十分鲜明地契合着房主人的名字。据说，抗战期间，龙云曾让云南通志馆驻此，编修《新纂云南通志》；1942年龙云还曾安排来滇视察的蒋介石住过一宿。

本来还要到北边的龙院村和陈家营，但是天色已晚，只好作罢。贺老说留待下次罢。

4. 考察龙院村惠、李两宅院

1998年10月下旬，云南师大纪念西南联大建校60周年，贺老来昆参加纪念活动。10月30日，他专程到龙院村寻访。龙院村，又称梨园村、梨院村。由于有备而来，此行取得了重要的收获，找到了清华人住地的遗址：李家宅院和惠家大院。李、惠二人在当时分别被称为李司长和惠老师。李家宅院和惠家大院相距不远，惠家大院在李家宅院的南边。

李家宅院曾住过梅贻琦及清华办事处的几位职员：姚均（办事处会计科主任）、史蓁（办事处会计科科员）、唐贯芳（图书部职员）、朱荫章（联大注册组组长）、赫崇本（金属研究所教员）。后来，梅贻琦搬到惠家大院后，沈履（办事处秘书长）搬进来。

惠家大院曾住过清华的14位教授：朱自清、杨武之、吴有训、赵忠尧、吴达元、杨业治、任之恭、赵访熊、范绪筠、赵九章、姜立夫、叶楷、余瑞璜、梅贻琦。这些教授大都每家都有家眷好几口，整个惠家大院共住了四五十人。惠老师最先认识的是朱自清和杨武之，之后认识了更多的清华教授，惠与朱自清甚为投缘，颇有相见恨晚之感。1939年秋，日本飞机频繁轰炸昆明，惠老师邀朱自清来家居住，因此朱自清是最早到惠家居住的。住了半年多，举家迁往夫人陈竹隐的老家成都。1940年9月30日，杨武之居住的金凤花园（今省红会医院）一带被日军轰炸，家和衣物书籍均被炸毁，幸好人未受伤。第二天，举家搬到惠家大院。此后，清华教授10余位先后迁来。梅贻琦是最后迁入的。当时他已住在李家宅院。1941年3月，梅贻琦与惠老师商谈，专门在惠家院内建二层小楼一幢，5月中旬竣工搬入。

经过考察和研究，贺老将李家宅院和惠家大院中联大清华教授们居住情况大致弄清了，并撰写成了《西南联大昆明北郊校舍寻踪记（下）》，发表于《西南联大北京校友会简讯》第26期（1999年8月）。贺老的考察成果十分重要，其中的“龙院村清华教职员居住的情况”，受到昆明市文物专家的重视，为1999年市政协文史委员会进行抗战时期文化名人旧居调查，尤其是昆明市2000年至2003年开展抗战时期文物普查，以及后来的文物保护提供了极其重要的资料。2003年昆明西山区人民政府将惠家大院公布为文物保护单位。

遗憾的是，关于惠老师和李司长的名字，贺老在考察中未搞清楚，撰文时写道：“只好阙如了。”但他一直想搞清楚，给我来信专门说，据“一校友告，惠名惠我春，李名李华”，但对两人具体情况仍不了解。应该说，李华和惠我春是云南近代史上的知名人物。在此，谨将二人情况做一简介，以补贺老生前之憾，也算对他的纪念。

李司长，名华（1872—1946），字适生，昆明人。1903年入云南高等学堂，次年选送北京京师大学堂，后考取公费留学英国（一说美国）。归国时途经日本东京，认识了孙中山，加入了同盟会，并结识了留日学生李根源、顾品珍等。回滇后，受聘为云南陆军讲武堂英文教员，云南辛亥“重九”起义后，任云南军都督府学政司（后改为教育司）司长。1914年任省立第一中学校长。1921年驻川滇军将领顾品珍率师回滇“倒唐”（继尧），尔后主政云南，李华被任命为云南省外交司司长。次年唐继尧回滇复掌滇政，李华赴广州在孙中山军政府任参议。1927年“二六”政变后，龙云掌握云南政权，李华回滇出任兴文公当（兴文银行前身）经理。1932年退职，在龙院村筑屋隐居，人们称其“李司长”。抗战期间，清华梅贻琦等租住其宅院。1945年“十三”事件发生，蒋介石用武力改组云南省政府。事变中，负责搜索海源寺一带的部队听说梨院村有一位李“师长”，遂将李华抓来逼其交出枪支，还施以捆绑之辱。此后一年多，李气病离世。

惠老师，名我春（1877—1948），云南宣威人。清末科试曾为曲靖八属第一名。曾任云南讲武堂国文教员、善写文章。1915年12月，云南举行护国起义，反对袁世凯复辟帝制。唐继尧、蔡锷请其创办云南护国军都督府机关报——《义声报》，并任总编辑。唐继尧主政云南，惠任宣传枢密官，主持云南官印局。1927年“二六”政变后，唐继尧下台，惠也隐退。抗战期间，日机空袭昆明，惠在梨院村买地筑屋，索居乡间。西南联大到昆后，惠认识朱自清、杨武之等教授，遂邀朱自清等10余名联大教授来惠家大院居住。抗战胜利后，惠回城居住在翠湖东路二女婿张冲家中，1948年病逝。

龙院村不远处的陈家营，有闻一多、华罗庚住过的旧居。此前，我对贺老讲过1992年11月曾陪同华罗庚的女儿华苏和清华大学原党委书记李传信到陈家营寻访华罗庚旧居的事。然而，贺老此次考察惠、李两院之后，时间紧，来不及到陈家营了。回到云南师大住地，不无遗憾，我将刚好出版的《寻访华罗庚旧居》（刊于云南师大《高教研究》1998年第3期）送给他。关于此事，后来他在寻访联大北郊教授校舍的文中以注释形式做了说明。

（二）寻访威远街龙公馆

西南联大所以落户云南，除了云南地处抗战大后方，且有交通之便等原因外，还有一个重要因素就是云南当局，特别是主政云南的龙云竭诚欢迎。龙云先是命省教育厅厅长龚自知大力协助联大解决租借校舍等各种困难，之后又专门在大西门外划拨土地以做联大建盖自己的校舍之用。与此同时，还慷慨地将威远街龙公馆之一部分供联大使用。

1938年秋，联大总办公处迁往龙公馆，乃在公馆东墙处开辟一门（财盛巷2号门）专供联大人员出入。1939年4月总办公处迁大西门外龙翔街昆华工校内，这里成为北大办事处。这些情况贺老曾在《西南联大在昆明的校舍分布》（刊于《西南联大北京校友会简讯》第17期，1995年4月）一文中做过简单介绍。为了将情况搞得更为清楚。1995年11月下旬，贺老到昆参加云南省纪念“一二·一”运动50周年暨西南联大建校57周年理论讨论会，专门到威远街166号原龙公馆进行探访考察。他找到了当年龙云的副官杨祐（时受龙云在美国的子女的委托，照看此老屋），对抗战时龙云让出公馆的一部分供联大使用的情况进行了详细了解，步测房屋长宽，画出平面草图请杨补充；回京后又绘出平面图，寄昆请杨祐校核，还在通信中画局部图与杨讨论；几经修改，最终绘出正式的平面图，并撰文《北京大学昆明办事处以及岗头村教授宿舍》发表于《西南联大北京校友会简讯》第20期（1996年10月）。

贺老弄清了龙云让出公馆一部分给联大使用的具体情况，十分高兴。他又考虑只是在《西南联大北京校友会简讯》上发文章，看的人还不多，应该让昆明更多的人了解这件事，而且应将它作为一份历史资料保存下来。于是，他对文章做修改补充，独立成篇：《抗战期间龙云让出公馆供西南联大使用》；随后，将此文寄给我，希望联系发表。我向昆明市政协文史资料编辑办公室联系推荐贺老的文章，很快得到同意，文章刊登在《昆明文史资料选辑》第28辑（1997年2月）上。遗憾的是限于文史资料体例，贺文所附4张照片未能刊出，至今还保存在我手上。

在考察探访龙公馆的过程中，贺老碰到一个问题：龙公馆专门开辟的供联大人员进出门所在的巷，究竟是“财盛巷”还是“才盛巷”？联大校史采用“才盛巷”。对此，贺老认为不妥，还著文表达了自己的意见（《西南联大北京校友会简讯》第21期），他与我也讨论过这个问题，我说我知道的就只有财盛巷，后来根据我提供的《昆明市地名志》，贺老最终认为此巷名应为“财盛”，而非“才盛”。贺老遇事认真执着，非要把事情弄个水落石出不可的精神，又一次给我留下了深刻的印象。

1998年11月，贺老第三次到威远街。城市改造，路已拓宽，龙公馆和财盛巷都不复存在了。建筑工地围墙上写着“昔日龙云公馆，今建龙园豪宅”，杨祐也没找到。贺老有些怅然：“看来是要建豪华公寓了。”

（三）联大蒙自分校故址寻访

1999年11月15日，贺老在给我的信中说：“联大在云南的校舍，除蒙自外大体查到了，以后若有条件，拟赴蒙自一行。”次年7月下旬的一天，我接到他的电话：“已到昆明，住在云南师大留学生公寓。”此处离我外语学院的办公室近在咫尺，我立即去看望。我们一见面就谈开了。贺老告诉我，此行一来避暑，二是到蒙自考察当年联大文学院、法商学院的遗址。来之前，做了一些准备，主要是看了《西南联大在蒙自》（云南民族出版社1994年版）这本书。但是这本书中关于联大教授在蒙自分校的名录有错漏，比如傅斯年当年没有在蒙自。他还问了我一些关于滇越铁路的事，当晚我送了他一本刚出版的我主编的《云南导游必备手册》，其中有滇越铁路的介绍。几天后，贺老从蒙自回来，我又去公寓看望他。他和我重点讨论了联大究竟有哪些教授在蒙自，他说一定要把这个名录搞准。回京后，他撰写了《蒙自访问记》，发表在《西南联大北京校友会简讯》第29期（2000年4月）上。文章中的“师长名录”，即联大在过蒙自的教授副教授，是贺老蒙自之行考察的重要成果。文章说：《西南联大在蒙自》一书中，“分校的组织机构一节内有一个名录。但我认为它内容有些待商榷处，如傅斯年当时并不在云南，钱端升1938年夏从国外回来后到昆明，而书中却写进去，此外还有些又漏了。我与到过分校的老校友进行了核对，询问了师长的家属，参考了其它文章，拟出了一个名录，写在下面，请知情者指正”。为了更好地进行比较和说明，现将贺老拟的名录及《西南联大在蒙自》中的名录表列如下：

西南联大蒙自分校教授名录

	《西南联大在蒙自》名录	贺联奎考订的名录
中文系	朱自清　闻一多　罗常培　罗　庸　魏建功　杨振声　陈寅恪　刘文典　王　力　浦江清　唐　兰　游国恩（12位）	朱自清　闻一多　罗常培　罗　庸　刘文典　魏建功　浦江清（7位）
外文系	叶公超　柳无忌　吴　宓　杨业治　吴达元　燕卜荪（6位）	叶公超　吴　宓　柳无忌　杨业治　吴达元　燕卜荪　陈福田　莫泮芹（8位）
历史社会学系	刘崇鋐　傅斯年　钱　穆　陈寅恪　郑天挺　雷海宗　姚从吾　邵循正　周先庚　王信忠　噶邦福　陈　达　潘光旦　李景汉（14位）	刘崇鋐　钱　穆　陈寅恪　郑天挺　邵循正　王信忠　姚从吾　周先庚　噶邦福　毛　准　潘光旦　陈　达　李景汉　戴世光（14位）
哲学心理教育系	冯友兰　汤用彤　沈有鼎　金岳霖　贺　麟　容肇祖　陈雪屏　郑　昕（8位）	冯友兰　汤用彤　沈有鼎　金岳霖　贺　麟　容肇祖　郑　昕　樊际昌　陈雪屏　邱　椿（10位）
政治系	张佛泉　张奚若　浦薛凤　崔书琴　钱端升　邵循恪　王化成（7位）	张佛泉　张奚若　浦薛凤　崔书琴　邵循恪　王化成　赵凤喈（7位）
经济系	陈岱孙　浦薛凤　赵迺抟　周作仁　戴世光　张德昌（6位）	陈岱孙　赵迺抟　周作仁　张德昌（4位）
法律系	燕树棠　蔡枢衡　罗文干　张企孙　李士彤　王化威（6位）	戴修瓒　燕树棠　蔡枢衡　陈瑾昆（4位）
商学系	丁　佶　陈岱孙　李卓敏　陈序经（4位）	陈序经　丁　佶　李卓敏（3位）
总计	63位	57位

上述两个名录，认真比对，区别是比较大的，主要有以下三点：

第一，仅从数字来看，左名录有63位，但重复的有4人（陈寅恪、浦薛凤、王化成、陈岱孙，他们分别为两系双聘，或在一系为主另一系兼职），减去重复的数字，则为59人。右名录为57位，没有重复的。

第二，右名录中没有左名录中的10人：杨振声、王力、唐兰、游国恩、傅斯年、钱端升、雷海宗、罗文干、张企泰、李士彤。也就是说，经过贺老考定这10位教授并没有在过蒙自分校。

第三，右名录中比左名录多8人：陈福田、莫泮芹、毛准、樊际昌、邱椿、赵凤喈、戴修瓒、陈瑾昆。这是《西南联大在蒙自》一书漏掉的在过蒙自分校的联大教授，贺老经考订补充的。

可以说，贺老考订的西南联大蒙自分校教授名录是比较准确的，是十分珍贵的，我非常重视它。2010年5月下旬，中共中央政治局常委、国务院副总理李克强到云南红河州视察，30日参观了西南联大蒙自分校展览，感到这个展览很重要，但太简陋，指示重新布展。于是省文化厅承担了重新布展的任务，应熊正益副厅长和云南师大党委宣传部之邀，我参加讨论重新布展的展览大纲，并做审定。审定中，关于联大蒙自分校教授名录，我就是采用贺老考订的这个成果。

四、两弹功臣

贺老曾送给我一本刊物《水木清华的眷恋》。这是1991年清华大学《教育研究》为纪念校庆80周年出的增刊，内有贺老文章《中国第一代核武器研制中的清华·西南联大校友》。贺老1960—1975年在核武器研究院工作，参加了第一代核武器的研发，这在当年是一项保密极严的工作。1980年代以后，除核心机密之外，逐渐解密。他向我说过，美国1945年对日本广岛、长崎投原子弹，到了20世纪60年代，事过20多年，当年的组织者出版了一本书《现在可以说了》。他借用这个书名说，我国1964年成功爆炸第一颗原子弹，1967年又成功爆炸第一颗氢弹。到1991年也是20多年了，许多情况应该也可以说了，而且像联大校友邓稼先等人的事迹还应加以宣传。正是基于这样一种思想，他写了这篇文章，在文章中他列出了清华和西南联大校友参加第一代核武器研制的30余人的名字。

事实上，许多人都想知道中国研制两弹的内幕和有功之臣的事迹。

1972年，杨振宁作为第一个访问新中国的美籍华裔科学家，他非常想知道中国的原子弹到底有没有外国人参加。然而这些事情当时还在保密，经过周恩来总理的亲自批准，他儿时的挚友邓稼先才告诉了真相。在得知真相后，他心潮澎湃，不能自已。邓稼先去世后，1993年他在《人民日报》上撰文《没有任何外国人参加·追忆两弹元勋邓稼先》，澄清在美国流传的一些关于有美国人参加中国原子弹工程的流言。进而，杨振宁很希望中国能够对参与两弹研制的科学家的事迹进行广泛宣传。1999年当看到国内报刊上有关“两弹一星”的报道，杨振宁立即从大洋彼岸打来电话，建议正式披露“两弹一星”研制的这段历史，给历史一个交代，给后人一个交代。有关方面采纳了杨振宁的建议，当年中科院党组书记、副院长张劲夫发表了《中国科学院与“两弹一星”》。接下来，在庆祝中华人民共和国成立50周年前夕，中共中央、国务院、中央军委对我国23名“两弹一星”功臣进行了表彰。

2000年7月下旬，贺老访问蒙自到昆，曾十分高兴地专门对我谈表彰“两弹一星”功勋奖章获得者的事。他说这23人中有清华大学校友14人，他还在一张纸上写下了他们的名字：王淦昌、钱学森、彭桓武、钱三强、王大珩、周光召、赵九章、陈芳允、郭永怀、屠守锷、杨嘉墀、王希季、邓稼先、朱光亚。贺老说这是清华和西南联大的光荣。他指着名单说，后面的这8位就是联大校友。话语之中，满含着对西南联大、清华大学深深的眷恋之情，而这种深情也极大地感染着我。此后，每一次我对入学新生讲联大校史时，都要讲“两弹一星”功勋奖章获得者，都要讲他们中的联大校友。

2001年，贺老把10年前在《水木清华的眷恋》中的那篇文章做了删节和补充，写成了《中国第一代核武器研制中的西南联大普通校友》，发表在《西南联大北京校友会简讯》第29期上。此文只写西南联大校友，强调的是“普通校友”。他认为国家表彰的23位“两弹一星”功勋奖章获得者之外，还有大量的默默奉献的无名英雄。阅读此文，我数了一下，文中列出了参加两弹研制的联大“普通校友”8人：物理系方澄（冯钟潜，1946级）、航空系贺联奎（1947级）、电讯专修科教员王龙生、物理系黄祖洽（1948级）、航空系董寿莘（1941级）、物理系孙瑞蕃（1943级）、物理系陆祖荫（1944级）、土木系方训（1948级）。实际上，除了贺老自己之外，这个名单还有7人，这是他在长期工作中自己了解查证出来的。文章介绍了他们参与核武器研制工作的贡献与牺牲。

关于他自己，文章说从1960年至1975年在核武器研究院工作，其中

1964年到青海核武器研制基地，11年后调回北京。关于他参与核武器研制工作所做的贡献，2006年4月在他逝世后，他所在的单位（中国核科技信息与经济研究院）在《沉痛悼念贺联奎同志》一文中是这样评价的：

"1959年苏联撤走专家，停止提供核弹样机和相关资料，国家从全国各地抽调了105名相关专业有影响的专家到二机部，建立我国独立自主的核武器科研队伍，贺联奎同志是其中之一。"

"在一次专业会议上，他和其他专家受到了毛泽东主席的接见。贺联奎同志于1960年调入核工业部第九研究院设计部五室物理引信组，任组长。由他组织完成的'感压式引信系统'于1985年获得国家科委颁发的国家发明三等奖。该成果曾多次成功地运用于核试验中，并装备了我国第一代核武库。他参加了我国第一颗原子弹和第一颗氢弹及后来的多次核武器研制工作，1964年他和其他专家一同到海拔3000多米的青海核基地进行实地工作，克服了高寒缺氧，物资供应短缺，远离家人等种种困难，为发展核工业做出了重大贡献。"

（原载西南联大研究所编《西南联大研究》第2辑，中国大百科全书出版社2014年版）

附：一个执着于西南联大研究的美国人

——易社强教授印象记

2002年3月5日，云南师大西南联大研究所邀请美国弗吉尼亚大学历史系教授易社强（John Israel）先生座谈。易先生首先热情地介绍了自己的英文专著《西南联大：战争与革命中的一所中国大学》。接着，大家畅所欲言，我也发言回忆了22年前认识他的情况。

1980年，我在昆明师范学院历史专业读三年级。易社强先生作为中国改革开放后第一批到中国大陆进行交流的美国学者，为了研究西南联大，他在昆明采访了许多联大的教师、学生以及与联大有关的人士，录下了大量的谈话磁带，为了将这些录音整理出来，他找到了我们班的好几位同学帮他整理。他还与我们班进行座谈，相互请客做饭吃。在交谈中，我感到他的中国话说得相当好，对中国的历史文化有相当的了解，说话具有“中西结合的幽默”，而这些对他的研究是非常重要的。

他是美国汉学家费正清的弟子，先前并不知道西南联大。当他为做博士论文《抗战中中国学生的民族主义》而查阅历史资料时，在哈佛大学图书馆看到一本名叫《联大八年》的书。书中描写抗战中中国西南边陲的一所流亡大学，条件极其艰苦，然而师生们却弦歌不辍。一个个动人的故事，像磁石一样吸引了他。进而他感到这所大学时间虽然不长，但它给现代中国的政治、文化、学术等产生了不可磨灭的影响。于是，他决定到当年西南联大的故地来探寻究竟。从此，他的研究方向转到了西南联大。

1985年，我参与云南省“一二·一”运动40周年纪念的筹备工作；1988年，我又参与西南联大在昆建校50周年的筹备工作。他一次又一次来昆参加这些纪念活动。特别是1988年那次，他穿着一件印有“西南联大”字样的运动服；满怀激情地出入纪念活动场所，格外引人注目，让你感到他对西南联大简直是着了迷。西南联大北京校友会赠给他“名誉校友”称号，他很高兴。他还用英文写了一篇题为《西南联大50周年纪念》的文章。此文由联大校友张源潜老师译成中文，收入了由我负责编辑的《西南联大暨云南师大建校50周年纪念集》。该文结尾有一段话："正当国家大量借鉴于外国的时候，中国却能产生一所具有世界先进水平的大学，这所大学的遗产是属于全人类的。"1995年当我撰写《云南抗日战争史》"西南联大"一节时，我引用了这段话。其实，易社强教授的《西南联大史》1988年已经完稿。因为当时我看到了他送给联大校友萧荻老师的该书英文打印稿。之后我一直在关注他对西南联大研究的这一成果是否问世。在1992年出版的中译本《剑桥中华民国史》（第二部）中我看到书中有引自"约翰·伊斯雷尔的手稿《西南联大史》"的引文；1999年，听说这本书（英文）在头一年已经出版，但一直未能见到它。

座谈会上，易社强教授将他的这部书题赠西南联大研究所。我看到这本英文著作，共458页，由斯坦福大学出版社出版，这是他的心血的结晶。他强调说，为了研究西南联大，他花了联大实际历史两倍以上的时间。

当回忆了22年来的这些有关往事后，我向他——一个执着于西南联大研究的美国专家表示了我——一个研究西南联大的中国学者的深深敬意。

（原载《云南师范大学》校报2002年4月28日）

2013年9月补记

2002年3月5日，我曾对易社强说，我将组织人翻译出版《西南联大：战争与革命中的一所中国大学》。他很高兴，表示版权问题他去解决；但有一个要求，译著要忠于原著，不能有删节。后来在与省出版局联系时，答复是鉴于该书中众所周知的政治问题，当时是难以公开出版的。此后，我还是组织翻译，拟做内部使用。

2007年，毕业于厦门大学历史系的饶佳荣翻译了此书，书名为《战争与革命中的西南联大》，未能在大陆出版，而由台湾传记文学出版社2010年出版。两年后，北京九州出版社出版了饶译该书的中文简体字版。

后　记

国立西南联合大学因日寇全面发动侵华战争而诞生，又因中国人民伟大的抗日战争胜利而结束。

本书出版之际，正值中国人民抗日战争胜利暨世界反法西斯战争胜利70周年的隆重纪念，谨将它献给这个不平凡的70周年。

西南联大是中国历史名校，是云南近代历史上最著名的“一文一武”两所学校中的文校。我的母校的前身是它的重要组成部分。多年来一直想把自己关于西南联大所做的工作以及研究成果，做一集结。

2013年上半年，此事终于提上了我的工作日程。一则，时逢西南联大暨云南师大在昆建校75周年；二则，我承担中共云南省委宣传部编《滇西抗战》大型图册文字撰著已经交稿，承担腾冲“滇西抗战纪念馆”的策划及展览大纲撰写工作也已完成，可以腾出手来做这件事了。

当我把出版本书的打算告诉学校党委宣传部部长兼西南联大纪念馆馆长张玮和副部长张健时，立即得到他们的赞同。此后又将打算告诉了云南人民出版社民族文化编辑部主任赵丁丁，也得到他的支持。丁丁是我担任大型图册《滇西抗战》文字撰著时认识的。很快，他确定宁琳同志作为本书的责任编辑。

《西南联大二十五讲》主要包括笔者早些年撰写的部分文章、讲稿，以及近些年来所做的专题讲座、学术报告。其中，大部分已经形成文字并发表，约占二十五讲的三分之二；还有三分之一，只有讲课提纲，尚未成文。经过整理，8月15日，我把前三分之二文稿交给了责任编辑。9月下旬，责编即将这部分文稿输录打印出来返我校对。

然而，当我要开始撰写后三分之一文稿时，一系列的事情接踵而至：我承担的《云南大百科全书》条目开始催稿，一些广播、电视节目访谈、拍摄，学术研讨会、新的讲座和学术报告，相关的评审、论证工作等等。总觉得别人的事应先办，于是本书后三分之一撰写只好往后推。

进入2014年，忙碌依旧。先是省里相关部门约著《云南抗日战争史话》，之后是云南省导游资格考试教材《云南导游基础知识》的修编，接着又是研究生论文的评审、答辩，以及盛情难却的约稿、访谈等等。时间一下子到了10月，责任编辑电话询问，此事是否还向后推？于是下决心年底交出余稿。殊不知，“人在江湖，身不由己”，有的事还是难以推脱，当然也推了和爽约了一些。即便这样，余稿的完成还是跨到了新的一年。今年1月22日当把它交给责编时，释然之余，还有歉意。

本书的出版，首先要感谢张玮、张健、赵丁丁、王绍来和宁琳，以及马滨；同时，对多年来对我在研究、讲座报告方面给予支持帮助的云南师大党政领导叶燎原、杨林、何伟全，西南联大纪念馆李红英、铁发宪、朱俊、祝牧、角勇、王欢、叶建秋等同志，以及包云燕、杨亚东、马亚娜、郭培元、陈玉林、和吴云、曹威、龙美光、晏祥辉等同志，致以衷心的谢忱。

书中舛误难免，敬请读者指正。

吴宝璋

2015年3月7日

白驹过隙，本书面世距上面撰写后记时又过了1年多。当然，继承联大传统的相关活动一直没有停过。学校新任书记饶卫，甫履新职即和蒋永文校长等领导一起，为后年纪念西南联大建校80周年的大事进行策划和筹谋，并对笔者研究西南联大给予关心、支持。笔者借此向他们致以敬意和谢意，并将尽绵薄之力。今年3月，西南联大北京校友会会长潘际銮莅临“西南联大讲坛”演讲，尚云邀我陪同潘院士考察其当年就读的联大工学院旧址，受益良多；7月，刘莹邀我为台湾大学生参访团讲《西南联大与海峡两岸的渊源关系》；图书馆馆长殷国聪亦对本书问世甚为关切；党委宣传部部长兼西南联大纪念馆馆长杨顺清更是对本书出版大力支持……在此，谨向他们表示诚挚的感谢。

作者

2016年8月21日